Spießrutenlauf

Referendariat für Lehramt

Persönliche Erfahrungen
unter besonderen Zeiten

– und wie es danach weiterging

Hrsg. von Anouk Winter

Text: Anouk Winter (Hrsg.)
Covergestaltung: Verlagshaus Schlosser
Satz und Layout: Verlagshaus Schlosser
ISBN 978-3-7581-0064-2
Druck: Verlagsgruppe Verlagshaus Schlosser
D-85652 Pliening • www.schlosser-verlagshaus.de

Printed in Germany

Inhaltsverzeichnis

Glossar

ActivInspire:

Software für digitales Whiteboard

betreuter/eigenständiger Unterricht (bU/eU):

Von den zwölf zu leistenden Unterrichtsstunden sind in jedem Semester einige betreut und einige eigenständig. Betreut bedeutet, dass eine Mentor*in / ein Mentor wie bei uns an der Schule mit im Unterricht dabei ist, aber auch fehlen kann, den Unterricht im Anschluss besprechen kann etc. Die Anzahl von betreuten und eigenständigen Unterrichtsstunden ist nach einem Schema festgelegt, an das sich Schulen aber offenbar nicht unbedingt halten.

Dienstbesprechung (DB):

Die Schulleitung bestellt alle Lehrkräfte ein und geht eine Agenda durch, meist in Form einer Infoveranstaltung. Diese ist teilnahmepflichtig. Hat man zu dieser Zeit als Referendar*in oder Referendar jedoch Seminar, so geht das Seminar immer vor.

Entwurf:

Zu jedem Unterrichtsbesuch und den beiden großen Unterrichtsbesuchen (GUB; s. Unterrichtsbesuch UB) ist eine Analyse mit den geplanten Arbeitsmaterialien der zu zeigenden Unterrichtsstunde anzufertigen, die je nach Seminar nach bestimmten Richtlinien zu konzipieren ist. Dabei enthält der Entwurf zu einem GUB zusätzliche Teile, die auch für die beiden Prüfungsunterrichte (PU) in der Staatsprüfung anzufertigen sind. Es empfiehlt sich, zu Beginn eine Mitreferendar*in oder einen Mitreferendar (MitRef) zu fragen, ob man sich mal einen gelungenen Entwurf kopieren könne, um eine Vorlage zu haben.

Fachschaft:

Alle Lehrkräfte, die ein bestimmtes Fach oder eine Kategorie wie Naturwissenschaften (NaWi) unterrichten und sich auf regelmäßig stattfindenden Fachschaftskonferenzen thematisch abstimmen.

Fachseminarleiter*in/Fachseminarleiter (FSL):

Die Fachseminarleiter*in / der Fachseminarleiter FSL leitet jeweils eins der beiden Fachseminare, z.B. eine/r Biologie, eine/r Chemie.

Frühstückspause:

In der Grundschule wird z.B. zehn Minuten vor Beginn der ersten großen Pause gegessen. Bis zur Pause dann sind die Schüler*innen und Schüler mit Essen fertig und können die Pause zum Spielen nutzen.

GUB:

s. Unterrichtsbesuch UB

GüA:

Das „Gespräch über den Ausbildungszustand" (GüA) erfolgt Ende des zweiten Semesters. Hier erhält man erstmalig Feedback, ob die Seminarleiter*innen und Seminarleiter einen eher positiv oder negativ bewerten, ohne jedoch dass man Noten erfährt.

Handlungsorientierter Unterricht:

Unterricht, in dem Schüler*innen und Schüler selbst aktiv arbeiten, das heißt, z.B. experimentieren.

IServ:

Eine online Schulplattform

KC:

Kerncurriculum, das für eine bestimmte Schulform (z.B. für Gymnasium oder für Oberschulen etc.) die Abfolge bestimmter Themen vorgibt (z.B. das Thema „Haustiere" in Klasse 5)

Kolloq-Format:

Eine Prüfung findet ohne Schüler*innen und Schüler statt, die Stunde wird in einem Kolloquium durchgegangen.

Internationale Vorbereitungsklasse IVK:

Klasse für Schüler*innen und Schüler, die Deutsch nicht als Erstsprache hatte; der Begriff wird in Hamburg verwendet.

Lehramtsanwärter*innen und Lehramtsanwärter:

Referendar*innen und Referendare

LiVD:

Lehrkraft im Vorbereitungsdienst, also Referendar*in oder Referendar

Mentor*innen/Mentoren:

Hannah: Von der Schule wird einem pro Fach eine Mentor*in oder ein Mentor zugeordnet, die / der dasselbe Fach unterrichtet. Oftmals werden dazu Lehrkräfte bestimmt, die sich nicht freiwillig dazu bereit erklärt haben.

Luisa: Die Mentor*innen / Mentoren sollten die Anwärter*innen und Anwärter während der gesamten Ausbildung begleiten. Sie sollten den Anwärter*innen und Anwärtern beim Ankommen in der Schule und im Kollegium helfen und die Anwärter*innen und Anwärter im Unterricht und beim Unterrichten unterstützen. Es gibt Mentor*innen / Mentoren, die helfen bei der Reihenplanung, der Unterrichtsplanung und lesen die Unterrichtsentwürfe.

MINT Fächer:

Mathematik, **I**nformatik, **N**aturwissenschaften und **T**echnik

Mitschau:

Pro Fach ist je eine Mitschau zu leisten, das heißt, man bereitet eine Unterrichtseinheit (UE) vor und erhält in dieser Stunde an der Schule von allen Seminarteilnehmer*innen / Seminarteilnehmern eines Seminars Besuch im eigenen Unterricht. Anschließend werden pro und contra mit der gesamten Seminargruppe besprochen. Da die Mitrefs an verschiedenen Schulen tätig und Mitschauen verpflichtend sind, hat man als Referendar*in oder Referendar entsprechend umherzureisen. In unserem Fall war das Corona-bedingt nicht möglich, und Mitschauen wurden online ohne Klasse als Ersatzleistung vorgestellt, indem der Unterrichtsentwurf dazu besprochen wurde.

Moderationsbeitrag:

In allen drei Seminaren ist jeweils ein Moderationsbeitrag zu leisten. Das ist eine Präsentation, z.B. mit Power Point bei uns für ca. 30min zu einem Fachthema. Am besten, die Seminarleiter*in / den Seminarleiter nach Themen fragen, oft sind diese bereits im Voraus aufgelistet. Auch eigenen Ideen wird ggf. stattgegeben.

NaWi:

Naturwissenschaften, also Biologie, Chemie, Physik

Noten:

Noten gibt es im dritten Semester für den Ausbildungsunterricht, das heißt, alle drei Seminarleiter fertigen einen Bericht an, in dem Stärken und Schwächen der LiVD erwähnt werden und setzen eine Note darunter. Zusammenaddiert und anzahlmäßig geteilt ergibt das dann die Ausbildungsnote. Auch für die Seminararbeit gibt es eine Note, für die beiden Prüfungsunterrichte (PU) und für die mündliche Prüfung. Wenn man in die Prüfung geht, kennt man also schon die Ausbildungsnote und die Note für die Seminararbeit.

OBS:

Oberschule; im Ranking etwas unter der Realschule, auch hier können Hauptschul- und Realschulabschluss erworben werden.

Pädagogik Seminarleiter*in/Seminarleiter (PSL):

Leiter*in / Leiter des Pädagogik Seminars PSL mit Vorsitz in der Prüfung (vgl.: FSL)

PU:

Prüfungsunterricht. Es ist in jedem der zwei Fächer eine Unterrichtsstunde zu zeigen, wobei eines der Fächer auch zeitlich verlängert gezeigt werden darf. Das ist manchmal sinnvoll, wenn handlungsorientierter Unterricht geplant ist, z.B. Experimente mit Auf- und Abbauten durch die Schüler*innen und Schüler sich nicht in 45 min unterbringen lassen.

Referendariat (Ref):

Regulär dauert das Lehramtsreferendariat in Niedersachsen 1,5 Jahre. Teilzeit ist möglich, damit verlängert sich jedoch das Referendariat (in Teilzeit ist die Regelstundenzeit von 12UE/Woche reduziert und man darf ein paarmal beim Seminar aussetzen). Wichtig zu wissen: Wer sich für Teilzeit entscheidet, darf die beiden PU an verschiedenen Tagen abhalten!

Reflexion:

Nach jedem UB, GUB und PU ist man angehalten, die eigene Stunde unter ausgewählten Aspekten zu reflektieren. Was lief wie und warum, was könnte man verbessern? Auch nach den beiden PU ist jeweils eine Reflexion von etwa zehn Minuten schriftlich festzuhalten. Am besten die SL fragen, wie die Reflexion aufgebaut sein soll, da es je nach SL unterschiedliche Präferenzen gibt.

SAP: Schulinterner Arbeitsplan:

Das ist ein Ordner, in dem die Schulleitung abgeheftet hat, welche Themen in welchen Klassenstufen zu behandeln sind.

Seiteneinstieg, heute: direkter Quereinstieg:

Für Quereinsteiger*innen und Quereinsteiger, die nicht die ganzen anderthalb Jahre Referendariat mit Staatsprüfung ableisten wollen; insgesamt kürzer, ohne Prüfung, mehr Stunden Unterricht und weniger Besuchen, dafür aber auch am Ende geringer bezahlt.

Sekundarstufe (Sek) I und II:

Sek I umfasst die Klassenstufen 5-10 (Mittelstufe), Sek II die Klassenstufen 11-13 (Oberstufe).

Seminar:

Es gibt eine Einführungswoche durch die Studienseminarleiter*in/den Studienseminarleiter, also die Studienseminarrektor*in / den Studienseminarrektor, bei dem alle neu aufgenommenen Referendar*innen und Referendare an diesem Seminar zusammenkommen. Man wird dann einer / einem SL für Pädagogik zugeordnet, die / der in der Regel Ansprechpartner für alle Belange ist. Auch die / der SL kann als Pädagogik-Seminarleiter*in / Pädagogik-Seminarleiter Referendar*innen und Referendare übernehmen. Außerdem erhält man je zwei Fachseminarleiter*innen / Fachseminarleiter zugeordnet, die entsprechend fachspezifisch sind. Bei uns fand das Pädagogik Seminar alle zwei Wochen statt, je ein Fachseminar etwa einmal im

Monat. Auch bestimmte Tage sind dafür reserviert: Pädagogik hatten wir immer jeden zweiten Donnerstag, die Fachseminare in BIo und Chemie dienstags.

Seminararbeit:

Hannah: Außerdem ist eine schriftliche Ausarbeitung zu einem Thema anzufertigen, das genehmigt werden muss und auf eine Seitenzahl bei uns von fünfzehn Seiten begrenzt war.

Luisa: Ja, der Umfang der schriftlichen Arbeit soll ohne Anlagen nicht mehr als fünfzehn Seiten (1,5-zeilig, Schriftart Arial und Schriftgröße 11) umfassen.

Hannah: Zwei der SL bewerten diese Arbeit, die Noten werden addiert und durch zwei geteilt.

Luisa: Mittlerweile gab es hier im Rahmen des „Lehrkräfte-Gewinnungspakets" Neuerungen:

„Um die Ausbildung der Lehrkräfte im Vorbereitungsdienst GHR und SOP möglichst praxisnah zu gestalten und den Schwerpunkt der Ausbildung stärker in die Schule zu verlagern, wird zum Schuljahr 2022/2023 der Umfang des Ausbildungsunterrichts um zwei Stunden erhöht. Damit erhöht sich der eigenverantwortlich zu erteilende Unterricht im Gesamtzeitraum des Vorbereitungsdienstes jetzt um zwei Stunden. Aufgrund der

Fokussierung auf die Unterrichtspraxis an der Ausbildungsschule entfällt die in den Studienseminaren anzufertigende schriftliche Arbeit. Ebenso werden die Unterrichtsbesuche der externen Ausbilder in allen Schulformen deutlich reduziert. Die Festlegung auf eine konkrete Anzahl von Beratungsbesuchen der Ausbilderinnen und Ausbilder bei den Lehrkräften im Vorbereitungsdienst sichert die Qualität der Ausbildung und ermöglicht gleichzeitig die Fokussierung auf die Unterrichtspraxis. Die Lehrkräfte im Vorbereitungsdienst, die sich bereits in der Ausbildung befinden, können auf eigenen Wunsch den Vorbereitungsdienst nach den neuen Bedingungen weiterführen." [Quelle: Lehrkräfte-Gewinnungspaket, MK].

Also, LiVD, die bereits vor 2022/23 mit dem Ref angefangen haben, konnten sich das aussuchen: Schriftliche Arbeit: Ja oder Nein (und dann mehr Unterricht).

Seminarleiter*in/Seminarleiter (SL):

Diese / dieser leitet eins der Fachseminare oder das Pädagogik Seminar.

Staatsprüfung:

In unserem Fall hatten wir am selben Tag (s. Ausnahme oben: bei Teilzeit ist es möglich, die

Prüfung an zwei Tagen stattfinden zu lassen) zwei Prüfungsunterrichte in je einem Fach einen und die mündliche Prüfung, die aus vier Teilen bestand: ein Prüfungsthema bei je einer / einem FSL und zwei bei der / dem PSL, wobei eins der beiden Themen in Pädagogik sich auf Schulrecht beziehen muss.

<u>SU:</u>

Sachunterricht

<u>SuS*:</u>

Schüler*innen und Schüler

<u>Szenario A, B, C:</u>

Je nach Corona-Inzidenzwerten wurden im Laufe der Pandemie sogenannte Szenarien entwickelt: Bei A lief der Schulbetrieb normal; bei B ging es in das Wechselmodell mit halbierten Klassen und bei C wurden die Schulen geschlossen, und es erfolgte sofern möglich online-Unterricht. Wie unterschiedlich der Unterricht an verschiedenen Schulen gehandhabt wurde, zeigte sich im Austausch in den Seminaren. Bei vielen wurde der Schulstoff gekürzt, bei anderen versuchte man das zu umgehen, indem die Lehrkräfte in Szenario B die nicht anwesende Klassenhälfte nachmittags zusätzlich online unterrichtete. Die erforderliche Anzahl von Klassenarbeiten wurde gekürzt und ggf. durch Ersatzleistungen aus dem Home Schooling ersetzt, da einige Schüler*innen und Schüler eine ärztliche Bescheinigung hatten, die es ihnen selbst oder ihren Erziehungsberechtigten aufgrund von Vorerkrankungen nicht erlaubten, sich der Gefahr einer Infizierung in der Schule auszusetzen.

Unterrichtsbesuch (UB):

Wir erhielten drei Unterrichtsbesuche (UB) von jedem der drei SL einzeln und zwei GUB[1] von der / dem PSL plus einer / einem der beiden FSL plus Schulleitung zusammen. In den Prüfungsunterrichten sind dann alle drei SL plus Schulleitung anwesend. Die Schulleitung kann auch in den kleinen UB präsent sein, an unserer Schule war das bei je einem UB am Anfang vorgesehen. Auch die Mentor*in / der Mentor ist bei den UB und GUB anwesend, im PU darf sie / er unter bestimmten Vorgaben anwesend sein, etwa, wenn sie / er im dritten Semester regulär im Unterricht dabei ist (im betreuten Unterricht). Nach den beiden GUB erfolgt eine detaillierte Nachbesprechung über ein Formular, auf dem angekreuzt wird, was eher gelungen, was weniger gelungen ist und noch verbesserungsfähig ist. Noten gibt es keine, und es ist etwas schwer, eine Note daraus abzuleiten, weil man als Referendar*in / Referendar nicht weiß, wie die Gewichtung der einzelnen Felder ist.

---

1 Luisa: Tatsächlich steht das G für „gemeinsam“. Aber alle sprechen von den „großen Unterrichtsbesuchen“, nicht von den gemeinsamen.

Wochenarbeitszeit (WAZ):

In Hamburg wird für jede Lehrkraft nach Fach und Klassenstufe die Wochenarbeitszeit berechnet, aus der sich der Prozentsatz der Anstellung berechnet.

Zusatzqualifikation:

Es werden sogenannte Zusatzqualifikationen angeboten, zu denen man sich freiwillig anmelden kann. Dazu können an einigen Studienseminaren- vorzugsweise an dem, an welchem man sein Ref ablegt- z.B. Deutsch als Zweitsprache (DaZ) zählen. An einer Handvoll Terminen hat man also noch diese Extra-Seminare, meist am Wochenende, die mit einer mündlichen Prüfung abschließen. Interessiert man sich für eine Zusatzqualifikation, die nicht am eigenen Studienseminar angeboten wird, lohnt es sich, die Verantwortlichen anzusprechen. Zu Corona Zeiten gingen diese überwiegend ins online Format, so dass es einfacher wurde, auch als LiVD eines anderen Studienseminars daran teilzunehmen. Angeboten werden diese Zusatzqualifikationen sowohl von SL als auch von unabhängigen Organisatoren. Am Ende gibt es bei positiver Bewertung ein Zertifikat. Die Zusatzqualifikationsprüfung findet bei uns in Anwesenheit des Studienseminarleiters statt, der auch Fragen stellen darf.

Hinweis: Alle Namen und teilweise andere persönliche Angaben sind in diesem Buch geändert, was jedoch keinen Einfluss auf die geschilderten Begebenheiten hat. Zitate während des Referendariats im Original sind kursiv wiedergegeben. Die vier Referendarinnen sind per Zufall zusammengetroffen und berichten subjektiv ausschließlich über ihre *eigenen* Erfahrungen, die nicht repräsentativ sein müssen.

Was das Gendern betrifft, wurde hier das Gendersternchen (*) gewählt. Dass damit der Lesefluss stellenweise verlangsamt wird, möge zu entschuldigen sein!

Einleitung:

Hannah: Meine Intention, mit meinen Erfahrungen hier beizutragen, ist in erster Instanz als Erfahrungsbericht für alle, die mit Schule zu tun haben oder das Thema interessiert, vor allem aber für Referendar*innen und Referendare gedacht, die gerade im Referendariat sind oder es noch vor sich haben. Man hört oft im Vorfeld, das sei eine stressige Zeit: Einige klagen über die Seminarleiter*innen und Seminarleiter, andere über die Schule, wieder andere über andere Einflüsse. Dass SL auch nett und sehr hilfreich sein können, ist meine Erfahrung. Meine Erfahrung ist es aber auch- und dazu möchte ich ermutigen!- sich nicht alles im Schulleben bieten zu lassen, ob im Ref oder auch später. Manches läuft nicht wie erhofft und geplant, und ist man bereits zu Anfang sehr unglücklich mit bestimmten Bedingungen, so lohnt es sich durchaus zu wechseln. Das Seminar zu wechseln, die Schule zu wechseln, all das ist möglich! Wir haben das Referendariat im Chaos von Corona absolviert, und vieles war neu, auch für die Studienseminarleitung. Aber neue Situationen lassen uns auch lernen, und es wäre wünschenswert, wenn auch die oberen Etagen daraus lernen würden, und nicht nur, wie man Schule zu Zeiten einer Pandemie handhabt, sondern was sich daraus vielleicht auf Dauer übernehmen lässt.

Luisa: Die Horrorgeschichten im Vorbereitungsdienst gibt es tatsächlich, aber auch die zwischenmenschlichen Sternstunden, die einen diese herausfordernde Zeit überstehen lassen. Andererseits gibt es auch Anwärter*innen und Anwärter, die den Vorbereitungsdienst als die schönste Zeit ihres Schuldienstes bezeichnen. Die Palette ist also breit. Und die Wahrheit liegt nicht irgendwo dazwischen, sondern jeder erfährt und empfindet diese Zeit individuell und – das ist entscheidend –jede Anwärter*in und jeder Anwärter hat andere Bedingungen und muss damit „über die Runden“ kommen. Wenn man eben keine guten Bedingungen vorfindet, muss man aktiv werden, sich in der Schule und im Seminar Verbündete suchen, Material sammeln…und nicht aufgeben.

Yasmin: Es ist einfach wichtig, dass die Öffentlichkeit davon erfährt, was hinter den geschlossenen Türen im Schulsystem passiert. Denn nur so lassen sich auf Dauer Verbesserungen erreichen.

Christiane: Ich bin froh, dass es vorbei ist und habe es weitgehend verdrängt. Es war keine gute Erfahrung, zumal unter dem Chaos von Corona. Und heute frage mich als fertige Lehrerin immer wieder, wie es weitergeht und ob ich nicht doch kündigen soll.

1. Vorspann:

1.1. Hannah: Ein mehr als holpriger Start

Ich komme aus der Medizin und den Naturwissenschaften, und das heißt: Überstunden ohne Ende in der Medizin. Eigentlich wäre ich gerne Tierärztin geworden, mit Tieren konnte ich schon immer gut umgehen, und das entsprach meinem eher introvertierten Charakter. Leider machten Allergien meinen Berufswunsch zunichte, zumindest in jungen Jahren, so dass es dann Humanmedizin wurde. Lehre, die ich gerne anbiete, wird meist als Stiefkind an der Uni behandelt, reine Jobs in der Lehre sind anders als im Ausland hierzulande rar. Und in der medizinischen Forschung sind prekäre Verträge oft aus Drittmitteln finanziert von maximal zwei Jahren Dauer, bisweilen auch befristet auf nur ein halbes Jahr die Regel. Und damit verbunden immer wieder Jobsuche und Umzüge auch ins Ausland, auch hier viele Überstunden, die nicht bezahlt werden (an einem renommierten Institut hierzulande hieß eine 40-Stunden Woche auf dem Papier eine 100-Stunden Woche in der Realität mit Publikationsdruck und 24/7 Erreichbarkeit). Wenn man jung ist, hinterfragt man weniger, doch im Laufe der Zeit wollte ich auch noch etwas von meinem Privatleben haben. Über die Jahre hatte ich mir daher ein Standbein in der Erwachsenenbildung nebenher aufgebaut: Deutsch als Zweitsprache

(DaZ) oder Fremdsprache (DaF), wie man vorher sagte. So war ich nicht angewiesen auf eine so unsichere Zukunft und arbeitete entsprechend Teilzeit in beiden Bereichen. Doch Lehre in der Erwachsenenbildung ist eher schlecht bezahlt, auch hier prekäre Verträge, oft freiberuflich. Und da ich also schon viele Jahre unterrichtete, kam von Freundes- und Bekanntenkreis der Vorschlag, es doch mit einer öffentlichen Schule zu versuchen: Deutschland brauche Lehrer!

Eigentlich war ich ganz glücklich mit meinem Leben vor dem Ref: Ich wohnte zur Miete in meiner Traumwohnung und hatte einen tollen Job als Angestellte in der Medizin in einer deutschen Großstadt Hessens. Vor allem hing ich an der Wohnung aus der Gründerzeit: Altbau mit Parkett, hohen Wänden mit Stuckatur, gleich zwei Balkons und eine perfekte Lage Wald-nah und doch nah zum Stadtzentrum. Meine besten langjährigen Freunde wohnten auch in derselben Stadt, man war eingerichtet mit *connections*, Ärzten und allem. Doch war dieser Job wirklich so sicher? In der Erwachsenenbildung gab es mittlerweile viel Konkurrenz aus Osteuropa, die uns Alt-Eingesessene mehr und mehr hinausdrängte. Klar gab es noch Kurse, aber je nach Leitung hatte man weniger Aufträge. Und in der Medizin war man nie sicher, ob es genug Mittel für einen Anschlussvertrag geben würde, auch wenn das in meiner jetzigen Position vielversprechend aussah. Ein Job als

Lehrerin mit Festanstellung und den Vorzügen des öffentlichen Dienstes klang vielversprechend. Ich würde vormittags in der Schule unterrichten und nachmittags von zu Hause arbeiten können, Unterricht vorbereiten und Klassenarbeiten korrigieren. Soweit meine Vorstellung. Und so fing ich an, zu recherchieren.

In meinem Bundesland Hessen suchte man leider nicht meine Fächer, die ich vom Studium mitbrachte. Mein bester Freund, Gymnasiallehrer in Hessen, hatte mich vorab gewarnt: Einfach würde es nicht. Selbst promoviert, mit einem NaWi Fach und einem weiteren, aber immerhin mit Lehramtsstudium, das ich nicht aufwies, war er nach dem Ref zunächst neun Monate lang arbeitslos und wurde von Schulen aufgrund seines Doktortitels immer wieder als „überqualifiziert“ abgewiesen. Ein Skandal, wie es beispielsweise in den USA undenkbar wäre! Auch ich bin promoviert mit Doktortitel also und hatte dazu als Quereinsteigerin auch noch gleich zwei MINT Fächer zu bieten- was in Hessen eben nicht gesucht war. Und das, obwohl in den Medien überall von einem Mangel gerade an MINT Lehrern gesprochen wird! Nein, in meinem Bundesland suchte man Sport. Kunst. Aber nicht Chemie oder gar Biologie. Aber so schnell ließ ich mich nicht entmutigen. Es gab Quereinsteiger*innen / Quereinsteiger und Seiteneinsteiger*innen / Seiteneinsteiger (heute spricht man bei letzteren von „direkten

Quereinsteiger*innen / Quereinsteigern“), und ich ließ prüfen, was mir als potentielle Lehrerin an einer öffentlichen Schule vielleicht anerkannt werden könnte. Das Ergebnis war schockierend: Medizin interessierte nicht, und das Fach, in dem ich ein Diplom besaß, Biologie, wurde mir zwar anerkannt, doch Chemie, das ich immerhin einige Zeit ebenfalls auf Diplom erfolgreich studiert hatte, wurde mir fast gar nicht anerkannt: Ich hätte noch ein paar Jahre (!) studieren müssen. Das war ernüchternd. Und damit schied die Möglichkeit, in meinem Bundesland Lehrerin zu werden, erst mal aus.

Hessen hatte zu viele Hürden- und fiel weg.

Als nächstes dachte ich an Berlin, da ich dort die Möglichkeit hatte, evtl. eine kleine Wohnung zumindest vorübergehend von einem Freund zu übernehmen, der einen längeren Auslandsaufenthalt plante. Es gab eine Informationsveranstaltung für potentielle Lehrkräfte, und ich fuhr hin. Auf dieser Veranstaltung, die in Tempelberg im ehemaligen Flughafengebäude stattfand, stellten sich Schulen und Kitas vor. Mit meinen naturwissenschaftlichen Fächern und Diplom war ich vor allem an Gymnasien interessiert, von denen es auf der Veranstaltung jedoch nicht mehr als vielleicht ein Dutzend gab. Ich sprach mit einem netten Lehrer einer Hauptschule, der mir gleich sagte, dass sie nur Leute suchten, die den Schüler*innen und Schülern vor allem praktischen Unterricht bieten würden, und drückte mir einen Flyer seiner Schule in die Hand. Ich erhielt noch den ein oder anderen Flyer und entschied mich daraufhin, es mit Berlin zu versuchen. Dazu musste man sich per Formular bewerben- und ich wurde von der Stadt Berlin offiziell eingeladen. Die Adresse war eine Schule, in der die Vorstellungsgespräche stattfinden würden. Am Eingang begrüßten mich ganz nett zwei Schüler, vermutlich türkische Jungen, die mich direkt fragten, ob ich nicht ihre Lehrerin werden wollte. Aber es gab ja erst mal ein Vorstellungsgespräch- und das hatte ich mir in jeder Hinsicht anders vorgestellt: Man erhielt zu der angegebenen Uhrzeit mit mindestens 20 Mitbewerbern einen Slot z.B. von 14-15Uhr, für jeden etwa 3 Minuten, während dieser Zeit man sich im Hörsaal der Schule vor Senat und einer Schar meist gelangweilter Schulleiter*innen und Schulleitern vorstellen durfte. Das Ganze war eine reine Massenveranstaltung, und es war nur verständlich, dass die Schulleiter*innen und Schulleiter bei Nummer 856 längst abgeschaltet hatten. Einzig, wer noch Arabisch zu bieten hatte, schien von den Teilnehmer*innen und Teilnehmern von Interesse, so zumindest mein Eindruck, da einige wenige „meiner Gruppe“ mit Arabisch-Kenntnissen aufgrund dessen eine Anfrage erhielten. Ich erhielt nichts und fuhr wieder nach Hause. Keiner der Schulleiter*innen oder Schulleiter hatte sich für mich mit meinen NaWi Fächern interessiert!

Auch in den folgenden Wochen kam nichts. Schließlich erfuhr ich, dass das Auswahlverfahren abgeschlossen sei und von den rund 1200 Bewerbern rund 400 genommen worden waren. Etwas weiter unten wurde erklärt, dass ohnehin nur rund 400 Plätze von vornhinein zur Verfügung gestanden hätten, die ja jetzt alle besetzt worden wären. Aber, hieß es nicht: Deutschland brauche Lehrer? Wenn nur ein Drittel genommen wird, weil es nur für ein Drittel Plätze gibt, dann fehlt es nicht an Lehrer*innen und Lehrern, sondern an Stellen für Lehrer*innen und Lehrer! So mein Gedanke.

Also, Berlin hatte auch schon mal nicht geklappt.

Als nächstes und vorerst letztes Ziel hatte ich Niedersachsen vor Augen, weil ich auch dort wohntechnisch unterkommen könnte. Das bedeutete, mir ein Zuhause mit einer über 80-jährigen dementen Dame zu teilen, die somit nicht ins Heim musste- immerhin würde eine von uns oben im Haus, die andere unten wohnen. Anders als zu Abi-Zeiten besitzt man in mittlerem Alter doch so einiges an Hausrat, von dem man sich auch nicht trennen mag: ausgesuchte Möbelstücke, ja eine ganze Einrichtung, lässt sich nicht mal so eben umziehen und unterbringen. Um einen Umzug käme ich zwar nicht herum, aber ich wüsste wenigstens, wo ich einziehen würde! Ich bewarb mich also auch hier mit all den dafür nötigen Formularen, die ich nach Braunschweig zu schicken hatte. Im Internet stand das Datum des letzten Einsendeschlusses. Glücklicherweise rief ich vorher dort an, und man sagte mir, nein, nein, der letzte Abgabetermin sei: heute! Oh Schreck- ich sammelte alle Dokumente zusammen und in Rekordzeit, etwa eine Stunde später saß ich im Zug nach Braunschweig. Die nette Mitarbeiterin dort hatte mir telefonisch zugesichert, dass ich bis zum Nachmittag die Bewerbung einreichen könne. In Braunschweig angekommen suchte ich auch geradewegs die Abgabestelle auf, doch verwirrenderweise waren das zwei Adressen! Klingeln konnte man auch nirgends, also warf ich mein ganzes Paket in den Briefkasten der einen Adresse, was glücklicherweise offenbar richtig war. Denn einige Zeit später erhielt ich eine Einladung zum Vorstellungsgespräch in Hannover. Das war nun keine Massenveranstaltung wie in Berlin, sondern ich war zu dieser Zeit als einzige da und wurde auf Herz und Nieren mit einem psychologischen Test geprüft. Ich hatte keine Ahnung, ob meine Antworten den Erwartungen entsprachen, doch es kam der positive Entscheid noch vor Ort: Ich durfte mich fürs Referendariat anmelden! Die oberen Etagen waren sogar so nett, mir auch einen Seiteneinstieg anzubieten, so dass ich sofort an einer Schule unterrichten könnte, doch das hatte ich nicht vor. Wenn schon Schule, dann mit Ref. Ein Apothekerkollege, der das Interview ebenfalls in Hannover hatte und als Lehrer in Pharmazie tätig war, wurde nicht genommen. Und das hieß: Ist man dort abgelehnt, ist man ganz draußen. Mit anderen Worten: Für ihn war's das in Niedersachsen. Negativ bleibt negativ. Schluss, aus. Für mich ging es nun weiter. Und nicht nur das, man hatte mir aufgrund meiner vielen ECTS Punkte aus dem Studium, die in meinem Bundesland wertlos waren, sogar noch ein drittes Fach angeboten. Da ich Quereinsteigerin war, durfte ich aber „nur" zwei Fächer haben, musste also aus den dreien zwei wählen. Einfach fantastisch- ich wählte Bio und Chemie auf Gymnasium.

Nun musste man das Studienseminar wählen. Dazu durfte man in einer Liste eine Rangfolge von drei bevorzugten Seminaren angeben, ohne Garantie freilich, diese auch zu bekommen. Meine Auswahl fiel auf die, welche meinem künftigen Wohnort am nächsten lagen, und das waren zwei. Paradoxerweise war das verkehrstechnisch schlechter erreichbare für die Schulen in meinem Wohnort zuständig. Da ich täglich zur Schule und prozentual weniger zum Studienseminar zu pendeln hätte, wollte ich die Wegstrecken möglichst kurz halten, zumal ich mit öffentlichen Verkehrsmitteln unterwegs bin. Und das hat verschiedene Gründe: Zum einen unterstütze ich als Biologin aus ganzem Herzen den Umwelt- und Klimaschutz. Auch wenn es nur ein Auto weniger ist, das Stickoxide in die Luft pustet: es ist ein kleiner Beitrag. Zum anderen habe ich mich noch nie von einem Auto abhängig machen wollen. Was, wenn morgens der Motor nicht anspringt? Ich in der Dunkelheit, wenn es Elternabende oder Wintermorgen gäbe, ja nicht gut sehen kann? Meine Augen waren schon zweimal operiert worden. Und die Kosten für Sprit, ggf. Reparaturen, Versicherung. Auch in den USA, wo ich lange Zeit gelebt habe, war ein Auto nie Bestandteil meines täglichen Lebens gewesen. Hinzu kam, dass mein US-Führerschein in Deutschland nicht anerkannt und damit ungültig war, außerdem war ich das vergleichsweise aggressive Fahrverhalten auf deutschen Straßen nicht gewöhnt! Mit öffentlichen Verkehrsmitteln müsste es doch auch gehen. Theoretisch.

Ich telefonierte mit dem Studienseminarleiter, der für Schulen in meinem Ort zuständig war, und der stellvertretende Studienseminarleiter notierte sich schon mal meinen Namen, da er mich an die im Ort befindliche Schule, die zudem Bedarf in meinen Fächern hatte, zuteilen würde. Das war sehr nett. Doch es kam anders: Trotz bester Noten erhielt ich das andere Seminar, das NICHT für meinen Ort zuständig war. Wie ich später erfuhr, war diese Entscheidung sehr kurzfristig gefallen, denn der Leiter der Schule im Ort hatte mich bereits erwartet und war enttäuscht, dass das nun nicht klappte. Stattdessen wurde ich einem Gymnasium zugewiesen, das per Luftstrecke 16 km von meiner Wohnstätte entfernt liegt. Das schien zunächst machbar.

Der Entscheid kam kurz vor Weihnachten und Ende Januar sollte das Ganze in Vollzeit beginnen. Zum Glück blieb mir der Stress erspart, nun innerhalb von vier Wochen eine Wohnung finden zu müssen. Und ich organisierte den Umzug. Aber für mich bedeutete es, ein komfortables Leben allein zu wohnen aufzugeben. Würde das funktionieren mit meiner Mitbewohnerin? Noch dazu mit einer mit Demenz?

Ich zog um- und war furchtbar unglücklich. Wie sehr vermisste ich meine geliebte Altbauwohnung mit den hohen Wänden, Stuckatur und die Großstadt! In wenigen Minuten war ich mit der Tram überall gewesen: Spa, Oper, Shopping Mall, Ärzte, Freunde. Hier fühlte ich mich zunächst wie auf einem anderen Planeten. Hinzu kam, dass ich lange brauchte, bis mein Mobilar stand und die Kartons ausgepackt waren. Einige erst zwei Jahre später. Es war Winter, und ich war es nicht gewohnt, dass es jeden Tag regnete, ja, geradezu schüttete. Es war kalt, windig- auch das war neu für mich, und zwischendurch waren die Straßen vereist. Tag für Tag sah man keine Sonne, es schien als wäre ich in ein weit entferntes Land umgezogen. Und meine Mitbewohnerin entpuppte sich als eine Katastrophe für mich.

Es folgte der Beginn in Niedersachsen mit Lehramt für Gymnasium:

Ich probierte zunächst die Strecke im Vorfeld aus, und es zeigte sich: Ich musste mit dem Bus zum

Bahnhof. Dort fuhr in größeren Abständen ein Zug zu dem Ort, wo das Gymnasium liegt. Vom Bahnhof musste ich einen Feldweg laufen, für den ich 40min brauchte, bei Regen oder Schnee und Eis noch länger. Da ich mein Referendariat im Wintersemester begonnen habe, hieß das oft, dass der Feldweg nur mit Mühe begehbar, ja eine einzige Matschpiste war. Also probierte ich, als die Schule begann, eine Reihe von Busverbindungen. Doch die Anschlussfahrten waren mit max. 2min Umsteigezeit so knapp bemessen, dass ich den Anschluss unverschuldet immer verpasste und dann auf die Schnelle ein Taxi rufen musste- was im ländlichen Teil Niedersachsens dauern kann und zudem sehr teuer war. Denn das Einkommen im Referendariat ist nicht üppig, und wer sich etwas hinzuverdienen will, darf das nur wenige Stunden, was obendrein genehmigungspflichtig ist. Die Variante mit dem Zug zweieinhalb Stunden vor Schulbeginn war da noch die zuverlässigere, aber das extrem frühe Aufstehen und der Feldweg auf Dauer keine Option. Also fragte ich später im Kollegium. Ja, es gab Kolleg*innen und Kollegen, die in demselben Ort wie ich wohnten, aber zu anderen Zeiten Dienst hatten, am anderen Ende wohnten oder sonstige Gründe hatten, dass es nichts mit einer Mitfahrgelegenheit wurde.

Aber der Reihe nach. Im Vorfeld erhielt ich auch schon Post von der Schule. Ein Junglehrer, der für die Betreuung von Referendar*innen und

Referendaren zuständig war, bat mich um ein Foto für den Schaukasten der Schule. Er würde mich ab Schulbeginn auch „betreuen“ und hatte das Fach Chemie mit mir gemeinsam. Bei der Schulführung zeigte er mir die Sammlung, die alle naturwissenschaftlichen Geräte, Chemikalien und Proben enthält- und diese war unglaublich! Mehrere große Räume waren vollgestopft mit fast allem, was sich ein Naturwissenschaftler nur wünschen kann. Als wir bei den Gasflaschen vorbeikamen, fragte ich ihn, wie man diese bediene. Und ungläubig gab er wieder: „Was, du weißt nicht mal, wie man eine Gasflasche bedient?“ Er zeigte mir das in Sekundenschnelle, und ich bekam nichts mit. Auf meine Bitte, das nochmal langsam „zum Mitschreiben“ zu wiederholen, meinte er nur von oben herab: „Wieso das denn, er habe es mir doch gerade gezeigt!“ Mir taten seine Schüler*innen und Schüler leid, sollte er mit ihnen genau so umgehen wie mit mir. Dass der Kollege keine Hilfe wurde, liegt auf der Hand. Im Gegenteil, er drängte mich mit einem Plan, nach dem ich gleich jetzt alle Unterrichtsbesuche der nächsten anderthalb Jahren einzutragen hätte- wie sollte ich wissen, welche Klassen ich dafür auswählen würde? Sowas entwickelt sich mit der Zeit, wenn man die Klassen kennengelernt und ein paar Stunden unterrichtet hat. Ich füllte nichts aus, und er lag mir damit ständig in den Ohren. Er erzählte, dass er in der Stadt wohne, wo meine Seminare stattfanden, und ich fragte ihn, ob ich bei Seminarveranstaltung mit ihm mitfahren könne, da es mit öffentlichen Verkehrsmitteln sehr schwierig sei – und er sagte schlichtweg: nein! Zum Glück war er nicht mein Mentor in Chemie, das war eine kompetente und sehr nette Kollegin, die aber in sämtlichen Gremien saß und kaum Zeit für mich hatte. Sie stattete mich mit Schulfilmen für die Chemie aus und empfahl, möglichst viel Zeit in der Sammlung mit der Erprobung von Experimenten zu verbringen, das habe sie damals im Referendariat auch so gemacht. Als ich daraufhin einmal ein paar Freistunden in der Sammlung verbracht hatte, um mich damit vertraut zu machen, kam der Jungspunt, der mit der Betreuung der Referendar*innen und Referendare beauftragt war, aus einem der Chemie-Unterrichtsräume und fragte stolz, ob ich mitbekommen habe, wie super sein Unterricht laufe. Ja, und was meine Chemie-Seminarleitung betreffe: die kenne er ja, bei ihr sei er auch gewesen, seine Frau sei jetzt ebenso bei ihr, und sie zerreiße so ziemlich jeden bei ihren Besuchen, darauf könnte ich mich schon mal einstellen. Er und seine Frau natürlich hätten keine Probleme mit ihr gehabt. – In mir stieg die Angst hoch und ich nahm mir vor, sie ganz zuletzt zum Unterrichtsbesuch einzuladen.

In meinem anderen Fach, Biologie, hatte ich sehr viel Pech mit meiner Mentorin. Ein älteres Fabrikat, das kurz vor dem Ruhestand stand und zu jeder Unterrichtsstunde Biologie von mir einen kompletten Verlaufsplan verlangte! Ich fragte unter meinen Mitrefs nach, ob ihnen das auch abverlangt würde: aber nein, ich war die einzige. Als ich diese Oberbefehlshaberin damit konfrontierte, erwiderte sie, das sei ja was ganz Neues, bei ihr hätte ich das gefälligst anzufertigen!

Und es formierte sich bei mir erstmals der Gedanke, hier auszusteigen.

Hilfe hatte ich in der Schule kaum. Es gab eine Mitref, die mit geisteswissenschaftlichen Fächern kurz vor ihrer Prüfung stand und zitterte, diese zu bestehen, denn ihre Vornoten waren alles andere als gut. Sie unterrichtete mittlerweile auf Anraten der Schulleitung sogar noch extra Stunden, um „mehr Übung“ zu bekommen, doch diese Zeit fehlte ihr natürlich für die Prüfungsvorbereitung. Würde sie diesen Rat ausschlagen, wäre man ihr weniger wohlgesonnen, da sie „Ratschläge ablehne“. Ein Teufelskreis. Wir Mitrefs saßen alle an einer Ecke des Tischs, dem Katzentisch, und man bekam mit, wie es bei den anderen lief. Außer zu dieser einen Mitref gab es jedoch zu und von meiner Seite kaum Kontakt- man sagte „hallo“. Und das war‘s auch oft schon. Jeder war mit sich selbst beschäftigt, hatte über alle Maßen zu tun.

Mit den Schüler*innen und Schülern kam ich gut zurecht, und ich erfreute mich offenbar einer gewissen Beliebtheit. Das war aber auch nicht verwunderlich, wenn man den Unterricht meiner Bio-Mentorin vor Augen hatte: Der war zwar fachlich und organisatorisch gut, aber sie hatte eindeutig Schüler*innen und Schüler auf dem Kieker und behandelte nicht alle gleich. Diese Ungerechtigkeit war mir zuwider, und wenn ich in ihrer Anwesenheit unterrichten musste, war ich zu den von ihr benachteilgten Schüler*innen und Schülern besonders nett.

Und die Schüler*innen und Schüler waren anders als ich zu Beginn natürlich geübt im Schulalltag mit Routinen und Ritualen. Als ich meine erste Stunde halten wollte, standen einige. Ich bat darum, sie mögen sich doch bitte setzen, und pflichtbewusst erwiderten sie: „Nein, die anderen müssen aufstehen, wir müssen Sie doch erst einmal begrüßen!“

Nicht einfach allerdings hatte ich es mit den Namen der Schüler*innen und Schüler: Viele von ihnen hatten doppelte Vornamen, manche auch drei Vornamen und bis zu zwei Nachnamen. Als der Pädagogik Seminarleiter mich nach zwei Wochen besuchte und ich noch nicht alle Namen komplett verinnerlicht hatte, machte er mir das zum Vorwurf. Mit dem lächerlichen Vergleich, der Studienseminarleiter hätte ja auch alle 20 Namen von uns Referendar*innen und Referendare innerhalb der ersten Woche erlernt- doch ich musste nicht die Namen von 20 Personen, sondern von 120 erlernen, dazu noch oft in doppelter Version. Das gab ich ihm auch zurück, und er sah mich mit Unverständnis an.

Dieses Gymnasium schien mir ein Ort der oberen Schichten zu sein, was sich nicht nur in der Namensgebung von Aegidius-Emilius bis zu Chantal-Fleur ausdrückte; viele der Eltern waren Ärzte oder Rechtsanwälte, und die Antworten der Schüler*innen und Schüler legten ein wohlhabendes Zuhause nahe. Als wir im Biounterricht zu Beginn des Halbjahres die vorgeschriebene Wiederholung von Gefahren im Alltag und Unterricht durchnahmen, kam zum Stichwort „Gifttiere“ gleich der „blaugeringelte Oktopus“ Australiens. Die Schülerin, die den korrekten Beitrag geliefert hatte, merkte meine Überraschung und fragte zurück: „Fahren Sie denn etwa nicht wie wir jeden Sommer nach Australien in den Urlaub?“ Nein, das tue ich nicht. Und wie froh war ich, als ein Schüler aus weniger wohlhabendem Hause fast beschämt ein verrostetes Fahrrad erwähnte.

Was das Studienseminar angeht, meinte ich zunächst Glück zu haben: Die Mitrefs waren ok, ein überschaubares Grüppchen von etwa 20 Leuten, es gab Quereinsteiger*innen und Quereinsteiger mit ähnlichen Lebensumständen wie meinem: immer wieder befristete Arbeitsverträge und keine Sicherheit im Beruf. Mit einer Mitref in meinem Alter freundete ich mich sofort an. Wir würden privat Englisch miteinander sprechen, weil wir diese Sprache die meiste Zeit in unserem Leben vorher gesprochen hatten. Und als Quereinsteiger*innen waren wir beide verloren, als es darum ging, wie viele UB und GUB- wir hatten keine Ahnung, was das war- zu leisten sein würden.

Dem Seminar vorangestellt war ein freundlich auftretender Studienseminarleiter mit seinem stillen Adjutanten. So der erste Eindruck. Letzterer war mein Pädagogik-Seminarleiter! Jener, der mich später wegen der Namen kritisiert hatte. Der „stille Adjutant“ war einst Lehrer an dem Gymnasium gewesen, dem ich zugeteilt war, und erst seit Kurzem am Studienseminar tätig. Im Laufe der Orientierungswoche und folgenden Pädagogik Seminare lernte ich ihn als Paragraphenreiter kennen, dem jegliche menschliche Regung abhanden gekommen war. Das wurde mir von Kolleg*innen und Kollegen, die nicht zu seinem unmittelbaren Freundeskreis am Gymnasium zählten, bestätigt: Arrogant sei er geworden, bieder, halte sich für was Besseres. Und den hatte ich als Seminarleiter in Pädagogik!

Die Seminarleiterin in Chemie hatte ich bereits erwähnt. In ihren Seminaren wirkte sie freundlich und verständnisvoll, sagte sogar zu, als ich um eine Hospitation bei ihr bat; aber man hatte das Gefühl, dass ihre Stimmung auch sehr schnell umkippen konnte. So erlebte ich sie auch in ihrem eigenen Unterricht, einer Oberschul-Klasse, und war nicht sonderlich beeindruckt.

Glück hatte ich immerhin mit meinem Seminarleiter in Biologie, der als einziger auch unsere Doktortitel nicht vergaß. Nicht, dass ich darauf bestehe, selbst wenn er im Pass eingetragen ist und als Namensbestandteil gilt: In der Regel wurden jegliche Zusätze im Schulleben unterschlagen. Und wie ich später lernen sollte, hauptsächlich von Vorgesetzten, die KEINEN Doktorgrad aufzuweisen hatten! Dieser Seminarleiter aber war vor allem kompetent UND freundlich.

Der Studienseminarleiter machte sich nach einer ersten freundlichen Einschätzung alle Sympathien mit einem Schlag zunichte, als er uns bei nicht enden wollenden Seminaren das Trinken von Wasser und Tee verbat. Ein Mitref, der ihm darauf erklärte, das könne er nicht, er habe ein Nierenleiden, erntete nur Schulterzucken. Das habe etwas mit Respekt zu tun! Und das sagte er uns erst am vierten Tag! Die anderen drei Tage vorher hatten alle ihre Flasche Wasser oder Tee auf dem Tisch, und er sagte nichts. Wir waren schockiert. Hatten wir ihn so falsch eingeschätzt? In der nachfolgenden Zeit würden wir ihn als launisch erleben- und er verbot uns, Negatives zu berichten! Er fragte uns also nach unseren ersten Eindrücken, nach unseren weiteren Erfahrungen in der Schule – und es waren nur *positive* Wortmeldungen erlaubt – und keiner meldete sich! Es ist doch klar, dass man sich am Anfang erst orientieren muss, das ein oder andere noch nicht rund läuft. Ab diesem Moment war er für uns alle unten durch.

Und das Pendeln im ländlichen Raum Niedersachsens klappte nicht. Die Bahn hatte immer wieder Verspätung, und zweimal kam ich deswegen auch zum Studienseminar zu spät. In der Schule hatte die Stundenplanerin kein Verständnis und sagte lapidar: „Andere schaffen das doch auch!“ Daraus ergab sich für mich die Schlussfolgerung:

*Ohne Auto kann man in Niedersachsen keine Lehrer*in und kein Lehrer werden!*

Entsprechend sagte mir der Studienseminarleiter: „Sie müssen doch mobil sein!“ Und ich erfuhr, dass es nicht nur die Schule und die Veranstaltungen der drei Seminarleiter gab; nein, wir waren verpflichtet, sogenannten „Mitschauen“ beizuwohnen und selbst eine (wenn nicht mehrere) zu halten. Die Termine mit Fach wurden uns per mail mitgeteilt. Dazu hatte man die Lehrkraft, die eine Mitschau anbot, vorher um Erlaubnis der Teilnahme zu bitten, um zu verhindern, dass es zu viele Leute gab, die im Unterrichtsraum unterzubringen waren. Das hatte das Seminar zumindest gut durchdacht und man hatte in gewisser Weise Spielraum, sich die Orte der Schulen ein wenig aussuchen zu können. Aber das bedeutete in jedem Fall Reisen, was in diesem ländlichen Raum mit öffentlichen Verkehrsmitteln nicht machbar ist. Es gab sogar Schulen, die in einem Dorf liegen, das ohne Bahnhof und regelmäßiger Busverbindung ist. Und ich sah alle Felle davon schwimmen. Der

Studienseminarleiter meinte dazu kurz: „Bilden Sie halt Fahrgemeinschaften!“ Diese funktionieren jedoch nicht, wenn Leute weit verteilt tätig sind. Ich hatte das Glück, dass immerhin zwei meiner Mitrefs eine Teilstrecke in meine Richtung fuhren. Danach musste ich mit der Bahn und dem Bus weiter, ab 20 Uhr fährt in unserem Ort jedoch kein Bus mehr. Und so musste ich von dem eh mageren Referendariatsgehalt öfters ein Taxi bezahlen. Und kam spät nach Hause, musste den Unterricht noch für den nächsten Tag vorbereiten, womöglich noch für die Biologie-Mentorin Konzepte erstellen. Das Ganze wurde zu einer einzigen Misere.

Und das Unverständliche: Eine Mitref, der nur ein einziges Fach anerkannt worden war, befand sich mit mir im Studienseminar- und ihr war eine Schule in meinem Wohnort zugewiesen worden! Und zwar die Schule, an die ich ursprünglich hätte kommen sollen. Und von ihr erfuhr ich, dass der Schulleiter mich bereits erwartet hatte und am Ende enttäuscht war, leer ausgegangen zu sein. Das verstehe, wer wolle!

Ich wagte dennoch einen ersten Unterrichtsbesuch, und zwar bei dem Pädagogen. Dieser hatte uns versichert, dass er zum ersten Besuch „nur mal vorbeischauen“ werde, wir müssten außer einem Zeitplan nichts dazu erstellen. So wählte ich eine untere Klasse in Chemie, und wir vereinbarten einen Termin. Der Beginn der Stunde gestaltete sich so gar nicht nach Plan, denn es kam eine schluchzende Schülerin knapp vor dem Klingeln zurück. Sollte ich das Kind etwa unbeachtet lassen? Ich sprach daher zuerst mit dem Mädchen und erkundigte mich, was passiert sei- dann eröffnete ich die Stunde mit ganzen zwei Minuten Verspätung. Oh, ein RIESENFEHLER in den Augen des Pädagogen! Ich hätte zwei Minuten später begonnen, das sei unverzeihlich, und es hagelte nichts als Kritik an allem. Kein einziges gutes Wort. Er ging sogar so weit zu sagen, wenn ich das und das getan *hätte* – was ich ja nicht getan habe!- wäre auch das unverzeihlich, und ich fragte mich, ob er anfing, Realität mit Fantasie zu vermischen. Und danach war ich bedient. Das „nur mal vorbeischauen" war das reinste Fiasko gewesen, und Kolleg*innen und Kollegen, denen ich das an der Schule erzählte, fühlten sich in ihrem Bild über den Ex-Kollegen bestätigt.

Und spätestens hier war mir klar: Ich steige aus. Ich rief die zuständige Dezernentin an und erklärte ihr meinen Austritt. Ich wollte nur eins: Weg von hier. Abbrechen. So ging es nicht weiter!

Die Dezernentin leitete also meinen Austritt ein, und ich erhielt einen Termin von der Schulleitung, mit der ich daraufhin nochmal telefonieren sollte. Der Schulleiter, den ich bisher abgeschirmt von Konrektor*innen / Konrektoren und Sekretär*innen / Sekretären auf seinem

Olymp fast niemals vor Gesicht bekommen hatte, mutmaßte bestürzt, dass offenbar eine Menge schief gelaufen sein müsse und wollte wissen, ob ich noch umzustimmen sei. Ich erzählte ihm von dem Jungspunt, der uns Referendar*innen und Referendare betreut, dem Feldweg und den schlechten Verkehrsverbindungen. Und nein, ich wollte nicht zurück! Ich suchte mir in Hamburg eine Stelle freiberuflich in der Erwachsenenbildung und hatte einen Plan B: Im Sommersemester würde ich mich nochmals neu bewerben, diesmal jedoch zum Studienseminar in dem Ort, in dem ich wohnte- und das bedeutete Lehramt für Haupt- und Realschule.

Doch keine zwei Wochen später kam Corona. Man hörte nun Christian Drosten in Podcasts mit Updates zum Coronavirus, Stoffmasken in verschiedenen Farben und Mustern würden bald zunehmend den Markt erobern, die Schulen schlossen, und auch meine Tätigkeit in der Erwachsenenbildung fiel weg. Ich bereute meine Entscheidung nicht, doch war jetzt alles unsicherer als je zuvor. Wie würde es weitergehen? Erst mal war ich arbeitslos und lebte mit einer zunehmend aggressiven dementen Alten, die mir immer wieder bedeutete, es sei ein Fehler, dass ich dort eingezogen sei. Aber das konnte ich nun nicht mehr ändern! Nebenbei bemühte ich mich, die nicht geringe Kaution meiner Wohnung vorher von einigen tausend Euro zurückzuerhalten, die die ehemaligen Vermieter nicht herausrücken wollten. Eine nervenaufreibende Zeit! Ich bewarb mich dann wie geplant zum Sommersemester zum Studienseminar in meinem Ort- und erhielt keine Antwort. Ich rief schließlich in den oberen Etagen an und fragte, ob ggf. etwas schief gelaufen sei bzw., ob ich noch eine Nachricht bekäme oder diese vielleicht verloren gegangen sei. Der Dezernent meinte freundlich, der Prozess habe sich verzögert und sei noch am Laufen, es könne sehr gut sein, dass ich noch einen Bescheid erhalte. Und ich wurde genommen!

Mittlerweile hatte ich als gebranntes Kind entgegen meiner inneren Überzeugung Fahrunterricht genommen und legte noch in der Einführungswoche meines neuen Refs im Sommer meine Fahrprüfung ab. Zumindest hatte ich damit schon mal den Führerschein aus Ersparnissen und war zu über 2000euro ärmer. Die Kaution meiner vorherigen Wohnung sollte ich erst zwei Jahre später per Rechtsanwalt zurückerhalten.

1.2. Luisa: Einstieg im Hürdenlauf

Luisa: Direkt nach dem Abitur wollte ich Lehrerin werden. Ich begann mein Lehramtsstudium für Grundschule mit den Fächern Sport, Deutsch und Sachunterricht und brach dieses noch im ersten Semester ab. Das Leben kam dazwischen. Mein Vater erkrankte unheilbar an Krebs. Meine heile Welt brach zusammen. Ich brach das Studium ab, weil ich es nicht ertrug nicht bei meiner Familie sein zu können. Es war eine Bauchentscheidung, die lediglich mein Vater unterstützte als er mir am Telefon sagte „Komm nach Hause!“ Ich zog wieder bei meinen Eltern ein, absolvierte ein Praktikum bei einer Zeitung und begann dann ein Germanistik- und Geschichtsstudium in einer anderen Stadt. Während dieses Studiums verstarb mein Vater, ich brach mein Studium erneut ab und war erneut auf der Suche nach meinem Weg. Ich blieb in der Stadt wohnen, blieb immatrikuliert und sah mir Vorlesungen aus den verschiedensten Studiengängen an. Dann studierte ich Biologie.

Ich beendete den Studiengang erfolgreich, arbeitete im Anschluss in der Forschung bis ich in die Auftragsforschung wechselte. Vor der Geburt meines Kindes war ich als Projektmanagerin für die Umweltuntersuchungen von Offshore-Projekten verantwortlich. Eine spannende Aufgabe.

Während der Elternzeit traf ich eine Schulfreundin, mit der ich gemeinsam das Lehramtsstudium absolvieren wollte. Sie wurde Lehrerin – allerdings verschlug es uns nach dem Abitur in unterschiedliche Städte. Wir sprachen über die Zeit nach der Elternzeit und ich wusste nicht, wie ich meinen Job in der Offshore-Branche in einer Großstadt mit meiner Familie auf dem mittlerweile weit entfernten Land vereinbaren konnte. Meine Freundin erinnerte mich an meinen Wunsch: „Du wolltest doch immer Lehrerin werden! Jetzt hast du die Chance! Schau dir das doch einmal an!“ Und so kam es auch: Meine Freundin rief ihren Schulleiter an, ich stellte mich telefonisch bei dem Schulleiter vor, hatte wenige Tage später ein Vorstellungsgespräch, wenige Wochen danach absolvierte ich ein Praktikum, bewarb mich bei dem Land Niedersachsen für den direkten Quereinstieg und kündigte meinen unbefristeten Job.

Aufgrund meines Biologie-Studiums mit einem Vordiplom in Chemie und Physik konnte ich mir lediglich Chemie oder Physik als 2. Unterrichtsfach anrechnen lassen. Diese naturwissenschaftlichen Fächer werden jedoch erst ab der Sekundarstufe I unterrichtet. Das heißt: nicht in der Grundschule. Vermutlich wäre ich fachlich auch in der Lage, Sachunterricht in der Grundschule zu unterrichten. Nichtsdestotrotz fehlt mir ein Hauptfach. Als Grundschullehrer muss man nämlich auch eine Lehrbefähigung in Mathematik, Deutsch oder Englisch aufweisen. Aus diesem Grund verschlug es mich nach meinem 20-jährigen Umweg nicht an die Grund- sondern an eine weiterführende Schule, und ich würde das Referendariat (in Biologie und Chemie) in Teilzeit, also über 2 Jahre statt der 1,5 Jahre ableisten.

1.3. Yasmin: Eine echte Lehramtsstudentin!

Yasmin: Ich hatte sieben Jahre auf Lehramt für Grundschule erfolgreich studiert und wollte nun mit dem Ref in Vollzeit den Abschluss anstreben. Und danach als Lehrerin für Deutsch und Sachunterricht arbeiten.

1.4. Christiane: Warum nicht Schule?

Christiane: Als ich nach einem langen Auslandsaufenthalt mit meiner Familie zurückkehrte, gab es für mich erst mal keine Stelle. Ich war zuvor als Biologin tätig gewesen, doch während mein Mann als Biologe versorgt war, blieb es mir verwehrt. Was man mir bot, waren befristete Vertretungsverträge in Vollzeit, was ich aufgrund meiner Familie so nicht wollte. Für solche Verträge gab es zudem zahlreiche Bewerber*innen und Bewerber- hatte ich da überhaupt eine Chance? Ich suchte also nach anderen Wegen, nahm eine Stelle in der Lernförderung in Hamburg an, und da es in den Medien hieß, das Land brauche dringend Lehrkräfte, entschied ich mich, das Ref nachzuholen und Lehrerin für Biologie und Chemie zu werden. Schließlich sah ich bei meinen eigenen Kindern, wie viel Unterricht ständig ausfiel, und ich wollte mich nützlich machen. Auf diese Weise käme ich zu einer festen Stelle und bräuchte mich nicht mit Vertretungsverträgen herumzuschlagen. In meiner Stadt befindet sich günstigerweise ein Seminar für Real- und Hauptschule, und dort wollte ich mein Ref ableisten und danach vor Ort an einer Schule einsteigen.

2. Beginn in Niedersachsen für Lehramt an Haupt-und Realschulen bzw. Grundschule

Hannah: Ich freute mich, als es endlich los ging. Diesmal sollte es klappen, zumindest sprach rein äußerlich nichts dagegen: Ich hätte Schule und Seminar in meinem Wohnort und würde nicht wie vormals so viel Zeit nur mit Pendeln verbringen. Und hatte ich zu Beginn Regen, Regen und nochmals Regen in Niedersachsen kennengelernt, knallte nun erbarmungslos die Sonne auf uns hernieder. Da ich einen Garten zu versorgen habe, lernte ich damit schlagartig den Regen bis auf Weiteres schätzen. Auch wenn ich später hier Sturmböen – und fluten mitbekommen musste, freute ich mich zumindest über Regen, wenn es zu keinen Überschwemmungen kam.

Gespannt machte ich mich auf den Weg zum ersten Tag der Einführungswoche. Anders als im Studienseminar für Lehramt Gymnasium war die Anzahl der Anwärter*innen und Anwärter hier deutlich höher. Das war auch verständlich, gab es doch neben Anwärter*innen und Anwärtern für Haupt- und Realschule auch solche für Grundschule! Wir saßen also in großer Runde zusammen, und auch wenn mir nicht mehr alles ganz neu war- was ein UB war, wusste ich ja nun aus eigener Erfahrung- bewunderte ich diejenigen, die ein Lehramtsstudium abgelegt hatten und nun ganz genau Bescheid zu wissen schienen. Und so fragte ich unter meinen Mitrefs nach, wenn ich Fragen hatte, und bekam alles freundlich erklärt. So weit, so gut. Auch gab es die Möglichkeit, Zusatzqualifikationen zu erwerben, wofür in den ersten Tagen bereits kräftig die Werbetrommel gerührt wurde, nach dem Motto: Je früher, desto besser. Tatsächlich interessierte ich mich auch dafür, wollte mir nur zu Beginn nicht gleich zu viel aufladen.

Luisa: Die vorgeschaltete Einführungswoche am Studienseminar war nicht mit einer Orientierungswoche an der Uni zu vergleichen. Jedenfalls nicht mit meiner damals. Nach dem feierlichen Akt der Vereidigung und einer üblichen Vorstellungsrunde, wurde sofort inhaltsbezogen gearbeitet. Die Anwärter*innen und Anwärter um mich herum schienen dieser frontalen Wissensvermittlung gut folgen zu können. Da mir das Lehramtsstudium fehlte, fühlte ich mich wie in meiner ersten Mathevorlesung an der Uni….ich schrieb und schrieb, starrte auf meinen Collegeblock, schnappte Fachbegriffe auf, notierte diese und hoffte, dass ich zu Hause meine eigene Schrift noch lesen konnte. Mir war so sofort klar: ich muss mehr arbeiten als alle anderen.

Yasmin: Für mich war die Einführungswoche die Weiterführung von dem, was ich vorher gemacht habe. Ich hatte ja Lehramt studiert, die Begriffe waren mir nicht neu, und ich wusste, was mich erwarten würde. Es war aber in jedem Fall schön und spannend, neue Leute kennenzulernen.

Christiane: Für mich war das auch sehr viel Neues, und ich dachte, dass das ein bisschen viel Information war und ich keine Ahnung habe. Aber ich fand es tatsächlich sehr hilfreich. Ich hatte sogar einen Vorbereitungstag für Quereinsteiger, was ich gut fand, auch um die Mitstreiter*innen und Mitstreiter kennenzulernen. Zu sehen, wer da alles im gleichen Boot sitzt.

3. Erstes Semester

Hannah: Der Einstieg ins Seminar für Grund-, Haupt- und Realschule während der Einführungswoche gestaltete sich hier ganz anders als bei der Einführungswoche für Gymnasien: Jeder von uns wurde mit einer Rose begrüßt- statt angebellt, kein Wasser zu trinken. Wir durften Fragen stellen und sogar Kritik äußern. Ein ganz neues Gefühl. Hier waren Referendar*innen und Referendare für Haupt- und Realschule zusammen, ich lernte, dass es auch Oberschulen gibt, bei denen Schüler*innen und Schüler ihren Realschulabschluss erwerben können, diese Schulen aber leichter als Realschulen seien sollen – und es gab Referendar*innen und Referendare für Grundschule. Eine Mitref für Grundschule, Yasmin, sollte zu derselben Schule kommen wie ich, und wir freundeten uns sogleich an. Anders als ich hatte Yasmin den Durchblick, wenn es um UB, GUB etc. ging, denn sie hatte komplett auf Lehramt studiert. Besonders am Anfang fragte ich sie noch dies und das, was sie immer sofort kompetent beantwortete, und ich hatte das Gefühl, noch vieles lernen zu müssen.

Hier gab es ein bunteres, gemischtes Volk, Leute, die wie ich Quereinsteiger*in oder Quereinsteiger waren und wie ich jahrelang im Ausland gewohnt hatten. Ich war vor Ort, das Studienseminar war in meinem Wohnort und die stellvertretende Studienseminarleitung war so nett gewesen, mich auf mein Bitten ebenfalls an eine der Schulen in demselben Ort einzuteilen. Und da alles vor Ort stattfinden würde, ließ ich mir genehmigen, nebenher weiter in der Medizin zu arbeiten, was pro Woche weniger als zehn Stunden sein durfte. Jedenfalls war das besser als nichts. Und auch hier traf ich auf ähnliche Lebensumstände: befristete Verträge, keine Sicherheit im Beruf.

Vor Schulbeginn wurden Yasmin und ich zur Schulleitung gerufen, die uns eine „To do“ Liste zur Hand gab, was von Referendar*innen und Referendare an der Schule so erwartet werde. Dazu gehörten vor allem ehrenamtliche Aufgaben, und uns wurde nahegelegt, auch je eine AG zu leiten. Auch andere Fächer, sogenannte „Neigungsfächer“, die wir unterrichten könnten, wurden von uns dann im Sekretariat schriftlich abgefragt. Ich fragte mich langsam, was wir vielleicht noch alles zusätzlich zu leisten hätten.

Wir hatten das erste Pädagogik-Seminar und waren etwa sechs Neue. Einer der Seminar-Teilnehmer, der nicht zu den Neuen gehörte, Hans, unterrichtete ebenfalls an derselben Schule wie ich und machte Seiteneinstieg. Damit musste er nicht wie die meisten von uns das ganze Programm mit Staatsprüfung absolvieren, sondern erhielt am Ende nach wenigen Unterrichtsbesuchen ein ok, mit dem er an der Schule weiterarbeiten konnte. Als Seiteneinsteiger unterrichtete er wesentlich mehr Stunden als wir, würde aber später ein geringeres Bruttogehalt beziehen.

An diesem Tag ging es um Schulrecht und wir sollten ausgeschnittene Texte sortieren. Ich hatte das Gefühl, ich verstand kein Wort. Die Texte waren juristisch verfasst, ich musste sie zweimal lesen, und bevor ich überhaupt mit Lesen fertig war, hatten die alten Hasen schon längst alles sortiert. Mich erschlich ein Gefühl von Unbehagen, und ich fragte mich, ob ich das je schaffen würde. Die Gruppe war nett, und natürlich tauschten besonders wir Neuen uns untereinander aus, wer welche Fächer und Schule hatte und was wir vorher gemacht hätten. Die Mehrheit unter uns war Quereinsteiger*innen und Quereinsteiger.

Auch der Einstieg in die anderen beiden Seminare war positiv, die Teilnehmerzahl war hier geringer, besonders in Chemie. Ich schaute bewundernd zu den alten Hasen auf in Erwartung, was kommen möge. Immerhin waren die Themen nicht so wenig vertraut wie Schulrecht im Pädagogik-Seminar, und mit der Zeit wurde man auch in allen Seminaren routinierter- wir lernten wirklich eine Menge dazu.

Der Beginn an der Schule war nett: Yasmin und ich erhielten jeweils eine kleine Schultüte mit Schreibutensilien von der Schulleiterin. In Bio erhielt ich diesmal eine nette Mentorin, die etwas wehmütig ihre eigene Klasse, in der sie Klassenlehrerin und u.a. Biolehrerin war, an mich ausleihen musste. Sie war das ganze Gegenteil der Bio-Mentorin, die ich zuvor am Gymnasium gehabt hatte. Zwar waren beide einst auch als Quereinsteigerinnen an die Schule gekommen, aber meine jetzige war frei von

Forderungen und Besserwisserei. Sie ließ mich, was ich als sehr angenehm empfand, einfach in Ruhe. Sie wollte nicht Mentorin sein und war gegen ihre Überzeugung von der Schulleitung dazu berufen worden; und ich wollte nicht ständig Rechenschaft über Stundenplanung ablegen wollen und höchstens bei eigenen Fragen auf Mentor*innen / Mentoren zukommen. Wie man Schüler*innen und Schülern Freiraum bieten sollte, wünschte auch ich keine fachliche Überwachung. Es muss Raum zu eigenen Erfahrungen geben, und Mentor*innen / Mentoren können in dieser Hinsicht auch viel blockieren. So war diese Kombination sehr gut, wenn ich auch lieber auf Mentorenschaft verzichtet hätte. Die Atmosphäre war von gegenseitiger Wertschätzung geprägt, und sie half mir später sogar zweimal beim Transport meiner unzähligen Unterrichtsmaterialien bei den UB. Aber es wartete noch eine unangenehme Überraschung auf mich.

Mein Chemie-Mentor war leider eine *persona non grata*. Wie sehr wünschte ich mir, KEINE Mentor*in und keinen Mentor zugewiesen zu bekommen, und wenn überhaupt, sich selbst welche suchen zu dürfen! Seinem Aussehen entsprechend nannten wir ihn den „Kranich". Selbst Grundschullehrer, hatte er mit einer Weiterbildung die Befähigung für Chemie in der Realschule erworben. Ahnung aber hatte er keine. Sein Unterricht, in dem ich anfangs zweimal hospitieren durfte, glich eher einem Erdkundeunterricht als Chemie. Fachlich unsicher, wie er es war, glaubte ich kaum, einen solchen als Mentor und Teil der Schulleitung wahrnehmen zu können. Ich stellte ihn einmal auf die Probe und sagte: „Die Abbildung im Buch ist auch falsch." Und ließ die Aussage im Raum stehen. Natürlich war nichts daran falsch, aber er fiel sogleich darauf herein und pflichtete mir bei: „Ja, genau". Unter den Schüler*innen und Schülern galt er als großer Langweiler und war entsprechend nicht beliebt. Er hatte es aber zum Konrektor gebracht und leitete die Fachschaft Chemie. Und alles, was ich tat, war seiner Ansicht nach natürlich schlecht. Das einzige, was er mir im Unterricht zugestand, war Freundlichkeit- ich wäre „sehr freundlich zu den Schülern" (der Kranich verwandte wie einige andere Lehrkräfte keine Gendersprache; wir aber waren dazu im Seminar angehalten). Ich halte mein Verhalten für ganz normal und fragte mich, wenn das „sehr freundlich" sei, wie „normaler" Unterricht sein müsse. Einmal kam ich an einer Klasse vorbei, in der er gerade unterrichtete, und man hörte ihn schon von Ferne brüllen. Es sei zu laut, überall blubbere es, sie sollten aufhören, sofort! Das also war „normal".

In einer seiner Stunden, in denen ich anfangs hospitierte, ließ er eine Klassenarbeit schreiben. Meldete sich ein Schüler: „Können Sie mir sagen, was das mit der Aufgabennummerierung bedeutet? Da steht: 1., 2., 3., 3., 3., 3.". Darauf der Kranich: „Oh, da hab ich wohl gepennt!"

Nicht *per se* bösartig veranlagt, schien er jedoch öfters nicht bei der Sache zu sein.

Als langjähriger Lehrer war er von sich überzeugt, und so riet er mir, doch ein paar Stunden in der Grundschule, wo er ursprünglich herkam, zu verbringen, ggf. sogar ein ganzes Semester. Das war zwar ein gut gemeinter Vorschlag, und tatsächlich brachten Schüler*innen und Schüler einiges aus der Grundschule mit, was ich nicht kannte, z.B. die „Frühstückspause", aber ich wollte ja auch keine Grundschullehrerin werden. Sehr nervig allerdings war seine Haltung mir als Quereinsteigerin gegenüber, seine Vorbehalte und Überzeugung, dass man es bei entsprechender Vorbildung nicht schaffe. Immer wieder musste ich mir anhören, „wer es AUCH nicht geschafft habe", dass ich aufpassen müsse etc.

Yasmin: Wenn es um Mentor*innen und Mentoren geht, hatte auch ich eine Niete gezogen. Meine Mentorin in Deutsch durfte als Risikopatientin nicht zur Schule kommen, sie war über ein Semester gar nicht da. Ich durfte ihr zwar schreiben, habe aber so gut wie nie Rückmeldung erhalten. Und das ist ja das A und O bei Mentor*innen und Mentoren eigentlich, dass man Tipps bekommt, wie man sinnvoll unterrichtet. Als sie dann kam, war es noch schlimmer. Zu den Kindern war sie schrecklich, emotional kalt und machte alles, was ich lieferte, nur schlecht, bot aber keine

Verbesserungsvorschläge oder Alternativen. Es passte ihr einfach gar nichts, und sie machte die Seminarleiter*innen noch auf vermeintliche Fehler aufmerksam, die diese bei ihren UB gar nicht bemerkt hatten. Ich war in ihren Augen einfach nur „die Unfähige", und darüber verunsichert fing ich an, an mir selbst zu zweifeln.

Luisa: Als ich mir die Schule während meines Praktikums ansah, wurde mir auch Bernd vorgestellt. Bernd war der einzige Chemie-Lehrer an dieser Schule. Er war sehr kommunikativ und erklärte mir als erstes wie viel Geld er verdienen würde, wie wenig Arbeit er sich mache und dass es sich finanziell richtig lohnen würde, Lehrer zu werden. Das erste Aufeinandertreffen war bereits etwas *strange*, aber mir war bewusst, dass man nicht mit allen Kolleg*innen und Kollegen auf einer Wellenlänge sein würde, von daher konnte ich diese Begegnung schnell abhaken.

Als ich meinen Vorbereitungsdienst antrat, wurde mir Bernd als Mentor zugeordnet. Natürlich – es war ja niemand anderes an dieser Schule als Chemielehrer*in oder Chemielehrer tätig. Warum, sollte mir in den nächsten Wochen schnell bewusst werden.

Meinen betreuten Unterricht wollte sich mein Mentor nicht ansehen. Er war einfach abwesend und fuhr nach Hause. Er bekam diesen Unterricht bezahlt, hatte letztendlich auch die Verantwortung dafür – aber, er hatte in seiner für ihn „neu gewonnen Freizeit“ andere Pläne. Für mich war das so frustrierend. Wie sollte ich denn ohne einen Mentor lernen, wie der Unterricht auszusehen hat? Im Normalfall schaut man sich 2-3 Wochen den Unterricht bei seiner Mentor*in / seinem Mentor an, übernimmt diesen dann und erhält nach jeder Stunde ein Feedback. Ich sprach meinen Mentor an und bat ihn darum, dass ich mir seinen Unterricht gerne ansehen wolle. Da wies er mich zurück und meinte: „Ich mach dir deinen Unterricht nicht!“ Ich war neu im Kollegium, wollte dieses Problem zunächst selbst klären und nicht direkt zur Schulleitung laufen. Ich suchte erneut das Gespräch mit Bernd und bat ihn nochmals darum, mir seinen Unterricht ansehen zu können. Diesmal wies er mich zurück mit den Worten: „Am besten betest du einmal. Gott wird dir dann schon helfen!“ Danach suchte ich das Gespräch mit der Schulleitung und erklärte die Situation. Der Schulleiter wollte das Gespräch mit dem Mentor suchen und meinte wenige Tage später, dass Bernd nun in meinem betreuten Unterricht anwesend wäre und ebenfalls einige Stunden als Lehrkraft übernehmen würde. Ich war zunächst erleichtert. Später begegnete ich Bernd auf dem Flur. Ich sprach ihn an und meinte freundlich, dass ich mich sehr freue endlich seinen Unterricht ansehen zu können, worauf er meinte: „Das wollen wir ja mal sehen!“. Als Bernd auch in der nächsten Woche fernblieb, ging ich erneut zur Schulleitung und forderte meinen betreuten Unterricht ein. Erst daraufhin sollte ich in den Genuss kommen, dass mein Mentor dann auch „da war“ und ich etwas lernen konnte. Bernd war ein schräger Typ. Es sprach sich schnell im Kollegium rum, dass er seinen betreuten Unterricht einfach „schwänzte“, immer mehr Kollegen kamen auf mich zu und erzählten mir ihre merkwürdigen Stories. Er hielt nichts von Frauen, ließ es die Mädchen im Unterricht spüren und ließ öfter diskriminierende Kommentare fallen. Es hagelte Beschwerden der Eltern. Keine Konsequenzen. Dann verstarb die Oma einer Schülerin, die weinend in seinem Unterricht saß und er meinte zu ihr: „Dann hättest du mehr für deine Oma beten müssen!“ Keine Konsequenzen. Außerdem gab es mehrere Aussagen, die mit dem 2. Weltkrieg in Verbindung standen. Ich hörte einmal selbst, wie er seine Schüler antrieb, in den Chemie-Raum zu gehen. „Nehmt euch ein Beispiel an euren Großvätern, die konnten auch schnell in den Krieg ziehen.“ Es gab keine Konsequenzen. Die Schulleitung deckelte dieses Verhalten. Noch Monate vor dem Ausbruch der Corona-Pandemie fing er an, mich mit irgendwelchen Verschwörungstheorien zu bequatschen. Zu

Beginn hörte ich mir das an, und dann wiegelte ich nur noch ab...

Während der Pandemie versuchte er die Kinder dazu zu überreden, ihre Masken abzusetzen. Eltern beschwerten sich. Keine Konsequenzen.

Auch als eine Kollegin ihn anzeigte, durfte er weiterhin an unserer Schule unterrichten. Bernd stiftete Abschlussschüler an, das Auto einer Kollegin mit Seife o.ä. einzuschmieren.

Während meines ersten Biologie-Fachseminars vertraute ich mich meinem Seminarleiter an. Ich war ziemlich verzweifelt und wusste nicht, wie ich mit dem Verhalten und dem Verweigern von Bernd umgehen sollte. Es war nicht in meinem Sinne, den Schulleiter einzuschalten und mich zu beschweren – aber anders kam ich nicht zu einem betreuten Unterricht. Nachdem ich meinem Seminarleiter die Situation geschildert hatte, fragte er mich nach dem Namen meines Mentors. Als ich ihm diesen nannte, wusste mein Seminarleiter Bescheid. Bernd war ein ehemaliger Kollege, der bereits von mehreren Schulen „gehen musste" und nicht verbeamtet wurde. Es gab auch an den anderen Schulen mehrere Vorfälle. Dieses Gespräch bestärkte mich darin, dass ich mich weiterhin um einen betreuten Ausbildungsunterricht bemühte und ich mich nicht als „zart besaitet" abstempeln ließ.

Bei einem weiteren Gespräch mit der Schulleitung wurde ich nämlich belächelt für meinen Wunsch, Unterricht ansehen zu dürfen. Ich wurde dafür belächelt, dass ich anmerkte, dass man keine Experimente durchführen könne, wenn man die Chemikalien nicht fachgerecht entsorgen kann. Außerdem erzählte mir der Schulleiter ganz stolz, dass er wisse, dass Bernd speziell ist, ihn aber nehme wie er sei und er sich niemals seine Akte durchgelesen hätte. Wenn das tatsächlich die Wahrheit gewesen ist, dann ist das mit Sicherheit nichts, worauf man stolz sein könnte, finde ich.

Während der Corona-Pandemie wurde der Chemie-Raum aufgrund seiner Größe als Klassenraum genutzt. Die Tür wurde mit einem Holzkeil aufgehalten, weil die Sicherheitstür nicht von alleine offen stand. Es unterrichteten also verschiedene Kolleg*innen und Kollegen in diesem speziellen Raum und ließen die Schüler*innen und Schüler auch in diesem Raum alleine. Eigentlich ein Unding. Natürlich funktionierten die Gas- und Stromanschlüsse nicht, aber in diesem Raum waren Chemikalien verbotenerweise für die Schüler*innen und Schüler frei zugänglich. Ich suchte das Gespräch mit Bernd, der gleichzeitig Fachbereichsleiter und Sicherheitsbeauftragter an der Schule war. Bernd lächelte meine

Bedenken weg. „Ach da wird schon nichts passieren!“ Da die Schulleitung letztendlich die Gesamtverantwortung trug, informierte ich diese darüber, dass die Schüler*innen und Schüler nicht unbeaufsichtigt in diesem Fachraum sein dürften und dass sich hier Chemikalien in den Schränken befanden. Erstaunlicherweise wurde gehandelt. Der Chemie-Raum wurde nicht mehr als Klassenraum genutzt, und Bernd musste die Chemikalien wegräumen. Der Physik-Kollege kam auf mich zu und meinte: „Endlich passiert mal etwas!“ Als ich dann kurze Zeit später wieder im Chemie-Raum war, wollte ich mich selbst von der Aufräum-Aktion überzeugen. Und tatsächlich: die Chemikalien waren nicht mehr in dem Schrank. Also zumindest nicht an der Stelle, wo sie vorher zu finden waren. Bernd hatte sie einfach einen Schrank höher verstaut, in einen Schrank ohne Glastüren und welcher nur mit Stuhl erreichbar war. Es wunderte mich gar nicht. Ich verfolgte diese Geschichte aber nicht weiter, weil ich – auch weil an mehreren Stellen die Decke in der Sammlung einstürzte, Wasser durch die Decke kam und einfach nichts mehr funktionierte – beschloss, in diesem Raum keinen Unterricht mehr durchzuführen.

Als ich dem Schulleiter riet, einen Berater aus der Schulbehörde einzuladen, der sowohl die Sammlung als auch den Chemie-Raum aus sichertechnischer Sicht bewerten und Ratschläge geben würde, wurde der Vorschlag abgelehnt. Vermutlich, weil dieser Raum als nicht nutzbar eingestuft worden wäre.

Ich fing an, mich nicht mehr zu wundern oder Vorschläge zu machen. Eine Verbesserung war einfach auch von oben nicht gewollt. Im nächsten Halbjahr bekam ich einen anderen Mentor. Er hieß Ulf und war eigentlich Erkunde- und Deutschlehrer, hatte aber bereits Chemie fachfremd unterrichtet. Aber als Buchunterricht. Ich war froh, dass Ulf von nun an für mich da war – auch, wenn er fachlich noch weniger wusste als ich. Er war ein guter Lehrer, hatte viele Erfahrungen und wir probierten uns gemeinsam am Chemie-Unterricht aus.

Wir versuchten von nun an gemeinsam, anderen Unterricht zu gestalten. Wir wollten im Rahmen unserer Möglichkeiten problemorientiert und handlungsorientiert arbeiten. Wir bestellten Laborgeräte und bemühten uns bei einem Entsorgungsunternehmen um Unterstützung. Wir bewegten etwas gemeinsam. Bernd nickte als Fachbereichsleiter alles ab, er hatte dadurch keinen Aufwand – das war ihm das Wichtigste.

Als es um die Entsorgung von Chemikalien ging, erzählte Bernd uns, dass er einige Chemikalien immer wieder selbst im Wald entsorgt. „Das ist doch kein Problem!“, meinte er gelassen und lachte dabei.

Christiane: Bei mir war es der Schulleiter, der mir mein Leben schwer machte, indem er immer wieder Zweifel äußerte, dass ich es als Quereinsteigerin schaffen könnte!

Luisa: Oh ja, davon kann auch ich ein Lied singen! Eben dieser Schulleiter empfing mich mit den Worten: „Eigentlich stelle ich keine Leute mehr wie dich ein. Wir haben hier nämlich nur schlechte Erfahrungen mit Quereinsteiger*innen und Quereinsteigern gemacht. Sie haben keine Ahnung von Schule und schmeißen ihre Tätigkeit nach wenigen Monaten hin. Du machst allerdings einen guten Eindruck, ich möchte es mit dir noch einmal wagen.“ So oder so ähnlich waren die Worte des Schulleiters als ich meinen Vorbereitungsdienst antrat.

Einige Tage später im Lehrerzimmer: „Nichts gegen dich Luisa, aber ich finde es ein Unding, dass jetzt Leute an die Schule kommen, die kein Lehramtsstudium aufweisen und meinen, dass sie einfach so Lehrer sein können. Und dann kriegen diese Leute am Ende auch noch das gleiche Gehalt.“

Den Stempel „Quereinsteiger*in“ gab man mir an der Schule gleich zu Beginn meines

Referendariats. Man war also nicht in erster Linie froh, dass ich da bin, sondern man war besorgt über die Unterrichtsqualität. Natürlich war ich zu Beginn ahnungs-, orientierungs- und hilflos. Und natürlich hätte ich rückwirkend auch gerne ein Lehramtsstudium aufgewiesen – aber nun war es so wie es war, und ich rannte einfach los…

Auch war ich etwas verwundert über den Kosmos „Lehrerzimmer". Jeder machte sein eigenes Ding, der Umgang untereinander ließ zu wünschen übrig und war z.T. alles andere als sozial. Es gab Kolleg*innen und Kollegen, die wurden nicht gegrüßt, die weigerten sich mit anderen Kolleg*innen und Kollegen zu sprechen, es wurde gebrüllt… und und und. Es erinnerte mich an die Bilder, die man aus amerikanischen Highschool-Filmen kannte. An dem einen Tisch saßen die „Coolen", an dem anderen saßen die „Nerds" usw. Es fühlte sich seltsam an… Dass später die Landesschulbehörde eingriff, bestätigte meinen Eindruck: hier stimmt etwas nicht.

Bevor ich meinen Dienst antrat, lud mich der Schulleiter zu einem Fest ein, welches er für alle Kolleg*innen und Kollegen bei sich zu Hause veranstaltete. Ich freute mich über die Einladung. Es war eine gute Möglichkeit, meine Kolleg*innen und Kollegen bereits vorher kennenzulernen, trotzdem war ich sehr nervös. Der Schulleiter stellte mir einige Leute vor und ließ mich dann auf der Feier stehen. Das war in Ordnung, denn ich bemühte mich, mit anderen Leuten ins Gespräch zu kommen. Dann wurde das Büfett eröffnet, man stellte sich in eine Reihe, nahm sich einen Teller, füllte sich Essen auf und suchte sich einen Sitzplatz. Und da war sie wieder diese Erinnerung aus den amerikanischen Highschool-Filmen... Ich ging mit meinen Teller auf die Tische zu, überlegte, zu welchen Kolleg*innen und Kollegen ich mich setzen könne, ich wählte einen Tisch aus, an dem 1/3 Plätze nicht belegt waren und fragte freundlich: „Kann ich mich zu euch setzen?“ -und erhielt als Antwort: „Nein, die Plätze sind bereits belegt!“ Ich lächelte, klammerte mich an meinen Teller und fand an einem anderen Tisch einen Platz. Natürlich können solche Situationen überall passieren. Allerdings rechnete ich in einer Schule nicht damit, so abgewiesen zu werden.

Einerseits ärgerte mich diese Haltung gegenüber Quereinsteiger*innen und Quereinsteigern sehr. Andererseits motivierte es mich, dieser Schule genau das Gegenteil zu beweisen. Und zwar, dass es geht: auch ohne Lehramtsstudium kann man eine gute Lehrer*in oder ein guter Lehrer werden.

Hannah: Und unsere Schulleitung war nicht anders. Die Schulleiterin sagte zwar so etwas nicht, ließ mich als Referendarin aber bei jeder Gelegenheit spüren, dass ich nicht dazu gehörte. Wir nannten sie ihres Aussehens wegen und der von ihr stets betonten Führungsposition entsprechend „die Birne". Sie gab sich zunächst freundlich, nahm mich sogar einmal an der Bushaltestelle auf dem Weg zur Schule in ihrem Auto mit. Und in der Position einer Schulleiterin hörte sie sich am liebsten selbst reden und regieren. Mein Mitref Hans an derselben Schule meinte einmal peinlich berührt: „Die gackert wie ein Huhn!" Damit hatte er recht, denn entweder hörte man sie Leute anbellen oder sie ließ bei Besuch von Seminarleitern ein Lachen erklingen, das unangebracht schien und an ein Huhn erinnerte. Auffällig gekleidet mit Riesenmustern oder grellen Farben ließ sie mich wissen: „Sie sollten mal Ihren monotonen Kleidungsstil ändern, das sei in einer Schule mit Kindern unangemessen!" Ich blieb aber bei meinem ganz persönlichen monotonen Kleidungsstil in klassischen Farben und verzichtete auch weiterhin auf Pantherkleider oder Ananasverkleidung.

Yasmin: Bei dir betraf es die Kleidung. Mir sagte sie sogar, ich selber sähe nicht gut aus. Ja, ich habe Diabetes, aber was erdreistet sich die Birne denn- darf man mit Diabetes etwa nicht Lehrer*in oder Lehrer werden?

Hannah: Das ist einfach diskriminierend! Ohnehin lernte ich die Birne von ihrer ganz eigenen Seite kennen. Wurde sie meiner ansichtig und setzte ich auch nur zum Gruß an, bellte sie sofort: „Jetzt nicht, Frau K. Sie sehen doch, ich bin beschäftigt!" Und so wurde mein angefangener Gruß zu einer schnapphaften Atembewegung. Irgendwann ließ ich das sein.

Einmal war nachmittags eine Ordnungsmaßnahmenkonferenz für einen Schüler angesetzt, den ich bis dahin noch gar nicht in einer meiner Klassen kennengelernt hatte. Ich erfuhr, dass er Defizite in Deutsch hatte und dass eine Prügelei stattgefunden habe. Die Birne eröffnete, und alle anwesenden Lehrkräfte waren angehalten, nach einer Lösung zu suchen. Auf der „To do" Liste für Referendar*innen und Referendare hatte u.a. gestanden: Beiträge auf Konferenzen. Und ich meldete mich zu Wort. „Vielleicht wäre es sinnvoll, ihn einer Fußballmannschaft zuzuführen. Da würde er seine überschüssigen Energien abbauen können und nebenbei sein Deutsch verbessern. Das macht man z.B. in der Kinder- und Jugendpsychiatrie." Die Birne bellte zurück: „Frau K, wir sind in einer Schule! Also bitte nur brauchbare Beiträge, wir sind hier nicht in der Medizin!" Es war Stille. Nach ein paar Minuten meldete sich der Sportlehrer: „Vielleicht wäre es sinnvoll, ihn einer Fußballmannschaft zuzuführen!" Ich getraute meinen eigenen Ohren nicht, denn das waren genau meine Worte gewesen. Und diesmal bellte die Birne nicht zurück, im Gegenteil, und sagte: „Was für ein wunderbarer Vorschlag, Herr S!“ Und ich wusste einmal mehr: Als Referendar*in zählte man hier nicht. Man war ja nur der *underdog*.

Yasmin: *„Die denken sich bestimmt: Ach, immer diese Anwärter*innen und Anwärter...wollen mitreden.“*

Hannah: *„Das gibt es in den USA nicht, da zählt man als Mensch, der eine Idee hat.“*

Yasmin: *„Ja, ich weiß, was du meinst.“*

Hannah: Großes Glück hatte ich mit den Schüler*innen und Schülern, von denen ich besonders am Anfang viel lernen konnte. Ähnlich wie zuvor im Gymnasium war ich wenig vertraut mit dem Schulalltag. Der kleine Mohammed in Klasse fünf streckte seinen Arm nach oben, Daumen und Mittelfinger aufeinanderliegend- und ich nahm ihn dran. „Aber nein“, sagte er, „ich melde mich doch gar nicht!“- „Ja, warum hast du dann deinen Arm oben?“, fragte ich zurück. „Na, das ist doch der Flüsterfuchs!“- „Der Flüster- WAS?“, fragte ich. Und er klärte mich auf. In der Grundschule hatten sie gelernt, um anderen Ruhe zu signalisieren, diese Geste zu zeigen. Und besonders in Klasse fünf halfen mir die Schüler*innen und Schüler auch in anderen Dingen. „Du musst strenger sein“, flüsterte mir eine Schülerin einmal verschwörerisch zu, ich griff bei der nächsten Unruhe nun intensiver durch, und sie zwinkerte mir mit einem Auge zu. So geht Lehrerausbildung.

Das schönste am Lehrer*innenberuf / Lehrerberuf ist für mich tatsächlich die Beziehung zu den Schüler*innen und Schülern. Es ist toll zu sehen, wie sich Schüler*innen und Schüler weiterentwickeln. Meine Klasse fünf hatte bei mir im Biologieunterricht vorgeschrieben das Thema „Haustiere", das ich etwas erweiterte in Richtung „Tierschutz". Als der Klassenlehrer der Klasse dann eine Kutschfahrt auf dem Land zur Diskussion stellte, kam ein Riesenprotest: Lieber würden sie alle stundenlang zu Fuß laufen als die armen Pferde den schweren Wagen ziehen zu lassen- das sei Tierquälerei!

Einer meiner Schüler in Klasse fünf, Ali, verlor während dieser Zeit seinen Vater. Nicht verwunderlich, war Ali danach aus dem Lot geworfen. Er war unkonzentriert, störte, war mit sich selbst nicht eins und hatte das ganze Paket an Problemen zu Hause mitzutragen. Seine Mutter sprach kein Deutsch, sein Bruder würde den Abschluss nicht schaffen. Die Klasse wurde langsam von Ali genervt, es war eine Abwärtsspirale, und das konnte ich nicht zulassen. Also vereinbarte ich mit Ali in der Pause einen Termin und wir gründeten einen Pakt: In meinen Fächern würde Ali sich nach allen Kräften anstrengen, denn wir würden die Mutter mit guten Noten überraschen.

Und es funktionierte! Ali legte sich ins Zeug, meldete sich zu allem freiwillig, fertigte Extraposter an und wir zwinkerten uns verschwörerisch zu. Auch seine Mitschüler*innen und Mitschüler bemerkten seinen Einsatz und fragten verwundert, warum er bei Frau K so toll mitarbeite und anderswo nicht. Aber das blieb unser Geheimnis. Wenn man eine gute Beziehung zu Schüler*innen und Schülern hat, ist fast alles möglich. Ali erreichte bei mir die Noten eins und zwei. Das war den Kolleg*innen und Kollegen, und besonders der Birne suspekt, da Ali in den anderen Fächern neben der Spur blieb, und ich musste mich rechtfertigen. Warum würde gerade die Referendarin, noch dazu eine Quereinsteigerin, der *underdog*, Ali aus seiner schlimmen Situation herausreißen können? Es wurde offen im Kollegium vermutet, ich hätte ihm die Noten geschenkt.

Yasmin: Auch ich hatte zu kämpfen. Ich habe als angehende Grundschullehrerin gleich zu Beginn eine erste Klasse bekommen, die ich als Referendarin nicht hätte bekommen sollen, da man hier fast keine Kompetenzen für UB abdecken kann: Die ersten zehn Monate gibt es im Fach Deutsch nur Buchstabeneinführung, aber man soll ja in den UB verschiedene Kompetenzbereiche wie Schreiben, Lesen, Sprachgebrauch-Untersuchung etc. abdecken. Mit der Buchstabeneinführung hat man gerade einen Kompetenzbereich abgedeckt, aber die Schüler können ja noch nicht lesen und schreiben, so dass ich die anderen

Kompetenzbereiche nicht abdecken konnte. Ich musste mich daraufhin darum kümmern, eine Klasse aus einer anderen Jahrgangsstufe zu bekommen, damit ich die Möglichkeit hatte, die UB durchführen zu können. Das war mit viel Stress verbunden, extra Zeit der Organisation, neuen mir unbekannten Schülern etc."

Hannah: An unserer Schule gab es diverse Schüler*innen und Schüler mit Förderbedarf. Am häufigsten waren „L" für „Lernen" und „ES" für „Emotionale und soziale Entwicklung", doch gab es auch Schüler*innen und Schüler, die „Deutsch als Zweitsprache" (DaZ) benötigten und viele Schüler*innen und Schüler, die offiziell keinen Status hatten, aber AD(H)S u.a. mitbrachten oder sogar Suizid gefährdet waren. Bei letzteren musste ich zu Zeiten des sog. Stoßlüftens wie ein Torwart vor den geöffneten Fenstern stehen, um einen möglichen Sprung aus dem oberen Stockwerk zu verhindern. Von den vielen Schüler*innen und Schülern mit Förderbedarf war ein Schüler besonders auffallend: Er hatte nicht Deutsch als Erstsprache, tat sich sehr schwer mit dem Erlernen von Deutsch, und andere Schüler in derselben Klasse, die seine Erstsprache sprachen, sagten, er spreche in seiner Sprache „komisch". Die ihn unterrichtende DaZ-Lehrerin urteilte lapidar, er sei einfach faul. Nun konnte ich schlecht einen Schüler im Chemieunterricht haben, der sprachlich rein gar nichts verstand. Viel zu gefährlich! Um auch ihm in Chemie die Sicherheitsvorschriften zugänglich zu machen, bat ich Yasmin (und das bedeutete für sie Pluspunkte auf der „To do" Liste für Referendar*innen und Referendare) um Übersetzungshilfe- und sie bemerkte, dass er seine Erstsprache nur rudimentär unter erheblichen Wortfindungsstörungen sprach. Durch einen Zufall konnte sie auch mit einem älteren Bruder von ihm auf der Schule sprechen, dessen Erstsprache sie ebenfalls als „nicht sonderlich gut" bezeichnete. Mein Schüler bräuchte klar eine andere sprachliche Förderung, ggf. bei einem Logopäden, aber das wurde nicht weiter verfolgt. Er bekam weiterhin DaZ Unterricht, das musste reichen. Ohnehin gab es nicht nur an dieser Schule viel zu wenig Förderung: Hier hinkt das Angebot deutlich der Nachfrage hinterher, der Bedarf an Förderlehrer*innen und Förderlehrern ist jedenfalls da.

Um den Förderschüler*innen und Förderschülern gerecht zu werden, werden Arbeitsblätter und Klassenarbeiten entsprechend differenziert: Ich musste in jeder Klasse dreierlei Material anbieten: normal, dann vereinfacht für „L" Status und für DaZ. Darüber hinaus musste es Zusatzmaterial für schnelle Schüler*innen und Schüler geben. Wenn es früher in meiner eigenen Schulzeit hieß, Schnelle machen einfach noch zwei Aufgaben mehr im Buch, war es damit nicht mehr getan. Man sollte auch *inhaltlich* verschiedene Stufen bieten, was das Anfertigen von Arbeitsmaterial zeitaufwändig machte. Die sog. Binnendifferenzierung wird mittlerweile auch von einiger Lehrwerken geboten, und nicht selten gibt es von Arbeitsmaterial zwei verschiedene Niveaux. Jedenfalls hatte man immer viel zu kopieren. Und viel Zeit ging damit drauf.

Mit den Schüler*innen und Schülern hatte ich sehr viel Glück. Natürlich gab es hier und da Störenfriede, die bei mir ohne Aufregung rausflogen und dann an der Glastür draußen klebten und gestikulierten, ob sie nicht wieder rein dürften. Und es gab in den Pausen immer wieder Prügeleien, die dann nachmittägliche Ordnungsmaßnahmenkonferenzen nach sich zogen. Man munkelte von Drogenverkauf, und tatsächlich war öfters die Polizei im Haus, bisweilen erfuhr man von Vandalismus. Die Schülerschaft war überwiegend Deutsch, und Schüler*innen und Schüler mit Migrationshintergrund meist Arabisch. Ich fand es sehr schade, dass es nicht einen größeren Mix an Nationalitäten gab, da man in einem *Melting Pot* wie in den USA eine bessere Integration vorfindet. Hier trafen sich Arabisch-stämmige Schüler – es waren ausnahmslos Jungs - verschiedener Klassen in den Pausen. Es gab aber auch Ausnahmen wie ein Junge aus Syrien oder Mädchen aus Afghanistan oder Pakistan, die sich nicht absonderten, sondern mit dem Rest der Klasse die Pausen verbrachte.

In der Schule gab es zwar Kopiergeräte mit einer geringen Anzahl von genehmigten Kopien pro Halbjahr und die Möglichkeit, Kopien der Stadt in Auftrag zu geben, doch letzteres dauerte eine Woche. Das war wieder mit viel Vorausplanung verbunden, und ich vergab meine genehmigten Kopien an dankbare Kolleg*innen und Kollegen und kopierte auf eigene Kosten, dafür aber in Ruhe zu Hause. Das erste, was ich mir zudem anschaffte, war ein Laminiergerät, das mir bis heute gute Dienste leistet.

Und natürlich musste man sich sofort zu Beginn zum Küchendienst in diesem Halbjahr eintragen, was an dieser Schule bedeutete: zweimal drei Wochen hintereinander an einem bestimmten Wochentag. Und es wurde genau darauf geachtet, dass wir Referendar*innen und Referendare uns auch ja gleich eintrugen.

Und dann gab es noch die elektronischen Whiteboards. An sich eine gute Sache, die vieles zu bieten hatte. Aber musste ein Mathelehrer jetzt unbedingt darauf umstellen? Tat es da nicht auch die gute alte Tafel wie auch in vielen Stunden aller Unterrichtsfächer? Man war nicht von der Technik abhängig und musste nicht bei einem UB darum bangen, dass etwas nicht funktioniert. Sehr vorteilhaft fanden daher die meisten Kolleg*innen und Kollegen, neben dem Whiteboard noch eine *nicht*-elektronische Schreibfläche zur Verfügung zu haben, die jederzeit einsatzbereit war. Ich lernte, was ich gebrauchen konnte, und setzte dieses am elektronischen Whiteboard ein. Und wie bei allen technischen Sachen kann man natürlich endlos probieren und recherchieren, um das Optimum des Machbaren herauszuholen. Das aber bedeutete sehr viel Extraarbeit, die nicht bezahlt ist. Fortbildungen dazu wurden an dieser Schule nur in unserer „freien" Zeit angeboten, und so ist es nicht verwunderlich, dass die wenigsten hier voll einstiegen und auch nicht bereit sind, Folien mit *special effects* etwa am Wochenende zu konzipieren. Schon gar nicht für ein Angestelltengehalt, das so viel niedriger liegt als das eines Beamten gleicher Dienstjahre. Aber es gibt zur Verbeamtung eine Altersgrenze. Hat man diese überschritten, ist zu überlegen, ob man sich auf Schuldienst überhaupt einlässt. Für viele ist das immer noch attraktiv, da man zumindest Aussicht auf einen unbefristeten Vertrag hat, den es in der freien Wirtschaft zumindest im Bereich von NaWi nur noch sehr selten gibt. Und lässt man sich darauf ein, in den Schuldienst zu gehen- ob als Beamte / Beamter oder Angestellte / Angestellter-, ist natürlich immer abzuwägen, wie viel Zeit man extra zu investieren bereit ist. Als Referedar*in oder Referendar freilich mussten wir zumindest bei Besuchen das Beste bieten, auch wenn Schüler*innen und Schüler das gar nicht immer so gut fanden: Hauptsache, die Seminarleiter*innen und Seminarleiter waren zufrieden. Nach dem zweiten Staatsexamen ist Unterrichtskontrolle eher die Ausnahme, aber das System gleicht eher einer Diktatur und weniger einer Demokratie. Das gilt besonders für Beamt*innen und Beamte.

Will man sich als Beamte / Beamter zum Beispiel an eine andere Schule versetzen lassen, sei es, dass man Probleme mit der Schulleitung hat, die Schule für einen persönlich zu weit weg liegt oder sonstiges, muss man beispielsweise in Hessen dreimal für je ein Halbjahr einen Versetzungsantrag stellen. Meist wird dieser von der Schulleitung nicht genehmigt, da sie Kolleg*innen und Kollegen i.d.R. nicht ziehen lassen. Erst ab dem vierten Antrag dann hat man Aussicht auf Erfolg. Das bedeutet, man arbeitet noch anderthalb Jahre gegen seinen Willen einem Sklaven vergleichbar bei dem unliebsamen Arbeitgeber weiter, was in der freien Wirtschaft undenkbar wäre- oder man sucht sich etwas anderes und verzichtet auf den Schuldienst. Auch hier ließen sich Lehrkräfte halten bzw. gewinnen, wenn ihnen nicht derartige Daumenschrauben angelegt würden. Gleiches gilt für die Verbeamtung auf Probe, bei der man sich verpflichtet, an einer Schule zu bleiben. Was aber, wenn sich die Bedingungen ändern und man doch nicht an dieser Schule bleiben möchte? Das System ist leider viel zu starr und unflexibel, und so verwundert es nicht, wenn Lehrkräfte nicht (mehr) als solche arbeiten möchten.

Der Sommer war vorbei, und Corona gewann langsam wieder an Macht. Drosten erhielt in seinen Podcasts mit Updates über das Coronavirus nun eine Kollegin, Sandra Ciesek.

3.1.Erste UB:

Hannah: Ich hatte den ersten UB in Bio, einen in Chemie und einen UB in Pädagogik, wo ich eine Chemiestunde zeigte. Was in den Entwurf mit rein sollte, hatte man uns ungefähr gesagt, aber es gab keine Vorlage oder ein Beispiel, an dem man das nachvollziehen konnte. Hans an derselben Schule hatte andere Fächer als ich, und er besorgte mir immerhin einen Entwurf eines Physik Kollegen, der ein paar Jahre vorher irgendwo anders fertig geworden war. Anhand dieses Entwurfs konzipierte ich dann meinen eigenen. Rückblickend würde ich jedem raten, in den eigenen Fachseminaren „die alten Hasen" mal anzusprechen, ob jemand einen Entwurf möglichst zum selben Fach hätte, der bereits verwendet worden war. Für den ersten UB wählte ich Klasse fünf in Biologie mit dem Thema „Haustiere". Die Schüler*innen und Schüler waren teils furchtbar aufgeregt, vier Jungs weinten sogar als sie hörten, wer alles dabei sein würde. Kommen würde mein Bio-Seminarleiter, meine Bio-Mentorin und ggf. die Birne. Prompt da erwischte es meinen Bio-Seminarleiter, und er war durch Corona-Bestimmungen ins Haus verbannt und durfte nicht kommen. Zwar hatte er sich nicht infiziert, aber er hatte einen Schüler in seiner Klasse, der jetzt Corona positiv getestet war. Und das hieß erst mal auch Quarantäne für meinen Bio-Seminarleiter. Die Birne, die laut Plan an allen ersten UB teilnahm, ließ nichts von sich hören, so dass meine Bio-Mentorin und ich zu Beginn des Unterrichts nicht sicher waren, ob der Unterricht anfangen sollte oder wir warten sollten. Das war insgesamt ein seltsamer Einstieg, und so war auch die Nachbesprechung mit Reflexion von Ausnahmecharakter: Diese erfolgte mit der anwesenden Bio-Mentorin und online mit dem Bio-Seminarleiter, der sehr nett war und gute Tipps hatte. Später, als ich mit dem Referendariat fertig war und sich die Seminarleiter über meine ersten UB rückblickend austauschten, sagte er als einziger, dass der Entwurf zu diesem ersten UB „irgendwie weird" war. Aber Hauptsache abgehakt!

Yasmin: Durch die Situation, dass ich eine erste Klasse erhalten hatte und mich um eine weitere zur Durchführung der UB bemühen musste, kam ich nicht voran. Mein 2. UB im Fach Deutsch erfolgte entsprechend recht spät, was mit viel Stress verbunden war, da man ja noch eine ganze Reihe weiterer innerhalb der begrenzten Zeit zu absolvieren hat. Und dann noch mit dieser eiskalten Mentorin!

Hannah: *„Frag doch mal, ob du die Kaltfront aussortieren und eine neue Mentorin bekommen kannst!"*

Yasmin: *„Kaltfront- der Name passt! Ja, nur will ich auch nicht gleich mit x-Wünschen daherkommen."*

(Hannah wird im Folgenden Erzählerin und nur noch bei Zitaten namentlich gekennzeichnet).

Mit dem nächsten UB ließ ich mir etwas mehr Zeit, hatte ich doch noch keine Vorgabe, wie man diese Entwürfe zu den UB zu schreiben hatte. Es folgte zweimal Chemie- einer in Pädagogik, der andere im Fach Chemie. Und da entfaltete sich schon unverkennbar der Charakter des Kranichs.

Hannah: *„Hatte noch ein Treffen mit dem Kranich in Chemie. Mein Seminarleiter fand den UB gut, was er auch sagte, er aber nicht. Mit dem Kranich hab ich ein bisschen Pech, der findet glaub ich gar nichts gut. Er hat sogar den Seminarleiter gestern vor mir auf Dinge aufmerksam gemacht, die nicht gut waren und die der Seminarleiter nicht gesehen hatte…"*

Yasmin: *„Oh nein, echt? Ja, hab schon gesehen, dass du im Gespräch warst und wollte nicht stören. Es sah ziemlich ernst aus."*

Und nach Yasmins UB kam dann ähnliches:

Yasmin: *„Das ist nicht gut, war bei mir gestern auch so. Die Kaltfront hat die PSL auf etwas aufmerksam gemacht, das sie nicht gesehen hatte. Hat aber auch am Ende gesagt, sie fände es nicht so schlimm".*

Immerhin, der Kranich hingegen schien jede Bewegung von mir nicht gut zu heißen und bestellte mich einmal pro Woche ein, was zu einem mir unliebsamen Treffen wurde, da ich einen so völlig anderen Unterrichtsstil hatte. So wie er wollte ich ja gar nicht sein!

Kaum hatte ich angefangen, fiel wegen Umbauarbeiten bereits der einzige NaWi Raum, neben dem ein weiterer entstehen sollte, weg. Ich hatte gerade noch den ersten UB in Chemie und Pädagogik dort abhalten können, nun war dieser gesperrt. Bis auf weiteres. Wie sollte ich denn nun experimentieren lassen, „handlungsorientierten Unterricht bieten“, wie es im Fachjargon heißt? Chemieunterricht ohne Experimente kam für mich nicht in Frage, zumal ich eine fünfte Klasse hatte, die sich darauf freute, und thematisch Trennverfahren anstanden, die Experimente einfordern. Ich fragte mich, wie ich an einer Schule mit MINT Fächern landen konnte, von der von vornherein klar war, dass wegen Umbauten kein Raum für Experimente zur Verfügung stehen würde. Zumindest hätte ich von der Schulleitung erwartet, das dem Studienseminarleiter- und auch mir- mitzuteilen, damit man sich darauf einstellen kann. Aber die Information kam praktisch über Nacht: Ab Montag fiele unser einziger NaWi Raum eben weg. Der Kranich schlug vor, dass ich in den Werkraum umziehen würde, und wenn dieser auch keine Gasanschlüsse und anderes, was ein NaWi Raum normalerweise bietet, aufwies, war ich doch froh, den Werkraum zur Verfügung zu haben.

Hannah: *„Hab heute all den Müll und vergammelte Kaffeetassen von Kolleg*innen und Kollegen vom Werkraum in den Maschinenraum geräumt. Bei dem Müll bin ich mir nicht sicher, ob davon noch etwas gebraucht wird, selbst wenn es zerrissen und beschädigt ist, am Ende wird gejammert, dass es weg ist."*

Und dort blieb ich, auch wenn ich mir diesen anfangs erkämpfen musste, da Kolleg*innen und Kollegen nicht auf ihre Bastelarbeiten dort verzichten wollten. Der Kranich sicherte mir zu, alle zu informieren, da ich schließlich, wie es so heißt, „Lehramtsanwärterin" war- tat aber nichts. Ich buchte zeitgleich den Werkraum, was allen offen stand, auf IServ, um abgesichert zu sein, aber da der Kranich nichts unternommen hatte, wusste keiner davon, und auf IServ hatte niemand nachgesehen. Einige Kolleg*innen und Kollegen hatten sofort Verständnis, als ich sie um den Raum bat, andere nicht. Es blieb ein Kampf.

Luisa: *„Nachdem ich meinen ersten Stundenplan erhielt, war ich etwas verwirrt: Biologie-Unterricht im Chemie-Raum, Chemie-Unterricht im Biologie-Raum und: Unterricht ohne Raum. Nach der ersten Rückfrage, wurde mir mitgeteilt, dass die Schule ein „Raumproblem" hätte und man ggf. damit rechnen muss, nicht im Fachraum unterrichten zu können. Ich bat den Verantwortlichen für* *den Stundenplan mir bitte den Chemie-Raum für den Chemie-Unterricht zur Verfügung zu stellen. Von anderen Schulen höre ich, dass es selbstverständlich sei, dass die Anwärter*innen und Anwärter in der Ausbildung immer Vorzug bei den Fachräumen erhielten. Hier ist es nicht so. Ich arrangierte mich zunächst damit. In allen anderen Semestern war es dasselbe… immer wieder muss ich nach dem Erhalt des Stundenplans zum Planer gehen und darum bitten, den Chemie-Raum zu erhalten. Am Ende sollte ich das alles selbst mit den Kollegen klären, mich wöchentlich abstimmen. Mir wurde an den Kopf geworfen: „Auch du musst dich mit der Raumsituation abfinden!“ Ich fühle mich schikaniert und einem Machtgehabe ausgesetzt, dass ich selbst in der Wirtschaft so nicht erlebt habe. Diese Schule hat keine Chemie-Lehrer, tut nichts dafür, dass man als Anwärterin oder Anwärter gut ausgebildet wird und dann ggf. bleiben will… Ich bin ziemlich enttäuscht, dass ich mit einigen Lerngruppen keinen Raum habe, um praktisch zu arbeiten – das ist sowohl für die Schüler*innen und Schüler frustrierend als auch für mich, denn ich muss und will* für meine Ausbild*ung experimentieren. Die (Nicht-) Ausstattung des (über 50 Jahre alten) Raumes wäre ein Kapitel für sich.“*

Hannah: *„Und wie du muss ich um den Raum (bei mir der Werkraum) kämpfen.“*

Auch mich traf der Schlag, als ich zum ersten Mal die Sammlung betrat. Zwei kleine Räume, der eine von diesen eine absolute Müll- und Rumpelkammer: Scherben lagen offen herum, so dass ich erst mal eine Schachtel herbeischaffte und sie mit „VORSICHT – GLAS!" beschriftete. Auch das ein Unding, denn dafür sind geschlossene Behälter für Glasbruch zu verwenden. Der Kranich, der Sicherheitsbeauftragter war, ließ mich wissen, dass sie auch zukünftig nicht in Abfallbehälter für Chemikalien investieren wollten, denn diese seien zu teuer. Sein Lösungsvorschlag: Erst gar keinen Abfall erzeugen, sprich, auf Experimente möglichst verzichten! Was sich für mich anfangs als „moderat experimentieren" anhörte, meinte er jedoch ernst: Möglichst GAR KEINE Experimente! Und wenn er etwas Praktisches durchführte, kippte er die Reste in den Ausguss. So einfach ging Entsorgung- und ich erntete für Kritik entsprechende Kommentare.

Luisa: *„Meine Schulleitung ist freundlich- tut aber nix…Alles, was der Schulleiter zu mir sagt, ist: Ach Schätzchen! Die Anrede finde ich auch nicht korrekt, aber was soll man tun! Bisher haben wir nur feuerfeste Unterlagen bestellt. Schülerexperimente habe ich bisher auch noch nicht gemacht- also so richtige mit Brenner und Chemikalien. Das findet alles nur in meiner Planung statt. Es gibt auch bei uns kein Entsorgungssystem, was ich mehrmals bei der Schulleitung, der Fachbereichsleitung* *angesprochen habe – es gibt ein Kopfnicken, aber keine Unterstützung. Ich habe noch ein Jahr und denke nur noch: Augen zu und durch…"*

Hannah: *„Ja, Augen zu und durch- das denke ich auch! Immerhin nicken sie bei dir! Bei mir gibt es bissige Kommentare, wenn ich das fehlende Entsorgungssystem anspreche. Zerbrochenes Glas liegt bei uns lose in einer Schachtel, die immerhin ich besorgt habe. Chemikalienreste? Entsorgen? Mein Mentor, der Teil der Schulleitung ist, suggerierte mir von Anfang an, möglichst keine Experimente zu machen. Damit erübrigt sich das Entsorgen.."*

Im Schrank standen große Behälter mit Metallen wie Kupfer, vor allem aber gab es Schwefel *en masse*. Die Chemikaliensammlung war bescheiden. Der andere Raum mit Gerätschaften war noch bescheidener: Zu den paar Reagenzgläsern gab es eine umfangreiche Sammlung von Weinflaschenkorken, die jedoch nicht auf die Reagenzgläser oder auf sonstige Gefäße passten. Es fehlte eigentlich an allem. Klassensätze gab es nicht, hier und da fand sich ein einzelnes Gerät oder Gefäß, das höchstens für ein Demonstrationsexperiment durch die Lehrkraft Verwendung finden könnte. So aber sieht moderner Unterricht nicht aus, die Schüler*innen und Schüler sollen ja selbst zu Experimentatoren werden! Also bat ich den Kranich, zumindest zu meinen Unterrichtsbesuchen dies oder jenes zu bestellen- und wurde IMMER abgewiesen: Das müsse ich selbst bezahlen. Und da ich nicht durch die Prüfung fallen wollte, zahlte ich, und das war nicht wenig, da es sich ja bei allem um einen Klassensatz in Partnerarbeit handelte. So ging mein geringes Gehalt, das man im Referendariat bezieht, mit für Dinge drauf, die jede Schule von ihrem Schulträger haben sollte.

Yasmin: *„Ach, das ist ja ein richtiges Dilemma, das du da hast. Ist ja mega blöd, wenn du dich auf deine Besuche und GUB konzentrieren musst, und dann musst du dich auch noch mit sowas beschäftigen!"*

Doch der Schulträger kann natürlich nur Materialien stellen, wenn dafür angefragt wird, und das war an dieser Schule offenbar jahrelang nicht geschehen: Die Naturwissenschaften lagen brach, was eine selbstverschuldete Situation war. Später, als ich fast fertig mit dem Referendariat war, erbot sich einer der Seminarleiter, der Schulleitung Nachhilfe in Sachen Schulausstattung in Form einer Liste zu geben. Der Schulträger kann ja nicht wissen, was fehlt, dazu muss die Schulleitung aktiv werden. Wenn das an meiner Schule jahrelang versäumt worden ist, ist es Aufgabe der Schulleitung, das nun endlich einzuleiten. Denn was nutzt eine schöne Schule, deren Regale fast leer sind? Wir waren arm wie eine Mausekammer.

Luisa: *„Unglaublich, dass du die Geräte selbst bezahlen musst…das glaubt einem kein Mensch, was an den Schulen z.T. abläuft."*

Ich fragte also den Kranich, ob die Schulleiterin nicht den Schulträger bitten könnte. Nein, ich müsse alles selbst bezahlen. Schließlich habe das meine Vorgängerin in Biologie auch getan, und seit Jahren hatte sich offenbar keiner für handlungsorientieren Chemie- oder Biounterricht an dieser Schule interessiert. Einzig ein engagierter Physiklehrer schien Erfolg zu haben, und er konnte sogar Dinge wie ein zur Messung radioaktiver Strahlung (wozu brauchte er das?) dienenden Geiger-Müller-Zähler anschaffen. Nicht, dass ich ihm diese ganz spezielle Ausstattung nicht gönnte, die Verhältnisse lagen nur sonderbar ungleich gewichtet. Bei uns in der Chemie mangelte es allein schon an passenden Stopfen für Reagenzgläser! Ich fragte hartnäckig immer wieder nach Siedesteinchen und sah nicht ein, dass ich die sieben euro dafür selbst ausgeben sollte, denn schließlich hätte die Schule davon etwas für praktisch unbegrenzte Jahre.

Hannah: *„Der Kranich ist lahm, nicht mal Siedesteinchen gibt's, so dass die Kinder nicht mal Wasser erhitzen können."*

Schlimmer noch war es, als ich andere befragte, und erfuhr, dass diese an ihren Schulen ausgestattet waren. Da musste keiner von seinem ohnehin gering bemessenem Referendariatsgehalt noch jeden Monat etwas für Chemikalien und Geräte abzweigen. Der Kranich sagte nur immer wieder: „Das musst du selbst bezahlen!", und da er Teil der Schulleitung, Leiter der Fachschaft Chemie und Sicherheitsbeauftragter war, stellte ich seine Antwort nie in Frage. Ich erwiderte ihm aber: „An anderen Schulen ist das anders!“ – und er sah mich ungläubig an. Darauf sagte er: „Andere Schulen sind andere Schulen. Damit haben wir nichts zu tun!“ Und es ärgerte mich zunehmend, in solch einer Mausekammer gelandet zu sein. Natürlich bekamen auch die Seminarleiter mit, dass ich weder Raum noch Mittel zur Verfügung hatte. Sie erkundigten sich, wie lange die Umbauarbeiten dauern würden und damit der einzige NaWi Raum gesperrt bliebe- doch darauf wusste keine/r der Schulleitung eine Antwort.

„Inklusion“ schien ein großes Thema an unserer Schule, und so gab es einmal eine Veranstaltung dazu: Eine Video Übertragung *life* mit Prof. Dr. Menno Baumann.

Hannah: *„Hallo Yasmin, nimmst du auch Dienstag an der Inklusionssitzung teil? Ich hab mich mal eingetragen- vielleicht lern ich ja was.“*

Die Veranstaltung war für mich inhaltlich sehr interessant. Aber bemerkenswert war auch, dass es unter den etwa zehn Teilnehmenden unserer Schule wie in einem Bienenstock zuging: Ein Summen und Brummen, Zustimmen, etwas „hoch interessant“ finden- und am nächsten Tag schon schien alles wieder vergessen. Der besondere DaZ-Schüler mit seinem Bruder wie auch andere

„spezielle Schüler*innen und Schüler“ waren diesen Kolleg*innen und Kollegen nicht bewusst, es war offenbar nichts hängen geblieben!

Die Herbstferien waren noch nicht da, und da kam auch mein zweiter Fachseminarleiter in Quarantäne, da sein Sohn unter Quarantäne stand. Man lebte eigentlich nur vom Abhaken der erforderten Leistungen: drei UB in jedem der drei Fächer (bei mir: Pädagogik, Chemie und Biologie), zwei GUB in den Fächern Chemie und Biologie, drei Moderationsbeiträge in je einem Fach einen, drei Mitschauen in je einem Fach eine plus wissenschaftlicher Arbeit. Der Ausfall des Seminarleiters bedeutete auch einen Ausfall der Verfügbarkeit an Terminen, und alles war durch Corona überschattet.

Hannah: *„Ich schwimme mit meinen UB Terminen… wollte zwei vor den Weihnachtsferien, aber meine Klasse wurde immer nach Hause geschickt, so dass ich nicht zum Thema kam. Hab jetzt mit Mühe einen UB erfragt, aber vom SL noch keine Antwort.“*

Yasmin: *„Meine haben immer keine Zeit, und wir schreiben nur hin und her bis wir was Passendes finden. Mein Problem ist, die Kaltfront findet alles blöd, was ich mache. Ich meine, Rückmeldung ist gut, aber zeig mir Alternativen! (…) Naja, irgendwie kriegen wir es hin. Jetzt dürfen wir noch Fehler machen.“*

So hieß es jedenfalls immer: Die Seminarleiter*innen und Seminarleiter wollten eine *Entwicklung* sehen. Zu Beginn war die Erwartung nicht ganz so groß, wir sollten uns über die Zeit verbessern. Was sinnvoll erscheint, denn die anderthalb Jahre stellen schließlich einen Lernprozess dar. Dennoch begleitete einen unterschwellig die Angst, nicht die Zustimmung der Seminarleiter*innen und Seminarleiter zu finden. Und die Angst, die durch Corona Anfang Dezember größere Ausmaße annahm.

Hannah: *„Jetzt ist auch eine meiner Klassen betroffen, aber ich bin noch mal gerade so um eine Quarantäne herumgekommen. Puh, immer mehr Klassen brechen weg, ich hab nur drei UB und komme auch zu nicht mehr vor den Ferien."*

Es gab ständig neue Rundschreiben vom Kultusministerium mit Angaben, wie in welchem Fall konkret zu verfahren sei, und auch das Gesundheitsamt traf Entscheidungen. Und diese wechselten in Windeseile.

Yasmin: *„In der 8b gibt's doch Coronafälle. Wie kommt's, dass du nicht in Quarantäne musst, obwohl du die Klasse unterrichtest?"*

Hannah: *„Weil ich nicht zur Kategorie 1 der Lehrer gehöre. Das hat das Gesundheitsamt gerade eben so bestimmt."*

Mussten zu Beginn beim Auftreten eines bestätigten Corona-Falles in einer Klasse noch alle unterrichtenden Lehrer*innen in Quarantäne, gab es jetzt eine Unterteilung der Lehrkräfte in Kategorien: Ausschlaggebend war, wann man die Klasse zum letzten Mal gehabt hatte und wie eng der Kontakt gewesen war, also ob man sich über einen längeren Zeitraum, der vorgegeben war, mit der Schüler*in oder dem Schüler unterhalten hatte. War das nicht gegeben, musste man als Lehrkraft nicht mehr in Quarantäne.

Yasmin: *„Aber jetzt hast du eine Klasse weniger zum Unterrichten, oder wie machst du das?“*

Hannah: *„Online Aufgaben geben.“*

Und das neue Jahr begann.

Hannah*: „Ein gutes neues Jahr, Yasmin! Was machst du so? Ich hab erst meine Steuererklärung gemacht und arbeite jetzt am Moderationsbeitrag Nr. 2, der 3. ist vom Seminarleiter verschoben worden.“*

Yasmin: *„Das wünsche ich dir auch! Ich habe die Zeit mit meiner Familie und den Kindern verbracht. Da meine Tochter keine Kita hatte, hatte ich ordentlich zu tun zu Hause. Da ist man nur kaputt und will abends vielleicht noch einen Film gucken und dann schlafen. Die Kita fängt Montag an, dann leg ich richtig los, mal gucken, wie viel ich schaffe!“*

3.2. Und Corona wurde heftiger!

Die Weihnachtsferien sollten um ein paar Tage zu Beginn verlängert werden, um die Ansteckungsquote zum Fest möglichst nicht noch mehr ansteigen zu lassen. Und danach kamen wir erst mal nicht wieder! Das hieß zum Teil online Unterricht, wobei etliche Schüler*innen und Schüler keine dafür notwendigen Kommunikationsgeräte wie Laptops, Tablets o.ä. zur Verfügung hatten- die konnten ab einem späteren Zeitpunkt dann ausgeliehen werden, was auch funktionierte- oder im Wechsel halbe Klassen unterrichten. Mit den Corona-Begrenzungen wechselten auch die drei Seminare ins online Format, was bei uns von sehr vielen Referendar*innen und Referendaren begrüßt wurde: Nein, man musste sich nicht physisch treffen. Diejenigen, die Kontakt halten wollten, standen ohnehin per Email, telefonisch oder anderen Kommunikationsmitteln in Kontakt. Man sparte Benzinkosten für teils sehr lange Anreisen, und jeder sparte Zeit. Der Verzicht aufs Auto bedeutete einen Beitrag zum Umwelt- und Klimaschutz, eher introvertierte Referendar*innen und Referendare getrauten sich online eher zu Meldungen als in Präsenz, Haustiere konnten besser betreut und versorgt werden, etwa Hunde, die zwischendurch kurz rausgelassen werden konnten. Wer vor allem jammerte, waren die SL! Gut, es gab keine Süßigkeiten, die manch SL netterweise bereitstellte, und die Süßigkeiten, die wir den SL in den Nachbesprechungen boten, mussten jetzt- vorher eine Umweltsünde- einzeln verpackt sein. Mein Chemie-Seminarleiter nahm einmal ganz den Richtlinien entsprechend die ganze Packung an den von mir bereitgestellten Süßigkeiten mit, da es die Vorschriften verlangten, dass nichts miteinander geteilt wurde. Und es gab auch keine Ausflüge, die ohnehin eher die Ausnahme waren. Mitschauen und Moderationsbeiträge wurden ins online-Format verlagert, und bei uns gab es niemanden der Referendar*innen und Referendare, den das gestört hätte, im Gegenteil! Ich hatte zuvor mein ganzes DaZ Studium mit Uniabschluß online absolviert, online war so vieles möglich, warum also nicht nutzen!? Hier waren anders als im Studienseminar für Gymnasium Mitschauen zudem anders organisiert: zu Besuch kamen jeweils alle Teilnehmenden des gesamten Fachseminars. Ich hatte keine Ahnung, wie ich diese alle in unseren Unterrichtsräumen hätte unterbringen sollen. Und ich atmete auf, dass die Seminare nun ins online Format kamen. Aber es gab Hausaufgaben, zumindest in den Fachseminaren waren diese oft heftig und erforderten mehrere Stunden. In Bio mussten wir einmal ein padlet erstellen, für das ich acht Stunden brauchte. Sicherlich konnte das der ein oder andere auch in geringerer Zeit erledigen, je nach Vorkenntnissen und Vollkommenheit. Und die Entwürfe für UB, die wir nun zu schreiben hatten, waren länger und enthielten Teile, die man normalerweise erst für die GUB zu schreiben hätte.

Luisa: *„Ich habe vorhin in den IServ-Ordner von unserem Seminar gesehen. Irgendwie hat man doch durch die Online-Seminare viel, viel mehr Arbeit…“*

Für meinen Teil nahm ich so viel lieber den Schwung mehr an Hausaufgaben und längere Entwürfe zu den UB an und musste dafür nicht herumreisen.

Schwieriger war es mit den Abstandsvorschriften. Eine Zeitspanne lang war es Vorschrift, dass Schüler*innen und Schüler untereinander 1,5m Abstand hielten. Partnerarbeit war nun nicht mehr möglich, das heißt, es konnten auch keine Geräte und Chemikalien geteilt werden. Da man aber mit derartigen Abstandsvorschriften keine ganze Klasse in normale Klassenräume unterbringen kann – dazu sind normale Klassenräume einfach zu kleinwuchsen immerhin nicht die Anschaffungskosten für Geräte und Chemikalien bei mir.

Hannah: *„Immerhin muss ich diese Woche nur für die zehnten Klassen kommen und habe schon fast alle Aufgaben für die Woche unter „Aufgaben“ in IServ verschickt.“*

Yasmin: *„Sehr gut. Ich hab auch einiges vorbereitet, aber werde es wahrscheinlich nur für die eine Klasse brauchen. Ich habe auch bei deinem Mentor*

angefragt, in Deutsch auch eine andere Klassenstufe zu bekommen, mal gucken, ob das klappt. Ansonsten muss ich einen neuen Stundenplan bekommen, da ich zu wenig eigenständig unterrichte."

Hannah: *„Echt? Mir wurde schnell alles eigenständig übergeben. Ich finde das gut, da ist man unabhängiger."*

Yasmin: ***"Ja, finde ich auch. Aber ich denke, das haben die bei dir auch nur gemacht, weil sie nicht so gut besetzt sind."***

Von den Stunden, die wir zu erteilen hatten, wurden je nach Semester wechselnd einige Stunden „eigenständig", das heißt allein unterrichtet, einige „betreut", das heißt, mit Mentor*in oder Mentor, die / der aber nicht immer anwesend zu sein hatte.

Und immer hieß es warten.

Yasmin***: „Ich hab meine Wünsche nun auch per mail geäußert und hoffe echt, ich krieg bald ne Antwort, um mich rechtzeitig vorbereiten zu können."***

Aber auch Corona brachte immer Ungewissheit mit sich:

Yasmin: Für mich war das Schlimmste die ständige Ungewissheit: wird der UB nun in Präsenz stattfinden, wird er digital stattfinden, also im Kolloq? In Präsenz muss man die Schüler vorentlasten, Wissen aufbauen, so dass sie mit

der vorbereiteten Stunde im UB etwas anfangen und Vorwissen mit einbringen können. Auch die Logistik hängt daran, im Kolloq musste man erzählen können und auf Fragen jeder Art vorbereitet sein. Aber wir hatten keine Zeit, auch noch zweigleisig fahren zu müssen und ständig mit Neuem zu rechnen war eine große Belastung.

Man hörte Drosten und Ciesek, und mittlerweile gab es auch auf der Website der Stadt einen Link mit den täglichen Inzidenzen. Dort schaute man jeden Morgen rein, wenn man up to date sein wollte, was ggf. UB, Seminare in Präsenz etc. betraf. Das glich einem Wechselbad aus Bangen und Hoffnung. Doch das Schöne war die Motivation untereinander:

Yasmin: *„Naja, ich glaub, wenn wir bis vor den Osterferien alles schaffen, liegen wir gut im Plan. April, Mai können wir die schriftliche Arbeit schreiben, und Juni-Juli die zwei GUB halten."*

Hannah: *„Du bist hier mein Vorbild!"*

Yasmin: *„Ich glaub, wir motivieren uns gegenseitig. Ich wünschte, wir hätten dieselben Fächer, damit wir uns noch besser austauschen könnten. Übrigens- die Kaltfront bleibt jetzt als Risikopatientin erst mal zu Hause, werde jetzt von anderen mitbetreut!"*

Hannah: *„Hoffentlich läuft das besser- aber Hauptsache, die pfuscht dir nicht mehr ins Werk!"*

Tatsächlich sah man sich, obwohl an derselben Schule, sehr selten. In den Pausen hieß es bei mir Auf- und Abbauten in Nawi, Pausenaufsichten und Besprechungen.

4. Zweites Semester

4.1. Weitere UB, Moderationsbeiträge, Mitschauen:

Inzwischen waren wir im zweiten Semester angekommen, und das öffentliche Leben war größtenteils zum Stillstand gekommen. Schule lief über Aufgaben für Schüler*innen und Schüler in IServ, bei manchen auch online, die Seminare erfolgten im online Format. Dank Corona konnte ich alle drei Moderationsbeiträge in einer einzigen Woche abhaken: online war das möglich![2]

Auch meine Mitschauen kamen nun voran und waren bald abgehakt. Zu einer Mitschau, deren Entwurf ich wie alle anderen in Chemie dem Kranich als Mentor vorzulegen hatte, hatte ich als Einstieg eine Fragestellung mit

2 Was ich erst viel später verstand, als ich mich nämlich auf die Staatsprüfung vorbereitete, war, dass man mit seinen Moderationsbeiträgen mündliche Prüfungsthemen vorbereiten konnte. Wählte man ein Thema, das in der mündlichen Prüfung zulässig war, hatte man später weniger Aufwand mit Vorbereitungen dazu.

den Panzerknackern kreiert. Der Kranich unkte natürlich gleich, das solle ich streichen und bezweifelte, „ob die Schüler die überhaupt kennen“. Ohnehin wäre das eine doofe Idee. Zum Glück sahen das mein pädagogischer Seminarleiter und meine Mitrefs anders.

Luisa: *„Dein Panzerknacker-Einstieg ist grandios!“*

Später hatte ich die Möglichkeit, die Stunde mit den Schüler*innen und Schülern nachzuholen, und auch von ihnen wurde der Panzerknacker-Einstieg begeistert aufgenommen. Diejenigen, die von den Disney-Figuren noch nichts gehört hatten, Schüler*innen und Schüler mit Migrationshintergrund, waren clever genug, den Charakter der Figuren zu erfassen. Der Einwand des Kranichs also, „ob die Schüler die überhaupt kennen“, war somit völlig unbegründet.

Völlig verfehlt war es, als er mir bei meinen Entwürfen riet, die am besten ganz neu zu schreiben, weil sie ganz und gar unbrauchbar seien. Ich ließ mich jedoch nicht verunsichern und änderte nichts- und alle drei Seminarleiter lobten meine Entwürfe. Als selbst der Pädagogik Seminarleiter in der Nachbesprechung nach einem Unterrichtsbesuch hervor hob, dass meine Entwürfe erstklassig seien, kam das offenbar bei dem Kranich an. Wir verließen zusammen den Raum und er sagte kleinlaut: „Naja, schreiben kannst du offenbar“- um sogleich mit einer Liste fortzufahren, was ich aber nicht könne.

Ohnehin gab ich bereits rein gar nichts mehr auf die Kommentare des Kranichs, weil diese so komplett wertlos waren. Und dass er auf der ganzen Linie falsch lag, muss auch er gemerkt haben, denn zum Schluss sparte er sich seine Kommentare. Mentor*innen / Mentoren- man müsste sie sich aussuchen dürfen!

Das galt auch für meine Mitbewohnerin. Ihre Demenz schritt stetig voran und damit Allüren und Aggressivität. Für jemanden, dem vorher in Hessen das Zuhause Ruhe bot, war das besonders schwer zu ertragen. Theater hatte ich schon in der Schule genug: Nicht einmal das Sekretariat konnte ich betreten, war die Birne in der Nähe. Dann hieß es: So wichtig kann es ja nicht sein! Und sie knallte mir vor meiner Nase die Tür zu.

Aber nicht alle UB liefen ganz nach Plan.

So etwa, als mein Pädagoge mich scharf dafür kritisierte, einen „Abschreckungsversuch“ zum Thema „Rauchen“ vorgeführt zu haben. Ein Versuch, den der Drachen von Chemie-Seminarleiterin im Referendariat fürs Gymnasium in einem Schulbuch, das sie mit herausgeben hatte, aufgelistet und hoch gelobt hatte!

Luisa: *„In Biologie wäre ich an Entwürfen zu Alkohol & Rauchen (…) interessiert. Hast du schon etwas zu diesen Themen gemacht?"*

Hannah: *„Also, zum Thema Rauchen habe ich einen Entwurf, den mein Pädagoge nicht mochte, da er den Versuch schlecht fand. Der Bio-Seminarleiter sagte dazu, da streiten sich die Geister, er findet den Versuch gut, steht auch in allen Büchern."*

Corona-bedingt hatte dieser Versuch nun per Video stattgefunden, und die paar Eltern, die dabei waren, hatten mir ihr Lob ausgesprochen. Nicht so der Pädagoge! Frustriert fragte ich den Bio-Seminarleiter um Rat, und der teilte mir mit, dass solche Versuche unter den Didaktikern umstritten seien: Er selbst führe sie ebenfalls durch. Das sagte ich meinem Pädagogen. Der es zur Kenntnis nahm. Aber es sei nicht nur der Versuch *per se*, dies und jenes wäre verbesserungsfähig, was gut sein konnte. Aber dass sich Didaktiker nicht einig waren, was ich auch manchmal bei UB erlebte, fand ich bedenklich. Was ich später immer wieder besonders von Quereinsteiger*innen und Quereinsteigern aus dem NaWi Bereich hörte: Wir waren so viel Subjektivität nicht gewohnt. Was bei dem einen gar nicht ging, machte der andere selbst.

Yasmin: ***„In meinen Seminaren fiel mir auf, dass die Seminarleiterinnen zwar guten Unterricht für Schüler*innen und Schüler zu vermitteln versuchten, selbst aber mit uns als ihren***

Schüler*innen und Schülern nicht vorbildlich waren."

Hannah: *"Bei uns kam das auch vor. Unser Pädagogik-Seminarleiter brachte auf unsere Bitte beim nächsten Mal eine Einführung zum Whiteboard Programm. Die war so konfus, dass keiner von uns etwas davon hatte."*

Was die Klassen betraf, tauchten zu online Zeiten einige der Schüler*innen und Schüler ab. Die Schule reagierte darauf und hatte eine Tür geöffnet, wo jeden Tag Hausaufgaben abgegeben werden konnten. Zu einem späteren Zeitpunkt war auch Personal da, jemand, der Hausaufgabenhilfe leistete. Trotzdem erhielten wir von einigen Schüler*innen und Schülern nichts.

„Präsenz im Wechselmodus" hieß der Unterricht danach mit halbierten Klassen - und war ein Traum! Mehr Zeit für einzelne Schüler*innen und Schüler, ein viel besseres Klassenklima- selbst Störenfriede ließen sich jetzt viel besser einbinden.

Was für alle noch neu und meist störend bis unzumutbar war, war das bereits erwähnte sogenannte „Stoßlüften" besonders im Winter. Das bedeutete zwanzig Minuten Unterricht normal, dann fünf Minuten Unterricht bei weit geöffneten Fenstern und wieder zwanzig Minuten Unterricht normal. Schüler*innen und Schüler, die am Fenster saßen, waren die Leidtragenden, aber auch Lehrkräfte, die bei eisigen Temperaturen im Winter entweder krank wurden oder wie viele Schüler*innen und Schüler dann Wintermantel und Mütze anzogen. Und der Kranich hatte nichts anderes zu tun, als den Schüler*innen und Schülern das Tragen einer Mütze im Klassenraum- nicht mal im Fachraum- zu verbieten! Denn das habe mit Respekt zu tun. Wie unsinnig ich diese Anweisung fand, sagte ich ihm beim ersten Mal nach dem Unterricht- und ich selbst setzte meine Mütze auf, Respekt hin oder her, um nicht krank zu werden. Lehrer*innen und Lehrer mit Rheuma oder Arthrose litten besonders. Der Unterricht war dann durch das An- und Auskleiden erst mal unterbrochen, Schüler*innen und Schüler am Fenster flüchteten und standen lieber an der gegenüberliegenden Wand die fünf Minuten als neben einem geöffneten Fenster zu sitzen. Natürlich wehten dann Unterlagen fort, im schlimmsten Fall musste die / der ein oder andere hinunterlaufen und draußen sein Material wieder hinauf holen.

Das Thema „Masken“ war ein weiterer Punkt. Diese wurden im öffentlichen Raum verordnet, was Maskengegner auf den Plan rief, sei es wegen der Verordnung, der Maske *per se* oder aus anderen Gründen. Für mich selbst war das kein Problem, da ich als Medizinerin auch im OP selbstverständlich eine Maske trage und mir als Patientin selbiges von der Ärzteschaft wünsche. Aber Verordnung oder nicht - bei einer Klasse lässt es sich nicht ununterbrochen kontrollieren, ob jeder der Schüler*innen und Schüler seine Maske trägt. Viele der Schüler*innen und Schüler hatten diese zwar dabei, konnten aber einfach nicht mehr und brauchten eine „Maskenpause". Lehrkräften war dies natürlich untersagt, ob wir konnten oder nicht. In unserer Schule hatten wir fortan das System mit Namen beschrifteter Plastikbeutel. Brauchte man als Lehrkraft neue Masken- jetzt gab es FFP2 Masken, nicht mehr Stoffmasken!- legte man den Beutel bei der dafür zuständigen Lehrkraft ins Fach und erhielt den Beutel mit drei Masken gefüllt zurück. Das funktionierte nicht ohne Reibereien: Lehrkräfte, die Vollzeit arbeiteten, brauchten oft mehr Masken, da diese einfach nach gewisser Zeit nass waren. Da es zwischendurch auch Lieferschwierigkeiten gab, konnte man sich auf einen gefüllten Maskenbeutel nicht verlassen. Ich hatte einmal das Erlebnis, dass im Chemieunterricht sämtliche Masken nass wurden und bat um neue. Wie groß war aber das Gezeter der Maskenbeauftragte! Ich hätte ja erst vor 3 Wochen drei Masken erhalten, und schon wolle ich neue! Drei Masken in drei Wochen. Dass dies nicht hygienisch ist, leuchtet wohl allen ein, die ebenfalls mit Maske mehrere Stunden sprechbereit sein müssen. Und meine waren nun von Flüssigkeiten durchtränkt, sollte ich diese etwa weiterverwenden?

Ein besonderes Thema waren Masken im Chemieunterricht. Was, wenn eine Maske bei

Arbeiten mit dem Brenner Feuer fangen würde? Für mich stellte sich diese Frage nicht, denn es gab kein Arbeiten mit dem Brenner, nicht in einem Werkraum.

Und es öffneten im Laufe der Zeit nach den Impfzentren immer mehr Testzentren, die wie Pilze aus dem Boden zu schießen schienen. Dort konnte man bei Verdacht auf Covid19 einen Schnelltest absolvieren, und fiel dieser positiv aus, im Anschluss einen PCR Test. Während das anfangs noch recht teuer war, in unserem Ort um die 60eu kostete, wurde das später zu kostenloser Routine. In den Schulen wurde dreimal wöchentlich ein Schnelltest für Schüler*innen und Schüler durchgeführt, und auch Lehrkräfte hatten sich per Schnelltest zu kontrollieren und ein Testkalender mit sich zu führen.

Yasmin: ***„Na, wie geht's dir heute?“***

Hannah: *„Stress, immerhin in 2,5 Tagen kompletten UB Entwurf niedergeschrieben! Dank Lockdown komme ich überhaupt zum Schreiben.“*

Yasmin: ***„Fürs Ref würde ich mir die Situation eigentlich nicht wünschen, aber Gesundheit geht vor. (…) In der Grundschule muss man sich so viel einfallen lassen, um den Unterricht attraktiv und kreativ zu gestalten. Ich bin gespannt, wie es morgen laufen wird und welche neuen Beschlüsse entschieden werden. Wenn es noch einen***

Lockdown geben wird, dann werde ich definitiv anfordern, meine UB im Kolloq zu machen."

Da war sie wieder, die Ungewissheit. Als erstes erhielten wir Mitte Februar vom Studienseminar einen „Berechtigungsschein zur Testung auf das Corona-Virus". Es wurde darauf hingewiesen, sollten wir irrtümlich auch von der Schule einen solchen erhalten, wir nur zur einmaligen Testung berechtigt seien. Was später mit Selbsttests und Corona-Zentren Standard werden sollte, war zu diesem Zeitpunkt eine Neuheit. Und die Schulleitung und SL wollten die UB weiterhin in Präsenz, aber ewig aufschieben wegen Corona-Maßnahmen ließen sich die UB auch nicht. Sofern man uns keine erlassen wollte, musste ein Kompromiss her. Das Beste für viele von uns: Die UB fanden jetzt ohne Klasse statt! Ich hatte den 2. UB in Biologie immerhin in Präsenz an der Schule mit dem Bio-Seminarleiter ohne Klasse. Das war sehr nett und entspannt. Dieser lernte meinen Unterricht mit Klasse Umstände-halber erst mit meinem 3. UB in Bio kennen. In Chemie und Pädagogik hatte ich die 2. UB online, erst die 3. UB fanden dann wieder in Präsenz samt Klasse oder einem Teil der Klasse statt, denn zu dieser Zeit galt der Wechselmodus.

Yasmin: *„Wenn Lehrer*innen und Lehrer oder meine Seminarleiter*innen dabei sind, bin ich immer so aufgeregt."*

Hannah: *„Ist bei mir auch so, vor allem Mentor*innen und Mentoren...Meine Bio-Mentorin meckert leider auch herum. Ein Schüler ist eigentlich auf DaZ Niveau, hatte auch schon Ordnungsmaßnahmenkonferenzen, weil er sich für andere eingesetzt und geprügelt hatte. Bei mir sehe ich ihn immer hilfsbereit, meldet sich bei allem freiwillig. Die Mentorin sagte vor der Arbeit, das werde eh nix- und er schrieb eine 3! Sie plädiert nun für Gesamtnote 4 in Bio, was ich für völlig ungerecht halte: voreingenommen. Einer 4 werde ich nicht zustimmen. (...) Bei uns sind glaub ich mehrere Lehrer voreingenommen, sodass ein Ordnungsmaßnahmen-Schüler nie gut abschneiden kann."*

Yasmin: *„Ja, glaub ich auch. (...) Naja, ich denke auch, dass es echt lehrerabhängig ist. Manche Schüler fühlen sich bei manchen Lehrer*innen und Lehrern wohler als bei anderen. Die Kaltfront ist menschlich gesehen super unsympathisch, behandelt Mitmenschen auch echt respektlos, was auch die Kollegin sagte, die in ihrer Abwesenheit für sie vertreten musste. Auch in der Fachkonferenz hat sie mal einen Kollegen vor allen anderen so angemotzt, wo ich mir denke, das geht gar nicht!"*

Hannah: *„Der Kranich ist glaub ich nur froh, wenn er seine Ruhe hat, und die Bio-Mentorin unglücklich- sagte sie sogar-, dass ich ihr ihre Klasse wegnehme."*

Yasmin: *„Voll traurig. (...) Du, Hannah, wir haben noch 10 Monate, dann sind wir durch!"*

Das Leben drehte sich nur noch darum, alle Etappen zu nehmen und weiterzukommen. Und Yasmin kam ebenfalls voran:

Hannah: *„Viel Glück beim UB heute!“*

Yasmin: *„Bin grad durch. (...) Lief ganz okay, sie hat mir gute Tipps mitgegeben fürs nächste Mal.“*

Mitte März gab es an unserer Schule das Angebot, sich mit dem Astra Zeneca-Impfstoff impfen zu lassen- und zwar als eine der ersten Schulen. Während ich zunächst abwarten wollte, meldeten sich viele Kolleg*innen und Kollegen zur Impfung an.

Hannah: *„Musste mich am Freitag vor der Schulleitung rechtfertigen, warum ich nicht Sonntag zur Impfung gehe...“*

Yasmin: *„Es besteht doch gar keine Pflicht! (...) Hab gestern die Impfung bekommen und hatte heute Nacht mega Schüttelfrost. Ich hab das Gefühl, meine Muskeln sind so geschwächt, und ich fühl mich wie ne Omi.“*

Hannah: *„Ohhh, du Arme! Ich hoffe, du bleibst zu Haus! Von den wenigen, die ich gesprochen habe, hatten auch alle Symptome unterschiedlich stark.“*

Nun geriet der Impfstoff von Astra Zeneca immer mehr in die Schlagzeilen, in einigen Ländern, darunter bald Frankreich, wurde der Impfstoff gestoppt. Auch in Deutschland trat er seinen Rückzug an.

Yasmin: *„Ich hab jetzt total Angst. Mein Mann und ich haben die Impfung. Stell dir vor, uns passiert etwas! (...) Alle schicken mir grad Artikel, dass das gestoppt wird. Wahrscheinlich, weil es zu viele Nebenwirkungen hat oder sogar Todesfälle gibt! (...) Ich hab richtig Angst.“*

Zu der Verunsicherung über den Ablauf des Refs kam nun noch diese Verunsicherung hinzu. Und es wurde emsig in verschiedenen Ländern an weiteren Impfstoffen gegen Covid-19 geforscht. Einige Zeit später sollte es zwei weitere vermehrt auf dem deutschen Markt geben, den von Moderna und den von BioNTech/Pfizer, obwohl BioNTech/Pfizer als erstes die Zulassung auf deutschem Markt erhalten hatte. Doch das sollte noch dauern. Mit den Impfungen von Astra Zeneca vorerst für Erwachsene öffneten die Schulen bereits wieder ihre Tore.

Yasmin*: „Ach, ab heute sind deine Schüler wieder in der Schule, oder*?“

Hannah: *„Ja, aber hatte nur die 10., die 8. noch nicht. Glück gehabt. (...) Ich halte es für völligen Quatsch angesichts der steigenden Inzidenzen jetzt zu öffnen. Ich bin für eine Fortsetzung des Lockdowns.“*

Yasmin: *„Seh ich genau so."*

Mit Öffnen der Schultore stellte sich mal wieder die Frage, ob UB nun wieder in Präsenz oder weiterhin im Kolloq-Format erfolgen würden.

Yasmin: *„Wie geht's dir? Ist bei dir alles gut?"*

Hannah: *„Ach, ich hänge in der Luft, ob ich nächste Woche den UB3 im Präsenz- oder Kolloq-Format habe- entsprechend muss ich das aber vorbereiten... Und bei dir?"*

Yasmin: *„Ach geht so, hatte ein nicht so lustiges Gespräch mit meiner Deutsch-Seminarleiterin, weil sie von meinen Leistungen nicht überzeugt ist. Ich hab noch den 3. UB und den GUB, mehr auch nicht. Und das macht mir echt zu schaffen."*

Hannah: *„Hauptsache, sie lässt dich bestehen...die Note ist nicht so wichtig."*

Und so langsam dachte man auch an den Termin zum „Gespräch über den Ausbildungsstand"-dem GüA, oder auch nicht.

Yasmin: *„Du, eine Frage: Hast du eigentlich auch eine Mail vom Studienseminarleiter bekommen für einen Termin, um den aktuellen Ausbildungsstand zu besprechen?"*

Hannah: *„Nee, ich hab noch nix erhalten."*

Yasmin: ***„Hab gestern voll die Bedenken gehabt und dachte mir, bin ich die einzige? Was wollen die von mir? (…) Hab ich dir gesagt, dass meine Deutsch-Seminarleiterin gesagt hat, dass meine Leistungen nicht den Erwartungen entsprechen und ich mehr machen muss?"***

Hannah: *„Echt? Gerade du…du bist doch gut! (…) Unser Pädagogik-Seminarleiter sagte etwas von Mitte Mai bzgl. Ausbildungsgespräche…aber vielleicht erst Grundschule, dann wir?"*

Yasmin: ***„Die Deutsch-Seminarleiterin ist nicht zufrieden und kritisierte meine Besuche. Was ich nicht verstehe, die Besuche sind doch dazu da, dass wir noch üben und uns verbessern sollen. Es heißt doch immer, die Besuche werden nicht bewertet… Sie rät mir zu Teilzeit, um mehr Zeit für alles zu haben. Offenbar war der Anruf der Deutsch-Seminarleiterin so eine Vorwarnung. Daraufhin habe ich die Pädagogik-Seminarleiterin um einen Termin gebeten, diese hat mir aber noch nicht geantwortet, doch dann kam diese Einladung zum Gespräch, an dem auch die Birne teilnehmen soll… Ich war so schockiert, was das nun wieder soll. Bei den anderen Fächern hatte ich bisher noch nicht das Gefühl, dass es Probleme gibt. Oder ist das doch das GüA? Ich hab keine Ahnung, es macht mir voll Angst."***

Hannah: *"Unglaublich!!! Das mit den Besuchen ist tatsächlich zwiespältig. Einerseits wird uns immer gesagt, die seien zum Üben, aber ich hab nicht den Eindruck, dass das so ist. (...) Das ist es: Die Angst, die sie uns machen. (...) Ich würde mich wappnen- Personalrat mitnehmen und auch genau das ansprechen: UB sollen doch zum Üben sein mit Feedback."*

Im Pädagogik-Seminar wurden gleich zu Beginn Vertreter*innen und Vertreter des Personalrats gewählt, der aus Mitrefs bestand. Zum Zeitpunkt der Wahl hätte ich nie erwartet, wie wichtig diese noch sein werden.

Und die Angst ging um. Home Schooling etwa gehörte zu den neuen Erfahrungen. In der Presse konnte man meist verallgemeinernd lesen, dass es gravierende psychologische Auswirkungen auf die Kinder gebe: Isolation von Mitschüler*innen und Mitschülern, Einsamkeit, Angst, Depressionen. Nicht erreichte Schulabschlüsse. Es kam zu Sonderregelungen für ein „Corona Abitur". Es fehlte an technischem Gerät, was später von der Schule geliehen werden konnte, aber manche Familien hatten kein Internet zu Hause oder bei vielen Geschwisterkindern fehlte es auch an ausreichender Ruhe. Einige Schüler*innen und Schüler entglitten uns.

Hannah: *"Freitag ist der Chemiker bei mir, vielleicht bekomme ich dann auch eine Besprechung...die Kinder sind nicht fit."*

Yasmin: *„Ja, nach ein paar Monaten Home Schooling sind so einige Kinder nicht mehr fit.“*

Aber es gab auch Schüler*innen und Schüler, die durch Home Schooling profitierten: So wurden IT Skills erlernt und vertieft, ich erhielt Hausaufgaben zugeschickt, die erstmals ein Ordnungsprinzip erkennen ließen mit eingefügten Bildern und einem Textblock statt einem einzelnen Satz. Diese Erfahrung zeigte sich bei mir bei rund einem Drittel in allen Klassen. Bei mir gab es daraufhin eine „Siegerehrung“ mit Urkunde für die drei besten *Homeschooler* pro Klasse. Dass Home Schooling auch positive Effekte haben kann, darauf hatte bereits Prof Dr. Menno Baumann (M.Baumann, Bio-psycho-sozialer Einfluss der Pandemie auf junge Menschen - Corona macht Schule! Und wir? In: Praxis Schulpsychologie (31), 6-8, 2021) hingewiesen: Denn Aufgaben wurden nun nicht selten zusammen mit der Familie bearbeitet, was den Zusammenhalt zu Hause stärken kann. Doch das war in den Medien kaum zu finden. Und die Seminarleiter*innen und Seminarleiter wollten Unterricht in Präsenz bei ihren UB sehen, doch daran waren die meisten Schüler*innen und Schüler nicht mehr gewohnt: Zurück in der Schule gab es nun mehr Streitereien, frühes Aufstehen, Konzentration und langes Sitzen fielen umso schwerer, viele fragten, ob sie nicht im Home Schooling bleiben könnten, während andere froh waren, wieder in der Gruppe vor Ort zu sein. Und wir Referendar*innen und Referendare sollten in dem Chaos ein gutes *Classroom Management* präsentieren!

Der 3. UB in Chemie stand an, und im Werkraum waren die Abstände zu vermessen. Der Kranich kam und teilte mir mit, da kämen „locker neun Schüler“ unter. Ich maß nach und kam mit viel gutem Willen auf maximal fünf. Ich bat die Birne, den Hausmeister die sehr schweren Werktische mit mir zurechtstellen zu lassen, so dass man genau nachmessen konnte und verabredete mich dafür mit dem Hausmeister. Zu angegebener Zeit kam dieser auch, schlich von außen herein und sagte leise, dass ihm die Schulleiterin verboten habe, mir mit den schweren Tischen zu helfen, er habe laut dieser Wichtigeres zu tun- aber er helfe mir trotzdem!

Yasmin: *„Ich hab ehrlich gesagt auch nix anderes von der Birne erwartet. Die ist eine richtige Hexe! Toll, dass der Hausmeister dir trotzdem geholfen hat.“*

Wir richteten den 3. UB also auf fünf Schüler*innen und Schüler ein, denn neun sah auch der Hausmeister in keiner Weise möglich. Als dann der Chemie-Seminarleiter zum UB erschien, sagte er am Ende, dass er den fast abgebrochen hätte: Denn hier hätten unter Wahrung der Abstände insgesamt nur vier (!) Schüler*innen und Schüler Platz. Dass er nicht abgebrochen habe, sei der Situation begründet, da man die Corona Entwicklung nicht vorhersehen konnte und es ggf. so schnell keinen Besuch mehr in Präsenz geben könnte, wer wisse das schon! – Und nach dem Kranich hätten „neun Schüler“ Platz gehabt, und zwar locker!

Zum 3. UB in Chemie gesellte sich auch die Birne ein, die bis dahin noch keinem meiner UB beigewohnt hatte. Und das ließ sie mich kurzfristig erst am selben Tag wissen. Ich informierte so schnell ich konnte die Schüler*innen und Schüler, von denen einige schon bei ihrer Ankündigung vor dem Bio-UB geweint hatten, und versuchte sie zu beruhigen. Schließlich stünde ja ich im Fokus und nicht sie, es wäre einzig ihre Aufgabe, sich ganz normal im Unterricht zu beteiligen. Und doch war die Anwesenheit der Birne eine Störung des normalen Ablaufs. Ein Schüler, der sonst immer rege dabei war, meldete sich und vergaß beim Drankommen, was er sagen wollte; Schüler*innen und Schüler, die sich sonst beteiligten, meldeten sich überhaupt nicht mehr und schielten nur zur Birne herüber. Die Schüler*innen und Schüler ordneten Vergleichsbilder chemischen Abläufen zu, da war z.B. eine Autobahn zu sehen, eine Bahnschranke, ein Stoppschild. Ich fragte: „Wer ist schon mal auf einer Autobahn mitgefahren?“, und es meldete sich von den fünf Schüler*innen und Schülern ein einziger. Nun war es bald Zeit zum Stoßlüften, und ein Schüler hatte den Timer, der dafür das Signal geben würde. Der Kranich, der den Unterricht im Nebenraum durch ein Fenster verfolgte, meinte es gut und fing an, zu gestikulieren, was einer Komödie gleich heftiger wurde, aber ich konnte ihm ja nicht erklären, dass ich das Stoßlüften im Blick hatte und einer der Schüler das besorgen würde. Hätte er meinen Unterrichtsentwurf gelesen, hätte er das gewusst! So fühlte ich mich dazu gezwungen, groteskerweise laut zu sagen: „Und gleich müsste auch der Wecker klingeln!“- was er sofort nach Beendigung meines Satzes auch tat, während der Timer an der Tafel, der nach fünfzehn Minuten einer Aktionsphase hätte klingeln müssen, versagte. Die Unterrichtsstunde war etwas schleppend, und wir waren alle – Schüler*innen / Schüler und ich – etwas aufgeregt. Mit so wenig Beteiligung hatte ich nicht gerechnet, und ich musste mit dem Ergebnis eine Punktlandung bieten, um eine sogenannte „runde Stunde“ zu bieten. Und so half ich ein bisschen nach. Als der Unterricht vorbei war, polterte die Birne sogleich los:“ SO unterrichtet man aber nicht, Frau K!“

Hannah: *„Die Birne sagt: Wenn sich einer meldet, darf man den nicht gleich dran nehmen. Man muss warten bis sich vier gemeldet haben! – Die Praxis sieht jedoch meist anders aus: Bis sich vier melden, kann man manchmal ewig warten!“*

Aber Zeit ist das, was man im Ref gerade *nicht* hat, schon gar nicht in einem UB oder GUB.

Und die Birne fügte hinzu: Sie habe Chemie noch NIE verstanden. Das sei in meinem Unterricht gerade auch NICHT ANDERS gewesen. Die Birne pausierte und sah sich mit erhobenem Haupt in der Runde um. Und da sagte der Chemie-Seminarleiter: Sie könne jetzt gern den Raum verlassen, damit wir mit der richtigen Arbeit beginnen können. Ich sah ihn dankbar an, die Birne ging tatsächlich, und die Stunde wurde normal analysiert und besprochen.

Yasmin: *„Na, wie war's?"*

Hannah: *„Tja, wir standen da und warteten, da kam mein Mentor angehechelt und fragte, ob die Abstände ausreichten...sehr merkwürdig. Dann joggte er wieder zurück, und mit 8min Verspätung kam dann der Seminarleiter mit der Birne. Das war blöd, weil dadurch einige Minuten verloren gegangen waren, so dass ich nun die Stunde straffen musste. (...) Immerhin stellte der Kranich mal eine sinnvolle Frage, nämlich, ob wir LiVD unter diesen Umständen Präsenz verweigern könnten. (...) Antwort war nein, das bestimme das Seminar!"*

Yasmin: *„Aber wer hätte das gedacht, dass dein Mentor auch mal was Sinnvolles sagen kann, oder? Aber fühl dich erst mal ganz ganz doll gedrückt von mir, ich weiß, wie es ist, wenn man so plötzlich überrumpelt wird, nicht nur von einer Person, sondern gleich mehreren. Und mein Gott, die Birne mal wieder! Die sollte eigentlich hinter uns stehen, was soll denn das? (...) Und ihre Äußerung zur Chemie...Nach einer Stunde wird sie bestimmt nicht Chemie verstehen. An der Schule*

will ich ohnehin nicht bleiben. (…) Das einzige, was toll ist, sind die Schüler*innen und Schüler. Als ich neulich eine Übung zu Nomen mit ihnen machte, nannten sie als Beispiel:" Lehrerin. Wie du." Und ich antwortete, dass ich ja noch keine fertige Lehrerin sei. Darauf die Schüler: Aber du machst das so gut, du bist eine so tolle Lehrerin!"

Hannah: *„Deine Schüler*innen und Schüler haben völlig recht!"*

Als ich die Schüler*innen und Schüler in der nächsten Stunde um Feedback bat, gestanden sie mir, dass sie schrecklich aufgeregt gewesen seien. Und der sonst rege Schüler entschuldigte sich, dass er durcheinander gekommen war. Ich ließ sie nochmals die Vergleichsabbilder zuordnen, und es zeigte sich, dass das stofflich keineswegs zu schwer gewesen war. Aber dass jeder Besuch eine Ablenkung, wenn nicht Störung des normalen Ablaufs darstellt, wird allgemein geflissentlich übergangen.

Und es hielten nun Testkits Einzug in den Unterricht. Denn Schüler*innen und Schüler mussten sich mittlerweile vor dem Unterricht einem Covid-19 Selbsttest unterziehen. Im Laufe der Zeit wurde angepasst, an wie vielen und welchen Tagen das zu erfolgen hatte. Aber es musste ständig improvisiert werden.

Yasmin: *„Bist du morgen da?"*

Hannah: *„Ja, 2. Und 3. Stunde- Testkits ausgeben, du auch?“*

Yasmin: *„Wieso machst du das und nicht die Klassenlehrerin?“*

Hannah: *“Es gab angeblich eine Mail, die ich nie bekommen habe.“*

Yasmin: *“Boah, die Schule nervt mich langsam. Ist hier genauso. Die Klassenlehrerin meiner Deutschklasse ist nicht da, und als ich sie gefragt habe, wer die Tests ausgeben wird, hatte sie keine Ahnung.“*

Hannah: *„Mich nervt vor allem die Birne. Als ich an ihrem Zimmer vorbeikam, stand ihre Tür offen und das Schild, einzutreten, war auf grün. Also sprach ich sie an: „Hätten Sie 1min Zeit?“- Darauf sie genervt: „Was ist denn schon wieder?“-Ich fragte, ob sie morgen beim Bio UB dabei sein werde und sprach die Abstände an. Daraufhin antwortete sie, dass morgen beim 3. UB in Bio unbedingt jemand von der Schule dabei sein solle. Ich wies sie darauf hin, dass dann mit einer Person mehr im Raum die Abstände nicht mehr passten. Und sie besteht jetzt erst recht darauf, dass jemand von der Schule dabei sein wird. (…) An anderen Schulen ist derzeit nicht mal im GUB jemand dabei, um nicht alles zu verkomplizieren.- Vielleicht bekomme ich ja demnächst auch eine Anhörung, weil die Schulleiterin nicht zufrieden mit mir ist!?“*

Yasmin: ***„Mein Gott, aber du hast ja mitbekommen: Als ich sie heute nach etwas fragte, wimmelte sie mich auch gleich ab mit den Worten: „Geht das auch später?" Ich habe so das Gefühl, sie hat überhaupt keine Lust, sich mit uns auseinanderzusetzen. (...) Das war auch der Fall mit der ersten Klasse. Als ich sie darauf hinwies, dass ich für die UB eine höhere Klassenstufe brauche, passierte überhaupt nichts. Erst als sich das Seminar einschaltete, erhielt ich dann eine höhere Klassenstufe. Auf mich hört ja kein Schwein."***

Und immer gab es neue Änderungen.

Yasmin: ***„Ich lese gerade die E-Mail, die wir bekommen hatten. Mein Gott, 12 Seiten, wann welches Szenario eintritt, wann gewechselt wird... ich hab das Gefühl, ich komme überhaupt nicht mehr hinterher!"***

Hannah: *„Ich auch nicht. In der langen Verfügung wird ja immer wieder auf die Sicherheitsabstände hingewiesen, das ist für uns wichtig. Die Birne schert sich da leider nicht drum, es wäre sinnvoll, wenn sie sich mal informierte, wie das andere Schulen bzgl. Staatsprüfungen und Abstände handhaben."*

Nächsten Tag war mein 3.UB in Bio und Yasmins Gespräch.

Hannah: *„Bio-UB lief auch gut. Drück dir die Daumen!"*

Yasmin: *„Oh, das freut mich total. War die Birne da?"*

Hannah: *„Nee, fand wohl das Thema Augen sezieren zu gruselig- und die SuS* waren froh darüber, dass sie nicht kam! Und bei dir?"*

Yasmin: *„Bin grad auf dem Weg dorthin. Berichte später."*

Nach dem Gespräch dann folgende Nachricht:

Yasmin: *„Es war echt schrecklich. Wir saßen dort und dann hatten alle Gelegenheit mir zu sagen, wie scheiße ich alles mache- und das haben sie! Und dann ganz zum Schluss, als sie mich richtig fertig gemacht hatten, durfte ich was sagen. Ich konnte kein Wort sagen, weil ich so einen Kloß im Hals hatte und bin erst mal rausgegangen und zusammengebrochen. (...) Ich hatte F mitgenommen aus dem Personalrat, sie war total die Stütze für mich. (...) Es wurden Dinge aufgelistet, die mir ein einziges Mal passiert sind, wie z.B. dass einmal beim online Seminar meine Kamera nicht funktioniert hat. Das wurde dann so dargestellt, als wäre das immer der Fall. Und dann die Birne. Dass Schule nicht vorbei sei, weil es der Stundenplan zeige, dass man ja auch mal länger in der Schule bleiben könnte und sich engagiert. Werde nun extra länger in der Schule bleiben, auch wenn es Corona-bedingt ja keine AGs etc. derzeit gibt. Und sie sagte noch, wenn ich mich*

krank melde, wäre es damit noch nicht getan, ich weiß gar nicht genau, was sie damit meint!?“

Hannah*: „Die haben sie ja nicht mehr alle! (...) Unglaublich alles! (...) Du tust mir total leid! Und was will die Birne denn noch alles!? AGs gibt es doch wegen Corona gerade gar nicht, und du bist doch absolut eingebunden und aktiv!? Das mit dem Krankmelden ist wirklich ein Unding und wird auch immer wieder im Lehrerzimmer kritisiert: Wenn man sich krank meldet, sollte man nämlich noch Vertretungsmaterial schicken. Wenn es einen aber richtig erwischt hat, ist man doch nicht noch in der Lage, Vertretungsmaterial zu schicken und der Vertretungskraft dazu Anweisungen zu geben, denn mit dem Material allein ist es ja nicht getan. Auch meine Bio-Mentorin findet das eine Frechheit. Und als ich dann mit 40 Grad C Fieber letztens Unterlagen mit Anweisung schickte, wurden die von keinem Menschen eingesetzt. Alles umsonst, und ich hatte mich damit gequält.“*

Yasmin: *„Ja, ich war auch krank, und die Kaltfront war dann mega sauer, dass ich im Vertretungsordner kein Vertretungsmaterial hochgeladen hatte. Wo ich mir denke: Hä? Ich hab die Klasse nicht alleine, du machst in der Klasse auch Unterricht, eine Stunde hat sie die Klasse allein. Und ich dachte, wenn ich nicht komme, macht sie mit dem weiter, was sie eigentlich geplant hatte. Sie war irgendwie so aufgeregt darüber, tja, und ich hab mich dann entschuldigt.“*

Hannah*: „Und wenn man krank ist, ist man krank! Dann ist man meist auch gar nicht in der Lage, noch was hochzuladen. Oh Mann, es läuft so vieles falsch und schief."*

Yasmin: *„Die Sache ist, es beschwert sich eben keiner. Alle machen mit, und das wird dann Standard. Es wird ständig erzählt, wie schlimm und nervenaufreibend das Ref ist, aber es tut sich nichts. Ich glaube, wenn ich durch bin, werde ich erst mal traumatisiert sein."*

Hannah: *"So ähnlich hatte ich mich gefühlt beim Ref Lehramt auf Gymnasium! Da kommt kurz vorm UB ein heulendes Kind aus der Pause, vielleicht ist es hingefallen, vielleicht hat es sogar ein Schädel-Hirn-Trauma erlitten- aber das war dem Pädagogik-Seminarleiter egal! Der ritt darauf herum, ich hätte den Unterricht ganze 2min später angefangen, das ginge gar nicht! Eine Verzögerung des Unterrichts oder ein Kind, das vielleicht dringend versorgt werden muss: für mich keine Frage, ich würde mich immer für das Kind entscheiden! (...) Immer dieses Machtgehabe. In der Medizin ist das hier leider auch so, aber in anderen Ländern wäre das unvorstellbar! In den USA z.B. redet man als Student die Profs mit Vornamen an, man wird geschätzt, ernst genommen, und hat damit ein viel besseres Arbeitsklima. Angstfrei. Das hat die Schule zwar mit als Motto, aber offenbar nur auf dem Papier. – Aber gut ist, dass wir zusammen an einer Schule sind.*

Zwar an der falschen, aber zusammen. Und ich weiß, dass du eine hervorragende Lehrerin bist!"

Und nun geriet auch ich mal wieder ins Visier der Birne, und zwar indirekt über den Chemie-Mentor:

Hannah: *„Der Kranich hat mich heute darauf hingewiesen, dass „ein Mentor IMMER bei allem dabei sein wird, die Schulleitung das auch kann und noch andere von der Schule auch", das sollte ich mir mal merken! Und dass ich ja dringend Hilfe brauche(!). Daher wieder ab sofort jede Woche Termin mit ihm, und er kommt wieder in meinen Unterricht. Es passe der Birne nicht, dass ich mich zu sehr verselbstständige. (...) Er fügte hinzu, der Chemie Seminarleiter hätte gesagt, dass ich in den Seminaren positiv auffalle- das fand er, der Mentor, ganz sonderbar... Offenbar hat die Birne auch mich auf der Abschussliste."*

Yasmin: *„Krass! Was für Ausdrucksformen haben die denn drauf, „dass du dringend Hilfe brauchst"- was soll das denn? Wenn dein Seminarleiter sagt, dass du positiv im Seminar auffällst, muss nicht dein Mentor auch noch daran zweifeln. Es ist ja nicht, dass du in der Schule negativ auffällst. Oh Mann..."*

Hannah:" *Ich weiß es nicht, aber Vorbehalte hatte der Kranich gegen mich ja gleich von Anfang an und listete mir auf, „wer noch alles" es vor mir nicht geschafft hatte...So schlecht kann ich eigentlich nicht sein, jedenfalls arbeiten die Schüler*innen* *und Schüler, wir machen ja keine Freistunden. Was den Kranich betrifft, denke ich: Vorbehalt gegen Quereinsteiger?"*

Yasmin: *„Und zu meinem Glück –Ironie- hatte ausgerechnet auch noch mein Zug heute Verspätung, sodass ich 20min zu spät gekommen bin. Auch das noch. Ich bin dann übrigens heute auch extra länger in der Schule geblieben. Dass ich länger geblieben bin, hat die Birne natürlich gar nicht mitbekommen, die saß in ihrem Büro."*

Hannah: *„Und du tust mir auch leid. Dass der Zug zu spät gekommen ist, ist ja nicht deine Schuld, das ist das Leben. In den USA würde das auch keine/r gegen jemanden verwenden. Nur in der Schule abhängen, weil das die Birne so wünscht...Ich hatte übrigens heute auch eine ungünstige Konstellation: Der Kranich hatte mir zugesichert, für eine Doppelstunde den Werkraum zu bekommen, da wir in Bio Augen sezierten. Er sagte noch: „Tob dich aus, der Raum ist in den nächsten zwei Stunden für dich!" Und was passierte? Gleich zu Beginn kam eine Lehrerin samt Klasse, die im Werkraum unterrichten wollte, in der nächsten Stunde dasselbe. Immer wieder musste ich diskutieren und den Raum verteidigen. Und zu allem Überfluss hat man mich heute nach der Doppelstunde auch noch als Pausenaufsicht eingeteilt. Als nach der Pause dann schon wieder die nächste Lehrkraft samt Klasse anrückte, standen da noch die Behälter mit den Augen und Abfällen, denn die hatte ich ja vorher* *nicht entsorgen gehen können. Der Kranich macht ja diese Tage Stundenplanung, der hat also mal wieder geschlafen und nicht mitgedacht. Aber ich bin sicher, das wird mir auch nochmal auf dem Tablett serviert."*

Und mein Mentor zeigte weitere Schlafphasen:

Hannah: *„Hatte mir der Trottel doch erklärt, ab sofort wieder Termine, ich bräuchte ja dringend Hilfe etc., und was war? Heute hatten wir einen Termin, den hatte er aber vergessen und war nach Hause gegangen!"*

Yasmin: *„Sehr gut! Schnell weg dort und ab ins Wochenende!"*

Die Zeit verflog wie im Winde, und es wurde April.

Yasmin: *„Du hast Mitte Mai deinen GUB? Ich habe am selben Tag einen kleinen UB. (...) Die Birne hat mich drauf angesprochen. Sie meinte, sie muss schauen, wie sie es (zeitlich) macht, zu uns beiden zu kommen."*

Hannah: *„Sie kann gern zu dir! Ich hab in der 4. Stunde."*

Yasmin: *„Ich in der ersten. Tut mir leid, ich hätte es dir gern erspart!"*

Hannah: „Meine SuS schlafen da noch und sind hungrig."*

Yasmin: *„Hab das Gefühl, das sind sie zu jeder Stunde!"*

Und neben den Vorbereitungen für die Besuche hieß es täglich Schularbeit leisten.

Hannah: *„Ich muss in Rekordzeit Arbeiten korrigieren."*

Yasmin: *„Frohes Schaffen! Frei kriegen wir auch nie."*

4.2.Erster GUB

Alle Unterrichtsbesuche waren abgeleistet, nun hieß es die beiden „Generalproben", die GUB in Angriff zu nehmen.

Hannah: *„Bei mir hat die Birne gleich wieder Chemie."*

Yasmin: *„Hm, das versteh ich jetzt nicht ganz."*

Hannah: *„Naja, sie hat immer nur Chemie bei mir, in Bio war sie noch nie dabei...Chemie: ihr Lieblingsfach."*

Und der Kranich trat ebenfalls auf den Plan:

Hannah: *„Der Kranich bezweifelt ständig, ob ich die Staatsprüfung bestehe- ich wär ja nur Quereinsteiger!"*

Yasmin: *„%$§&%!"*

Hannah: *„Und er hat mir in Chemie fachlich zu was Falschem geraten!"*

Yasmin: *„Sein Ernst?"*

Hannah: *„Leider ja! (...) Laut Kranich hätte ich ja null Erfahrung- der hat nie in meiner Akte gelesen. (...) Hab manchmal das Gefühl, in Chemie kommt er inhaltlich gar nicht mit."*

Yasmin: *„Ja, weil das dein Fachgebiet ist und der dich nicht in der Hinsicht kritisieren kann. Deswegen hackt er auf deinen Erfahrungen herum."*

Hannah: *„Er unterrichtet Erdkunde in Chemie!"*

Yasmin: *„Vielleicht wollte er das vor dir nicht machen, weil er weiß, dass du merkst, falls er einen Fehler macht."*

In Chemie wollte ich im GUB eine der noch bis zum Abschluss verbleibenden zehnten Klassen nehmen und sprach das mit dem Kranich ab. „Und wenn die Schüler*innen und Schüler da gerade Abschlussprüfung haben?", fragte ich. „Nein", versicherte der Kranich, „GUB geht vor!"

Da bis dahin noch immer kein Fachraum in Sicht war und ich handlungsorientierten Chemieunterricht zeigen wollte (und möglichst sollte), würde der GUB wie auch vorherige Unterrichtsbesuche im Werkraum stattfinden. Zwei Tage vorher sprach mich der Kranich an: Werkraum gehe nicht, denn da hätte ich ja dann „weniger Schüler- und somit einen Vorteil!"

Hannah: *„Wenige Tage vor Abgabe meines GUB Entwurfs hieß es plötzlich, Werkraum bekäme ich nicht, da ja nicht die ganze Klasse in Szenario A in dem zu kleinen Raum reinpasse."*

Luisa: *„Unglaublich! Und jetzt?"*

Hannah: „Wiedermal musste ich das Seminar einschalten, SuS Anzahl verringern war dann ok, und Werkraum Nutzung geht. Ständig habe ich mit sowas zu kämpfen. Da wünsche ich mir fast eine Schulleitung, die nur nickt und nichts tut wie bei dir."*

Und auch Yasmin erfuhr von der neuen Aktion des Kranichs.

Yasmin: *„Sag mal, was ist denn mit dem los? Der überlegt sich auch jedes Mal was anderes, um dir das Leben so schwer wie möglich zu machen! Das tut mir echt leid für dich, dass du dich da so durchkämpfen musst."*

Hannah: *„Und der Kranich meint, dadurch hätte ich ja Vorteile…"*

Yasmin: *„Die haben auch nichts Besseres zu tun."*

Ein GUB ist nicht ohne, denn es ist die Generalprobe der Staatsprüfung. Der pädagogische Seminarleiter, einer der Fachseminarleiter und die Schulleitung müssen zudem einen Termin finden, an dem alle drei können. Da unsere Seminarleiter*innen und Seminarleiter selbst als Lehrkräfte tätig sind und zudem noch Mitrefs in ihrem Unterricht besuchen müssen, ist so eine Terminfindung nie einfach. Ich hatte also nun einen Termin für den GUB in Chemie erhalten, alle hatten zugestimmt. Und es standen in Klasse zehn, wo ich den Chemie GUB zeigen wollte, die Abschlussprüfungen an. Die Klasse war natürlich informiert, und als wir wenige Tage vorher nochmals darüber sprachen, sagte mir eine Schülerin, das ginge nicht: An dem Tag hätten Sie Abschlussprüfung Deutsch! Mein GUB Termin stand seit MONATEN fest. Wie war das möglich? Ich sprach die Klassenlehrerin darauf an, und die rannte ins Büro der Birne und fragte: „Was haben Sie am Tag XX in Ihrem Kalender stehen? Steht da Abschlussprüfung zehnte Klassen?“ Die Birne bejahte. „Und steht da GUB Chemie von Frau K.?“ Die Birne bejahte nochmals. Und dann dämmerte es der Birne. „Oh, das geht natürlich nicht. Das hat der Konrektor bei mir so eingetragen. Tja, Frau K., da müssen wir einen neuen Termin für Ihren GUB finden!“ Und der Kranich meinte lapidar: „Na dann verschieb doch den GUB um einen Tag, da sind die zehnten Klassen frei.“ Um einen Tag. Schön. Nur, die Seminarleiter hatten da natürlich Verpflichtungen, es kam so schnell kein Termin zustande. Und das bedeutete, die zehnte Klasse, mit der ich den GUB zeigen wollte, über die ich thematisch und als individuelle Klasse den 50-Seiten

Entwurf geschrieben hatte, würde bis dahin nicht mehr an der Schule sein. Ich konnte den gesamten Entwurf mit Thema in den Papierkorb werfen!

Hannah: *„Der Kranich hat mal wieder gepennt...An demselben Tag, an dem mein GUB stattfinden sollte, hat er auch die Abschlussprüfungen eingetragen, so dass die Klasse für den GUB gar nicht zur Verfügung steht. Und dann sind sie (wegen Ausflügen!) blockiert bis 30.05., und am 06.06. sind sie weg! (...) Hatte den Kranich neulich noch darauf angesprochen, da ich befürchtete, dass es Überschneidungen geben könnte, und er sagte, GUB habe Vorrang. Heute sagte er, das habe er nie gesagt!“*

Yasmin: *„Oh nein, das hört sich gar nicht gut an.“*

Hannah: *„Ist's auch nicht, und ich bin total sauer auf so eine Schlafmütze!“*

Yasmin: *„Das ist echt blöd. Und du musst es jetzt ausbaden.“*

Wer weiß, wie viel Arbeit da gerade für nichts und wieder nichts den Bach runter ging, möge meine Frustration verstehen. Von dem Kranich kein Wort des Bedauerns oder gar eine Entschuldigung. Hatte der Kranich mir nicht versichert, GUB gehe vor? Das fragte ich ihn jetzt, und er bestritt auch noch , das jemals gesagt zu haben! Hatte der Trottel denn auch nur annähernd eine Idee, was es bedeutet, einen GUB komplett neu zu konzipieren und den mit Sorgfalt verfassten Entwurf und alle dazu notwendigen Materialien, die selbstverständlich ich alle hatte bezahlen müssen, vergessen zu müssen? Ich erinnerte mich an die Worte Christianes, die mal zu mir gesagt hatte: *„Was habe ich im Leben nur falsch gemacht, dass ich jetzt im Referendariat so bestraft werde!?"*

Das fragte ich mich besonders über diese Schulleitung.

Hannah: *„Ich will nicht sagen, dass ich es gut mache. Aber der Kranich als Mentor ist wie ein Bock zum Gärtner gemacht. Heute suchte ihn der erste Konrektor und kam zu mir in den „betreuten" Unterricht, wo der Kranich eigentlich hätte sein sollen. Er war aber nicht da, und der erste Konrektor war total überrascht und fragte sich, wo er denn sonst sein könne. Ich frage mich, ob der Kranich überhaupt irgendetwas auf die Reihe bekommt."*

Yasmin: *„Und die Birne ebenso. Sagt sie dir: „So unterrichtet man aber nicht, Frau K!", und ihr könnte man entgegen: So aber leitet man keine Schule!"*

Hannah: *„Die wies natürlich alle Schuld von sich und sagte sogleich: Die Terminplanung macht der zweite Konrektor! Und als ich später nach Hause ging und an ihrem Fenster vorbeikam, öffnete sie es und rief mir hinterher: Da müssen Sie sehen, wie Sie jetzt einen 2. Termin bekommen!"*

Yasmin: *„Oh Mann, das tut mir richtig, richtig leid für dich! Du hattest so viel Arbeit damit, und dann so was. Ich hoffe, dass du das noch irgendwie hinbiegen kannst, das ist echt mega blöd.“*

Und nun war ich auch noch unter Zeitdruck: Ich musste auf die Schnelle möglichst noch vor den Sommerferien a) eine neue Klasse und b) ein neues dieser Klassenstufe dem Curriculum entsprechendes Thema für den GUB suchen. Es war die Hölle.

Fieberhaft suchte ich und schrieb den nächsten GUB zu Chemie. Der nächste Termin stand mit den Seminarleitern und Birne fest, ich war bereit, da sagte mir der Kranich: „Nee, den Termin müssen wir verschieben. An dem Tag schließen wir die Schule für eine *Feuerübung*.“

Oh, wie sehr hasste ich diesen Trottel! Wieder musste ein neuer Termin gefunden werden, und mit mir rollten inzwischen auch die Seminarleiter die Augen. So viel Inkompetenz war schwer zu ertragen. Und da aller guten Dinge drei sind, wurde zu dem dritten Termin auch noch der Seminarleiter von Chemie einen Tag vorher krank.

Luisa: *“Ohhhh Mann….das kann nicht wahr sein. So ein Ärger- konntest du denn ein Kolloquium raushandeln oder ähnliches? (…) Lass den Kopf nicht hängen, dann muss man dir am Ende einfach mal einen GUB streichen- du kannst ja nichts dafür.“*

Hannah: *„Wenn sie so weiter machen, hab ich nie einen GUB. Ich bleibe ewig LiVD."*

Yasmin: *„Mein GUB wurde auch verschoben, aber nur um ein paar Tage. (...) Eine Prüfung wird aufgeteilt auf zwei Tage, und der zweite Tag wäre mein GUB gewesen, Prüfung geht vor."*

Für meinen GUB hieß es weiterhin Ungewissheit. Ins Kolloq durfte ich mit dem GUB leider nicht, und gestrichen wurde er erst recht nicht.

Hannah*: „Das wäre toll! Ich hatte auch vorgeschlagen, den GUB wie er ist ohne ihn (den Chemie-Seminarleiter) durchzuführen, vielleicht mit dem Bio-Seminarleiter, der auch Chemie unterrichtet- aber der Studienseminarleiter sagte, das gehe nicht, da ich ihn im 2. Fach habe. Und die Physik-Seminarleiterin hat nicht Chemie als Fach, das war es auch an NaWi Fächern. Der Pädagoge dürfe nicht doppelt bewerten. Und der Chemie-Seminarleiter den GUB nicht online oder im Kolloq nachholen."*

Luisa: *„Wie sagt man? Da wird ja der Hund in der Pfanne verrückt! Es hilft zwar nichts...aber es regt mich wirklich auf. Welchen Sinn macht es denn, bitte, den Referendar*innen und Referendaren noch mehr Steine in den Weg zu legen? Dieses Beharren auf Regeln, die nirgends festgelegt sind, finde ich unmöglich."*

Yasmin: *„Das ist ja mega durcheinander bei dir, Hannah, das geht ja gar nicht! Organisatorisch muss es auf jeden Fall besser sein als das. (...) Ich drück dir echt die Daumen, dass alles so funktioniert, wie du's dir erhoffst!"*

Aber nun wurde immerhin mein Pädagogik-Seminarleiter aktiv! Der gute Pädagogik-Seminarleiter setzte nun einen Termin fest, zur Not würde eben doch der Bio-Seminarleiter, der auch in Chemie Fakultas hat und sich bereit erklärte, ersatzweise einspringen. Die Schulleitung möge kommen oder nicht, das muss doch durchgezogen werden können! Und ich war meinem Pädagogik-Seminarleiter und dem Bio-Seminarleiter unendlich dankbar.

Yasmin: *„Sag mal, war das dein Pädagogik-Seminarleiter heute in der Schule?"*

Hannah: *„Ja, er war meinetwegen da. (...) Er machte der Birne klar, dass ich weniger SuS* im GUB wegen der Corona-Vorschriften haben darf und hat ihr den Termin mitgeteilt. Punktum. Nicht dass die Birne kräht, „da kann ich aber nicht!" Deshalb kam er es ihr persönlich mitteilen."*

Der Kranich, dem ich meine Entwürfe in Chemie vor den Besuchen auszuhändigen hatten, ließ mal wieder kein gutes Haar dran.

Hannah: *„Hallo Yasmin, der Kranich hat heute meinen GUB Entwurf total schlecht gemacht und* *rein gar nix Positives darin gesehen. Und ALLES bemängelt, was die Seminarleiter bei mir gut fanden. Habe es ihm gesagt, glaubt er aber nicht."*

Yasmin: *„Oh Gott, du Arme! Wenn man nach so viel Arbeit so eine Rückmeldung kriegt, ist es echt Scheiße. (...) Besprecht ihr das nicht normalerweise vorher?"*

Hannah: *„Nee, weil der nur total unsinnige, super langweilige Ideen hat. Und fachlich hat er nix drauf. Hat mich heute 200% niedergemacht, so was ist doch kein Mentor!"*

Yasmin: *„Das ist echt kein Mentor, die sollten dir eigentlich helfen statt dich niedermachen."*

Hannah: *„Dem Kranich ist mein Theorie-Teil zu schwer!"*

Yasmin: *„Ja, dann musst du das vielleicht kindgerechter formulieren?"*

Hannah: *„Die SuS* kommen gut klar damit, aber er und die Birne nicht. Du meinst also: Kranich-gerechter?"*

Yasmin: *„Hahaha, wenn das so ist..."*

Hannah: *„Er setzt bei Grundschule an und kommt darüber nicht hinaus, sein Aufbaustudium hat ihm fachlich nichts gebracht, blamiert sich ständig, sobald wir über Chemie reden. Findet sich selbst aber toll und seinen Unterricht am besten..."*

Yasmin: *„Ja, der ist abgehoben, weil er Konrektor ist. Total wichtig. (…) Daran merkt man, wie hierarchisch unser Bildungssystem ist."*

Aber auch zu Hause gärte es bei mir.

Hannah: *„Und zu allem Überfluss habe ich nicht mal zu Hause Ruhe. Die Alte wird immer aggressiver… erzählt allen Schlechtes über mich."*

Yasmin: *„Ja, das ist echt schlimm. (…) Vor allem will man zu Hause ja dann abschalten. Dann muss man sich mit sowas auseinandersetzen."*

Hannah: *Ich hoffe, bei dir ist's besser!"*

Yasmin: *„Naja, ich wollte bei meinem Besuch Stationsarbeiten machen. Hab es heute ausprobiert, und es war katastrophal. (…) Die Kids sind sowieso sehr überdreht nach dem Szenariowechsel. Die müssen sich erst mal wieder daran gewöhnen, dass sie als ganze Klasse Unterricht haben. (…) Muss mir da jetzt etwas anderes überlegen, will da kein Risiko eingehen."*

Hannah: *„Du Arme! Und meine achten Klassen stecken zudem in der Pubertät."*

Yasmin: *„Ja, aus diesem Grund wollte ich in die Grundschule."*

Hannah: *„Grundschule ist aber auch nicht ohne-Hut ab."*

Ich arbeitete weiter an dem GUB Entwurf, übernahm aber nichts von den Vorschlägen des Kranichs, die ich für unsinnig hielt. Trotzdem war ich nun verunsichert. Als ich einen Tag vor dem GUB nachmittags im Werkraum meine Vorbereitungen treffen und Geräte, Folien, Arbeitsmaterial etc. platzieren und aufbauen wollte, traf mich im wahrsten Sinne des Wortes der Schlag: Der Werkraum war vollgestopft mit Werkzeugen, die ausgebreitet auf allen Tischen lagen und teilweise so schwer waren, dass ich sie nur mit Mühe, wenn überhaupt, anheben konnte. Und in weniger als 24 Stunden sollte hier mein GUB stattfinden!

Ich lief sofort los zur Schulleitung- und traf auf die Birne. „Ach so, ja, der GUB morgen…" Hatte diese Schulleiterin denn auch GAR NICHTS im Blick!? Der Werkraum werde jetzt zur Eltern-Kind-Betreuung ausgebaut, erfuhr ich im Nebensatz, und Kollegen hätten da wohl schon mal mit der Bestandsaufnahme begonnen. Während es noch nicht feststand, ob ich zum Prüfungstermin den NaWi Raum zur Verfügung hätte oder dieser noch immer gesperrt sei- und wenn, brauchte ich diesen auch mindestens einen Unterricht VOR der Prüfung, um am Prüfungstag keinen für die Schüler*innen und Schüler komplett neuen Raum zu benutzen- stand zumindest eines fest: Der Werkraum würde geräumt und hinein käme nun eine Eltern-Kind-Betreuung! Das erinnert an den Bericht meines Freundes in Hessen, die an ihrer

Schule ausgerechnet kurz vor den Zeugnissen neue Rechner erhalten hatten, die Noten in diese eingeben mussten, und nichts klappte. Keine Planung! Und mit einer Eltern-Kind-Betreuung wäre der Werkraum für mich definitiv nicht mehr nutzbar! Und ob ich zur Prüfung einen NaWi Raum hätte, stand in den Sternen. Soviel zur Planung seitens Schulleitung. Es war unfassbar!

Hannah: *„Jetzt hatte man die glorreiche Idee, auch den Werkraum zu räumen. Dort soll eine Eltern-Kind-Betreuung rein...während wir noch keinen Fachraum haben! Das heißt, alle NaWi Fächer finden im Klassenraum statt. Und ich muss davon ausgehen, dass auch meine Prüfung dann im Klassenraum stattfindet. Das begrenzt, was man im Chemieunterricht machen kann. (...) Ja, das mit dem Werkraum haben sie sich wirklich nicht gut überlegt. Die Schulleitung ist nicht die hellste..."*

Luisa: *„Oje, jetzt kommt auch noch eine Eltern-Kind-Betreuung in euren Werkraum! Das ist einfach nur zum Kopfschütteln...Eine gute Sache, klar...aber kann man nicht auf einen anderen Raum zurückgreifen oder einfach abwarten, bis die Fachräume fertig sind?"*

Und jetzt war der Werkraum kurz vorm GUB auch noch vollgestellt!

An der Tafel stand in Großbuchstaben von mir geschrieben: MORGEN GUB! BITTE NICHTS

VERÄNDERN!!! Das hatte ich noch vormittags vorsichtshalber angeschrieben, damit mein nachmittäglicher Aufbau unangetastet blieb. Aber es liest ja keiner der Kolleg*innen und Kollegen, was man an die Tafel schreibt... Und jetzt? – Ja, der Hausmeister würde kommen und mir helfen. Der Hausmeister ließ aber auf sich warten und kam die nächste Stunde nicht, so dass ich verzweifelt selber in der sommerlichen Hitze Gerät für Gerät am Rande meiner Kräfte beiseite räumte. Nach etwa einer Stunde kam der Hausmeister, und ich konnte noch zwei weitere Kolleginnen finden und aktivieren, mit anzupacken. Die ganze Aktion dauerte- und statt mich zu Hause mental auf den wichtigen morgigen Tag vorzubereiten, kam ich abends gegen halb acht verschwitzt und verausgabt nach Hause. Ich ging physisch und psychisch völlig fertig gleich schlafen, denn am nächsten Tag musste ich funktionieren und fit sein. Man lebte wirklich wie im Hürdenlauf – von der einen Hürde zur nächsten. Und knapp ohne viele Worte zu verlieren hieß es nächsten Tag:

Hannah: *„Heute war mein GUB mit Chemie-Seminarleiter. Lief zum Glück recht gut. Die Birne hatte natürlich nur Negatives, aber die SL zum Glück nicht. Jetzt muss ich die 1000 Sachen nach Hause schleppen, Rucksack, Tasche, Trolley....und morgen den Rest.“*

Es war viel Material wie bei jedem Besuch. Hatte ich früher als Schülerin ein bis zwei Arbeitsblätter in schwarz-weiß und ein Buch im Unterricht, musste es jetzt, zumindest bei den Besuchen, gleich ein ganzes Heft für jeden Schüler sein- in Farbe, illustriert, eingerahmt, mit Symbolen und allem drum herum. Was das an Kopier- und Organisationsarbeit bedeutete, weiß nur, wer das selber machen musste. Im normalen Unterricht lässt sich das freilich nicht täglich mit mehreren Klassen handhaben, aber Besuche sind nun mal solche „Sternstunden“, in denen wir Referendar*innen und Referendare das Best-Mögliche demonstrieren sollten. Dass man aber heute wegen einer Differenzierung für verschiedene Niveaux mehrere Versionen entwerfen muss, ist für jeden Unterricht Standard- wo früher ein bis zwei Arbeitsblätter gereicht hatten, und die Schnellen eben zwei Aufgaben mehr bekamen. Und das raubt unglaublich Zeit! Allein des Materials wegen, was Unmengen Papier bedeutet und der Umwelt nicht gut tut, wäre es sinnvoll, Schüler*innen und Schüler nicht nur, aber auch mit elektronischen Endgeräten wie Tablets arbeiten zu lassen. Manche Schulen tun das bereits, und man hat als Lehrkraft Zeit und Muße, während des Unterrichts umherzugehen und jeden einzelnen bei Fragen zu unterstützen. Aber digitaler Unterricht ist hier an den meisten Schulen Zukunftsmusik und war nicht gegeben. Meine Schüler*innen und Schüler in Klasse fünf damals staunten angesichts der schönen Hefte nicht schlecht und fragten schüchtern, ob sie diese behalten dürften. Hinzu kamen zu jedem Besuch

Namensschilder für die Schüler*innen und Schüler, möglichst zum Anheften, Handschuhe, Chemikalien oder Naturalien und Geräte für Zweiergruppen, das wenigste von der Schule, wenn überhaupt etwas, gestellt.

Was einzigartig war: Einer meiner Schüler – und das war Klasse sechs!- hatte mitten im GUB spontan eine kleine Lobrede gehalten und die Klasse zum Applaus aufgefordert für die Mühe, die ich mir mit allen Materialien gemacht hatte. Ich hatte einfach tolle Schüler*innen und Schüler!

4.3. GüA

Dann erhielt man den Termin für das GüA, das Corona konform online stattfinden würde. Das war das Gespräch mit allen drei Seminarleiter*innen / Seminarleitern, in dem Stellung zum Ausbildungsstand gegeben wird, also ob man sich gut mache und was noch zu verbessern sei.

Hannah: *„Meins verlief sehr angenehm, und zum ersten Mal erfuhr ich, dass ich gar nicht so schlecht war wie der Kranich mir immer suggerierte!"*

Thema war bei mir vor allem das sonderbare Management der Schulleitung: Eine Referendarin in NaWi annehmen, obwohl der Umbau des einzigen NaWi-Raums anstand; eine bitterarme Sammlung."

Hannah: *“Ich sehe nicht ein, dass ich einfach immer für alles bezahle. Auch wenn es Dinge sind, die nicht nachhaltig sind wie Chemikalien- da macht es puff! Und sie sind weg. Ebenso die Schweineherzen. Wie so vieles andere. Ich bekomme von allen Seminarleitern gesagt, dass das nicht so sein sollte, dass ich all das aus eigener Tasche bezahle. Zumindest nicht in den Unterrichtsbesuchen. Und da bin ich mit dem blöden Kranich immer in Diskussion: Wer zahlt das? Ja, DU natürlich. Und damit ist das Gespräch auch schon zu Ende. Als ich ihm letztes Mal sagte, das sieht das Seminar aber anders, ruderte er plötzlich zurück und sagte: Äh, ja, äh, da muss ich mal gucken, ob wir dafür ein Etat hinkriegen. Passiert ist aber nichts. Und weiter geht es: Wer zahlt? Ja, DU natürlich. Das kann es einfach nicht sein!“*

Und hinzu kamen die nie endenden Versäumnisse wie Termin Kollision zum GUB, dann GUB Termin wieder verschoben, da die Schule ausgerechnet an dem Tag für eine Feuerübung schließt etc.

Hannah: *„Das Seminar ist unzufrieden mit der Schulleitung, bin gespannt. Kein Fachraum, GUB Termin verpennt, dann verschoben…und Werkraum nur für 4 SuS* soll ich laut Schulleitung nicht mehr nutzen- ja, und wo soll ich unterrichten?“*

Yasmin: „Und wo machst du dann deinen Unterricht?“

Hannah: *„Das weiß der liebe Gott."*

Und da wir Referendar*innen und Referendare uns ja möglichst „einbringen" sollten, wagte ich einen Vorstoß.

Hannah: *„Die Birne will ja immer, dass wir uns einbringen und z.B. AGs leiten. Heute saß der erste Konrektor gerade allein im Raum, als ich ihn darauf ansprach, und günstigerweise kam die Birne dazu, so dass ich ihr das persönlich sagen konnte: Ich habe ihnen heute vorgeschlagen, dass ich bereit sei, ein science Lab als AG anzubieten. Voraussetzung ist, dass ich dazu einen Fachraum habe, der auch FUNKTIONSFÄHIG ist! Die Reaktion war erst mal, gut, dass ich was anbiete. Und im Nachfolgeschritt, sie wisse nicht, ob man DAS hinbekomme. Zumindest kann sie mir dann nicht vorwerfen, ich habe keine AEG angeboten, dann werde ich sie an dieses Angebot mit dem ersten Konrektor als Zeugen erinnern."*

Tatsächlich versuchte ich mich auch „einzubringen", wo immer möglich. Ich meldete mich zur Versorgung des Schulgartens während der Sommerferien und fuhr die Pflanzen gießen; ich nahm an mehreren Fortbildungen online teil, die kostenlos waren und außerhalb der Unterrichtszeit lagen; und ich bot mich zur ungeliebten Busaufsicht an, da mein Bus als letzter fuhr und ich ohnehin an der Haltestelle warten musste. Für die Busaufsicht aber setzte man mich nicht ein, da es für Referendar*innen und

Referendare ungeeignet wäre. Zumindest hatte ich mich angeboten!

Und wieder gab es Corona-bedingt Änderungen, manchmal auch gute. Und immer wieder das leidige Thema „Auto“: *Ohne Auto kann man hier keine Lehrer*in und kein Lehrer werden.*

Hannah: *„Unser Pädagoge sagte, die Behörde wolle ggf. nur noch online Seminare einführen, weil das ihnen die Erstattung der Fahrtkosten sparen würde- das wäre super!“*

Yasmin: *„Echt? Das wäre echt mega! Das einzig Gute im Ref war definitiv, dass Seminare online stattgefunden haben.“*

Hannah: *„Bei uns sind alle für online, aber die Seminarleiter jammern.“*

Yasmin: *„Wieso jammern die bitte? Ja, wir machen unser Ref unter diesen Corona Bedingungen. Boah, ey, das regt mich so auf! Wir haben zu Beginn drei Monate normal unterrichtet. Dann Wechselunterricht. Dann mal mehr, mal weniger Schüler*innen und Schüler gehabt. Und jetzt wieder volle Klassen und GUB. Wir haben echt schon genug gehabt, womit wir fertig werden mussten. Und die jammern.“*

Während Yasmin und ich in den GUB Vorbereitungen steckten, hieß es für Christiane, die PU vorzubereiten, da sie ein halbes Jahr vorher fertig würde.

Christiane: Es gab so viele Fragen! Wegen der unklaren Entwicklung von Corona entstanden zahlreiche Unklarheiten. Würde ich die PU normal in Präsenz durchziehen können? Käme ich vielleicht doch ins Kolloq? Und was wäre dann alles zu beachten?

Für uns schien das alles noch so weit weg!

Christiane: *„Hannah, möchtest du vielleicht meiner Prüfung beiwohnen? Wenigstens ein freundliches Gesicht in meiner Prüfung!“*

Hannah: *„Sehr gern! Wenn das geht.“*

Und wenig später:

Christiane: *„Ich hab gefragt. Wegen der Corona Bedingungen darf niemand zusätzlich an der Staatsprüfung anwesend sein- ach, schade!“*

4.4. Zweiter GUB

Yasmin: *„Gibt's was Neues zu deinem GUB?“*

Hannah: *„Nee, nur dass die Birne mir den zweiten GUB Termin fast nicht genehmigt hätte, weil da einer von euch schon einen UB hat- passt aber, da ich vierte Stunde gewählt habe. (...) Ist schon ein running joke unter den Seminarleitern, dass die Birne hoffentlich den Prüfungstag weder vergisst noch streicht...“*

Yasmin: ***„Oh Mann! Mein GUB wird schlecht. Ich hatte heute die zweite katastrophale Stunde mit der Klasse zu Stationenlernen. Meine Mentorin meinte, bei dem Thema bietet sich das gut an und ist eine Methode, die die SL gerne sehen."***

Hannah: *„Ist doch gut!?"*

Yasmin: ***„Ja, aber weißt du, wie zeitaufwändig das ist für jede Station Anweisungen zu schreiben, Tippkarten und Selbstkontrolle zu erstellen und den Laufpass? Ich hab gestern bis vier Uhr früh daran gesessen. Und heute wird's wieder so spät, damit ich es morgen nochmal im anderen Fach üben kann. Der Aufwand ist so groß, das ist echt schlimm."***

Hannah: *„Bei mir hat heute Nachmittag auf einer Konferenz mein Wecker plötzlich um zwei geklingelt. Da dachten alle, ich mache Nachtarbeit bis zwei Uhr früh."*

Yasmin: ***„Ich bin jeden Tag am Heulen hier. Ich bin so erschöpft. (...) Noch fünf krass anstrengende nervenaufreibende Wochen!"***

Man war praktisch permanent im Einsatz, entweder an der Schule, für das Seminar oder später für die Prüfung. Bis zum Bio-GUB gab es noch etwas Zeit, und ich stöberte in der Mausekammer-Sammlung. Vielleicht konnte man ja noch etwas Brauchbares finden? Für den

Bio-GUB wurde ich nicht fündig, aber ich fand mehrere menschliche Schädel, darunter der eines etwa sechzehn-jährigen. Das Alter konnte ich als Medizinerin mit Bestimmtheit sagen. Ich fragte als erstes meine Bio-Mentorin, die ganz blass wurde. Sie wolle dem Hausmeister Bescheid geben, damit er den schnell entsorge. Dann besann sie sich jedoch etwas Besserem und informierte als Teil der Schulleitung den Kranich. Ich sprach dann also den Kranich darauf an, und der sagte: Sie hätten mal Schädel von einer benachbarten Schule erhalten, aber es habe sich wohl keiner darum gekümmert. Und fügte hinzu: „Mensch, die haben da wohl jahrelang vor sich hingeschlummert." Und nachdenklich: „Und du hast das entdeckt!" Nun wurde eine Untersuchung eingeleitet über deren Herkunft.

Hannah: *„Bei uns gab's in der Sammlung mehrere menschliche Schädel. Als ich mal nachfragte, woher die stammen – hoffentlich nämlich nicht aus der NS-Zeit – (darunter der eines Jugendlichen!), verschwand mindestens einer. Es wurde von der Schulleitung eine Untersuchung eingeleitet. Bis dahin hatten die Schädel „vor sich hingeschlummert", ohne dass Näheres bekannt war."*

Luisa: *„Mir fehlen die Worte. Die Geschichte mit dem Schädel…das ist ja Wahnsinn! Das ist unglaublich und eine Zumutung dort ausgebildet zu werden… Puuuh…."*

Und bei Yasmin stand ein UB an. Dabei hieß es zusätzlich die Corona-Regeln zu beachten.

Yasmin: *„Du, sag mal, hast du ein Körnerkissen? Ich finde meins nicht."*

Hannnah: *„Hab das Kirschkernkissen schon eingepackt- gibst du das dann in eine Plastiktüte? Sonst ist es ja wegen Corona nicht mehr brauchbar. (...) Bei mir müssen sich die SuS* laut Kranich schon alle die Hände waschen, wenn sie in Partnerarbeit dieselben Geräte benutzt haben."*

Yasmin: *„Alles klar, mache ich!"*

Hannah: *„Ich würde hauptsächlich Dinge nehmen, die man desinfizieren oder danach wegwerfen kann. Ich drücke dir auf alle Fälle die Daumen!"*

Yasmin: *„Man sollte alles wirklich in einen Plastikbeutel tun aufgrund der Hygiene-Regeln."*

Alles war vorbereitet, Yasmin hatte ein tolles Konzept, und doch waren Seminarleiterinnen nicht zufrieden:

Yasmin: *„Hallo Hannah, vielen Dank, dass du mir die Daumen gedrückt hast, aber es lief nicht so gut. Ich hatte eine Stunde gezeigt, die schon eine Vorgängerin gezeigt hatte, aber natürlich abgewandelt. Und sie haben dann darauf rumgehakt, dass es nicht von mir kam."*

Hannah: *„Oh nein, das gibt's doch nicht! Das machen doch alle. Wenn einer ein Auge im Bio Unterricht sezieren lässt, ist das doch nicht für alle anderen später verboten!? Wir müssen uns doch an das KC halten, und wenn so etwas gerade dran wäre im Unterricht, doch auch anbieten."*

Yasmin: *„Ich würde mich am liebsten krank melden, mich verkriechen und nie wieder aufwachen! (...) Bei der Stationsarbeit hatte ich gerade mal z wei von sechs genommen wie die Vorgängerin, und die Stunde war auch nicht dieselbe. Die Hinführung zum Sitzkreis hatte ich auch so, aber in der Sicherung habe ich was ganz anderes gemacht. Aber was mich mega genervt hat, war, sie sagte, als sie den Entwurf angefangen hat zu lesen, sagte sie sich nach der ersten Seite, das kenne ich ja irgendwoher. Das bestätigt mir nochmal, dass die total voreingenommen ist, dass sie mir sowas gar nicht zutraut, sag ich mal, und deswegen sich gleich sagt, das kann ja nicht von Yasmin sein! Und deswegen ist sie wohl auch darauf gekommen, vor allem, wenn sie als Seminarleiterin sich hunderte von Unterrichtsstunden ansieht. Aber wie dem auch sei, ich hab das jetzt so angenommen und schau einfach, was auf mich zukommt. Ich hab gar keine Lust, mich damit psychisch auseinanderzusetzen, gerade weil es ja eine ganz andere Stunde war, die ich gezeigt habe. Ich akzeptier das jetzt einfach und lass es nicht an mich heran. (...) Meine*

Mentorin hat mir vorgeschlagen, ihnen einen weiteren GUB anzubieten. (...) Ist auch Wurscht, ob ich jetzt noch einen, zwei oder drei mehr zeige. Der Stress ist sowieso da."

Hannah: *„Ich finde das total voreingenommen und unfair, was die bei dir machen! Ich glaube, wenn die einen weiteren GUB sehen wollen, werden sie das von selbst sagen. Als ob wir das auch brauchen, noch mehr Stress!"*

Yasmin: *„Ich finde es empörend, dass es schon seit Jahren so geht. Das Ref ist total schrecklich, eine totale psychische Belastung. Man ist total am Ende mit seinen Nerven, und in den ganzen letzten Jahren hat sich nichts daran geändert! Mein Mann sprach neulich mit einer ehemaligen Lehrerin im Rentenalter und erwähnte, dass ich im Ref stehe. Und sie sagte, zu ihrer Zeit war es genau so, und fügte hinzu, sie verstehe nicht, warum sich bis heute nichts geändert hat. Die wollen einen richtig fertig machen, psychisch, mental, dass man an seine Grenzen kommt. (...) Ich habe den Eindruck, die haben schon eine Meinung von mir, und egal, was ich mache, dass es schon falsch ist. (...) Ich hab mich langsam gefragt, ist es so schlecht, was ich mache oder ist es schlecht, weil ich es mache!?"*

Hannah: *„Neeeeee! Keins von beiden! Du Arme, du tust mir echt leid!"*

Während einige von uns Glück mit den Seminarleiter*innen und Seminarleitern hatten, sah das bei anderen anders aus. Und Yasmin hatte zudem auch noch dieselbe Schulleitung wie ich.

Nun stand als nächstes bei mir der Bio-GUB an. Und gerade dann passierte wieder etwas.

Hannah: *„Und wenn man es am wenigsten brauchen kann, wird man auch noch krank! Ich bin am Samstagmorgen aufgewacht und dachte, ich sähe im Spiegel ein Alien: Mein Gesicht war total verquollen, das eine Auge konnte ich nicht mal öffnen, das andere war auch verquollen, und ich konnte mit anderthalb Augen überhaupt nicht mehr gucken. Der Arzt wollte mich für die ganze Woche krankschreiben, und ich sagte ihm, um Gottes Willen, nur das nicht, mein GUB steht ja an! (...) Ich hoffe nur, dass im GUB meine Augen wieder funktionieren und ich bis dahin wieder halbwegs normal aussehe und nicht wie ein Kinderschreck aus dem Bilderbuch!“*

Der Arzt ließ sich jedoch nicht darauf ein und schrieb mich die Woche krank. Nun musste ich auch noch darum kämpfen, vorzeitig doch wieder gesundgeschrieben zu werden, sonst hätte ich ein Problem.

Yasmin: *„Ach nee, ich hoffe, dass du wieder gesundgeschrieben wirst. Man wird die ganze Zeit nicht krank, und dann kommt der wichtige GUB,*

der sowieso schon so oft verschoben wurde, und dann ist man krank. Das ist echt ärgerlich! Ich hoffe auf jeden Fall, dass es dir bald besser geht. (...) Bei mir fängt auch schon etwas an. Mein Mann ist krank zu Hause, hat schon keine Stimme mehr, (...), ich muss mal sehen, ob ich morgen zur Schule kommen kann."

Wie sich herausstellte, waren am Vortag bei mir in der Nachbarschaft Eiben gefällt worden, die zu den giftigen Gewächsen zählen. Und daraufhin war es zu der Reaktion gekommen, die geradeso eben rechtzeitig abgeklungen war. Aber genau da kletterten die Corona-Inzidenzen! Es galt die Regelung, dass, wenn die Inzidenz drei Tage stabil über 100 lag, Präsenzunterricht ausgesetzt würde. Zu Beginn der Woche – der Bio GUB war für Freitag vorgesehen- lag die Inzidenz bei 99. Ich ging zur Birne und fragte, was nun geschehe. Und sie fragte vertrauensvoll zurück: „Was bevorzugen Sie denn, Frau K?" Als ich ihr voller Hoffnung ehrlich antwortete, den GUB im Kolloq Format, zerschlug sie sogleich meine Hoffnung: „Das sei aber ungünstig! Da sehe man ja gar nicht den Unterricht. Das wolle man *möglichst* vermeiden." Und zur unterstützenden Absicherung rief sie sogleich beim Studienseminarleiter an und berichtete: „Frau K wünsche den GUB im Kolloq Format- das wäre doch sicherlich nicht der Plan..." Und genau- kein GUB im Kolloq Format. Die Inzidenzen lagen mittlerweile seit drei Tagen über 100- doch der GUB erfolgte in

Präsenz. Die Seminarleiter wünschten sich zwar auch Präsenz, beugten sich aber den Vorgaben der Schulleiter*innen und Schulleitern, und das lief an den meisten Schulen anders ab. Viele Mitrefs hatten die Möglichkeit, von ihrer Schulleitung gefragt zu wählen. Nicht aber wir unter der Birne!

Yasmin: *„Was machst du eigentlich jetzt im GUB?“*

Hannah: *„Wird wieder eine Panzerknacker Geschichte.“*

Yasmin: *„Echt? Wieso?“*

Hannah: *„Musst du denn keine Geschichten schreiben als Stundeneinstieg?“*

Yasmin: *„Nee, müssen wir nicht. (...) Vielleicht ist es bei uns in der Grundschule anders.“*

Man musste kreativ sein für die Entwürfe, und hatte doch alle Hände voll zu tun in der Schule. Wenn man dann nach Hause kam, war man müde- und nicht nur wir Referendar*innen und Referendare. Viele Kolleg*innen und Kollegen schliefen erst mal eine Runde. Aber dazu hatten wir keine Zeit.

Hannah: *„Sitze am GUB mit mehr Zeit als geplant.“*

Yasmin: *„Und ich finde meine Motivation nicht. Ich kann mich null aufraffen, um was zu machen. Ich widme mich jetzt meinem Entwurf – null Motivation.“*

Der Bio GUB war auch abgehakt, aber nicht ohne diverse Verbesserungsvorschläge in der Unterrichtsdurchführung.

Hannah: *„Die Birne hatte natürlich nur Negatives, aber die SL zum Glück nicht. Der Birne spreche ich zu monoton. Also dann bekommt sie demnächst Theater, das kann ich jedenfalls!"*

Yasmin: *„Das ist ja klar, dass die Birne nichts Positives zu sagen hat! (...) Aber ganz ehrlich: Hauptsache, du hast es jetzt hinter dir!"*

Hannah: *„Und wie lief es bei dir?"*

Yasmin: *„Naja, es lief wie immer eigentlich, das Stundenziel hat nicht zu dem gepasst, was im Unterricht gemacht wurde, die Sozialform war nicht passend, jemandem war mein Redeanteil zu hoch. Wie gesagt, alles, was ich zeige, gefällt ihnen nicht. Beim Rückmeldebogen war eigentlich fast alles mittig oder im vorletzten Feld."*

Hannah: *„Ohhh, das tut mir leid. Bei mir war auch einiges mittig, von 1-3 praktisch, mehr 2-3. Hauptsache bestehen! Aber du musst nicht wiederholen, oder?"*

Yasmin: *„Nee, ich muss nicht wiederholen, haben die am Ende noch gesagt. Hab aber irgendwie damit gerechnet."*

Hannah: *„Du, ich bei mir aber auch, nach all dem, was am Ende angemerkt wurde. Ich habe versucht, mitzuschreiben, was nur Bruchstücke waren, und jetzt weiß ich nicht mehr, was genau damit gemeint war."*

Als der Pädagoge den Biologen rückversichernd fragte: „Wiederholen müssen wir aber nicht, oder?" hatte ich das Gefühl, gerade so mit einem blauen Auge davongekommen zu sein. Mein Entwurf wurde zwar gelobt, ebenso die fachliche Seite, aber es hätte klar besser sein können. In der Aufregung kurz danach bekommt man ohnehin nicht alles mit, was einem da gesagt wird, und aus meinen Mitschreibversuchen wurde ich später nicht schlau. Und es gibt keine Noten! Auf einem mehrseitigen Bogen werden Kategorien von 1 bis 5 angekreuzt, wovon man eine Kopie erhält. Doch lässt sich das nicht in Noten umrechnen, da die betreffenden Felder, die bewertet werden, eine unterschiedlich starke Gewichtung haben. Mit gemischten Gefühlen wegen der Rückfrage sah ich nun als nächstes den beiden PU, also der Staatsprüfung entgegen.

Hannah: *„Der PSL sagte: Wir freuen uns auf Ihre Prüfung! – Ich aber nicht. Und die Birne wurde in den Schwitzkasten genommen: Der Biologe kommt demnächst mit einer Liste, was zur Grundausstattung einer Schule gehört."*

Yasmin: „Hahaha, hat er gut gemacht. Mal sehn, was alles nach den Ferien da ist!"

Hannah: *„Ich glaube, nix. Es sind ja jetzt Ferien... Unser PSL ist leider ein Computer Freak, was der alles für Wünsche am Whiteboard hat!“*

Yasmin: *„Nutzt du das Whiteboard denn nicht so oft?“*

Hannah: *„Ich war ja bislang im Werkraum, und da gibt's keins...und ich war schon froh, dass ich meine paar Folien an die Tafel kleben konnte, ohne dass sie verschwinden.“*

Yasmin: *„Du kannst es mit ActivInspire machen. Hab ich persönlich aber auch noch nicht genutzt.“*

Hannah: *„Der PSL hätte gern, dass die SuS* ihre Fotos aus der Stunde sofort hochladen.“*

Yasmin: *„Dann braucht jeder sein eigenes Gerät zum Hochladen.“*

Hannah: *„Stimmt- der Kranich findet das schwierig, die Kids cool. Mal schauen, wie ich das mache.“*

Und während wir noch mit solchen Details beschäftigt waren, hatte Christiane ihre PU nun mit schönen Noten hinter sich, knapp ein „sehr gut“ verfehlt!

Christiane: *„Puh, bin durch, Note 2.“*

Hannah: *„Super, gratuliere! Musst mir später alles genau telefonisch erzählen!“*

Bei Christiane begann nun das Zittern, ob ihre Schule sie übernehmen würde oder nicht. Der Schulleiter war zwar sehr dafür, hatte sich aber nach den oberen Etagen zu richten. Und eine Mitref, die bei uns im Pädagogik-Seminar gewesen war, bangte ebenfalls um ihr Bleiben dort. Während Christiane dann endlich die Zusage erhielt, musste die Mitref weiterhin darum bangen. So hatten wir uns alle den Lehrkräftemangel nicht vorgestellt!

Aber dass man von einer Schule übernommen wird, war wohl auch vorher keine Selbstverständlichkeit. Der Kollege, der später als Abordnung an unsere Schule kommen würde, erzählte mir von seinen PU. Seine Fächer waren Chemie und Physik, auch früher schon keine übermäßig vertretenen Fächer, und als seine Staatsprüfung vorbei war, fragte ihn die damalige Schulleiterin: Und wo gehen Sie jetzt hin? Da erst wurde ihm klar, dass man nicht automatisch übernommen wird. Glücklicherweise saß in seiner Prüfung ein Dezernent, der das mitbekam, und der regelte, dass der Kollege dann an einer Schule eine Stelle erhielt. Aber er war erst mal arbeitslos wie auch mein bester Freund in Hessen.

Und es ging weiter mit einer online Info Veranstaltung über Stellenbewerbung für alle Referendar*innen und Referendare. Anwesenheit war Pflicht.

Hannah: *„Warum stellen die uns nicht einfach einen Link zur Verfügung, wo wir alles nachlesen können?"*

Yasmin: *„Anscheinend kommen viele Fragen auf."*

Hannah*: „Die kommen doch erst später, wenn man so weit ist."*

Yasmin: *„Ja, nee, bis dahin habe ich es sowieso wieder vergessen."*

Hannah: *„Wieder so ein Quatsch!"*

Yasmin*: „Naja, man macht, was man uns sagt und fertig."*

Hannah: *„Die denken nicht mit! Und dann auch noch 30min länger..."*

Yasmin: *„Hahaha, omG, selber Gedanke!"*

Hannah*: „Gott sei Dank ohne Kamera. (...) Und noch so einschläfernd...die hätte auch mehr Stimmeinsatz nötig! Ich bin heute ohnehin schon so müde. OmG, die findet kein Ende!"*

Yasmin: *„Jetzt- ENDLICH fertig!"*

Und es gab mal wieder eine Dienstbesprechung, an der alle teilzunehmen hatten.

Yasmin: *„Bist du morgen bei der DB dabei?"*

Hannah: *„Nee, hab Seminar. Zum Glück, dann muss ich der Birne nicht zum Geburtstag gratulieren."*

Yasmin: *„DB hat mich bis jetzt nie wirklich weitergebracht. Deswegen ist es egal, wenn man sie verpasst. Das Wichtigste wird meist per Mail geschickt."*

Hannah: *„Da hast du völlig recht! Und wenn schon DB- warum nicht online abhalten?"*

Yasmin: *„Das wäre noch besser!"*

Hannah: *„Andere Schulen machen das, wegen COVID, Klimaschutz...aber die Birne? Nee, die natürlich denkt nicht dran."*

Yasmin: *„Voll schade."*

4.5. Kollegium

Und da war da noch das Thema Kollegium.

An meiner Schule gab es ein weitgehend nettes Kollegium. Wie immer, hat man zu manchen Kolleg*innen und Kollegen mehr Zugang als zu anderen, das war völlig normal. Und natürlich gab es auch solche, die man eher mied. Themen waren bei vielen „Enkelkinder" und „das Auto in der Werkstatt". Beides war für mich nicht interessant, hätte aber auch schlimmer sein können. Und so hörte man sich die Geschichten über Enkel an und nickte bedauernd, wenn das ein oder andere Auto mal wieder zur Werkstatt musste. Und Kolleg*innen wie Kollegen unisono regten sich über Schüler*innen und Schüler auf, was generell immer auf Zustimmung stieß. Dass es durchaus interessantere Kollegien gibt mit sogar wissenschaftlichen Gesprächen, musste ich erst viel später erfahren.

Es gab nicht wirklich feste Plätze im Lehrerzimmer, aber es gab zwei Tische, um die man sich gruppierte, und meist blieb man Tisch-gebunden. Ich wählte den Tisch, an dem der Kranich NICHT saß, und dort fanden sich ohnehin neben anderen auch alle Referendar*innen und Referendare ein.

Hannah: *„Schade, das Kollegium finde ich passabel, und die Schule liegt nah an meinem Zuhause. (...) Vielleicht wird die Birne samt Kranich ja mal abgesetzt."*

Yasmin: *„Ich auch, ich mag die Kolleg*innen und Kollegen sehr gerne. Aber ich glaube, die beiden bleiben erst mal."*

Ein Kollegium bietet eine Fülle an Material für Charakterstudien. Da war zum Beispiel eine Klassenraum- Nachbarin, eine Kollegin in den Dreißigern, die Hans und ich als „Feldmarschall" betitelten. Ihre Klasse hatte zu parieren- gnadenlos. Dass man aber auch selbst nicht unfehlbar ist und damit leicht zur Zielscheibe werden kann, bedachte sie nicht. Ihre Schüler*innen und Schüler, so schien uns, hatten geradezu Angst vor ihr. Und als sie ihre Schüler*innen und Schüler Ende der zehnten Klasse verabschiedete, wunderte sie sich, dass alle ihrer Wege gingen und nichts mehr von sich hören ließen. Uns wunderte es rein gar nicht, war sie es doch gewesen, die auf der Zeugniskonferenz alle Anwesenden aufgefordert hatte, Schüler Martin unter keinen Umständen eine zweite Chance an der Schule zu ermöglichen. Als dann abgestimmt wurde, hatte keiner den Mut, dagegen zu stimmen oder sich wenigstens zu enthalten. Ich selbst hätte mich gerne enthalten, aber da es eine offene Abstimmung war, wollte ich nicht für extra Zündstoff sorgen. Was ich bedauerte. Ich ging danach zum ersten Konrektor und sagte ihm, derartige Abstimmungen sollten geheim erfolgen- worauf er mich verwundert ansah und meinte, wir seien doch in einer Demokratie! - Ja, Demokratie- die jedoch nicht für Referendar*innen und Referendare gilt, hätte ich ihm am liebsten entgegnet. Und Schüler Martin durfte das Schuljahr an dieser Schule nicht wiederholen. Das war knallhart und enttäuschend.

Manchmal konnte das Kollegium auch nervig sein.

Hannah: *„Bin genervt von einer Kollegin, die Fallberatung macht. Rät mir das Gegenteil von dem, was alle Seminarleiter sagen. Und erwartet natürlich, dass ich IHREN Rat umsetze. Der leuchtet mir aber überhaupt nicht ein.“*

Aber auch auf der Bank beim Geldabheben musste ich erleben, dass die Bankangestellte mir entgegnete, mein Name schreibe sich ja wohl nicht so, das sei ja wohl ganz klar, wie sich mein Name richtig schreibe, und verlangte meinen Ausweis dazu. Wie schwer hatten es dann erst Leute mit ausländischen Namen oder *queere* Leute, die sich ständig „verdächtig“ machten. Dieses „klein- klein“ Denken fand sich eben auch an der Schule wieder. Der Kranich zum Beispiel hatte sein ganzes Leben in dem einen Ort verbracht, hatte nie über den Tellerrand hinausgeschaut.

Und dieses „klein-klein“ zeigte sich auch im kollegialen Umgang. Zum Beispiel mit Hedwig, etwa Ende Dreißig, die immerhin im Personalrat saß. Wir sollten im Kollegium ein BBQ haben, zu dem sich jede / jeder in eine Liste eintragen sollte, was sie / er dazu mitbringe. An Getränken stand dort unzählige Male „Bier“, ganze sechs Flaschen Wasser und eine einsame Flasche O-Saft. Hatte ich bis dahin den Eindruck, dass tatsächlich jeder mitbrachte, was man wollte, lag ich falsch.

Yasmin: ***„Ich wollte einen Couscous Salat mitbringen, und sofort hieß es von Hedwig: Nee, sowas nicht.“***

Daraufhin schickte Hedwig, die das mit organisierte, eine Liste herum, was genau man mitbringen solle- also unzählige Male Kartoffelsalat. Und: Es waren auch ganze drei Überraschungssalate „genehmigt“.

Hannah: *„Also hättest du ja deinen Couscous Salat als Überraschungssalat mitbringen können!? Na, ich hab einen Bohnensalat mitgebracht, der immer ganz gut ankommt bei BBQs. Das hat denen aber auch nicht gepasst, denn Hedwig sagte: „ Jaa, das war ja gar kein Kartoffelsalat!" Und ich: „Kartoffelsalat hatte ich ja auch gar nicht angekreuzt!" Darauf sie: „Das war so ein komischer Salat mit irgend so einer weißen Soße." Ja, danke auch. Das war Bohnensalat mit Joghurt und Zwiebeln angemacht, vielleicht war so etwas ja verboten auf Schul BBQs!? Ich hatte jedenfalls keine Lust mehr und bin gegangen. Wir mussten ja vorher zum Eintritt Tickets kaufen, und da habe ich mein Ticket einfach dem neuen Kollegen geschenkt, der als Abordnung zu uns gekommen ist. Der hätte ja nicht mal daran teilnehmen dürfen, da er kein Ticket im Vorverkauf erworben hatte, und jetzt gab es natürlich keine mehr, es war ja alles abgezählt! Da wird einem sogar per Micromanagement vorgeschrieben, wer was genau man auf dem Gemeinschafts-BBQ essen darf- Himmel, ich halt's einfach nicht mehr aus!"*

Yasmin: ***„Oh mein Gott! Das mit dem Salat- das man DAS auch noch zum Problem machen kann! Das ist ja echt krass. Ja, wie gesagt, die verscheuchen da alle ihre Anwärter*innen und Anwärter- und damit potentielle Kolleg*innen und Kollegen durch ihr Verhalten. Sorry, das tut mir total leid. Da kommt man mit einem Salat, und dann wird das nicht mal***

gewürdigt, nicht mal dafür gedankt. Die finden echt immer irgendwas, immer! Und dass der Neue nicht mal hätte teilnehmen dürfen...was ist das für eine Willkommenskultur!?“

Hannah: *„Dazu fällt mir noch ein: Hedwig ist ja im Personalrat, und der sammelt Geld für Karten und kleine Geschenke, wenn Kolleg*innen und Kollegen* länger erkrankt sind. *Der Seiteneinsteiger, der bei mir auch in Pädagogik ist, Hans, war ja jetzt längere Zeit im Krankenhaus, und da habe ich sie darauf angesprochen, ob man ihm denn nicht auch was zukommen lassen wolle? Und sie darauf: „Nö, das war ja eine geplante Operation.“ Und ich antwortete: „Na, so geplant war das jetzt aber nicht, wenn man aus heiterem Himmel gesagt bekommt, Sie müssen sofort operiert werden, bei Ihnen besteht Lebensgefahr!“ Sie druckste dann herum und meinte, vielleicht höchstens eine Karte. Fragt sich, nach welchen Kriterien hier Leute mit Aufmerksamkeiten bedacht werden, sollte das nicht für alle gleich gelten!? Vielleicht nur für fertige Lehrkräfte mit Staatsexamen, keine Quer- und Seiteneinsteiger*innen / Seiteneinsteiger? Pah! Und gerade, wenn man im Personalrat ist, sollte man sich für seine Mitmenschen doch eher einsetzen, oder nicht?“*

Yasmin: *„Die war mir schon immer ein bisschen unheimlich, der gehe ich immer aus dem Weg. Die hängt ständig mit der Birne zusammen, aber mir*

scheint nicht, weil sie im Personalrat ist, sondern trotz dieser Funktion."

Eine andere Kollegin, die ich an sich gern mochte, war Klassenlehrerin einer Klasse, die auch ich unterrichtete. Da es in dieser Klasse mehrere Schüler*innen und Schüler mit Förderbedarf gab und es immer wieder zu Vorfällen kam, erhielten wir von ihr regelmäßig Anweisungen. Und nicht immer waren diese sinnvoll, wie mir schien. So gab es in der Klasse eine Schülerin, die vom Vater missbraucht dann von Pflegeeltern zu Pflegeeltern weitergereicht worden war und nie ankommen durfte. Ihre Geschichte erinnerte an die der Hauptdarstellerin in „Systemsprenger" von Nora Fingscheidt. Diese Schülerin erzählte mir einmal in der Pause, alles, was sie habe, sei ihr Handy mit Kontakten zu all ihren Freunden. Das sei ihr Zuhause. In der Klasse herrschte bei allen Lehrer*innen und Lehrern Handyverbot im Unterricht, und alle Schüler*innen und Schüler hatten zu Beginn des Unterrichts vorne ihr Handy in eine mit Namen beschriftete Box abzugeben. Doch genau das tat diese Schülerin nicht. Und wenn sie sich langweilte, holte sie ihr Handy raus, womit offenbar wurde, dass sie ihr Handy nicht abgegeben hatte, und kassierte von der entsprechenden Lehrkraft einen Verweis. Das Ganze wiederholte sich permanent, und die Klassenlehrerin wies uns an, verstärkt darauf zu achten, dass sie ihr Handy abgebe. Das hielt ich für eine falsche Vorgehensweise: Es war klar, dass gehandelt werden musste, aber sollte das Mädchen, das immer nur herumgereicht worden war, ausgerechnet ihren „Anker“ aus der Hand geben? Ich sprach mit der Klassenlehrerin, aber das zählte nicht. Stattdessen hatte die Klassenlehrerin nun auch mich verstärkt im Visier. Ich war als Referendarin ja nur der *underdog*.

In den Pausen saß ich gern bei einer alteingesessenen Lehrerin, die ehemals als Aussiedlerin hierhergekommen war. Sie sprach von ihrer alten Heimat, ihrem Referendariat von anno dazumal und ihren Enkeln. Auch freute ich mich, wenn eine alteingesessene Grundschullehrerin sich an unserem Tisch zeigte, die zwar nicht glücklich war, aber schöne Reisen plante und mir freundlicherweise anbiet, ihre Unterlagen aus dem Referendariat, was viele Jahre zurücklag, zu leihen. Und gern tauschte ich mich mit der Französischlehrerin aus, die mit mir in Kontakt bleiben wollte und mir bereits Tipps für Besoldungsgruppen in den verschiedenen Bundesländern gab.

An Referendar*innen / Referendaren lernte ich kurz nur eine am Anfang kennen, die einen GUB wiederholen musste und nach der Staatsprüfung wie die meisten an dieser Schule das Weite suchte. Eine der wenigen Ausnahmen war eine Kollegin, ehemals Vorgängerin von mir, die wie ich ebenso alles selbst bezahlen musste, aber dennoch geblieben war. Diese hatte ich nach Unterlagen aus ihrem Referendariat gefragt, doch sie sagte nur, alles, was sie zu geben habe, befinde sich bereits in den Ordnern. Als ich nachschauen ging und nichts fand, sprach ich sie darauf an. Und sie meinte lapidar, dass es dann wohl auch nichts gebe!

Der Kollege, der Seiteneinstieg machte, Hans, und mit dem ich zusammen das Pädagogik Seminar besuchte, war genervt von der Birne und enttäuscht über seine Abschlussnote, blieb aber ebenfalls. Und eine andere Referendarin, die erst an die Schule kam, als ich fast fertig war, Antonia, schien sich ganz wohl zu fühlen. So verschieden waren die Erfahrungen.

4.6. Elterngespräche

Von Elterngesprächen bin ich glücklicherweise weitgehend verschont worden. Eltern wandten sich nicht an mich mit der Ausnahme einer Schenkung an die Schule, und ich kontaktierte in nur drei Fällen selbst die Familien.

Ein Fall betraf Mostafa. Die Klassenlehrerin – übrigens dieselbe, die auf Abnahme aller Handys bestand- informierte mich, dass die Mutter kein Deutsch spreche und ich mit der Schwester telefonieren solle. Mit der *Schwester*? Unser Pädagogik-Seminarleiter hatte uns zum Thema „Elterngespräche" gelehrt, niemals mit Geschwistern über Schüler*innen oder Schüler zu sprechen. Eltern seien schließlich Eltern. Die Klassenlehrerin wehrte ab: Nein, nein, das sei ok. Das machten sie bei der Familie immer so. Ich beschloss, die Schwester lediglich zum Übersetzen heranzuziehen und bat darauf den Schüler, mir die Telefonnummer seiner Schwester zu geben, da ich ein Elterngespräch führen müsse, seine Mutter wohl kein Deutsch könne, und seine Schwester übersetzen solle- und er sah mich ungläubig an.

Hannah: *„Mich nervt ein Schüler: macht nur Quatsch, schreibt eine 5- und gibt eine leere Mappe ab. Eltern sprechen kein Deutsch, aber das tut die volljährige Schwester. Hab um Kontakt mit der Schwester als Dolmetscherin gebeten, wie es die Klassenlehrerin vorgeschlagen hat. Antwort des Schülers: Das gehe mich gar nix an, Nummer bekäme ich nicht!“*

Yasmin: *„Hä, ich kann doch dolmetschen!?“*

Hannah: *„Wollen die Eltern aber nicht, wollen nix mit der Schule zu tun haben.“*

Yasmin: *„Wie verantwortungslos!“*

Hannah: *„Und der Junge ist völlig durch den Wind, LE, bräuchte eine permanente Lernbegleitung, seine Schulakte ist dick.“*

Yasmin: *„Das ist echt keine Seltenheit, hab ich das Gefühl. (...) Hoffe, es findet sich da eine Lösung, sonst geh zum Kranich wegen der Telefonnummer.“*

Hannah: *„Zum Kranich? Von dem erwarte ich nix. Und er antwortet nicht mal auf meine Mails.“*

Die Telefonnummer erhielt ich dann von der Klassenlehrerin und vereinbarte einen Termin mit der Schwester, wobei ich betonte, dass die Mutter anwesend sein müsse, sie als Schwester lediglich übersetzen dürfe. Wir vereinbarten ein Videogespräch, und wen ich sah, waren Mostafa und seine Schwester. Die Mutter sei angeblich im Raum. Sobald ich das Gespräch aber eröffnet hatte, ging die Schwester- die ja lediglich übersetzen sollte- zum Gegenangriff über. Immer wäre ihr Bruder angeklagt, der sei ganz unschuldig! Und redete sich in Rage. Um sie zu beruhigen, hörte ich mich ihr versichern, dass der Mostafa bestimmt ein guter Junge sei, den es hart treffe etc. Und um dem Gespräch noch gerade die Kurve zu geben, einigten wir uns darauf, dass ihr Bruder wieder Nachhilfe erhalten solle, die durch Corona ausgesetzt worden war. Die Mutter hatte sich kein einziges Mal gezeigt noch war übersetzt worden, ich fühlte mich überrascht und überrumpelt zugleich. Was Elterngespräche betraf, hatte ich offenbar noch viel zu lernen. Und um diese eigene Niederlage besser verarbeiten zu können, entstand das nachstehende Gedicht:

Das Versagen

Der Unterricht hat angefangen,
schon beginnt das erste Bangen,
denn Hausaufgaben heißt es zeigen,
doch Schülern sind sie nicht zueigen.

„Woran liegt`s?“, fragt Lehrer Schulz,
was geht unter dank Tumults
Ein Schubsen noch, ein Schieben da,
als ob rein nichts gewesen war.

Es rollt die erste Mahnung an,
schleppend geht es dann voran.
Der nächste Störer fliegt gleich raus,
kümmern tut es keine Laus.

Auch Mostafa mischt lautstark mit,
kennt Regeln nicht, den Nachbarn tritt,
was Lehrer Schulz ruft auf den Plan,
fühlt sich im Stress rot wie ein Hahn.

Doch Mostafa, so ganz verpennt,
ihn zudem „Frau Müller“ nennt-
nicht aus Bosheit, nur verpeilt,
das Unheil naht und vorwärts eilt.

Denn angesichts des Vollversagens
platzt Schulz nun ganz und gar der Kragen:
„Raus und Eltern!“ heißt es knapp,
er bringe ihn schon bald auf Trab!

Wochen später ist der Tag,
wo Lehrer Schulz nun reden mag,
per Video ist zugestellt,
des Schülers Schwester wie bestellt-

die einzig übersetzen soll,
doch die beginnt mit Hass und Groll!
Von Eltern gibt es keine Spur,
das Teenage girl nicht hört - und stur

den Mostafa nur lobt und preist,
dass Schulz sein ganzes Herz vereist.
Zum Schluss er hört sich selber sagen-
möchte einfach nicht mehr wagen-

will in Ruhe Abend essen
und das Ganze schnell vergessen:
der Mostafa sei durchwegs gut,
verlassen hat ihn all sein Mut.

Während ich von Elterngesprächen weitgehend verschont blieb, erfuhr ich von Mitrefs und Kolleg*innen / Kollegen, dass dies auch anders sein kann. Allein in der kurzen Zeit während des Referendariats gab es zwei Morddrohungen von Eltern! In einem der Fälle wurde zur Sicherheit der bedrohten Lehrkraft sogar Polizeischutz angeordnet. Was das für die Betroffenen heißen muss, lässt sich nur erahnen. Und es ist verständlich, wenn eine betroffene Lehrkraft daraufhin sogar ihr Amt niederlegt.

Mit meiner Mitbewohnerin klappte das Zusammenleben eher schlecht als recht. Wehmütig dachte ich immer wieder an meine schöne alte Wohnung, die ich aufgegeben hatte und in die ich nun nicht mehr zurück konnte. Ich war es gewohnt gewesen, zu Hause die Tür hinter mir zu schließen und mich entspannen zu können. Damit was es nun vorbei. Obwohl wir auf unterschiedlichen Etagen in dem Einfamilienhaus wohnten, bekam ich mehr mit als mir lieb war und fühlte mich ständig auf dem Präsentierteller. Wenn ich vor dem Computer saß, was oft der Fall war, schimpfte sie, dass ich zu viel „fern sehe" und erzählte in der Nachbarschaft, dass ich nur vor dem Fernseher säße. Ich musste immer wieder Dinge richtig stellen.

Das Schlimme bei Demenz aber ist oft das Umfeld, das sich einmischt, obwohl es den Tagesablauf und die Verhältnisse des Betroffenen vor Ort nicht kennt. So war es auch mit der weiter entfernt wohnenden Schwester , die meine Mitbewohnerin hatte, und die immer wieder Zweifel bei dieser streute und gegen mich arbeitete, als hätte ich nicht schon genug zu tun. Das reinste Irrenhaus! Als hätte ich nicht schon genug Theater in der Schule. Auch ohne Eltern.

Zu Hause hatte ich keine Ruhe, und in der Schule ebenso wenig.

Hannah: *„Werde (in der Schule) weiterhin ständig-obwohl ich ein gutes GüA hatte- so behandelt, als würde ich es eh nicht schaffen. Quereinsteigerin. Noch dazu mit Doktortitel. So nach dem Motto: Was weiß die schon über Schule? Kann ja nichts werden."*

Von allen Kolleg*innen und Kollegen war der Kranich der schlimmste. Der nervte mich mittlerweile gewaltig, und ich kam an meine Grenzen. Immer wieder hörte ich von meinen Mitrefs, dass sie nicht in einer solchen Mausekammer gelandet waren, und was selbstverständlich sein sollte, mit den für Schulen vorgesehenem Standard-Equipment ausgestattet waren. Von ehemaligen Referendar*innen und Referendaren waren gerade mal zwei an dieser Schule geblieben, die anderen suchten, was auch wir zu Beginn mitbekamen, frustriert und zermürbt das Weite. Die eine von den beiden, die ebenfalls ihr Referendariat an dieser Schule absolviert hatten und an der Schule geblieben waren, hatte lieber alles geschluckt statt sich zu wehren. Auch sie war davon betroffen gewesen, im Referendariat alle Materialien selbst bezahlen zu müssen- später obliegt es dann der Lehrkraft, die nicht mehr unter dem Druck einer Benotung steht, Dinge ggf. aus eigener Tasche anzuschaffen oder nicht. Klar, Auf-und Abbauten, wie sie in einem NaWi Fach oft anfallen und in Pausen und sonstiger Freizeit, z.B. am Vortag zu leisten sind, fordern sehr viel mehr Zeit als Lehrkräfte anderer Fächer aufbringen müssen. Das ist extra Zeit und Arbeit, gehört aber, will man *sinnvollen* NaWi Unterricht bieten, mit dazu, und sollten meiner Meinung nach als Standard entsprechend honoriert werden. An dieser Schule herrschte vor allem Buch-Unterricht in den Naturwissenschaften, das war bequemer, preiswert und es fiel kein Sondermüll an. Aber ich, die selber Spaß an Experimenten hatte und diesen Spaß auch den Schüler*innen und Schülern zukommen lassen wollte, was auch von dem ein oder anderen Elternteil lobend anerkannt wurde, konnte sich damit nicht abfinden. Und diese Ungerechtigkeit, in dieser selbstgeschaffenen Mausekammer zu Untätigkeit verdammt zu sein, es sei denn, man zahle kräftig dazu, was andere selbstverständlich zur Verfügung hatten, machte mich wütend. Ich sagte dem Kranich, dass ich mich an den Studienseminarleiter wenden würde, und er lächelte: „Na, das solle ich dann mal tun! Wir könnten uns gern mit dem Studienseminarleiter zusammensetzen."

4.7. Hannah: Der Löwe brüllt

Nachdem ich das immer wieder bei den Seminarleitern angesprochen hatte und im GüA offen vor allen drei Seminarleitern gleichzeitig ansprach – es hieß, der Studienseminarleiter sei informiert- war ich nicht länger bereit, das weiterhin hinzunehmen. Meine Prüfung stand an, und wieder würde ich alle Ausgaben selber tragen müssen. So beschloss ich, selbst Kontakt zu dem Studienseminarleiter aufzunehmen ganz in dem Sinne, wie es der Kranich vorgeschlagen hatte, damit man sich mit ihm ggf. zusammensetze. Da ich ihn telefonisch nicht erreichte, schilderte ich ihm das Problem per Mail: Punkt 1 betraf die Räumlichkeiten. Kurz nach Beginn an der Ausbildungsschule hatte ich keinen Fachraum mehr wegen Baumaßnahmen, von denen keiner wisse, wann diese abgeschlossen seien. Das hätte man jedoch bereits im Vorfeld gewusst, und es war fraglich, warum ich trotzdem an diese Schule geschickt worden sei. Und Punkt 2 betraf die äußerst spärliche Sammlung: Mein Mentor, der Teil der Schulleitung war, sagte zu allem, das müsse ich selbst bezahlen- und zwar Dinge, die zur Ausstattung jeder Schule gehören sollten.

Mein Anliegen war, mit dem Studienseminarleiter selbst und nicht allein über die Seminarleiter ins Gespräch zu kommen, aber er tat etwas, womit ich nie gerechnet hätte: Er leitete meine Mail direkt an die Birne weiter! Und noch am selben Tag hörte ich also statt vom Studienseminarleiter von der Birne, und die kochte! Nächsten Tag solle ich SOFORT in ihr Büro kommen. Ich antwortete der Birne per Mail, was mein Anliegen sei und dass ich natürlich kommen werde.

Hannah: *„Kann ich dir meine Mail zur Einschätzung mal schicken?"*

Yasmin: *„Klar."*

Und wenig später:

Yasmin: *„Ich weiß nicht, ob du noch wach bist, ich hab mir die Mail jetzt mal durchgelesen. Also ich finde die Mail an die Birne ist sehr gut."*

Hannah: *„Nicht zu unhöflich?"*

Yasmin: *„Nein gar nicht! Ich find die Mail echt gut. Die Mail an sie ist sehr höflich. Und sachlich. Bei der Mail an den Studienseminarleiter merkt man schon, dass du Fakten aufzählst, was alles schief läuft. (...) Aber du kannst ja nichts dafür. Der Kranich ist ja Fachleiter und Teil der Schulleitung, da sollte man davon ausgehen, dass innerhalb der Schulleitung darüber gesprochen wurde. Und wenn er da keine Informationen weiterleitet, ist das nicht deine Schuld."*

Hannah: *„Und er ist auch noch Sicherheitsbeauftragter. Was fast witzig ist: Als ich letztes Mal beiläufig erwähnte, ich mache noch eine Zusatzquali online in „Sicherheit und Nachhaltigkeit", schaute mich der Kranich an, als habe ihn der Schlag getroffen!"*

Yasmin: *„Tja, der nimmt das alles mit Leichtigkeit und kümmert sich nicht drum, wahrscheinlich, weil*

niemand danach fragt. Kann man alles so lassen, wie es ist. Ist gut, dass du jetzt an der Schule bist und denen mal zeigst, was richtig ist. Sorry, das ist ja mega verantwortungslos! Ach Gott, da tust du mir richtig leid, und den dann noch als Mentor zu haben! Und statt dass er vielleicht anerkennende Worte findet, sagt der gar nichts- vielmehr noch, Blicke können manchmal mehr als Worte sagen. Oh Mann, ich kann mich so aufregen.“

Hannah: *„Du hast völlig recht, DER bräuchte einen Mentor. Aber was er bei keiner Gelegenheit auslässt, ist, mich zu kritisieren. Meine Entwürfe z.B., die immer sehr gelobt wurden, und was hatte er mir geraten? Diese neu zu schreiben, die könne man vergessen.“*

Als ich nächsten Tag gleich früh morgens an die Tür der Birne klopfte, hieß es wie üblich: „Nicht jetzt, Frau K.! Sie sehen doch, ich bin beschäftigt!“ Ihre Spezialität war, sich zeitlich nicht festzulegen, und obwohl ich bereits nach der zweiten Stunde Schluss hatte, war sie nicht zu sprechen. Ich blieb also in Warteposition, was für Referendar*innen und Referendare Verschwendung kostbarer Zeit bedeutet, da es immer so viel vorzubereiten gibt.

Hannah: *„Bis jetzt ist nichts geschehen. Ich bin gegen Mittag dem Kranich begegnet. Und der sagte einzig „hallo“. Sonst nichts.“*

Als nächstes erhielt ich eine Mail.

Hannah: *„Ja, sie hat mir geschrieben, Dienstag nach meinem Unterricht oder falls Seminar ist, Mittwoch nach meinem Unterricht- ich habe Dienstag gewählt."*

Yasmin: ***„Dienstag sind doch Zeugnis Konferenzen!"***

Hannah: *„Ich weiß, aber wenn sie es so schreibt!? Vielleicht schmeißt sie mich ja raus!"*

Yasmin: ***„Nein, das kann sie nicht machen. Sie geht ja ne Verpflichtung ein mit den Refis. Da kann sie nicht so einfach abspringen, wenn es Probleme gibt."***

Und dann zwischendurch sichtete sie mich zufällig.

Das Lehrerzimmer war recht voll, als sie mich sah, und schrie los, so dass es alle Anwesenden hörten: „FRAU K- SOFORT, UND ZWAR S O F O R T IN MEIN BÜRO! Und der zweite Konrektor kommt mit!" Nein, das ließ ich mir nicht bieten, denn zwei gegen einen war einfach unfair, und ich sagte: „Wenn auch der Konrektor mitkommen soll, dann aber auch der Studienseminarleiter!" Und der war ja nicht anwesend, man hätte erst einen Termin vereinbaren müssen. Und sie schrie noch mehr, SIE sei diejenige, die hier bestimme, ICH hätte ihr überhaupt keine Vorschriften zu machen! Und ich solle also entscheiden: Jetzt gleich mit beiden, oder was noch v i e l weitreichendere Konsequenzen hätte: später mit dem Studienseminarleiter.

Es war UNGLAUBLICH!

Ich kam also mit ins Büro und dachte mir, was auch immer jetzt käme, den Studienseminarleiter könne ich danach noch immer kontaktieren und um ein Gespräch in seiner Anwesenheit bitten. Die Tür knallte ins Schloss, der Kranich saß links neben mir. Warum ich DAS getan hätte? Als ich antworten wollte- denn schließlich hatte sie eine Frage gestellt, die nur ich beantworten konnte- verbot sie es mir. „SIE sagen gar nichts, SIE sind jetzt still!“, brüllte sie, so dass man sie im Lehrerzimmer garantiert hören konnte. Die Situation war paradox, denn ich durfte nicht antworten, die Frage war aber auch nicht rhetorisch gemeint, denn sie wartete auf eine Antwort. Und so fing der Kranich an zu raten und äußerte die Vermutung, dass ich wahrscheinlich Angst um meine Note habe. Aber das war ja gar nicht der Grund! Ich hatte es einfach satt, immer für alles bezahlen zu müssen, was offenbar zum Standard an jede Schule gehört. Ich setzte wieder zu einer Antwort an, die wie gesagt ja allein nur ich selber wusste, aber sie duldete es nicht. Sie tobte, schrie, brüllte- die Situation war paradox! Ich wurde mehr und mehr zum Zuschauer und fürchtete ernsthaft, sie würde ihren Verstand verlieren. Irgendwann konnte ich jedoch beginnen, fragmentarisch mit Unterbrechungen darzulegen, dass ich vom Kranich immer gesagt bekommen habe: Das müsse ich selbst bezahlen. Sie fragte den Kranich, ob das wahr sei. Und der regte sich nicht. Er sagte einfach kein Wort! Und ich konnte knapp loswerden, dass, wenn der Kranich etwas als Teil der Schulleitung sagte, ich das nicht infrage stellen würde. Käme ich dann auch noch zu ihr, wäre das in meinen Augen ein Hintergehen des Kranichs.“ Sie aber drehte den Spieß um und behauptete nun, durch meine Aktion hätte ich erst recht den Kranich hintergangen- was nicht wahr war, da ich ihm ja angekündigt hatte, mich an die Studienseminarleitung zu wenden. Und er hatte amüsiert kommentiert, das solle ich nur tun!“ Nun saß er da und sagte kein Wort. Sie lobte den Kranich über alle Maßen, der ja so beschäftigt sei und sich um so viel zu kümmern habe. Und dann schickte sie den Kranich raus.

Sobald sie mit mir allein war, wurde sie freundlicher. „Vielleicht sei es ja auch so, dass ich ähnlich wie sie *autistisch* veranlagt sei und z.B. alle Geräte in gleicher Größe verwenden wollte“ (ich dachte: autistisch? Ich hielt weder mich noch sie für autistisch und folgerte, sie meinte wahrscheinlich: perfektionistisch!). Sie sagte, dass ich sie nicht kenne. Und fügte hinzu, ich kenne sie wirklich nicht. Dass ich mit solchen Dingen einzig ZU IHR kommen solle. SIE sei die Schulleiterin! Und dass es verschiedene Wege gebe, Material doch noch zu erhalten, z.B. durch Leihen, eine Liste an sie etc. Und zum Abschluss bot sie mir sogar an, eine Liste von Nicht-Verbrauchsmaterialien mit zugehörigen Rechnungen zu erstellen, vielleicht könne man noch einiges aus der Vergangenheit ersetzen.“

Das war konstruktiv. Aber was für ein Ausbruch zuvor! Und es warf auch ein Licht auf die Kommunikation innerhalb der Schulleitung, deren Teil der Kranich ja war. Ich wäre nie auf die Idee gekommen, wenn jemand aus der Schulleitung „nein!“ sagt, es daraufhin bei der Schulleiterin zu versuchen. Dem pflichteten auch die Seminarleiter, denen ich davon berichtete, bei. Es hatte nun einen konstruktiven Abschluss gegeben und ich hatte ihr immer wieder versichern müssen, künftig nur zu IHR PERSÖNLICH zu kommen – ich solle mir dazu einen Termin beim Kranich und dann einen bei ihr geben lassen. Die Hierarchie war klar: Während andere einfach bei ihr anklopften, bräuchte ich künftig zwei Termine. Als *underdog.*

Luisa: *„Das ist unglaublich, was z.T. an den Schulen mit den Referendar*innen und Referendaren passiert. Wenn die Schulleitung die Referendar*innen und Referendare nicht benoten müsste, würde sicherlich viel mehr ans Tageslicht kommen. Aber anschreien?*

Wie machen diese Menschen das? Eine Schule leiten und gleichzeitig so aus der Haut fahren? Irgendwie passt das nicht zusammen…Ich denke immer, man kann doch über alles in Ruhe reden. Das sollte man zumindest meinen… Lass dich von deiner Schulleiterin nicht beeindrucken. Die Seminarleiter werden auf deiner Seite sein. Und wenn „das alles“

überstanden ist, kannst du dir überlegen wie deine Reise weitergeht."

Und ein Mitref sagte mir: „Ich hätte diese Schule trotzdem verlassen, wäre weggegangen." Das hatte mir dann auch der Studienseminarleiter angeboten und um Rückmeldung gebeten. Doch jetzt so kurz vor dem dritten Semester wechseln? Neue Klassen, neue Schüler*innen und Schüler, war es das wert? Würde das nicht viel mehr meine Prüfung gefährden? Und so entschied ich mich, auch noch die Prüfung unter dieser Schulleiterin, der Birne, zu absolvieren, in der Hoffnung, dass dieses Problem nun gelöst sei und meldete entsprechendes an den Studienseminarleiter zurück.

Christiane: *„Bei mir ging es einfach nicht mehr. Ich geriet immer wieder mit dem Schulleiter aneinander. Er hatte mir zu Beginn 5 Bedingungen gestellt wie Pendeln etc., mit denen ich einverstanden sein musste. Das war ich ja auch. Aber dass er mir immer wieder vorwarf, als Quereinsteigerin sei ich eine Art Güte 2. Klasse und auf sowas solle man sich als Schulleitung erst gar nicht einlassen, war irgendwann zu viel. Ich habe den Studienseminarleiter um Versetzung an eine andere Schule gebeten und wurde glücklicherweise woandershin versetzt."*

Luisa: *„Auch bei mir stand ein Schulwechsel als Frage im Raum. Ich hatte lange mit mir* *gehadert, viele Tränen vergossen und mich ein Jahr vor meiner Prüfung dazu durchgerungen, um einen Schulwechsel bei der Seminarleitung zu erbitten. Eigentlich verrückt, weil mir nur noch ein Jahr bevorstand, aber ich hatte an dieser Schule nicht das Gefühl, dass ich ausgebildet werde. Die Schulleitung war lediglich froh, dass sich jemand vor die Schüler*innen und Schüler stellte und Chemie unterrichtete…Wie dieser Unterricht aussah, spielte überhaupt keine Rolle. Diese Haltung war für mich unverständlich. Wie konnte man dieses Fach so vernachlässigen? Warum nahm man so vielen Schüler*innen und Schülern die Chance, einen gut bezahlten Arbeitsplatz zu erhalten? Einer der größten Arbeitgeber im Landkreis ist ein Unternehmen aus der Chemie-Industrie. Schüler*innen und Schüler dieser Schule sind / waren chancenlos, einen Ausbildungsplatz zu erhalten. Im direkten Vergleich mit anderen Schulen, waren unsere Schüler mindestens zwei Jahre „hinterher“. In der 10. Klasse fand immer noch Anfangsunterricht statt – also, das was an niedersächsischen Schulen in der Klasse 5-7 eigentlich stattfinden sollte. Mein Seminarleiter schlug die Hände über den Kopf zusammen.*

Nach meiner Bitte berieten sich die Leitung des Studienseminars und mein Fachseminarleiter in Chemie. Beide waren sich einig: meine

*Ausbildung als Chemie-Lehrerin könne ich auch erfolgreich ohne Experimente abschließen, und während Corona wäre ein Wechsel nur schwierig umzusetzen. Man sagte mir dann, dass ich das Erlernen und Durchführen von Experimenten auf die Zeit nach dem Vorbereitungsdienst verschieben solle. Zunächst fühlte ich mich unfair behandelt und konnte die Entscheidung meiner Seminarleiter nicht verstehen. Ich wollte so gerne etwas lernen, tollen experimentellen Unterricht durchführen und Schüler*innen wie Schüler für dieses unbeliebte Fach begeistern, aber mir waren die Hände gebunden. Letztendlich war dieser Dämpfer aber dafür mitverantwortlich, dass ich ab diesem Zeitpunkt nur noch das Staatsexamen im Fokus hatte. Ich wollte meine Ausbildung auch unter diesen Umständen unbedingt bestehen.*

*Es sollte im Vorfeld geprüft werden, ob eine Schule überhaupt die Kapazitäten hat, angehende Lehrer auszubilden. Das mag illusorisch klingen, aber in bestimmten Unterrichtsfächern sollte man sich in Zukunft dafür einsetzen. Wie soll man denn Chemie-Lehrer werden, wenn man keinen funktionierenden Chemie-Raum zur Verfügung hat, keine Laborgeräte und kein Entsorgungssystem? Wer beantwortet einem all die Fragen, die man als Quereinsteiger*in oder Quereinsteiger natürlich* *hat? Das sind doch Fragen, mit denen sich eine Schulleitung auseinandersetzen sollte und man prüfen sollte: „Können wir das unter diesen Umständen überhaupt leisten?“*

Hannah: *„Das mit einer Prüfung im Vorfeld, ob eine Schule überhaupt eine Ausbildung leisten kann, wünsche ich mir auch! Ich kam an eine Schule, an welcher der einzige NaWi Raum verdreckte Waschbecken für die Schülerexperimente aufwies und kurz nach meiner Ankunft wegen Umbauten wegfiel, die Sammlung eine bitterarme Mausekammer war und sich niemand mit diesem Problem seitens Schulleitung auseinander gesetzt zu haben scheint.“*

Luisa: *„Bei uns spielen sich zwar keine Gebrüll-Szenarien ab…aber ein ähnliches Drama. Wir haben seit letztem Schuljahr eine neue Schulleitung, die in vielen Situationen unglücklich gehandelt hat, bzw. nicht gehandelt hat…das Schlimme ist aber, dass keine Einsicht erfolgt. Dann wurden neue A13-Stellen ausgeschrieben, davon haben aber nur ausgewählte Kolleg*innen und Kollegen erfahren und wurden durch diese besetzt. Das kam dann raus, und plötzlich ist das gesamte Kollegium gespalten. Es heulen Kolleg*innen und Kollegen, einige Kolleg*innen und Kollegen werden ignoriert… und als dann die Landesschulbehörde* *eingeschaltet wurde, nahm das ganze Theater wirklich Soap-ähnliche Ausmaße an. Ein offener Brief der Hälfte des Kollegiums wurde von einem beleidigten Schulleiter nicht einmal kommentiert und kleingeredet. Nun wurden mehrere Gespräche mit der Landesschulbehörde geführt, und diese sprach auch zu uns auf einer Dienstbesprechung. Das Ende vom Lied: das Kollegium wird mit einem Mediator arbeiten und in einem Workshop an den Konflikten arbeiten. Viele Kolleg*innen und Kollegen wollen sich versetzen lassen. Zurzeit (unabhängig von der Raumsituation) ist es einfach keine Umgebung, in der man arbeiten möchte. Ich versuche mich aus dem Konflikt herauszuhalten, meinen Unterricht zu machen und irgendwie durch das Referendariat zu kommen.“*

4.8. Sommerferien und schriftliche Arbeit

Kurz vor den Sommerferien hatte ich noch meine mündliche Prüfung für die Zusatzqualifikation. Die SL, die das Projekt leiteten, hatten die Seminarstunden zur Zusatzqualifikation toll online zum Mitmachen handlungsorientiert gestaltet, zur mündlichen Prüfung dazu aber musste ich dann nochmal richtig lernen und in Präsenz erscheinen. Auch das war dann geschafft! Die Ferien konnten kommen, auch wenn das kein Ausruhen bedeuten würde.

Luisa: *„Ich zähle die Tage bis zu den Ferien… puhhh. Und in den Ferien dann die schriftliche Arbeit…..Juchuuuu (nicht).“*

Yasmin: *„Endlich Ferien- und Pause von all denen. (…) Machst du Urlaub?“*

Hannah: *„Psychisch- ja! Ich verfasse die schriftliche Arbeit und bereite mich auf die Prüfung vor.“*

Yasmin: *„Ich sollte mich auch auf die Prüfung vorbereiten, sind aber auch 2 Wochen im Urlaub. Ich glaub, sonst dreh ich komplett durch.“*

Hannah: *„Für mich ist es schon eine Entspannung, die Birne und vor allem den Kranich nicht zu sehen! Ich hoffe, die drücken uns nach den Ferien nicht noch ne AG auf!“*

Mit den Sommerferien rückte für mich der Prüfungstermin näher. Da ich prinzipiell vorzeitig plane, hatte ich in den Sommerferien nicht nur die schriftliche Arbeit anzufertigen, sondern auch bereits Buchausleihe und Kopien für die mündlichen Prüfungsthemen geplant und wollte diese zusammenfassen. Auch dachte ich bereits an die Prüfungsunterrichte und schrieb schon an dem einen Prüfungsunterricht, leicht enttäuscht, da ich ursprünglich gerne beide PU-Entwürfe zu Papier gebracht hätte.

Luisa: *„Ich habe tatsächlich „nur“ die schriftliche Arbeit in den Ferien vor mir. Ich mach‘s dann genauso wie du: sobald der letzte GUB gelaufen ist, plane ich meine zwei Prüfungsstunden und versuche mich auf die mündliche Prüfung vorzubereiten.“*

Manche Dinge kann man jedoch nicht planen, und da war die Ungewissheit über den NaWi Raum.

Hannah: *„Schauen wir mal, ob ich zur Prüfung dann einen Fachraum habe.“*

Und die Ungewissheit über die weitere Entwicklung von Corona.

Luisa: *„Mal sehen, ob das dann alles so hinhaut. Immer wieder hört man die Sätze „Warten wir mal ab wie das dann im Herbst läuft“…ich kann es gar nicht mehr hören und vielleicht auch wahrhaben. Drücken wir die Daumen, dass der Herbst anders wird (besser) als der letzte Herbst.*

Viel viel Erfolg heute! Sonnige Grüße (leider von drinnen)…so ein Schreibtisch mitten auf einer blumigen Wiese hätte jetzt auch was ;)“

Die schriftliche Arbeit sollte zu einem Thema in der Schule erfolgen und Recherchen implizieren- fragte sich nur, zu welchem Thema. Ich kam mit dem ersten Themenvorschlag zu dem Pädagogik-Seminarleiter - und er sagte nein. Ich kam mit einem zweiten

Themenvorschlag, und er schüttelte den Kopf. Er half mir dann auf die Sprünge, ggf. ein Thema aus einem meiner beiden Fächer zu wählen, und das tat ich dann auch. Damit waren die beiden Fachseminarleiter diejenigen, die es bewerten würden.

Luisa: *„Habe die ersten „Ferientage“ zum Aufräumen, Wegsortieren und Putzen genutzt... und nun steht die schriftliche Arbeit auf dem Plan. Motivation habe ich gerade keine...das letzte Schuljahr hat so geschlaucht.“*

Hannah: *„Mir geht es genauso: Putzen, Wegräumen, Garten...und jetzt sitze ich an der schriftlichen Arbeit und habe keine Lust... Vor allem, da ich nicht recht weiß, ob das so passt, wie ich es mache.“*

Wir durften zwar, falls wir Fragen hätten, unseren Fachseminarleiter in dem Fach, in dem wir schrieben, kontaktieren, doch durfte uns dieser nicht eigentlich helfen. Damit schrieb man ein wenig ins Blaue hinein, da es zwar präzise Zitiertechnik-Angaben gab, aber nur wenig, was Aufbau und Inhalt betraf. Eigentlich unmöglich, da die schriftliche Arbeit benotet wird und die Note in das Endergebnis einfließt. Wieder so eine Pseudo-Genauigkeit, die wir Naturwissenschaftler einfach nicht gewöhnt sind.

Luisa: *„Ich habe hier so viel Literatur (...), dass ich weit mehr als 15 Seiten schreiben möchte. Es wird sicherlich knifflig den Inhalt auf 15 Seiten* *runterzubrechen…naja, we will try ;) Ich habe mittlerweile circa 2 Seiten geschrieben…aber mehr dieser formale Kram (Problemstellung, Zielsetzung, Analyse des Ist-Zustands…). Der grobe Plan meines Konzepts steht, aber ich habe dieses noch nicht ausgearbeitet… ich wollte zunächst das „Drumherum“ verschriftlichen, dann das Konzept aufschreiben und abschließend reflektieren. Gerade stockt es etwas...(…) Immer wieder muss ich mich selbst daran erinnern: „Tippe- es muss nicht perfekt sein, hinterher kannst du den Text wieder bearbeiten“. Ich habe oft das Gefühl ich tippe „ins Blaue“- eben weil man nicht genau weiß, was die Seminarleiter erwarten. Aber man kann es ja nicht ändern. Also lautet die Devise: einfach weitertippen ;)“*

Kurz vor den Sommerferien hatte ich eine Impfung gegen Corona mit Moderna erhalten und vertrug diese leider überhaupt nicht: Folge war zunächst eine sehr schmerzhafte Schulterentzündung, die später sogar chirurgisch behandelt werden musste.

Hannah: *„Das Tippen ist jetzt etwas mühsam geworden, da ich eine schlimme Entzündung im Schultergelenk habe- natürlich rechts, denn den Arm benötige ich besonders.“*

Luisa: *„Ah- wie ärgerlich mit dem Arm. Ich hatte nach der 1. Impfung auch 2-3 Tage Schmerzen im Arm.“*

So tippte ich in Schräglage mit nur einer Hand.

Hannah: *„Mich plagen die Schmerzen in der Schulter, aber wenn ich nicht tippe, ist es auch nicht gut, und ich will das Teil endlich abgehakt wissen. Mit Gartenarbeit ist es eh nichts wegen der Schulter...Nun habe ich mich blöderweise auch noch für 2 Wochen Gießen neuer Pflanzungen unserer Schule gemeldet. Das mache ich dann mit dem Handwerker zusammen, der einmal pro Woche bei uns ist. Da ich eh mit der Schulleitung nicht gut gestellt bin und die mir garantiert auch keine gute Note gibt, wollte ich das mit dem Einsatz noch etwas verbessern. Jedenfalls können sie nicht sagen, ich hätte mich gar nicht engagiert ;-) Alles so ein Lotteriespiel...“*

Aus der geplanten einen Woche wurden knapp zwei, aber ich war trotzdem vor der Abgabefrist fertig. Corona-bedingt hatten jedoch viele Copyläden geschlossen. In unserem Ort gab es einen, der auf telefonischer Vorbestellung Arbeiten binden würde, und es klappte. Es goss in Strömen, als ich die Arbeit persönlich im Seminar abgab und die Abgabebescheinigung in Empfang nahm. Immerhin musste ich nicht wie Mitrefs in dieser Woche darum bangen, dass die Exemplare der schriftlichen Arbeit im Briefkasten des Studienseminars nass und damit unbrauchbar wurden, denn in den Ferien waren die Öffnungszeiten des Seminars begrenzt. Aber es hatte ja geklappt - ein weiterer Meilenstein war geschafft!

Yasmin: *„Hey Hannah, wie geht's dir? Hab nicht viel für die Schule gemacht, so groß war meine Motivation. Ich bin sicher, du hast ganz viel geschafft und deine Prüfungsentwürfe sind fertig."*

Hannah: *„Nee, hab nur einen fast fertig und das Material für die mündlichen Prüfungen- zu mehr keine Motivation! (...) Und ich war 4 Wochen krank nach der Impfung...und jetzt steht die 2. Impfung bevor, ich hoffe, ich werde nicht wieder krank!"*

Yasmin: *„Ohhh, das ist viel mehr als ich geschafft habe. Ich bin total neidisch! Hab auch noch eine Mitschau direkt in der ersten Sitzung nach den Ferien, gar keine Lust darauf. Ich war übrigens auch krank, eine HNO OP, aber es geht schon wieder."*

Hannah: „Oh nein, du Arme! Aber bald haben wir es geschafft."

Yasmin: *„Ich glaub's nicht, es ist einfach das letzte halbe Jahr. Ich bin so froh und kann gleichzeitig nicht mehr."*

Kurz vor Ende der Sommerferien gab es eine Dienstbesprechung, an der auch neue Kolleg*innen und Kollegen teilnahmen. So gab es einen neuen Chemie-Kollegen, der als Abordnung an unserer Schule war und an seiner Stammschule weiterhin als Sicherheitsbeauftragter wirkte. Das machte mir umso mehr Hoffnung, als ihn die

Pädagogische Leitung unserer Schule mit den Worten begrüßte: „Sehr gut, dass Sie da sind! Da wird sich die Schulleiterin sicher sehr freuen, und Sie können bestimmt auch etwas zum Bestand unserer Sammlung raten!" Das hörte sich gut an. Auf den *underdog* wie mich hatte keiner gehört, obwohl ich in der freien Wirtschaft vorher die Sicherheitsabteilung eines Instituts geleitet hatte. Hauptsache war, dass nun endlich etwas geschah!

Luisa: *„Freut mich sehr mit dem Abgeordneten an eurer Schule. Ein Blick von außen ist immer gut, und hoffentlich bewegt sich was!"*

Als Fachleute kamen wir natürlich sofort ins Gespräch, und da er noch keine Schlüssel hatte, fragte er vorsichtig, ob er schon mal die Sammlung sehen durfte. Wir gingen also zusammen hin, er machte GROSSE Augen und schlug instinktiv die Hände über seinen Kopf zusammen. „Mein Gott, da gibt es aber was zu tun!" Als erstes ordnete er an, dass die Rumpelkammer von Vorraum geräumt würde: Der Schrank, der allein vom Kranich genutzt wurde und hereingeworfene Mappen, Ordner u.a. zu enthalten schien, alles völlig unordentlich, sowie zwei kleinere Tische, auf denen meine Schachtel mit der Aufschrift „Vorsicht! Glas! stand, sollten neuen Regalen Platz machen. Das klang gut und sinnvoll. Er inspizierte die Chemikaliensammlung und war wie ich von der Mausekammer schockiert. Im Folgenden gingen Mails an die Fachschaft Chemie ein, auf deren Verteilerliste ich mit drauf stand und dessen Vorsitzender der Kranich war – aber nichts geschah. Er bemühte sich mit zwei, drei weiteren Vorstößen, Vorschlägen- und nichts geschah. Als ich ihn Wochen später danach fragte, antwortete er resigniert, man habe ihn „auf später" vertröstet, wenn der Bestand des neuen NaWi Raums erfasst werde. Das geschah jedoch auch die folgenden Monate nicht, und bis zu meinem Weggang blieb alles unverändert.

Und es blieb weiterhin die Frage: Wo würde ich meine beiden PU durchführen können? Der neue NaWi-Raum war minimalistisch geplant, die Schulleitung hatte auch so überhaupt nichts für künftige gesundheitliche Erfordernisse aus der Pandemie gelernt.

Hannah: *„Der neue Raum sieht Abstände von 40cm vor- alle sagen, nach den Sommerferien ist Corona längst vorbei...Ich hab ihnen (der Mentorin und dem Kranich) geantwortet, dass ich das als Medizinerin nicht glaube und immer auch eine neue Pandemie kommen kann. Aber ich wurde nur belächelt."*

Yasmin: *„Ja, das kommt definitiv."*

Hannah: *„Für mich auch, keine Frage. Und wenn man gerade einen neuen NaWi-Raum einrichtet, sollte man sowas einbeziehen. Denn dann haben sie wieder „keinen Raum."*

5. Drittes Semester

5.1. Beginn des nächsten Schuljahrs

Die Sommerferien waren vorbei, und es ging an den Schulen weiter.

Luisa: *„Mir geht es gut. Ich bin zwar müde und erschöpft, weil ich in den Ferien doch relativ viel gearbeitet habe an den Abenden…aber gleichzeitig motiviert. Meine schriftliche Arbeit habe ich abgegeben, und heute fang ich an, meine ersten Schulstunden zu planen. An der Schule geht es drunter und drüber…nun muss ich selbst um den Biologie-Raum kämpfen…Es enttäuscht mich einfach…an unserer Schule würde sie niemals einem Sport-Referendar sagen: „Tja, nicht jeder kann die Sporthalle nutzen. Damit musst du klar kommen. Such dir selbst einen Raum." Ich wurde in zwei Fällen nicht mal einem Raum zugeteilt und soll mir nun selbst was suchen…die Klassenräume der Klassen sind i.d.R. belegt. An manchen Tagen kann ich damit gelassen umgehen, an anderen Tagen denke ich: „Was stimmt mit den Leuten nicht?"*

Wir hatten ja gerade Montag unseren Konfliktmanagement-Workshop für das Kollegium – die Referentin sagte: „Wer glücklich ist, kann sich benehmen." Ich versuche mir das zu Herzen zu nehmen…also, dass ich die Dinge nicht auf mich beziehe, sondern erkenne, dass meistens mein Gegenüber in der Schule ein Problem mit sich selbst hat.

Mein Stundenplan ist ok, obwohl ich 8./9. Stunde Chemie unterrichte und mir die Fachräume fehlen…ich versuche das Beste daraus zu machen."

Das neue Schuljahr hatte gerade begonnen, und alle schielten auf die Inzidenzen von Corona, was daraus würde.

Hannah*: „Ich dachte, dass die Seminare zumindest wieder online stattfinden, dazu ist COVID zu sehr gestiegen."*

Yasmin: *„Oh, das wäre echt cool. Ich bekomme hier gar nichts mehr mit (über die Inzidenzen)."*

Hannah: *„Also ich rechne fest damit, weil seit Montag hier wieder strengere Maßnahmen überall gelten- hoffentlich!"*

Nach und nach erhielten wir neue Informationen vom Studienseminarleiter. Doch trotz steigender Inzidenzen ging man nun anders mit COVID im öffentlichen Raum um.

Hannah: *„Mitschauen sind wohl bis nächsten Sommer ausgesetzt. Aber ab nächster Woche haben wir übrigens wieder Seminare in Präsenz!"*

Yasmin: *„Neiiin, nicht wieder in Präsenz! Ich hab überhaupt keinen Bock darauf, die wiederzusehen!"*

Hannah: *„Ich sehe sie, wenn, lieber online."*

Yasmin: *„Das sind keine guten Nachrichten. Ich hab im neuen Ministerbrief gelesen, dass es keinen Szenariowechsel mehr geben wird. Und keine Befreiung von der Präsenzpflicht. Ich hoffe ja, dass wir die Prüfung im Kolloquium machen."*

Hannah: *„Du- ich auch! Es gibt jetzt 3 Warnstufen, ab (Inzidenz) 50 ist Warnstufe 1- wir liegen bei 76. Neben den Inzidenzen zählt jetzt auch die Belegung der Intensivstation und Aufnahme ins Krankenhaus. Was bei Warnstufe 2 und 3 greifen soll, hat die Regierung noch nicht ausgearbeitet… Jedenfalls ab 50 gibt es diverse Einschränkungen. Und was ich unmöglich finde: Die reden immer nur von SuS* als Risikopatient*innen und Risikopatienten oder deren Angehörigen – und was ist eigentlich mit LiVD als Risikopatient*innen und -patienten?? Du bist eine. Ich auch. Zumal die Kortisonbehandlung das Immunsystem schwächt und meine erste Impfung damit wohl aufgehoben ist… Ich frag mal den Studienseminarleiter, darüber scheint sich kein Mensch Gedanken zu machen…"*

Yasmin: *„Von dem Ganzen weiß ich gar nichts, bin null up to date mit ihren ständig neuen Regeln."*

Hannah: *„Ja, das wechselt schneller als man lesen kann."*

Yasmin: *„Ich bin eine Risikopatientin, genau, und hab echt Angst, mich anzustecken. Die Zahlen steigen, und die Kids sind höchst wahrscheinlich auch im Urlaub gewesen – auch in Hochrisikogebieten."*

Hannah: *„Und nicht nur die Kids, der Kranich übrigens auch."*

Und dennoch- es hieß wieder in Präsenz antreten. Trotz steigender Zahlen.

Yasmin*: „Du, wir müssen wieder hin, ich glaub' es nicht."*

Hannah: *„Doch, leider, und Di dann beim Chemie-Seminarleiter in einem der Dörfer hier. Oh je, ich weiß noch gar nicht, wie ich ohne Auto dort hinkommen soll!?!"*

Luisa: *„Die Fahrerei kann wirklich nervig sein… ich hatte gerade vorgestern (weil ich meine Fahrt abrechnen wollte) nachgesehen, wo ich schon überall hingefahren war (fürs Ref). Für das Chemie Seminar musste ich einmal über 240km weit fahren ☹ Und das letzte Chemie-Seminar hätte man sich wirklich schenken können."*

Das leidige Thema, ohne Auto keine Lehrer*in und kein Lehrer werden zu können, zog sich durch mein gesamtes Referendariat. Das Chemie-Seminar war klein, das Gebäude war vor Ort, aber die Seminare leider trotzdem nicht immer vor Ort. Und wenn einige Referendar*innen und Referendare davon in Teilzeit waren und entsprechend fehlten, die mich ggf. hätten mitnehmen können, hatte ich ein echtes Problem.

Hannah: *„Hab dem Studienseminarleiter gerade mal per Mail gefragt, was es eigentlich für Regelungen für Risikopatient*innen und Risikopatienten unter den LiVD gibt- und falls die Seminare nicht online vorgesehen sein sollten, man als solche / solcher unter den LiVD für Möglichkeiten hätte. Er kann mir immer noch sagen, Ref abbrechen, pausieren, aber er wird mir in jedem Fall antworten müssen... Ich finde es unmöglich von der Regierung, wie mit uns umgegangen wird.“*

Yasmin: *„Oh, ich feier dich gerade richtig, danke, dass du dich für uns einsetzt! Ich hoffe ja immer noch, dass man die Seminare online mitmachen kann. Ich glaube, alle wünschen sich das.“*

Hannah: *„Antonia nicht. Sie will Präsenz.“*

Yasmin: „Streberin.“

Hannah: *„Sie sagt, sie habe sich für das Ref extra ein Auto gekauft und wolle nun auf ihre Kosten kommen- finde ich sehr verantwortungslos. Hinsichtlich steigender Inzidenzwerte, Umweltschutz etc.*

Da mache ich schon die Zusatzquali, wo es um Umweltschutz geht, aber keinem scheinen diese Themen etwas zu bedeuten…“

Yasmin: *„Ist die neu? Die kenne ich gar nicht. Voll egoistisch.“*

Hannah: *„Ja, die hat gerade bei uns an der Schule mit Ref angefangen. Die Wahlen stehen bevor, alle reden von Klimaschutz, aber dann sieht man, wie junge Leute wie Antonia dann doch nix machen. Das finde ich schlimm. Und erst recht Leute wie die Birne in einer Verantwortungsposition. In anderen Ländern ist man viel weiter: In den USA z.B. darf man in Großstädten nur auf die Schnellspuren der Autobahn mit mind. 3 Insassen (nie allein) zur Förderung von Fahrgemeinschaften, was gut klappt.“*

Nun begann also erst mal wieder der Unterricht und die Seminare in Präsenz, die Mitschauen liefen weiter online.

Yasmin: *„Oh nein, die Kaltfront kommt zurück! Die ist jetzt zweimal geimpft!“*

Hannah: *„Lass dir das nicht bieten! Frag mal, ob die anderen dich nicht weiterbetreuen können.“*

Yasmin: *„Hab ich schon, geht wohl leider nicht.“*

Und auch Luisa hatte zu kämpfen.

Luisa: *„Hatte heute meinen ersten regulären Unterricht und bin so platt…Nun ist auch noch an einer anderen Stelle Wasser aus der Decke in unserer Chemie-Sammlung gelandet. Eine riesige Wasserlache, und keiner sagt uns Bescheid…meine Kollegin ist schön durch spaziert. Das hat mit sicherer Schule nichts mehr zu tun…ich bin nur noch geschockt. Ich möchte da einfach nur noch weg und normalen Unterricht machen können. Ohhhh… ich habe so gar keine Lust meinen Unterricht vorzubereiten gerade :(Ahhhh…ich hoffe, du bist motivierter und dir geht es besser!"*

Für mich stellte sich nicht so sehr die Frage der Motivation, man machte einfach weiter im Hürdenlauf. Jetzt waren wir erst mal wieder zurück in der Schule. Und zur Begrüßung hatte es Vandalismus gegeben: Mehrere Fensterscheiben waren zerbrochen, das Glas lag drinnen auf dem Boden. Und die Polizei war mal wieder bei uns an der Schule.

Als nächstes lernten wir, dass über die Sommerferien das KC infolge Corona angepasst worden war. Wegen des Ausfalls vieler Themen in den Schulen war es nicht möglich, alles wie gehabt zu lehren. Lücken waren entstanden und würden auch in diesem Winter ggf. entstehen je nach den Corona Inzidenzen. Und so hatten die oberen Etagen das KC gekürzt. Ehemals wichtige Themen waren gestrichen worden wie das Teilchenmodell in Chemie, andere wurden lediglich optional empfohlen. Und ich hatte Angst, echte Angst, dass von den Kürzungsmaßnahmen auch das von mir für den Bio-PU vorgesehene Thema betroffen sein könnte. Dann wäre wieder mal alle Arbeit umsonst gewesen. Doch ich hatte Glück: Der Bio-Seminarleiter ging alle Kürzungen durch und gab grünes Licht: Mein Thema war nicht betroffen!

Umso mehr traf mich der nächste Schlag an meiner Schule: Eben dieses Prüfungsthema, das ich mir für die Bio-Prüfung ausgesucht, meiner Mentorin lange im Voraus verkündet, mit meinem Bio-Seminarleiter vereinbart und in den Sommerferien schon zu Papier gebracht hatte, das von den neuesten KC-Kürzungen verschont geblieben war, wurde mir im Nebensatz via Mail ausgerechnet von meiner Bio-Mentorin gestrichen. Ich dachte, ich fiele um! „Anbei schicke ich dir die letzten Beschlüsse der Fachschaftskonferenz“ (deren Leiterin sie in Biologie war). Diese hatte noch vor den Sommerferien stattgefunden -ich war zu dem Zeitpunkt entschuldigt, da ich zu dieser Zeit Seminar hatte. Und es folgte der Kommentar: Man müsse ggf. in den Austausch gehen! Als ich den Anhang öffnete, sah ich, dass beschlossen worden war, das von mir angedachte Thema –wohlgemerkt als einziges!- aus dem SAP zu streichen. Sie schrieb auf meine Fassungslosigkeit knapp: Ich solle mir was anderes suchen. Damit stand es nun nicht mehr im SAP und verlor damit an Rechtfertigung in der Umsetzbarkeit. Ich war sprachlos, den Tränen nahe- und wandte mich mal wieder an meinen Pädagogen. Und der war ebenfalls sprachlos. Warum sie das getan hätte? Keiner wusste es, sie erklärte es auch nicht.

Hannah: *„Meine Schule hat es mal wieder getoppt! Meinen GUB Entwurf in Chemie musste ich zweimal schreiben, weil der Kranich das verpatzt hatte. Er hatte mir die zehnte Klasse zugesichert, ich hatte den Entwurf fertig, dann hat er das zurückgezogen- natürlich ohne Entschuldigung- und die zehnte war weg. Abschlussklasse. Ich musste das Ganze mit einem anderen Thema komplett neu für Klasse fünf schreiben. Und zwar neu. - Jetzt dasselbe für den PU. Vor den Ferien hatte ich mit dem Bio-Seminarleiter gecheckt, ob mein Thema noch Bestand hat. Hat es. Ich habe meiner Mentorin gesagt, dass ich das weiterhin als PU nehmen möchte und in den Ferien daran schreiben würde. Das Ganze ist fast fertig. Ich habe die Modelle dazu gekauft etc. Und heute schreibt sie mir, sie habe das Thema mit den anderen NaWi Leitern aus dem schulinternen Programm rausgenommen!! Alles andere haben sie drinnen gelassen, aber ausgerechnet dieses und als einziges rausgenommen! Und das, obwohl alle wussten, dass ich damit den PU machen wollte. Langsam bin ich überzeugt, dass das böswillig ist. (...) ich fasse es einfach nicht. Nein, das ist nicht die Schule, wo ich bleiben möchte..."*

Luisa: *„Mir fehlen mal wieder die Worte. Das ist unfassbar. Das kann man doch nicht machen? Zwei Mal einen GUB-Entwurf schreiben? Und dann noch die PU-Sache…das ist wirklich ziemlich mies. Das hätte man dann doch gerade im schulinternen Plan gelassen…Ganz ehrlich: die spinnen doch total dort! Das übertrifft wirklich alles, was ich gehört habe und selbst erlebe…(…) Vielleicht einmal das Gespräch mit der Seminarleitung suchen? Ich kann gut verstehen, dass dich dort nichts hält. Was geht bloß in den Köpfen dieser Menschen vor??? Und solche Menschen arbeiten mit Kindern… (…). Das tut mir so unfassbar leid! Bau auf das Gespräch mit dem Studienseminarleiter und hoffe auf seine Unterstützung (…) oder sprich mit deinem Bio-Seminarleiter…und erkläre die Lage und die Sache mit dem SAP. Gerade deine Mentorin sollte dir den Rücken stärken… und dir nicht in den Rücken fallen.“*

Hannah: *„Darüber hinaus habe ich natürlich in den Bio Klassen schon das Thema genannt und eingeführt, und in der einen Klasse ist die Mentorin ja stets dabei, weil es betreuter Unterricht ist. Die SuS* fanden es toll, gerade nix mit Corona zu machen…und jetzt soll ich ihnen mit Virologie und Immunsystem kommen!? Das sind zudem keine leichten Themen. Weniger für mich als für die SuS*. Drei Referate zu meinem Thema stehen an, die Schüler*innen und Schüler arbeiten bereits daran,* *und das Thema kam gut an...Meine Motivation ist gerade auf dem Nullpunkt. (...) Oh Mann, ich habe langsam keine Kraft mehr für diese Kämpfe."*

Yasmin*: „Meine Liebe, was ist das denn? Wo wir kurz vor der Prüfung stehen, sollten sie uns das Leben erleichtern und nicht noch schwerer machen! Und wie kommt sie denn auf die Idee, das jetzt zu streichen? Die wussten doch alle, was du in der Prüfung machen wolltest, und dass sie genau DAS Thema streichen....das ist echt krass. Ich finde das auch überhaupt nicht kollegial! Die behandeln die Anwärter*innen und Anwärter da wie Dreck, dass wir nur nach ihrer Nase rumtanzen müssen. Total anstrengend! Normalerweise wird auf der Fachkonferenz entschieden, welche Themen drin bleiben und welche Themen gestrichen werden, das haben wir nämlich auch so gemacht. Ja, ich würd da auch nicht locker lassen! Du kannst es glaub ich auch zeigen, wenn es nicht im schulinternen Arbeitsplan steht, aber es ist natürlich blöd, wenn man aus der Reihe tanzt. Normalerweise könnte man das auf der nächsten Fachkonferenz ansprechen."*

Hannah: *„Aber so lange kann ich ja gar nicht warten, und der PU muss ja stehen!"*

Yasmin: *„Klar, es bleibt keine Zeit. Meine Mentorin, die Kaltfront, nervt mich auch. Es war so schön die letzten Monate, als sie weg war. Die ist echt...die nervt mich. Die nervt mich richtig! Stress, Stress,*

Stress. Es hört irgendwie nie auf, ich warte nur auf den Zeitpunkt, dass ich die Prüfung mache. Ich darf ja jetzt bald vielleicht noch den Besuch wiederholen.“

Hannah: *„So kämpft jeder an seinen Ecken. Es freut mich, wenn du den Besuch wiederholen darfst, ist natürlich auch wieder eine zusätzliche Hürde. Der Gipfel bei mir ist, Niedersachsen hat das Thema nicht aus dem KC gestrichen, eben weil es wichtig ist. Aber meine Mentorin streicht es dann aus dem schulinternen KC. Gerade das Thema. Wovon noch mein Bio Seminarleiter sagte, um das Thema brauchen Sie sich wirklich keine Sorgen machen, das wird nie im Leben gestrichen, aber das muss SIE dann streichen. Aber ich werd drum kämpfen!“*

Und dann wollte sie auch noch meine Stunden für Ausflüge.

Hannah: *„Dann hat sie mir noch gesagt, sie würde heute mit ihrer Klasse gerne einen Ausflug zum Markt machen und brauche dafür meine Stunden, man könne ggf. tauschen. Tauschen ist aber schlecht, was meinen Stundenplan angeht, und ich habe ihr geantwortet, dass ich dann gerne mitkäme, um den Draht zur Klasse nicht zu verlieren. Klar freue ich mich einerseits, wenn für mich die Stunden ausfallen, aber nicht, wenn es auf die Prüfung zugeht. Denn nächsten Mittwoch ist sie auch nicht da mit der Klasse, da machen sie wieder einen Ausflug, und ich seh die Klasse kaum noch. Und das* *ist meine Prüfungsklasse, wohl gemerkt, die ich nur einmal in der Woche habe! Und sie antwortete mir, ja, wir könnten das mit dem Prüfungsthema ja dann heute ein bisschen besprechen- „in den Austausch gehen“, wie es auch der Kranich immer formuliert- wenn wir mit der Klasse am Markt sind. Weißt du, VOR den Schüler*innen und Schülern!? Zwischen Tür und Angel? Ich hab einfach keine Worte mehr.“*

Als nächstes stand die Frage nach der Aufsichtspflicht im Raum.

Hannah: *„Ich habe sie dann gefragt, ob die Schulleitung informiert sei, denn immerhin sei das ja mein Unterricht, und ich habe Aufsichtspflicht. Und sie sagte, nö, sie habe die Schulleitung nicht informiert und wollte die Schüler los schicken. Ich habe ihr daraufhin erklärt, dass ich, solange ich Aufsichtspflicht habe, in der Verantwortung stehe, wenn was passiert. Die Schulleitung wollte sie nicht informieren, winkte mal schnell die Schüler heran und sagte, es gebe eine kleine Programmänderung: Sie und ich würden auch am Markt sein, und auf dem Weg könne man über die Themenänderung sprechen.“*

Yasmin: *„Na, optimal ist das aber auch nicht. Vor allem, wenn den Schülern auf den Weg was passiert.“*

Hannah: *„Genau. Wir dackelten gewissermaßen den Schülern hinterher, auch wenn die viel schneller* *waren, und ich fragte sie, wie es denn zu dem Ganzen gekommen sei. Sie sagte, das habe sie auf der letzten Fachkonferenz vorgebracht. Und diese war ja vor den Ferien. Und hatte mir bis dato nicht Bescheid gegeben. Und jetzt gab es ein Fachleitertreffen, wo das zu Protokoll genommen wurde. Das heißt, sie wusste die ganze Zeit davon und hat mir nichts gesagt!"*

Yasmin: *„ %&$?#"*

Hannah: *„Auf dem Marktplatz hat sie dann ihre Tochter getroffen und lange mit ihr gesprochen, und als Schüler*innen und Schüler mit Fragen zu ihr kamen, bekam sie das gar nicht mit. Und dann ging sie Pommes essen. So stelle ich mir auch keinen Ausflug mit der Klasse vor..."*

Yasmin: *„Boah, das mit dem Markt und ihrer Tochter verschlägt einem die Sprache. Sie ist zwar schon länger im Dienst, aber ich würde mich das auch später gar nicht getrauen, ehrlich gesagt."*

Hannah: *„Ich habe sie dann heute gebeten, nochmals darüber zu sprechen und habe ihr geschrieben, dass ich ganz schlecht geschlafen habe. Ihr Kommentar: DAS könne sie sich vorstellen!" – Ich erfuhr dann obendrein, dass Bio ohnehin epochal erteilt werde und ich in dieser Klassenstufe aus dem Grund die einzige sei, die Biounterricht erteilt. Was also soll der Quatsch, das Thema dann zu streichen, wenn es außer mir niemanden betrifft? Mentor*innen und*

Mentoren müssten verboten werden. Ich werde jedenfalls darum kämpfen und mir mein Thema nicht einfach wegnehmen lassen. Nicht von ihr!"

Yasmin: ***„Und vor allem: Du bist die einzige Biolehrerin in der Klassenstufe, die einzige, die das Ganze betrifft. Was soll das denn? Mann, ey. Die Mentor*innen und Mentoren kann man total vergessen. Auch, was Tipps betrifft. Meine eine Mentorin hat mir dies und jenes geraten, und wenn ich das umgesetzt habe, hieß es nach dem Besuch: Das war nicht gut. Und es war genau der Punkt, den sie mir geraten hatte. Was für ein Ärger! Und ich sagte mir dann, hätte ich es nur so gemacht, wie ich es vorhatte! Du bist glaub ich der Typ Mensch, der das durchzieht, was er im Kopf hat. Ich lass mich da zu schnell beeinflussen, was nicht gut ist. Aber das übertrifft nun wirklich alles."***

Mein Pädagoge schrieb zurück, das *dürfe* meine Mentorin im Übrigen gar nicht, da das Thema schon feststeht! Man müsse sonst den Studienseminarleiter einschalten, da das nicht legitim sei. Welch Erleichterung! Aber was stand mir noch bevor? Ich sagte ihr, dass ich mich nun damit ans Seminar wenden würde- und sofort beteuerte sie: „DAS solle ich bloß nicht tun! Dann bleibe das Thema eben drin." Und vor meinen Augen nahm sie es tatsächlich wieder im Server auf, mit dem Zusatz, „als Ergänzung". Hauptsache, es stand wieder drin! Aber die Leichtigkeit eines Federstrichs, mit der sie ihre für mich weitreichende Aktion genauso jetzt umkehrte, wie sie diese ins Leben gerufen hatte, ließ mich erschaudern: Das Ausgeliefertsein, die Abhängigkeit von völlig Unvorhergesehenem, was jeder Rationalität entbehrte.

Yasmin: *„Und das „Ja, ok, wir können das ja wieder aufheben!“, so ein Hin und Her, was soll das Ganze denn!? Du wirst in einem halben Jahr nicht mehr da sein, nicht mal ein halbes Jahr, viereinhalb Monate, und dann bist du weg. Die hätten sagen können, ok, wir wollen das Thema rausnehmen und warten jetzt noch ein halbes Jahr damit, nachdem du deine Prüfung abgelegt hast.“*

Danach war meine Mentorin freundlich und zuvorkommend wie immer. Wie kam es dazu? War es Absicht? Oder war das auf der Fachschaftssitzung gestrichen worden, ohne dass sie im Blick hatte, dass dies mein Prüfungsthema sei? Und getraute sie sich das als Fachschaftsleiterin nun Monate später den wenigen Kolleg*innen und Kollegen, aus denen die Fachschaft bestand, nun nicht zu sagen? Ich habe das nie verstanden. Ich habe zwar mitbekommen, dass bei ihr nicht alles so lief, wie sie es sich wünschte, sie nicht den Stundenplan bekommen hatte, den sie gern gehabt hätte, und wer weiß, vielleicht war es dann ein Racheakt, es MIR auch nicht einfach zu machen? Ich weiß es nicht.

Hannah: *„Irgendwie scheint es mir als ob das doch ein gewollter Schachzug meiner Mentorin war. Also,* *ich habe da jetzt noch zu hören bekommen, ich hätte in Klasse acht ja überhaupt nicht das Thema „Wald" unterrichtet und viel zu lange „Das Auge". Und dann habe ich sie daran erinnert, dass die Kids ja im Home Schooling waren und wir da ja keine Themenwechsel machen durften. Darauf sagte sie: „Ach ja, ja, das war eine ungünstige Zeit!" Und dann holte sie erneut aus und bemängelte, die Kinder hätten ja noch überhaupt nichts von Genetik gehört. Und da habe ich sie daran erinnert, dass das Thema Genetik erst für Klasse 10 vorgesehen ist. Es war einfach nur noch peinlich. Und sie ist ja die Fachschaftsleitung von Bio, die sollte das auf dem Schirm haben! - Also, wenn du denkst, deine Mentorin taugt nix, ich hab zwei, die auch nix taugen."*

Yasmin: ***„Das klingt wie ein Vorwurf, bei dir hätten sie nichts gelernt. Mann! Und sie ist deine Mentorin, sie ist dafür verantwortlich, dass du deinen Unterricht machst, wie es sich gehört. Und sie ist ja auch noch in deinem Unterricht dabei- und dann kommt sie mit sowas, und zwar am Ende! Ich check das einfach nicht. Mir kommt sie eigentlich sympathisch vor, ein freundlicher Mensch, aber irgendwie hat sie sich da wohl beeinflussen lassen vom Kranich, so kommt es mir vor. Denn sich so ganz plötzlich zu verändern, immer nur deine Stunden rauszupicken, an denen sie irgendwelche Ausflüge machen will, ist doch nicht normal. Die bestätigen mir auch Woche für Woche, dass ich nicht da sein will, jedenfalls so schnell wie möglich da raus möchte!"***

Hannah: *„Ich glaube gar nicht mal, dass der Kranich über mich klagt, der scheint eher überrascht zu sein, dass ich was auf die Reihe kriege. Quereinsteiger*innen und Quereinsteiger können das ja angeblich nicht! Er hat ja auch nicht die Aktion der Birne verstanden, ich glaube, er versteht das immer noch nicht. Ich weiß auch nicht, was meine Mentorin da reitet. Vor allem sind ihre Argumente völlig hinfällig. Ich hätte auch lieber nicht so lange „Das Auge" behandeln müssen, mir fiel schon langsam nichts mehr ein, aber wir waren ja gezwungen, keinen Themenwechsel während des Home Schoolings vorzunehmen. Ich glaube eher, das ist so eine Unzufriedenheit über meine Selbstständigkeit. Sie hätte wahrscheinlich lieber, wenn ich sie 10-mal fragen würde. Der Kranich hingegen ist ganz froh, wenn ich ihn nicht frage! Wir beide sind denen zu intelligent.:-)"*

Und tatsächlich ging es mit der Bio-Mentorin noch eine Weile weiter.

Hannah: *„Musste jetzt einen Brief an die Eltern schreiben, um sie zu informieren, dass es jetzt in Klasse 9 in Bio mit Sexualkunde weitergeht. Das macht man allgemein, falls die Kinder zu Hause beginnen, Fragen zu stellen, und so wissen die Eltern zumindest, dass sie das gerade in der Schule behandeln. Ich habe also den Brief verfasst und ihn dann der Bio-Mentorin gezeigt, und die fing – triumphierend, wie es mir vorkam- gleich* *an, das schreibe man soundso, und das wäre auch nicht richtig. Ich habe ihr daraufhin gesagt, dass ich immerhin seit Jahren DaZ Prüferin sei und zeigte ihr die Einträge bei Duden online, dass beide Schreibweisen heute akzeptiert sind. Ihr Kommentar: „Na, ich weiß nicht, was dann die Eltern von dir denken!" Gerade habe ich das Gefühl, da ist so viel Gegenwind, da ist der Kranich fast zahm dagegen."*

Yasmin: ***„Also die sucht ja geradezu nach Fehlern. Hauptsache, darauf zeigen und sagen, es ist falsch. Das ist echt absurd, total schlimm. Das tut mir auch echt leid für dich, ich finde, das geht irgendwie gar nicht. Du musst dich da ständig mit dem Kranich oder der Birne allein wegen der Ausstattung auseinandersetzen, und jetzt kommt auch noch die Bio-Mentorin an und akzeptiert den Duden nicht- und du hast eigentlich ganz andere Dinge zu tun. Und ganz ehrlich: Sorry, dir dann Vorwürfe zu machen, dass du die ganze Zeit das Thema „Auge" machst und die Kids nichts über Genetik wissen oder, oder...Ich meine, das ist so, als ob die danach suchen, dass man was falsch macht. Was hat die Frau denn? Und das ist es, was mich total nervt. Ich muss zugeben, du tust mir echt leid, mir fehlen die Worte."***

Wie viel dem Zufall verschuldet war und wie viel- gefühlt, der überwiegende Anteil- gerade nicht, kann ich nicht sagen. Dass mir die Bio-Mentorin mein Thema kurz vor der Prüfung streichen wollte, wo schon alles ausgearbeitet war, saß mir immer noch als Schock tief in den Knochen. Das Vertrauen war jedenfalls weg. Ein Wehmutstropfen bleibt also auch bei dieser Mentorin hängen.

Aber nicht nur ich hatte zu kämpfen, wenn es um Themen ging.

Yasmin: *„Was Themen betrifft, kann ich auch ein Lied davon singen. Im schulinternen Arbeitsplan war für Klasse zwei das Thema „Brücken" und das Thema „Zukunftsvisionen" vorgesehen, was sehr abstrakt ist und was die Kinder noch überhaupt nicht greifen können, was ne Zukunft ist, was in der Vergangenheit passierte. Keine Ahnung, wer das entschieden hat, das in Klasse zwei einzusetzen! Ich wollte lieber nach den Ferien ein herbstliches Thema wie „Apfel" oder „Igel" nehmen, da auch eine andere Kollegin das Thema „Apfel" in Klasse zwei durchnahm. Also nahm ich einmal „Brücken", damit sie nichts sagen können, und das Thema „Apfel", und ich war die einzige, die immerhin eins der zwei Themen aus dem schulinternen Curriculum genommen hatte. Aber das passte meiner Mentorin nicht."*

Hannah: *„Du bist eine viel bessere Lehrerin. Verlass dich einfach auf dich selbst. Thema „Apfel" und „Igel" passt doch viel besser zu Klasse zwei als „Zukunftsvisionen! Wer denkt sich so einen Blödsinn aus!? Und nicht nur, was Themen betrifft: Jeder hat* *doch seine Persönlichkeit und damit auch seine eigene Lehrerpersönlichkeit. Ich will überhaupt nicht den Kranich kopieren und wehre mich dagegen, was uns oktroyiert wird. Ich mache lieber meine eigenen Erfahrungen, wenn etwas nicht so gut läuft. Zum Beispiel in Klasse sechs sage ich mir manchmal im Nachhinein, nächstes Mal muss ich das so und so machen. So entwickelt man sich doch auch im Laufe der Zeit und kann sich was von Kolleg*innen und Kollegen abgucken, was einem selber gefällt. Deswegen tust du mir auch so leid, dass du eine Mentorin hast, die dir nur Vorschriften macht."*

Zwischendurch gab es diskrete Hinweise, der Schule mangele es an Chemie- und Biolehrern.

Hannah: *„Was ich auch nicht einschätzen kann: Dann sagt Hedwig mir zwischendurch, die brauchen unbedingt Chemielehrer, das kann ja keiner. Und ich sagte: ICH kann aber Chemie. (Natürlich kann und weiß ich auch nicht alles, aber wenn ich sehe, wie der Kranich die Klasse anbrüllt, ist das völlig daneben. Das wäre mir schon allein meine Stimme zu schade!) Und sie darauf: Die BRAUCHEN Chemielehrer, dringend. Und auf der anderen Seite ist sie recht unfreundlich zu mir. Man denke z.B. an meinen Salat „mit der komischen weißen Soße", der ja kein Kartoffelsalat war! Dann wieder spricht sie vom Epochal-Unterricht, was sie bedauert. Warum Bio epochal? Weil sie nicht* *genug Lehrer haben. Hallo? Würden sie mich wollen und fördern, hätten sie ja genug Lehrer, dann hätte ich alle 9. Klassen meinetwegen. Aber nein, nicht an DIESER Schule, da bin ich der underdog und zähle nicht!"*

Yasmin: *„Eine Kollegin hier, die eigentlich Grundschullehrerin ist, fängt jetzt in der Oberstufe an. Die brauchen tatsächlich Lehrer. Und die Anwärter*innen und Anwärter, die es gibt, flüchten fast alle, sobald sie fertig sind, und da sage ich mir auch: Überlegt euch doch mal, was ihr falsch macht, damit ihr das nächste Mal die Anwärter*innen und Anwärter auch halten könnt!? Die sind ja wirklich alle, alle weg. Da läuft schon einiges schief. Manchmal zweifelt man an sich und denkt: Bin nur ich das, die das so sieht? Aber du bestätigst es mir ständig, und die sollten sich echt mal Gedanken machen."*

Hannah: *„Mir scheint auch, du bist erfahrener als die. Du bringst gute Ideen rein, bist kritisch bei Themen wie „Zukunftsvisionen" in der zweiten Klasse- die müssten so froh sein, dich dabei zu haben! Wir hatten gerade in Pädagogik „Bildungsauftrag 2040", und ein Kollege und ich konnten uns nicht zurückhalten und haben ins Padlet reingeschrieben, was aufhören muss, ist dieses Hierarchie Denken im ganzen Schulwesen, von oben nach unten und auch intern, z.B. Mentor*innen und Mentoren. Und dann die Bürokratie! Das lähmt alles. Deutschland steht* *nicht gut da in der PISA Studie, und keiner tut etwas an unserer Schule. Wenn die Anwärter*innen und Anwärter alle gehen, ist das nicht ein Hinweis!? Für Kranich und Birne offenbar nicht. Die Schule wäre von ihrer Lage für mich perfekt. Aber wenn ich nur ständig Gegenwind dort habe, will ich dort echt nicht bleiben."*

Ich hatte Pausenaufsicht, und da der erste Konrektor mich bestellt hatte, war ich schon etwas früher gekommen.

Hannah: *„Ich kam ins Büro, wo der erste Konrektor saß, und dort saß auch der Kranich gerade am PC: Also dachte ich: Jetzt oder nie!, und fragte den Kranich: „Darf man im PU eigentlich auch etwas zeigen, wie du es ja geschrieben hattest, was nicht im schulinternen KC steht?" Und der Kranich darauf: „Anwärter dürfen ALLES! Die können machen, was sie wollen, die haben alle Freiheiten der Welt!" Und ich dachte, das ist ja prima, dann kann ich demnächst meinen eigenen Unterricht machen und brauche niemanden mehr zu fragen!"*

Yasmin: *„Der hat Nerven. Wenn es SO EINFACH wäre, bekämen wir auch kein Seminar, sondern gleich die Festanstellung."*

Hannah: *„Unter uns gesagt, mache ich das streckenweise sogar, da mir Umweltschutz und Tierrechte sehr wichtig sind. Wir haben da eh sehr viele einzelne kleine Themen in Klasse 6, und das* *habe ich alles unter meinen größeren Themen angesiedelt. Und die Birne hatte uns ja gesagt, die Schüler*innen und Schüler in den ersten 4 Wochen nach den Sommerferien erst mal ankommen lassen, und darauf berufe ich mich auch. Aber ich kann ja schlecht mein Prüfungsthema rechtfertigen, indem ich den Kranich zitiere: Mein Thema steht zwar nicht im schulinternen KC, aber mein Mentor sagt: „Anwärter dürfen alles!" Mein Pädagoge würde staunen."*

Yasmin: *„Oh Mann! Unsere Mentor*innen und Mentoren sind echt der Hammer! - Sag mal, hast du schon den Termin für die Prüfung bekommen?"*

Hannah: *„Ja, ich habe heute meinen Termin bekommen und bin auch sehr froh, so ungefähr, wie ich ihn mir erwünscht hatte. Und wie sieht's bei dir aus, du hast wahrscheinlich auch deinen Termin?*

Yasmin: *„Ja, ich hab den Termin tatsächlich vor den Weihnachtsferien bekommen, ich finde es ganz gut, dann kann ich hoffentlich meine Ferien genießen, wenn alles gut klappt und ich bestehe. Oder es wird komplett meine Ferien versauen, eins von beiden, mal gucken."*

Hannah: *„Quatsch, natürlich schaffst du das! Ich bin ganz froh, dass meine Prüfung im Winter stattfindet, da zerläuft mir nicht so schnell das Material. Als Backup habe ich ohnehin den halben Gefrierschrank voll mit Schweineaugen und –herzen, und was man* *sonst noch so für seinen Unterricht braucht. Und das als Vegetarier!"*

Yasmin: *„Boah, das hört sich an wie bei einem Forensiker!"*

Und wieder stand eine Dienstbesprechung an.

Yasmin: *„Bist du morgen auf der DB?"*

Hannah: *„Nee, da bin ich entschuldigt, weil ich Seminar habe. Und ich bin auch im Seminar entschuldigt, weil ich zur Impfung muss. Diesmal nicht Moderna, da hatte ich wahnsinnig viel Schmerzen , sondern BioNTech."*

Yasmin: *„Ich drücke dir die Daumen, dass das alles gut abläuft mit der Impfung! Bei der 2. Impfung mit BioNTech hatte ich echt gar nichts. Aber bei der ersten Impfung mit Astra Zeneca war das schlimm, ich konnte meinen Arm kaum bewegen, ich hatte Schüttelfrost, Fieber, es war echt schlimm. Aber naja, ich habe gelesen, dass es auch noch eine 3. geben soll."*

Hannah: *„Ja, bei Impfungen gibt es immer wieder Auffrischungen."*

Yasmin: *„Sag mal, hast du eigentlich was vom Studienseminarleiter gehört? Was uns Risikopatient*innen / Risikopatienten unter den LiVD angeht?"*

Hannah: *„Ja, der hat mich sogar persönlich angerufen, nachdem er im Ministerium nachgefragt hatte. Man hat ihm gesagt, als Risikopatient*in / Risikopatient zählt man wie ungeimpft. Das heißt, es gelten die normalen Abstände von 1,5m und Maske usw., aber wir haben auch das Recht zu sagen, wir setzen auf unbegrenzte Zeit aus. Das will ich natürlich nicht, weil ich fertig werden möchte. Aber ich finde schon mal gut, dass es ein Angebot gibt."*

Yasmin: *„Das finde ich voll nett vom Studienseminarleiter, dass er sich so dahintergeklemmt hat. Und ich muss zugeben, ich mache mir auch Sorgen Richtung Prüfung, wenn Abstand gehalten werden muss und wenn Kinder dann Urlaub machen in Hochrisikogebieten und wieder zurückkommen, ist das auch nicht spaßig! Keine Ahnung, bei mir wird das auf jeden Fall nicht klappen mit den Abständen, weil die Klassenräume viel zu klein sind. Somit können die Abstände nicht eingehalten werden wegen der Raumgröße. Naja, wir machen ja auch so Unterricht ohne Abstände."*

Hannah: *„Das ist wohl war, da schaut ja auch keiner hin, bei uns ist das in den Klassenräumen nicht anders! Wenn das wieder so kommt, dass die Schüler untereinander Abstände halten müssen, wird es schwierig. In meiner 6. Klasse stehen Schüler schneller vor mir als ich sie zurückpfeiffen kann und zupfen mich am Ärmel. Und wenn ich auch was dazu sage,* *ist das in der nächsten Sekunde schon wieder weg, und sie wollen mir irgendwas erzählen. So ist es halt mit Kleinen. Da kann der Studienseminarleiter etwas erlassen, aber es hat wenig Sinn, wenn es in der Praxis nicht funktioniert. Aber immerhin hat er mir nochmals bestätigt, Impfung geht vor Seminar, da habe ich volle Rückendeckung von ihm. Mein Seminarleiter vom Seminar morgen weiß das schon, hat das bedauert, was Seminarleiter so tun und bin da entschuldigt."*

Mit der Impfung ging alles gut. Der Arm tat etwas weh, aber das war kein Vergleich zu der ersten Impfung. Alles diskutierte, ob Astra Zeneca ok sei oder nicht, lieber Moderna, lieber BioNTech. Man schaute ins Ausland, was dort entwickelt wurde, und auch die reguläre Bevölkerung sprach nun über Impfmethoden, Vektorimpfstoffe, Totimpfung etc. als wären alle über Nacht zu Fachleuten geworden, natürlich unterstützt durch die Medien.

Hannah: *„Alles schaut auf Corona, nur unser Pädagogik Seminarleiter nicht, den interessiert das nicht. Er macht sogar eine Klassenfahrt, was an unserer Schule ja derzeit ausgesetzt ist, das sei ihm ganz egal. SuS* wollen z.T. nicht mitkommen, Eltern finden das z.T. auch nicht toll, aber er zieht das durch. Vielleicht braucht ER das!?"*

Yasmin: ***„Ich hab's gestern gar nicht mehr geschafft, dir zu antworten, ich bin gerade total im Stress. Ich hab dir noch gar nicht erzählt, ich hab jetzt übrigens meine Pädagogik Seminarleiterin***

gesprochen, und sie sagte mir, dass sie und die eine FSL mir anbieten, zu kommen, um sich nochmal eine Stunde anzuschauen. Ich hatte dir ja erzählt, was im GUB passiert ist. Ich hatte sie gefragt, ob ich vor der Prüfung noch eine Stunde zeigen solle, und da hieß es erst, och nee, die Prüfungen fangen ja schon bald an. Aber nun haben sie es sich offenbar anders überlegt, und ich muss noch nachfragen, ob das jetzt als großer oder kleiner Besuch gilt."

Hannah: *„Echt? Du Arme, noch mehr Arbeit. Ich komm auch so schon zu nix mehr."*

Ganz nebenbei versuchte ich noch immer die Kaution zurückzuerhalten, die seit meinem Auszug aus der alten Wohnung seit langem überfällig war.

Hannah: *„Ich habe von meinem alten Vermieter nun endlich die Kaution zurück, als ich mir einen Rechtsanwalt genommen habe. Ich bekomme auch noch Nebenkosten vom Vermieter zurück, das geht jetzt weiter über den Rechtsanwalt, den ich natürlich auch bezahlen muss…alles so Sachen, die wir zeitlich und mit unserem geringen Referendarsgehalt auch noch zu bewerkstelligen haben."*

Unterdessen kämpfte unser Abgeordneter weiter und schickte Mails an die Fachschaft, die seitens Kranichs ignoriert wurden. Zumindest stand ich nun nicht mehr im Fokus, wenn ich die mausearme Sammlung ansprach.

Hannah: *„Er ist ja Gefahrschutzbeauftragter und hatte die Sammlung kritisiert, kritisiert sie weiter, wie mies und unmöglich das da alles ist. Insofern ist das ganz gut für mich, nur Erfolg hat er leider keinen."*

Yasmin: *„Tja, das, was du das ganze Jahr über schon meldest, wurde jetzt nochmals bestätigt."*

Hannah: *„Und die Birne ist jetzt sogar manchmal gut drauf! Sagte sie neulich im Lehrerzimmer: Hach, Frau K, die Fachräume sind ja immer noch nicht fertig! Und wenn sie dann fertig sind, vielleicht ja zu Ihrer Prüfung, dann feiern wir das. – Das hätte sie sich auch sparen können. Nach so einem Donnerwetter... Da wäre es mir lieber, sie sagt gar nichts!"*

Yasmin: *„Ach, DAS hat sie gesagt, das ist ja echt eine Frechheit! Und auch noch so dreist zu sagen: bis sie zu deiner Prüfung fertig sein SOLLTEN... Mann, ey, ich find sie sowieso unmöglich."*

Und daneben gab es den ganz normalen Wahnsinn.

Hannah: *„Morgen möchte ich eigentlich einen Film zeigen, sofern ich da irgendwie an ein Gerät komme. Die haben die DVD Player reduziert aus irgendeinem Grund, und wenn jemand einen leiht, kommt er selten zurück. Das wird auch ein Spaß! Und wenn ich schon meinen Laptop, den Schlepptop, dazu mitnehme, brauche ich ein HDMI Kabel, und die gibt es an der Schule auch nicht wie*

Sand am Meer. Ich muss mal gucken, wie ich das mache!“

Und während die Prüfung näher rückte, bekam ich dank Schulleitung mehr zu tun.

Hannah: *„Ausgerechnet jetzt haben die mich für ganz viel Vertretung eingesetzt. Ich schwimme eh schon, meinen Unterricht vorzubereiten, die Seminar-Hausaufgaben zu machen, von den Prüfungsvorbereitungen ganz abgesehen, und gerade jetzt muss ich haufenweise extra Stunden in der Schule verbringen. Wer hat sich DAS denn ausgedacht? Entweder, da hat einer nicht mitgedacht oder es ist Absicht. Ich tippe eher auf ersteres, was mir auch nicht hilft. Prüfungsvorbereitung? Ich komm zu nix.“*

Und dazu gab es wieder Klassen, die in Quarantäne kamen.

Hannah: *„Hi Yasmin, ich hoffe, es geht dir gut. Du hast das bestimmt mitbekommen mit der 1. und 2. Klasse in der Grundschule, die in Quarantäne sind. Ich hoffe, es sind nicht deine Klassen – oder, je nachdem, wie du es dir wünschst. Der Studienseminarleiter sagte ja, als Risikopatient*in / Risikopatient gelte man als ungeimpft. Und die Birne schrieb, alle geimpften Lehrkräfte dieser Klasse unterrichten normal weiter, und die Ungeimpften sind damit auch in Quarantäne.“*

Yasmin: *„Tatsächlich hab ich die Mail gar nicht gelesen. Nee, meine Klasse ist nicht betroffen, wobei es einen Verdachtsfall gibt in meiner 3. Klasse, aber die warten wahrscheinlich noch auf das Ergebnis. Aber das ist ja ganz interessant zu wissen, nicht? Ich bin heiser geworden, hab fast keine Stimme, das Wetter ist so blöd, ich hab das Gefühl, ich bin entweder viel zu dick oder viel zu dünn angezogen. Und hab das Gefühl, das ist alles ganz blöd gerade. Und danke, dass du an mich gedacht hast und nach mir gefragt hast!"*

Hannah: *„Ohhh, da wünsche ich dir aber ganz schnell gute Besserung! Und wenn es nach dem Wochenende noch so ist, würde ich mich krankschreiben lassen und nicht so vor der Klasse sprechen. Nochmal ganz lieb gute Besserung!!"*

Immerhin gab es auch Erfreuliches zwischendurch.

Hannah: *„Der Kranich darf zum Glück nicht in meiner Prüfung dabei sein. Nur Mentor*innen und Mentoren im betreuten Unterricht dürfen das, also die Bio-Mentorin dürfte das, nicht aber er, weil meine Prüfungsklasse nicht betreuten Unterricht hat. "*

Und die Prüfung rückte näher und näher, nun in Form von Formularen, die man auszufüllen hatte.

Yasmin: *„Ich bin grad dabei, dieses eine Formular auszufüllen, welche Lerngruppe ich in der Prüfung*

haben werde. Und ich bin grade über einen Punkt gestolpert, bei dem ich unsicher bin. Man muss angeben, ob das ein betreuter Unterricht ist oder nicht, aber an dem Tag, an dem ich Prüfung habe, habe ich normalerweise gar keinen Unterricht. Da muss ich morgen nochmal mit der Birne sprechen, oder weißt du das vielleicht?"

Hannah: *„Also ich habe meine Klassen ja nur einmal pro Woche in einer Doppelstunde, daher ist der Tag bei mir ganz egal. Aber klar, wenn du die Grundschüler mehrmals pro Woche hast und an dem Prüfungstag normalerweise keinen Unterricht, ist das nicht* so klar."

Und zwischendurch immer wieder Tiefschläge.

Yasmin: *„Du weißt gar nicht, was mir passiert ist. Oh Mann, das ist so schlimm! Ich hatte für meine Hausarbeit die Abgabe verlängert bekommen und dann meine Hausarbeit per Einschreiben an meine Pädagogik-Seminarleiterin geschickt- und die Arbeit ist gestern wieder zurück gekommen. Die Abgabefrist ist aber jetzt schon vorbei, ist das ein Durcheinander! Ich hab das Gefühl, ich komm auch irgendwie gar nicht zur Ruhe."*

Hannah: *„Oh nein! Du Arme!!! Ich weiß nicht, wie es ist, wenn die Abgabe verlängert wurde, aber wir musstenesalleimStudienseminargebäudeabgeben, dann erhielt man eine Empfangsbestätigung, dass man termingerecht abgegeben hat. Das Seminar* *leitet es dann an die beiden Seminarleiter*innen / Seminarleiter weiter, die die Arbeit lesen. So habe ich es gemacht. Es war aber auch ok, wenn man es in den Briefkasten warf. Da es so geschüttet hat um den Abgabetermin, hatten bei uns, die die Einwurf-Option gewählt hatten, viele Angst, dass die Arbeiten durchweicht und damit unlesbar waren. Darüber habe ich aber nichts weiter gehört. Ich drück dir auf alle Fälle die Daumen, dass dir daraus nicht noch ein Strick gedreht wird!"*

Yasmin: *„Oh mein Gott, und die Stunde, die ich wiederholen muss, wird ein GUB sein- das kommt auch noch! Jetzt hat sie mir einen Termin genannt. Da wir die Vornote ja auch in diesem Monat bekommen, ich muss jetzt einen Antrag stellen, dass ich diese dann erst nach dem wiederholten GUB bekomme. Ach Mannomann, das ist irgendwie so stressig alles."*

Hannah: *„Ich drück dir die Daumen, du schaffst das! Bei mir gibt es auch noch dies und das nebenbei, ich musste erst meine Prüferlizenzen in DaZ erneuern, und da ich ja noch nebenher arbeite, hatte ich auch da noch was zu tun- der Stress hört nicht auf. Ach ja, und die Hedwig schon wieder. Ein Schüler ihrer Klasse soll eine zwei von mir in Chemie erhalten, und das sah sie nun ganz und gar nicht ein, obwohl sie meinen Unterricht nicht kennt. Und prompt zitierte mich der Kranich ins Büro, und da musste ich ihm vorrechnen, wie ich auf Note zwei kam. Danach* *sagte der Kranich: Tja, das ist Note zwei. Das hat ihr überhaupt nicht gepasst. Und sie war ja auch dabei im Lehrerzimmer, als das Geschrei mit der Birne stattfand. Vom Personalrat wäre zu erwarten, mal nachzufragen, ist alles ok? Aber nein, die guckte mich einfach nur vorwurfsvoll an, wie mir schien. Gesagt jedenfalls hatte sie zu mir kein Wort."*

Und man arbeitete weiter Tag für Tag in Schule und Seminar, ohne dass man Zeit hatte, die Prüfung weiter vorzubereiten. Die Zeit schien jetzt wie im Fluge zu vergehen, und bald waren die Herbstferien da. Da hieß es bei mir vor allem den Chemie-PU zu erarbeiten.

Luisa: *„Kommst du gut mit deinen Prüfungsstunden voran? Bei uns geht's in der Schule drunter und drüber…viele Coronafälle, dann diese neue Regelung mit den letzten drei Schultagen vor den Ferien und der übliche Wahnsinn ;) Ich hatte am Freitag meinen letzten Chemie-GUB…..puhhhh, nun noch einer im Januar in Bio. Dann wars das. Endlich. Kann es kaum abwarten. Ich merke immer mehr: meine Kräfte schwinden. Ich habe mich deswegen für morgen abgemeldet. Ich muss ja nur an 50% der Seminare teilnehmen. Nun werde ich morgen Arbeiten konzipieren und Unterricht planen."*

Hannah: *„Dann bist du aber auch schon ganz schön weit :-) Während der Schulzeit komme ich leider* *kaum voran mit den Prüfungsvorbereitungen :-(Der Bio-Entwurf ist so zu 99% fertig, muss aber all die Logistik noch bereitstellen (Kärtchen drucken, laminieren etc.). Den Chemie-Entwurf müsste ich diese Woche fertig stellen, aber wird wohl nicht angefangen vorm WE...Die mündlichen Prüfungen warten auch, alles Schriftliche steht in Ordnern bereit, aber zum Lernen komme ich erst nach dem Chemie-Entwurf. Könnte also besser sein...Und ja, ich hoffe sehr, dass nächste Woche keiner der SuS* auftaucht. Ich brauche dringend die Zeit zur Prüfungsvorbereitung, aber meine Schule setzt mich gerade jetzt ständig für Vertretung ein, so heute 2 Stunden extra in Physik. Meine Kräfte schwinden auch, zumal einige SuS* pubertieren und einem den Unterricht zerbomben. Darf also heute noch eine Mutter anrufen..."*

Zum Glück hatte ich in meiner Referendariatszeit ja kaum Elterngespräche, wovon das eine leider durch die Klassenlehrerin vorgegeben ein „Geschwister-Gespräch" war. Das jetzige war mit einer einsichtigen Mutter, die gar nicht verstehen konnte, wie „ihr Kleiner" von 1,85m nicht mitarbeiten würde. Sie würde mit ihm reden. Gut.

Hannah: *„Ich bin sooooo müde."*

Yasmin: *„Leg dich doch für ne Stunde hin!"*

Hannah: *„Mach ich inzwischen jeden Tag, obwohl ich eigentlich nicht die Zeit dafür habe."*

Und die mündliche Prüfung trieb uns um.

Hannah: *„Ich weiß nicht, wie es in der Grundschule ist, aber bei uns sind es zwei Themenkomplexe in Pädagogik. Einmal was Rechtliches, da ist meistens Aufsichtspflicht dran. Das sagt unser Pädagoge zwar nicht, er sagt nur: Zum Beispiel Aufsichtspflicht. Er hat uns auch ein Buch genannt, aber hier schwimmen wir alle ein bisschen. Und zum anderen Themenkomplex* würde ich gern wie die anderen eben *„Classroom Management" wählen, wir müssen aber auch über die anderen Seminarthemen Bescheid wissen. Und was wir als Moderationsbeitrag hatten, dürfen wir als Einstieg nutzen. Gut. In Chemie nehmen fast alle „Experimente". Das wollte ich eigentlich nicht nehmen, aber da gibt es genügend Literatur drüber. Das müsste also ok sein, auch wenn ich noch nicht mit dem Chemiker darüber gesprochen habe. Und der Biologe war sehr hilfsbereit und schickte mir sogar noch Material zu meinem Thema, was allerdings ein ganzer Berg ist. Er sagte mir, ich könne auswählen, und das werde ich auch tun. Ich habe alles ausgedruckt, gelocht und eingeordnet, das steht nun zum Durcharbeiten bereit. Ich muss nur noch anfangen, zu lesen. Und was auch die anderen gesagt haben als Tipp: Fang früh an! Es ist echt mega viel! Mega mega viel. Das Ganze zu lesen, das Wichtigste rauszuschreiben und versuchen, es zu behalten. Ich versuche auf alle Fälle, mit Lesen und Unterstreichen diese Tage anzufangen."*

Yasmin: ***„Mündliche Prüfung- ich hab ehrlich gesagt mit noch keinem gesprochen von den Seminarleiterinnen über Themen oder Literatur usw. Nächste Woche haben wir wieder Seminar, ich glaub, ich sprech sie da mal drauf an. Es wäre schon gut, ein paar Themen zu haben und sich darauf vorzubereiten."***

Hannah: *„Und in Chemie weiß ich ja auch überhaupt noch nicht, was ich da als Prüfungsunterricht machen soll. Thema ist Feuer und Wasser- Feuer will ich auf keinen Fall nehmen, ist mir zu gefährlich im Prüfungsunterricht gerade bei den Kleinen! Und zu Wasser gibt es jetzt nicht so super tolle Ideen, ich muss mal nachdenken und die anderen im Seminar fragen, vielleicht fällt mir ja noch was Schönes zu Wasser ein. Und hinzu kommt, dass ich bis dahin noch immer keinen Fachraum haben werde- wenn die Birne schon sagte, wenn der Fachraum fertig ist, feiern wir! Im neuen Raum musste gerade der Fußbodenbelag wieder entfernt werden, weil er sich gewellt hatte. Als die Schule nach den Ferien geöffnet wurde, waren die Fachräume gerade wieder ohne Fußböden. Das scheint noch zu dauern. Deswegen nehme ich unbedingt etwas mit Wasser, was ich jetzt ohne Werkraum dann eben auch im Klassenraum machen könnte. Ja, das wird etwas abenteuerlich. Ich will auch nichts mit Eis machen, das schmilzt dann vorher. Wir haben ja keinen Gefrierschrank in der Schule, also, ich bin da noch am suchen. Vielleicht hat ja jemand im Seminar eine Idee."*

Und wieder und wieder das leidige Thema: Auto.

Yasmin: *„Oh Mann, das nächste Seminar findet wieder auf einem Dorf statt. Da habe ich dann die ersten 2 Stunden Unterricht und muss im Anschluss zum Seminar. Ich muss jetzt erst mal sehen wie ich da hinkomme ohne Auto!?“*

Da hat man das Studienseminargebäude in derselben Stadt wie die Schule, aber die Seminare finden dann doch nicht dort statt, sondern im Hinterland. Und wenn uns auch das Reisen zu den Mitschauen unter Corona erspart blieb, reichte uns schon der Kampf, allein zu den Seminaren ohne Auto zu kommen. Oft mussten wir also zu den Schulen anreisen, an denen die SEMINARLEITER unterrichteten und sich selbst somit Anfahrtswege sparten statt sich in dem dafür vorgesehenen Gebäude vor Ort zu treffen.

Hannah: *„Immerhin hat mein Chemieseminarleiter nun verkündet, dass die nächsten 4-5 Seminare im Seminargebäude stattfinden. Vielleicht hat er ja Angst, mich dann jedes Mal mitnehmen zu müssen, was ja auch immer ein Infektionsrisiko in sich birgt.“*

Mit Klasse sechs hatte ich als nächstes einen Ausflug zur Feuerwehr geplant. Da ich mangels NaWi Raum nicht mit ihnen zum Thema Feuer praktisch arbeiten konnte, wollte ich ihnen wenigstens diesen Ausflug ermöglichen. Dazu musste ich ein Formular ausfüllen mit Angaben zur Klasse, Datum,

Dauer des Ausfluges etc., und hatte alles fertig ausgefüllt. Ich betrat das Sekretariat und wollte gerade das Formular einreichen, als die Birne mich sichtete und wie eine lästige Fliege wegscheuchte.

Hannah: *„Gerade vor ein paar Tagen scheuchte sie mich schon wieder unfreundlich aus dem Sekretariat mit den Worten: "Was wollen SIE denn hier? Das kann ja nichts Wichtiges sein, also machen Sie besser Platz". Dirigierte mich zur Tür hinaus und schloss diese hinter sich."*

Auf meinen lauten Protest „Und das Formular?" öffnete sie auch nicht wieder die Tür. Ich blieb ausgeschlossen. Aus dem Ausflug wurde dann ohnehin nichts, da bei steigenden Corona Inzidenzen die Feuerwehr den Termin absagte. Klasse sechs hatte das Thema „Feuer" damit nur rein theoretisch- eine Flamme hat keiner der Schüler*innen oder Schüler gesehen. Und wir waren ferienreif.

Hannah: *„Endlich kommen die Ferien!!!!"*

Luisa: *„Ohhh ja…ich kann es auch kaum abwarten. Ich hatte gestern meinen 9. Unterrichtsbesuch…jetzt sind es nur noch zwei Besuche bis zum Examen. Die letzten Tage waren eher schlaflos, aber es hat sich gelohnt…Es lief gut und ich kann es abhaken. Der nächste Unterrichtsbesuch steht wieder in Chemie an – thematisch lande ich bei „Wasser* *und Wasserstoff", weshalb ich wohl etwas mit Wasser machen werde. Mal sehen…erst mal ein paar Tage runterfahren, aufräumen und all das, und dann kann ich mir mehr Gedanken machen.*

Übrigens- be*i uns an der Schule ist tatsächlich auch ein echter Schädel aufgetaucht. Meine Mentorin erzählte mir davon, ich solle aber erst mal nichts sagen…Oh Mann – das macht mich nur noch sprachlos. Ich werde bei ihr nach den Ferien mal nachhaken."*

Dann rief mich die Birne und vereinbarte einen Termin für den nächsten Tag. Natürlich ließ sie mich nicht wissen, worum es gehe: „Frau K, Sie sehen doch, dass ich beschäftigt bin!", und ich hatte keine Ahnung, was es diesmal sein würde. Sie wies mir einen Stuhl an, knallte mir ein Papier hin und befahl: „Lesen Sie! Damit Sie wissen, was ich über Sie an das Seminar berichtet habe!"

Hannah: *„Ich dachte erst an eine Beschwerde. Gut geschrieben war es auch nicht, jedenfalls wäre das dem Text nach in einem Arbeitszeugnis eher Note 4 gewesen. Als ich unten dann Note 2 las, war ich sehr überrascht und fragte vorsichtshalber nochmal nach…;-) Fast witzig, dass sie mich dann nicht haben will, denn das ließ sie durchblicken, obwohl sie Lehrer brauchen. Aber würde ich dort bleiben wollen? Im Leben nicht! (…) Erschreckend ist, wie wenig Bedarf nach der EIS online Plattform* *an den Schulen besteht! Wie ist es mit dem Lehrkräftemangel, der überall propagiert wird?!"*

Luisa: *„Deine Schulleitung ist wirklich der Brüller…-gebe nichts auf den Text und nimm deine 2."*

Yasmin: *„Bravo, bin stolz auf dich! Du bist der Grund, warum sie jetzt endlich neue Anschaffungen machen. Und du hast dich für die Kids eingesetzt. Auch wenn sie es persönlich nicht gut finden – vor allem, weil das Seminar eingeschaltet wurde, muss man zugeben, dass du tolle Arbeit geleistet hast."*

Auf die Note konnte ich tatsächlich fast stolz sein, hatte sie meinem neutralen Mitref, Hans, der vor mir fertig war und auch Yasmin, die nach mir ins Zimmer zitiert wurde, eine drei gegeben. Als Hans enttäuscht darüber nachfragte, erklärte sie ihm, dass sie eine eins prinzipiell nicht vergebe. Und da er alles toll und richtig gemacht habe, sei es eine drei. Mein Pädagogik-Seminarleiter erkundigte sich, was ich bekommen hatte, und sagte zufrieden, dass da auch das Seminar mit drauf geachtet hatte! In den Seminaren hörte ich von meinen Mitrefs, dass diese an anderen Schulen alle Note eins erhalten hatten. Aber ich war unter diesen Umständen froh, dass es eine zwei geworden war.

Yasmin: *„Bei mir war es gleich, auch mir knallte sie den Bericht auf den Tisch mit der Aufforderung zu lesen. Mit der Note 3 war ich nicht einverstanden*

und sagte es ihr auch, aber sie ließ sich auf keine Diskussion ein. Und ich weiß auch, dass die Kaltfront daran schuld ist. Sie hatte zwei Punkte erwähnt, die ganz klar von der Kaltfront kommen. Die sagt jetzt immer: Schick mir alles vorher! Aber sorry, ich hab gar keine Zeit dafür. Manchmal sitze ich noch bis 12 oder 1, weil ich den ganzen Tag zu tun hab. Was hat sie gesagt? Versuch es zu schaffen. Irgendwie sowas. Ich hab auch noch zwei Kinder, und wenn zum nächsten Tag der Unterricht steht, ist das doch ok. (…) Und zu dir: Note 2, das heißt, sie ist zufrieden mit dir. Und da bietet sie dir keine Stelle an? In der Oberschule herrscht doch so ein krasser Mangel. Sie könnte dich auch anfordern. Aber die will einfach nur nicht und will das nicht zu offensichtlich machen, dass es in ihrer Hand mit liegt."

Hannah: *„Nee, angeboten hat sie mir nix. Im Gegenteil, sie fügte hinzu, dass ich ja bald weg sei und empfehle mir, mehr auf die anderen Lehrkräfte zu hören! (…) Und du hättest eine 1 verdient, so toll, wie du mit den Kids umgehst. Und ja, auch meine Mentorin scheint da mit beteiligt zu sein. Denn die Birne sagte noch, was sie mir dringend empfiehlt: Ich müsse mit den anderen Lehrern besser kommunizieren. Und ich weiß ganz genau, das kommt von der Bio-Mentorin. Denn der passt in letzter Zeit ständig irgendwas nicht, und das hat sie wohl der Birne weitergeleitet. Ich bin denen zu selbstständig."*

Und so nach und nach erhielten wir diese Tage auch unsere Seminarnoten.

Hannah: *„In Bio hab ich Note 2 bekommen. Da war ich etwas enttäuscht, denn so wie er mich lobt, hätte ich eher in Bio Note 1 und von der Schulleitung Note 4 erwartet, aber nun ja. Von beiden bekam ich dieselbe Note. Mal sehen, was ich dann von den anderen Seminarleitern erhalte. Bin gespannt auf Päd, das wird bestimmt mein schlechtestes Fach".*

Yasmin: *„Ich hab gehört, es gibt auch Seminarleiter, die gar keine 1 geben. Von daher: super! Ich habe auch das Gefühl, dass die Birne sich vom Seminar hat beeinflussen lassen. Wenn sie mir eine 2 hätte geben wollen und dann von meiner Deutsch-Seminarleiterin nicht so Tolles gehört hat – ich kann mir gut vorstellen, dass die mir eine 4 gibt- hat sie sich bestimmt beeinflussen lassen. Und die Kaltfront hat da wohl noch extra Salz in die Wunde gestreut. Aber wie dem auch sei- ich bin nicht hier für die Noten, sondern ich bin hier, um das hinter mich zu bringen. Und ich kann mir vorstellen, dass du auch in Pädagogik eine gute Note bekommst, du bist da ganz schön selbst kritisch."*

Hannah: *„Schön wär's! Und was ist mit dir, wann kommen deine Seminarnoten?"*

Yasmin: *„Hab ja meine Hausarbeit etwas später abgegeben, und deswegen wurde es verschoben. Ey, ich hab so Angst, dass ich die Prüfung*

nicht bestehen werde. Ich hab heute mit einer ehemaligen Anwärterin gesprochen, die bei mir in Seminar war, und jetzt ist sie an einer Schule. Und die hat mir von einer erzählt, die hochschwanger war und durchgefallen ist. Ich kannte sie und hatte eigentlich den Eindruck, dass sie total fit ist. Jetzt mache ich mir noch mehr Sorgen!"

Hannah: *„Quatsch, warum solltest ausgerechnet DU nicht bestehen?! Die lassen dich nicht durchfallen! Dann hätten sie dir keinen GUB gegeben, sondern gleich abgewinkt. Und echt- die Referendarin* hätte ihr Kind verlieren können, unglaublich! *Und das wär's doch: Durchfallen und länger bei der Birne bleiben, vor allem ich...Ich glaub, die wandert aus."*

Yasmin: *„Hahaha."*

Hannah: *„Echt schlimm, meine ganze Motivation ist weg – nicht mal der Chemie SL hatte gestern Lust und war eher genervt. Er fragte gestern uns zwei Prüfungskandidatinnen nach unserem Themenschwerpunkt: Die andere hat im November Prüfung und noch kein Thema; ich habe ja nach den Weihnachtsferien und nannte ihm meins – und er sagte, ich solle ihm aber bloß noch nichts schicken..."*

Es wurde eine spannende Woche, und man fieberte von Seminar zu Seminar, was die Seminarleiter*innen und Seminarleiter einem gegeben hatten. Da gab es bei einigen Freude, bei anderen Enttäuschung. Das echte Leben. Mit den Seminarnoten erhielten wir auch einen mehrseitigen Bericht von jeder Seminarleiter*in / jedem Seminarleiter. Wollte man sich an Schulen bewerben, so legte man diese Berichte vor, denn die Note für den Prüfungsunterricht und damit die Gesamtnote stand ja noch nicht fest.

Yasmin*: „Was für Auswirkungen so ein Zeugnis, ein Wortlaut haben kann auf die Arbeitgeber*innen und Arbeitgeber, auf die Schulleiter*innen und Schulleiter, dass die sich dann noch zwei- oder dreimal Gedanken machen, ob die dich nehmen oder nicht, ist schon beängstigend. Das hat so große Auswirkungen, wie sie schreiben- ach, davon hängt meine ganze Zukunft ab. Mich nervt das. Mich nervt das gewaltig. Ich kann dir jetzt schon verraten: Meine Seminarleiterin in Deutsch wird kein gutes Wort über mich schreiben. Ich werd das irgendwann nach den Ferien bekommen, mal schauen.“*

Hannah: *„Das Gute ist, dass später nach der Prüfung keinen Menschen die Berichte mehr interessieren. Eine Freundin von mir, die mit mir zusammen auf Lehramt für Gymnasium begonnen hatte, hat mit Note drei bestanden. Und sie hat bei der Bewerbung nur ihr Abschlusszeugnis vorgelegt und sofort eine Stelle bekommen. Man bewirbt sich doch mit Staatsexamen und fertig.“*

Und immer kreisten die Gedanken um unsere Prüfungen und deren Vorbereitungen.

Hannah: *„Oh Mann, die mündlichen Prüfungen machen mir Angst, weil ich kaum Zeit habe, das alles vorzubereiten. Ich habe die Sachen nur rausgeschrieben und komme einfach nicht zum Lernen.“*

Yasmin: *„Schatz, ich hab noch NICHTS.“*

Im September hatten wir Prüflinge ein Formular “Anmeldung zur Prüfung“ einzureichen, das auch von der Schulleitung unterschrieben werden musste.

Hannah: *„Das hatte ich aus dem Fokus verloren, und so kam ich einen Tag vor Abgabeschluss mit dem Formular „Anmeldung zur Prüfung“ ins Sekretariat, das fast leer war. Nur die Sekretärin saß an ihrem Platz, und der erste Konrektor saß nebenan und telefonierte. Ich stand also mit dem Formular im Türrahmen und wartete, bis die Sekretärin aufschauen würde, da kam die Birne hinzu und scheuchte: “Ja, Frau K, Sie sehen doch, dass das Sekretariat total voll ist! Es kann ja wohl nichts Wichtiges sein, dann gehen Sie doch raus und besetzen nicht hier das Sekretariat!“ Ich fing nun an zu protestieren und meinte, ich habe durchaus etwas Wichtiges!- und sie fiel mir sogleich ins Wort: „So wichtig kann es ja wohl nicht sein.“ Als ich nun lauter protestierte und sagte, der Abgabetermin sei morgen!, nahm sie es kurz in die Hand, um gleich wieder abzuwinken: Nee, nee, nee, legte es in die Ablage, schob mich raus und knallte die Tür zu.“*

Nun musste ich darum zittern, dass die Birne es mir noch VOR dem Abgabetermin unterschrieben zurückgeben würde- notfalls musste ich mal wieder das Seminar einschalten. Aber sie unterschrieb es am Nachmittag, so dass ich nochmals zur Schule fahren und es abholen und dann sofort zum Seminar bringen musste. Es blieb einem aber auch nichts erspart!

Und da das Ende nahte, hatte ich mir ausgedacht, zum Abschluss mit der einen Prüfungsklasse noch einen Ausflug zur Aidshilfe zu machen, was ganz gut zum Thema Sexualkunde passte, das ich gerade mit der Klasse behandelte und alle interessierte.

Hannah*: „Hab meine Mentorin ganz pro forma gefragt, ob es ok wäre, wenn ich mit ihrer Klasse zur Aidshilfe fahre, um ihren Segen zu bekommen. Als Antwort erhielt ich stattdessen: „Solltest du damit meinen, dass ich mitfahre: Ich kann freitags nicht.“ Hä? Kann sie doch ganz normal schreiben: Was planst du denn? Soll ich mitkommen oder willst du alleine fahren?“*

Yasmin: *„?%§??“!/&!“*

Was die Schädel betrifft, wurde mir trotz Nachfrage dazu rein gar nichts mehr berichtet, weder von meiner Bio Mentorin, noch vom Kranich.

Hannah: *„Hast du noch was über den Schädel an eurer Schule erfahren?“*

Luisa: *„Nein, und das, obwohl ich mir fest vorgenommen hatte, über deren Herkunft zu fragen, aber es ging bisher immer im üblichen Alltag unter.“*

Hannah: *„Wichtig wäre, das von außen überprüfen zu lassen, was in den Sammlungen an öffentlichen Schulen lagert, gerade im Hinblick auf den Nationalsozialismus!“*

Die Prüfungssaison würde im Oktober eröffnet. Wir alle hatten einen Termin zwischen Oktober und Januar, und meine Prüfung lag weit hinten. Im November jedoch ging es bereits mit Stellenausschreibungen los, und ich musste einerseits meine Prüfung vorbereiten, andererseits wollte ich eigentlich auch nicht ohne etwas dastehen.

Hannah: *„Ich überlege derzeit, wie es nach der Prüfung weitergehen soll. Internationale Schulen finde ich ganz interessant, besonders in Hannover. Auch Bremen und Hamburg. Ich überlege aber auch, ob ich dem Unterricht den Rücken zukehre und vielleicht in einem Schulbuchverlag anfange oder ins Kultusministerium wechsle. Ich bewerbe mich zwar auf der Seite für Lehrkräfte, aber ehrlich gesagt bin ich vom Schuldienst recht abgeschreckt. Mal sehn.“*

Yasmin: *„Oh Mann, ganz schön traurig! Da kommt eine Quereinsteigerin mit Bildung und möchte dann in den Lehrer*innenberuf / Lehrerberuf*

treten, weil wir so gefragt sind und wird da richtig abgeschreckt, so dass sie da gar nicht bleiben möchte. Kultusministerium wäre cool, dann bist du bald die Chefin von der Birne."

Hannah: *„Na, das nicht, aber ich hätte wenigstens nicht mit Birnen, Kranichen, Hedwigs und Bio-Mentorinnen zu tun!"*

Yasmin: *„Kann ich voll verstehen. Das waren einfach die schlimmsten Monate meines Lebens hier. Und ich finde es einfach so schlimm, dass sie mir die Freude am Unterrichten genommen haben, weil ich immer so gestresst und unter Druck bin."*

Hannah: *„Ist bei mir auch so. Ich hätte gern immerhin etwas Pause nach dem Ref."*

Yasmin: *„Ja, das Leben in Deutschland ist schon hart. Hätte mir mein erwachsenes Leben etwas entspannter vorgestellt. Kein Wunder, dass die Menschen hier immer gestresst und schlecht gelaunt sind."*

Hannah: *„Da hast du recht! Was hier so anders ist als z.B. in den USA: das Hierarchie Denken (s. Birne) und dass andere Erfahrungen negativ statt positiv gesehen werden. Man ist überhaupt nicht flexibel... Aber deshalb sind die Krankmeldungen auch so hoch wie in keinem anderen Land."*

Luisa: *"Davon kann ich ein Lied singen, was die Flexibilität betrifft. Die vergessen, dass wir uns auch um die Familie kümmern müssen, ich habe einen kleinen Sohn, der in dem Alter öfters krank ist."*

Aber die Frage blieb, wie es nach der Prüfung weitergehen sollte. Wozu der ganze Aufwand, wenn es nach der Prüfung keine Perspektive gab, auf die man hinarbeiten konnte? Und so nahm ich eher aus Neugier einige wenige Vorstellungsgespräche im Spätsommer wahr, um mich ggf. im November offiziell bewerben zu können. Das eine war an einer Internationalen Schule mit bilingualem Unterricht, die allerdings eine Privatschule ist.

Hannah: *„Hab da eine Internationale Schule gefunden, an der bilingual unterrichtet wird. Das hört sich interessant an. Ich habe den Schulleiter angeschrieben, und er hat mich zum Vorstellungsgespräch nächste Woche eingeladen."*

Und eine Woche später:

Hannah: *„Also die Stelle würde ich wohl bekommen, müsste zuerst eine Probestunde halten. Aber Anwesenheitspflicht ist von 8-15Uhr, viel zu früh, wenn man das Pendeln mitberechnet. Und nur ein 2-Jahresvertrag, erst danach unbefristet und alles super technisch mit elektron. Klassenbüchern etc. Und ich wäre Leiterin von Bio, Chemie und Physik... Hilfe, ein bisschen viel! Und dazu noch wesentlich schlechter bezahlt als an öffentlichen Schulen. Da habe ich abgesagt. Freitag ist das* nächste

Interview, *dann an einer öffentlichen Schule in Hamburg. Am liebsten würde ich erst mal pausieren nach dem Ref...beim Baumarkt arbeiten, das ist in meiner Nachbarschaft."*

Yasmin: *„Das mit der Bezahlung geht gar nicht! Und dann noch bilingual, als Leiterin und gleich noch von drei Fächern. Ausnutzung ist das!"*

Hannah: *„Gestern hatte ich ein Vorstellungsgespräch (...) bei einer total netten Schulleitung. Sowas kenne ich gar nicht...und die würden mich auch gerne haben. Aber man MUSS Klassenlehrer*in / Klassenlehrer sein, und die Schule liegt recht weit weg. Und man muss sofort zusagen. Nun ist das wie immer bei Bewerbungen: den Spatz in der Hand oder die Taube auf dem Dach. (...) Und muss mich eigentlich um die Prüfungsvorbereitungen kümmern."*

Das Bewerbungsverfahren läuft folgendermaßen: Es werden Stellen für bestimmte Fächer ausgeschrieben. Um an dem Bewerbungsverfahren teilnehmen zu können, muss man sich registrieren, was ich für Niedersachsen, Bremen und Hamburg machte. Selbst, wenn man sich nicht bewirbt, können dann Schulleitungen auf einen zukommen. Hat man Fakultas in anderen Fächern, kann man sich in dieser Runde nicht darauf bewerben. Manchmal lautet eine Ausschreibung - zumindest in Hamburg - auch auf ein Fach plus „beliebig". Das erhöht schon mal die Chance, wenigstens mit einem Treffer dabei sein zu können. Von diesen Stellen werden einige mangels Bewerbungen nicht besetzt, und die können Schulleiter*innen und Schulleiter dann auf andere Fächer umschreiben. Es lohnt sich, in jedem Fall bei Interesse an einer Schule mit der Schulleitung Kontakt aufzunehmen, um ggf. doch noch dort zu landen, und sei es erst mal in einem befristeten Vertretungsvertrag. Dazu jedoch unten mehr.

Mit sinkenden Temperaturen kamen auch die Erkältungskrankheiten wieder.

Yasmin: ***„Guten Morgen, Hannah, meine Kinder haben mich total angesteckt! Hab seit gestern Fieber. Bin heute zu Hause und hoffe, es wird bis morgen besser!“***

Hannah: *„Du Arme! Ich wünsche dir gute Besserung, werd erst mal wieder gesund!“*

Wir waren alle angeschlagen und am Ende unserer Kräfte.

Hannah*: „Endlich kommen die Ferien!!! Und was gibt es bei dir Neues an der Schule? Ich bin immer wieder überrascht, wie nett Schulleitungen eigentlich sein können in Vorstellungsgesprächen. Aber damit ist erst mal Schluss, ab den Herbstferien muss ich mich auf die Prüfungen vorbereiten. Und vorher noch die Chemie HA fürs Seminar erledigen...puh, da sitze ich tatsächlich mal wieder länger dran...“*

Yasmin: ***„Morgen hab dann ich Seminar, darauf hab ich gar keine Lust, und dann hab ich auch noch am Abend Elternabend. Alles auf einmal! Also diese Woche ist echt vollgepackt bei mir."***

Luisa: „Ich freue mich auch wahnsinnig auf die Ferien- ENDLICH!"

Und wieder gab es Stress.

Yasmin: ***„Hey du, ich hab ja Montag meinen Besuch. Und anscheinend hatte ich das auch meiner Seminarleiterin gesagt, aber die hat das voll vergessen! Ich hab in meinen Mails gesehen, dass ich nur den Tag bestätigt hatte, da sie nur den Tag vorgeschlagen hatte, aber keine Stunde. Weil 5. Stunde immer so spät für alle war, hatte ich mit einer anderen Lehrerin getauscht und ihnen die 3. Stunde angeboten. Das passte ihr jetzt auch nicht, nee, sie kämen erst zur 5. Stunde. Mich nervt das einfach. Nichts kann man ihnen recht machen. Ich seh's schon vor mir, 5. Stunde: Da sind die Kids dann auch nicht mehr aufnahmefähig. Wochenende versaut. Mir geht's so krass auf die Nerven, das glaubst du gar nicht."***

Hannah: *„Du Arme! Hättest ihnen sagen sollen: Das geht klar in der 3. Stunde, ja? Und wenn sie dann dementieren: Komisch, ich habe die 3. Stunde notiert. - Ich kann's voll nachvollziehen, ich bin gerade auch voll sauer. Wir haben so was von viel an Seminarhausaufgaben, das kannst du dir gar* *nicht vorstellen. Ich saß gerade für Chemie 2 Tage, und jetzt haben wir auch noch in Pädagogik so eine Riesen-Hausaufgabe bekommen, ein ganzes Projekt dokumentieren, präsentieren und im Plenum vorstellen, also, wieder mal ein Wochenende, wo ich nix, rein gar nichts an Prüfungsvorbereitungen machen kann. Ich habe immer gedacht, wenigstens dann am Wochenende- aber nein, null Chance. Ich hab auch keine Zeit, mich nach Schulen umzusehen, und so langsam gar keine Lust mehr, überhaupt an eine Schule zu gehen! Halt durch, mach's in der 5. Stunde."*

Yasmin: *„Gut, dass du mich daran erinnerst. Ich hab auch Hausaufgaben dieses Wochenende fürs Seminar. Und es ist so anstrengend! Da verspricht man den Kindern vor dem Besuch Süßigkeiten, wenn sie sich von der besten Seite zeigen."*

Hannah: *„Das macht wirklich jeder. Nur bei Kindern steckt man halt nie dahinter, besonders, wenn sie klein sind. Ich habe immer Respekt vor meiner 6. Klasse, die ist noch recht kindlich, und da kann es immer passieren, dass sie sich vergessen zu melden und doch reinrufen, das ist dann immer nervig. Da musst du ihnen halt 2 Duplo oder so versprechen-halt durch!"*

Yasmin: *„Hab jetzt noch die letzten Änderungen vorgenommen, puh, so ein Besuch, besonders ein großer, ist halt nicht ohne. Aber wie dem auch sei – ich bin echt froh, dass der Tag morgen nun kommt*

und dass es jetzt die letzte Woche ist vor den Ferien. Ich weiß nicht, ob ich mich über die Ferien freue oder ...Ich hab so viel zu tun in den Ferien. Ich muss die beiden Prüfungsentwürfe schreiben plus mündliche Prüfungen vorbereiten, am besten halt Literatur raussuchen und anfangen, vielleicht auch diese Mindmap zu erstellen. Ich hab mir gedacht, dass ich Karteikarten mache wie in der Uni und das dann alles auswendig lerne, so kann ich das dann wochenweise immer etwas üben."

Hannah: *„Ist doch schon mal ein guter Plan. Ich hab auch viel zu tun in den Ferien. Allein all das Material für die SuS* zu drucken und einiges zu laminieren dauert schon mal super lange, und natürlich Geräte bestellen in Chemie. Da brauche ich auch wieder ganz einfache Sachen, die wir natürlich nicht da haben...und Entwürfe schreiben. Ja, ich habe zwar das Material für die mündlichen Prüfungen da, aber frag nicht, ich habe bisher noch kein Stück dazu gemacht. Ich komm irgendwie nicht dazu, und bin schon froh, wenn ich nach den Herbstferien die beiden Entwürfe komplett geschrieben habe. Von der Logistik noch ganz zu schweigen. "*

Yasmin: ***„Und Dienstag sind die Kinder auch noch auf einem Ausflug. Das nervt mich total, weil ich da mit ihnen ihre Präsentation üben wollte. Mal gucken."***

Hannah: *"Ich drück dir jedenfalls für morgen ganz fest die Daumen, dass alles super läuft, und die begeistert sind von dir, und die Kinder gut mitmachen! Du schaffst das!!“*

Und einen Tag später dann:

Yasmin: *„Wir waren um 14Uhr fertig. Dann musste ich noch die Tische zurückschieben, und ich hatte ja Kaffee gekocht, also das alles wieder reinigen. Ich sag mal, es lief ok. Ich hab das ein wenig unterschätzt, die Kinder waren sehr schnell fertig, und ich hätte ihnen noch eine extra Aufgabe geben sollen. Dadurch, dass ich es nicht gemacht habe, war mein Redeanteil dann zu hoch. Sie haben mir dann Tipps gegeben für die Prüfung und auch für die Reflexion, bei der Analyse müsste ich noch etwas mehr in die Tiefe gehen.“*

Hannah: *„Das mit dem Redeanteil sagen sie echt bei jedem. Du hast es super gemacht- und geschafft ist geschafft!“*

5.2. Herbstferien

Hannah: *„Jetzt sind die Ferien schon fast vorbei- viel zu schnell. Hast du alles fertig zur Prüfung? Habe in den Ferien drei meiner mündlichen Prüfungen vorbereitet, die andere ist mit viel Lesen abends... Nächsten Monat schreibe ich dann die Entwürfe fertig.“*

Yasmin: *„Hey du, nee, ich bin nicht mal annähernd fertig. Es gab ein paar Vorfälle in meiner Familie, und ich konnte mich da nicht wirklich drauf konzentrieren. Aber du scheinst ja gut durchgekommen zu sein."*

Hannah: *„Nee, auch nicht! Ich hätte gern alle vier Prüfungen vorbereitet gehabt, aber mit Classroom Management komm ich nicht voran.."*

Yasmin: *„Ich bin psychisch total am Ende. Ich hab meinem Mann gesagt, dass ich aufhören will, weil ich einfach mit dem Druck nicht klar komme. Das ist mir alles zu viel."*

Hannah: *„Kann ich dir irgendwie helfen? Wir sind bald fertig, halte durch! Wenn du in Päd Aufsichtspflicht nimmst, kannst du dir meine Notizen dazu kopieren – dann musst du nicht so viel lesen."*

Yasmin: *„Oh, das ist echt nett von dir, vielen Dank! Das würde mir sehr helfen. Du rettest mir grad das Leben."*

Hannah: „Welchen anderen Schwerpunkt hast du denn in Päd?"

Yasmin: *„Unterrichtsstörung."*

Hannah: *„Ich im Prinzip auch, ich habe Classroom Management. Das ist das einzige, das ich noch nicht fertig habe, aber das bekommst du dann auch. Ich hoffe, du kannst meine Schrift lesen!"*

Yasmin: *„Ich habe eine Mindmap der Referendarin vor mir, die könnte ich dir auch weiterleiten. Mache ich gleich."*

Hannah: *„Vielen Dank, ist angekommen. Wow, so viel! Den Lohmann lese ich gerade auch selbst."*

Und nebenbei schaute man immer wieder auf das, was einem *nach* dem Ref erwartete.

Hannah: *„Aber was auch nicht ohne ist, sind die Anforderungen an den Schulen: Es wird erwartet, dass man (fast) alle Fächer unterrichtet! Vielleicht geht das in der Grundschule, aber ich kann nicht mehr Mathe, Musik, Erdkunde etc. Ich war zwar immer gut in Mathe, aber erklären? Das ist ein ganz anderer Schuh! Mein Biologe sagt, er musste damals sofort Klassenlehrer werden, obwohl er dazu nicht bereit war. Früher gab es doch auch Fachlehrer, und das System funktionierte. Das finde ich abschreckend. Und er musste x verschiedene Fächer wie Geschichte, Wirtschaft etc. unterrichten...und hatte keine Ahnung davon. Kein Wunder, dass Deutschland in der PISA Studie nicht gut abschneidet, wenn sie eine Lehrkraft als Mädchen für alles einsetzen statt die Fachlizenzen oder zumindest Neigungen zu nutzen..."*

Yasmin: *„Ich wusste schon, warum ich Grundschule gewählt habe!"*

Und auch unsere Mitrefs streckten die Fühler aus und versuchten sich in Vorstellungsgesprächen.

Hannah: *„Eine Kollegin im Pädagogik-Seminar hat gestern erzählt, sie hatte sich pro forma mal an unserer Schule beworben und war ganz entsetzt über die Birne, wie unmöglich das war. Sie hatte ihr ihre Fächer im Vorfeld genannt und einen Vorstellungstermin erhalten. Doch die Birne schien gar nicht vorbereitet, fragte sie nochmals nach ihrem Namen und ihren Fächern, sah sie nicht mal an und sagte ihr lediglich, sie wisse noch nichts. Die Birne habe nicht mal was persönlich gefragt, und die Kollegin war schneller wieder draußen als sie reingekommen ist. So desinteressiert hatte sie bislang keine Schulleitung erlebt. An unsere Schule gehe sie auf gar keinen Fall hin!“*

Yasmin: *„Oh mein Gott, wie peinlich! Ich habe das Gefühl, dass der Birne das über den Kopf gewachsen ist, die ist dazu gar nicht fähig. Heute sagte sie mir, wegen der Prüfung solle ich mir keine Sorgen machen, falls ich noch mehr Stunden brauche, sei das kein Problem, die würde ich vom ersten Konrektor erhalten. Fand ich voll nett. Ich versteh nicht, warum sie mir dann keine bessere Note gibt - ist eben halt alles Gelaber. Wie bei der Kollegin, lädt sie zum Vorstellungsgespräch ein und sagt ihr dann, wir wissen noch gar nicht, ob wir sie brauchen können. Ganz ehrlich, das arme Mädel!“*

Hannah: *„Ich hab zwar ne bessere Note, aber dafür ist sie immer unfreundlich zu mir. Sie hatte mir ja angeboten, dass ich noch die Rechnungen von allen Auslagen ihr vorlege, da würde sie dann mal drüber schauen, ob nicht noch etwas ersetzbar wäre. Aber die trage ich jetzt schon eine Weile mit mir herum, und immer, wenn ich mich ihrem Raum auch nur nähere, ertönt es schon: „Jetzt nicht, Frau K! Sie sehen doch, dass ich beschäftigt bin!" Sie lässt mich nie- auch nur annäherungsweise an sie heran. Ob das jemals etwas wird?"*

Erstaunlicherweise aber ließ sie mich dann doch einmal vor, rief mich in ihr Zimmer, prüfte die Rechnungen, und was noch erstaunlicher war, ordnete an, dass ich etwas davon erstattet bekäme! Das Geld ist zwar nie auf meinem Konto angekommen, aber das mag ausnahmsweise nicht an der Birne gelegen haben.

Yasmin: ***„Hab jetzt auch meine Vornoten bekommen. Wenn man deren Gutachten liest, möchte man sich verkriechen."***

Hannah: *„In meinen Gutachten wurde ich auch zerfleischt."*

Yasmin: ***„Mich eingeschüchtert und auseinandergenommen haben sie auf jeden Fall. Mir macht das Ganze einfach keinen Spaß mehr."***

Hannah: *„Mir auch nicht."*

Nach den Herbstferien hieß es, die beiden NaWi Räume seien jetzt fertig. Wir NaWi-Lehrkräfte erhielten durch den Kranich sogar eine Führung. Aber, wie sah es dort aus? Der alte NaWi Raum musste erst mal gesäubert werden, alles war schmutzig und verstellt. Bei dem neuen ragten noch überall Kabel aus den Wänden, und die Tische für die Schüler*innen und Schüler waren komplett vollgestellt: Es gab Gerätschaften, die alt und verstaubt waren und keiner vorher gesehen hatte noch wusste, ob sie funktionierten, eine Handvoll Messzylinder aller Größen, etwas von diesem oder jenem- nur kein brauchbarer Klassensatz. Mauertechnisch war der Raum fertig, aber noch überhaupt nicht nutzbar! Der Kranich bat mich, ihn nächsten Tag in der ersten großen Pause zu treffen, er sagte überraschenderweise, er brauche „meine Expertise". Wir gingen dann im neuen NaWi Raum durch die Sitzreihen und er fragte mich, ob und ggf. für was man dieses oder jenes brauchen könnte. Sofern es nicht kaputt war, fand ich für alles eine Verwendung und appellierte, das nur nicht wegzuwerfen, so mausearm wie die Sammlung war! Es klingelte, ich hatte Unterricht in Klasse zehn, und er sagte mir, die Schüler*innen und Schüler könnten warten, da sei das mit der Aufsichtspflicht nicht so tragisch. Und ich sei ja auf Anordnung seiner hier, das heiße, auf Anordnung der Schulleitung. Wohl war mir dennoch nicht, da ich Anordnung hin oder her Schüler*innen und Schüler nicht warten lasse. Zumindest konnte ich ab da darauf zählen, wenigstens den alten NaWi

Raum für einen der beiden PU zu haben. Das war schon mal etwas! Und das hieß, ich könnte zumindest einen Unterricht handlungsorientiert gestalten, Experimente durchführen lassen.

Die Klasse warten zu lassen, wie mir vorgeschlagen wurde, tat ich dann auch, gab dem Kranich eine Liste, was für den Prüfungsunterricht Chemie zu bestellen wäre (welch gutes Gefühl!) und ließ die Bewerbungen sein. Ich hatte genug Arbeit vor mir, und die Stellenausschreibungen waren spärlich. Aber darum würde ich mich jetzt nicht kümmern, dann würde es halt eine Stelle erst im kommenden Sommer werden, wo auch immer.

Hannah: *„Wenn man die Prüfungsunterrichte als GUB sieht und die mündlichen Prüfungen als Moderationsbeiträge, habe ich 2 GUB und 4 Mod beiträge vor mir- ich komme zu nix! Hinzu kommt, dass es kaum Stellen im Umkreis für Lehrkräfte gibt. Hab mich jetzt bei einem Tierpark beworben."*

Christiane (lachend): *„Das kann ich gut nachvollziehen! Ich überlege ja auch immer wieder, ob ich nicht aus dem Schuldienst aussteigen und in einer Gärtnerei anfangen soll- Pflanzen widersprechen einem nicht ständig, und es herrscht Ruhe."*

Hannah: *„Oh ja, das wäre auch was für mich. Der Tierpark hat mich übrigens nicht genommen, ich wäre überqualifiziert."*

Yasmin: ***„ Besser als unterqualifiziert! Sollen die doch froh sein, wenn sie dich bekommen."***

Hannah: *„In anderen Ländern wäre das auch kein Problem, aber hier denkt man nur geradeaus... Bei der Schule, die mir gut gefallen hat, MUSS man übrigens Klassenlehrerin werden, ohne Klassenleitung keine Einstellung. Ich finde das nicht gut, früher gab es doch auch Fachlehrer ohne Klassenleitung!?"*

Yasmin: ***„Und würde dir die Schule sonst zusagen?"***

Hannah: *„Eigentlich schon. Aber so kurz nach der Prüfung gleich Klassenlehrerin, neues Kollegium, neues Whiteboard-System...Deswegen hab ich denen noch nicht zu- oder abgesagt. Und wie geht's dir? Hast du dich von den Gutachten erholt? Meine steckten auch voller Kritik. Du machst garantiert besseren Unterricht als ich!"*

Yasmin: ***„Nee, so natürlich nicht. Ich muss das für mich alles sacken lassen und einige Entscheidungen treffen."***

Hannah: *„Wer ist dein Feind, die Schwarzhaarige?*

Yasmin: ***„Dachte ich...aber anscheinend sind die beiden anderen noch schlimmer, die auf nett tun, aber sowas abziehen. (...) Die wollten, dass ich auf Teilzeit wechsle, aber ich hab mich dagegen entschieden. Ich glaub, die wollen mich damit etwas bestrafen, ich weiß es nicht."***

Hannah: *„Oh Mann, trotzdem, du bist gut, es liegt nicht an dir! Bei mir gab es auch Überraschungen! Die beiden, die mich so loben, gaben mir auch nichts Besseres als der Pädagoge und die Birne! Hauptsache bestehen, später fragt kein Mensch mehr danach.“*

Das dachte ich zumindest. Tatsächlich musste ich später erfahren, dass, wenn nicht die Gutachten, so doch die Abschlussnote durchaus interessierte. Doch das kam später.

Während ich so gut es ging nebenbei für die mündlichen Prüfungen versuchte zu lernen, kam der nächste Schlag.

Hannah: *„Hallo Yasmin, fang bloß rechtzeitig mit dem Lernen für die mündlichen Prüfungen an. Mein Biologe hat mir heute zehn Tage, nachdem ich ihm meine Mindmap geschickt hatte, geantwortet, dass ich die Hälfte doch wieder rausnehmen soll, obwohl er mir vorher gesagt hatte, suchen Sie sich mal was an Literatur aus dem Stapel raus. Und schlägt mir jetzt drei neue Bücher vor! DREI! Man arbeitet wie Sisyphos. Ich bin gerade dermaßen demotiviert, weiter geht's fast gar nicht.“*

Yasmin: *„Meine Sachkunde Seminarleiterin hat mir einen Ordner gegeben, aus dem ich mir etwa zehn Texte raussuchen und eine Mindmap erstellen soll, sie würde dann schauen, ob das so passt. Das sind eben so Sachen, die werden nicht transparent dargestellt. Ich hab so das Gefühl, die*

wollen, dass wir das alles lesen, um uns dann zu sagen, so viel musstest du gar nicht machen! Die Referendarin vor mir meinte, eigentlich könnte man die mündlichen Prüfungen auch so schaffen, das seien Grundlagen, die man schon kennt, die gehen dann nicht so in die Tiefe. Sie sagt, es reicht, wenn man das oberflächig kennt, und dann geht das schon."

Hannah: *„Ja genau, uns wurde in Pädagogik auch gesagt, lest mal, wir schauen, ob das so in Ordnung ist. Und dann wurde aber nach der Prüfung vom Pädagogik Seminarleiter rumgemeckert, dass sie sich damit die Note versaut hätten."*

Yasmin: *„Oh Mann, ey, manchmal frage ich mich, ob die uns einfach nur quälen wollen."*

Und wieder einmal konnte ich nicht mal ein Formular abgeben.

Hannah: *„Ich sag's dir, nicht mal das eine Formular kann ich problemlos abgeben. Als ich die Birne heute im Lehrerzimmer sah und es ihr zuschieben wollte, kam sofort: „Jetzt nicht, Frau K, Sie sehen doch, dass ich gerade esse!" Nein, das sah man nicht, sie hatte nichts Essbares vor sich, am Kauen war sie auch nicht. Also nahm ich mein Formular wieder an mich. Als dann später eine Kollegin das Sekretariat aufschloss, bat ich sie, das der Birne ins Fach zu legen. Die Kollegin aber sagte nur, dass sie gar nicht so genau wisse, welches das Fach von* *der Birne sei und händigte es ihr kurzerhand aus. Und sofort tönte es: „Frau K, Sie sehen doch, dass wir jetzt hier was ganz anderes haben, jetzt geht das auf gar keinen Fall!“ – Und ich antwortete ihr: „Deshalb wollte ich es ja auch in Ihr FACH legen lassen!“ – „Ja, aber JETZT nicht!“ So erlebe ich sie immer. Ich darf nicht mal was abgeben lassen!“*

Und nebenbei gab es noch das Alltagsleben.

Hannah*: „Ach Gott, bei mir ist es auch nicht ganz leicht. Madame stand die ganze Nacht an der Wand und meinte, ich hätte sie eingesperrt. Die Demenz halt. Auf die Idee, sich einmal umzudrehen, kam sie nicht. Und natürlich bin immer ich an allem Schuld! Hatte ihr abends ein Brötchen geschmiert, in das sie reingetreten ist, sie suchte dann das Brötchen und verschmierte Türen und Boden mit dem Belag. Lamentierte, das sei nicht ihr Zimmer, das sei nicht ihre Couch…Und dann haben wir heute auch noch Seminar, und ich komme erst spät nach Hause.“*

Yasmin: *„Oh nein, du Arme. Das tut mir echt leid, ist bestimmt nicht leicht für dich.“*

Hannah: *„Ich habe ihr gesagt, sie habe bestimmt etwas Schlechtes geträumt, aber neeeeiiiin , ich sei schuld…“*

Yasmin: *„Ja, das ist blöd für dich, weil du das anhören und ertragen musst.“*

Hannah: *„Habe nicht mal gefrühstückt, da das Theater heute Morgen eine ganze Weile ging. Und jetzt muss ich zur Schule und danach gleich zum Seminar. Mache Zwangsdiät heute."*

Yasmin: *„Nein!! Mach das nicht. Hast du nichts zu essen? Oder etwas Kleingeld, um dir was zu holen?"*

Hannah: *„Ich wüsste nicht wo und wann, ich steh ja gleich im Unterricht. Aber bei der Obstkiste bleibt bestimmt was übrig, die Kleinen wollen ja dies und jenes nicht, und wehe, die Erdbeere hat einen klitzekleinen Fleck, schon nimmt sie keiner. Und wegschneiden lässt auch keiner zu, dann soll sie gleich in den Müll. Die reinste Verschwendung! Da müssten wirklich mal die Elternhäuser mitwirken. Aber so fällt heute jedenfalls was für mich mit ab, garantiert."*

Yasmin: *„Hahaha, mache ich auch manchmal. Ist doch voll schade, sowas wegzuwerfen."*

Und wieder gab es ungute Nachrichten.

Hannah: *„Du ahnst nicht, was jetzt schon wieder ist! In meinem Stundenplan gab es eine Änderung: Es war alles gleich geblieben, aber dann habe ich entdeckt, dass sie mir die Bio-Mentorin in meinen Chemie-Unterricht reingeschoben haben! Chemie unterrichtet sie gar nicht, das ist auch nicht ihr Fach, da ist sie als Inklusionskraft mit drin. Ich hab* *die Klasse überhaupt nicht mehr allein, ich habe da schon den Klassenlehrer als Inklusionskraft drin. Und da gibt es nix für Inklusion! Arabisch-sprachige Mitschüler werden da von ihren gleichsprachigen Mitschülern gebrieft, das ist viel schneller und effizienter als wenn er da was in slow motion erklärt. In jedem Fall bin ich aber mit der Klasse nicht allein. Wie bitte schön soll ich denn zu der Klasse, die meine Prüfungsklasse ist, eine Beziehung aufbauen, wenn ich nicht mit ihnen alleine sein kann!? Und dann ausgerechnet noch sie, als Bio-Mentorin!"*

Yasmin: *„Auch das noch! Warum machen die das?"*

Hannah: *„Das fragte ich mich auch. Da der erste Konrektor nicht auffindbar war, habe ich mal ganz sachte den Kranich darauf angesprochen. Wenn sie nämlich jetzt die ganze Zeit Inklusion in Chemie macht und im PU Chemie nicht dabei ist, wäre das ja eine drastische Veränderung. Also müsste sie im PU Chemie damit dabei sein. Und damit wäre sie in Bio UND Chemie dabei, und das geht nicht. Der Kranich meinte nur vorwurfsvoll: „Da hättest du aber einen Vorteil" Und einen Moment später: „Man muss ja immer dankbar sein, das ist ja ein RIESEN-Vorteil, wenn man als Referendarin erfahrene Kollegen als Inklusionskraft mit zugesetzt bekommt, von denen man noch ganz viel lernen kann!" Ehrlich gesagt, ich kann ganz darauf verzichten, und gerade auf* *diese beiden besonders. Und noch einen weiteren Moment dämmerte es ihm mit dem angeblichen „Vorteil", den er mir bereits vorher bei der verringerten Anzahl von SuS* nicht gegönnt hatte, und er sagte: „Dass du da einen Vorteil hast- das geht aber nicht!" Na toll, welchen Vorteil? Sie im Unterricht mit dabei zu haben ist für mich alles andere als ein Vorteil. Aber Hauptsache, sie ist nicht mit drin. Wir haben uns darauf geeinigt, bei dem Pädagogen anzufragen, und dem habe ich das alles geschildert."*

Yasmin: ***„Oh mein Gott, du tust mir gerade wieder mal so leid! Das mit dem Stundenplan macht ja der erste Konrektor. Es gibt so einen Ausgleich zwischen betreutem und unbetreutem Unterricht, und jetzt im 3. Halbjahr müssten die betreuten Unterrichte eigentlich steigen. Vielleicht macht er das auch nur, um das irgendwie zu füllen? Keine Ahnung, weil das macht ja wirklich keinen Sinn. Ich hoffe auf jeden Fall, dass sie da nicht drin bleibt. Und es ist wirklich gut, dass du dem Pädagogik-Seminarleiter Bescheid gegeben hast. Und der Kranich sagt auch Sachen, die er sich sparen kann. Wie auch meine Mentorin. Mittlerweile höre ich gar nicht mehr darauf."***

Mein Pädagoge hatte sich noch nicht gemeldet, und wahrscheinlich dachte er, wenn er es gelesen hatte: Was für ein Zirkus! Zu recht, natürlich- aber da er normalerweise schnell mit Antworten ist, ging ich davon aus, dass da noch bald etwas kommen möge.

Hannah: *„Und wie es mit Inklusionskräften läuft, nehmen die mir immer gern einen Teil der Stunde weg. Da heißt es dann: Du hast doch nichts dagegen, wenn ich jetzt noch XYZ austeile? Und ich habe ja noch nicht die Hausaufgaben besprochen-gibst du mir 10 Minuten? Aus denen meist 20 Minuten werden. Und gerade mit Mentor*innen und Mentoren geht das gar nicht, finde ich, gerade die, die ich habe. Das ist das reinste Roulette."*

Und obwohl man gut zu tun hatte, schielte man nun doch wieder auf die ein oder andere künftige Stelle.

Hannah: *„Es gibt auch noch eine interessante Stelle im Kultusministerium, die dich bestimmt auch interessieren würde. Ich berichte dir morgen mal davon."*

Yasmin: *„Klingt auf alle Fälle schon mal interessant!"*

Hannah: *„Und ich schaue auch immer wieder auf die Ausschreibungen von Schulbuchverlagen. Auf die Idee gebracht hat mich eine Seminarleiterin, die neulich bei uns in Bio dabei war und mein Padlet, das wir als Hausaufgabe auf hatten, toll fand. Aber ich bin bei Verlagen noch nicht fündig geworden, zumindest bei keinen im weiteren Umkreis."*

Und es ging weiter im Sauseschritt, und der Stress zeigte Spuren.

Hannah: *„Was mir im ganzen Leben noch nicht passiert ist und zeigt, dass ich am Limit bin: Mein Handy ist mir gestern runtergefallen und das Display ist angeknackst. Und genau so fühle ich mich auch."*

Yasmin: ***„Du, ich auch. Gestern war Fachkonferenz, da war ich bis 16 Uhr da. Dann bin ich schnell nach Hause und wieder zurück, weil ich Elternabend hatte. War echt stressig gestern! Und heute muss ich Unterricht vorbereiten, weil die Kaltfront den Unterricht sehen möchte. Die war ja nicht da, weil sie eine Gesundheitsgefährdung hat, und jetzt möchte sie so viel wie möglich von mir sehen. Gestern war sie in der Doppelstunde nur im zweiten Teil dabei, hat den ersten gar nicht mitbekommen. Und dann hat sie die zweite Stunde kritisiert, was alles zu kritisieren war. Und sie kam mit Vorschlägen: "Hier, du kannst da ne Leseecke machen, da ne Ausstellung hinstellen, da ne Mehlmühle, und da kannst du noch dies und das machen, und Bücher zum Nachschlagen und was weiß ich noch. Ich weiß, sie macht das, um mir zu helfen, aber doch nicht eine Forderung nach der anderen!?"***

Hannah: *„Du Arme! Dass sie dir dann sagen, du sollst das und das und das dann machen... Meine Bio-Mentorin sagt fast nie was, also nix* *zum Unterricht, und dem Kranich scheint die Lust vergangen zu sein, nachdem die Seminarleiter immer gerade das besonders gelobt haben, was er mir zu streichen geraten hatte. Das ist mir auch sehr recht so. Ich stehe lieber zu meinen Fehlern und mache zum Beispiel keine guten Übergänge als von Mentor*innen und Mentoren so irgendwas gesagt zu bekommen. Jeder macht's doch anders, und ob die den Anforderungen der Seminarleiter*innen und Seminarleitern entsprechen, ist noch lange nicht gesagt. Mein Pädagoge meinte neulich, als ich ihm sagte, was der Kranich vorgeschlagen habe: „Oh je, die lieben Kollegen!" Dann lieber von Seminarleiter*innen und Seminarleitern oder Mitrefs, die wissen, worauf es ankommt."*

Yasmin: *„Ich muss auch sagen, dass mich deren ständige Kritik ganz schön runterzieht. Du hörst halt nie was Gutes, nie, das war ja schön! Klar, wir sind erwachsen, und ich nehm Kritik auch an. Aber auf Dauer ständig kritisiert zu werden... ich komme dann irgendwann zu einem Punkt, wo ich denke, das liegt an mir. Selbstzweifel. Aber ich konzentrier mich jetzt auf den Besuch und den PU...alles bestehen, und mehr will ich auch gar nicht."*

Hannah: *„Du tust mir voll leid. Dich trifft es da noch mehr als mich, mich lassen Kranich und Bio-Mentorin immerhin allmählich in Ruh. Vielleicht bin ich zu bissig, denn ich kann mich dann nicht* *zurückhalten und schnapp zurück. Wahrscheinlich haben die über mich schon die Einstellung, die will sich ja nicht helfen lassen! Stimmt auch irgendwo, zumindest nicht von denen. Wenn mir die Seminarleiter was sagen, ok, das schluck ich, bin ich auch nicht immer mit einverstanden, zumal sie sich untereinander auch nicht immer einig sind... Und ich setze das dann so um, weil ich weiß, das sind diejenigen, die mir dann die Noten geben. Oder wenn mir Mitrefs von was berichten, wofür sie kritisiert oder gelobt wurden, dann nehme ich das natürlich auch an. Aber ständig nur kritisiert zu werden- ich glaub, ich würde wahnsinnig werden! Du hast völlig recht, Hauptsache, wir gehen mit dem Schein dann aus dem Ref raus und sind fertig."*

Und zwischendurch tauschten wir uns im Seminar und mit ehemaligen Mitrefs über Gehälter aus.

Hannah: *„Ich hab mich jetzt mal informiert bei ehemaligen Mitrefs, die auch nicht verbeamtet sind und jetzt eine Stelle haben: Ich glaub's fast nicht! Für eine 100% Stelle, da ist man natürlich Klassenlehrer*in / Klassenlehrer mit all den extra Aufgaben wie Verwaltung, Elternabend, Klassenfahrten etc., erhält die eine so wenig, dass ich es mal für mich umgerechnet habe, und das wären gerade mal 1500eu netto! Das kann's ja wohl nicht sein! Klar, das kommt auf die Lohnsteuerklasse an- aber DAS würde ich dann nicht machen. Jeder Busfahrer verdient wesentlich mehr."*

Yasmin: ***„1500eu netto? Das ist ja nix, rein gar nix! Du hast mich echt schockiert, muss ich zugeben. Und es ist ja eigentlich ein angesehener Beruf, auch wenn man nicht verbeamtet wird- die Verbeamtung ändert ja nix am Beruf an sich. Boah, das ist echt krass wenig! Und für den Aufwand dann vor allem. Wenn man in der Oberschule unterrichtet, ist das nicht ich komme mal eben zur Schule, sondern Vor- und Nachbereitung, Klausuren entwerfen und korrigieren. Das ist echt unfair! Und in der Grundschule hat man auch gut zu tun, Bastelarbeiten, alles soll anschaulich sein...Ich weiß nicht, was du vorher verdient hast, aber sicherlich einiges mehr. Könntest du dir auch vorstellen, in diesem Bereich weiterzumachen? Ich kann das völlig verstehen, wenn du sagst, nee, das ist mir viel zu wenig!"***

Hannah: *„Also, für 1500eu netto für eine Vollzeitstelle mit Klassenfahrten, Elternabenden und allem drum und dran- nee, dafür werde ich nicht arbeiten! Da gehe ich ggf. wieder zurück in meinen Beruf. Und frag nicht, was dann erst mit Seiteneinsteiger*innen und Seiteneinsteigern ist! Ich hab auch Hans gefragt, der ja Seiteneinsteiger an unserer Schule ist- der hat als Seiteneinsteiger nicht das Ref mit Prüfung gemacht- das sind Gehälter, so wenig will ich nicht verdienen! Auf keinen Fall. Ich schaue mich nun genauer um, was für Optionen es gibt- bei Verlagen, als Krankenhauslehrer etc., und ich vergleiche vor allem auch die Bundesländer,* *was lässt sich mit Pendeln in die umliegenden Bundesländer machen? Da bin ich jetzt auch dran, mich zu informieren, zu lesen, mich vorzubereiten- ich sag's dir, es ist ein Graus!"*

Yasmin: *„Wenn wir schon diesen Schein machen, brauchen wir doch zumindest eine Perspektive, dass es sich lohnt, oder?"*

Natürlich fragte unser Umfeld nun, ob wir uns denn nicht vorher erkundigt hatten. Das hatten wir natürlich, aber alles steht und fällt mit der Eingruppierung durch die dafür Beauftragten, und wenn man Pech hatte, wurden Vorerfahrungen nicht anerkannt. Da Christiane und ich die Altersgrenze zur Verbeamtung in Niedersachsen überschritten hatten, konnten wir beide dort nur als Angestellte später eingestellt werden, und das bedeutete deutlich weniger Gehalt als was verbeamtete Lehrer bezogen, bei gleichen Leistungen! Yasmin wollte von vornhinein nicht verbeamtet werden, um sich nicht drei Jahre an eine Schule am Anfang zu binden, wie es eine Verbeamtung mit sich bringt; außerdem kann man als verbeamtete Lehrkraft gegen seinen Willen an eine weiter entfernte Schule abgeordnet werden (dazu unten mehr), und wenn man wie Yasmin, Christiane oder Luisa kleinere Kinder hatte, war das schwierig. Man konnte höchstens hoffen, dass die Eingruppierung akzeptabel ausfiel, und wenn dies nicht der Fall war, es in anderen Bundesländern zu versuchen, denn die Eingruppierung wurde dort wieder neu vorgenommen- zugunsten oder auch zuungunsten (siehe dazu unten).

Und nicht nur das – es gab keine Stellen!

Hannah: *„Und von allen Schulen im Umkreis, die ich mal interessehalber angeschrieben hatte, hörte ich immer wieder: MINT? Nein danke, das brauchen wir nicht! Bei uns haben mehrere Absolvent*innen und Absolventen im Seminar auch mit anderen Fächern keine Stelle bekommen."*

Yasmin: *„Na toll, das sind ja Aussichten! Hungerlohn und nicht mal Stellen dafür. Ein Skandal."*

Hannah: *„Ich verstehe einfach die Schulpolitik nicht. Überall heißt es: Das Land braucht Lehrer*innen / Lehrer. Und wenn man Schulen anruft, die auf ihrer Homepage sogar ausgeschrieben haben, dass sie Lehrkräfte suchen, heißt es: Nee, suchen sie nicht! Braucht man uns überhaupt? Tja, und die Birne, die dringend Leute bräuchte, vergrault sie dann im Vorstellungsgespräch, indem sie sich uninteressiert gibt. Also muss sich die Schulpolitik auch nicht wundern, wenn die Gewinnung von Lehrkräften nicht zum Erfolg wird."*

Yasmin: *„Die erschweren uns voll den Weg dahin."*

Und wieder gab es Probleme.

Hannah: *"Wieder und wieder höre ich im Seminar, wie wichtig handlungsorientierter Unterricht ist. Aber unsere Schule verhindert das mit allen Kräften."*

Yasmin: *„Handlungsorientiert macht da offenbar keiner was. Außer mir wegen der Kaltfront- die kommandiert ständig, mach doch dies und dies und jenes, und ich frag mich auch, wer soll das bitte bezahlen? Ich hab mir wie immer Bücher ausgeliehen, und das eine ist jetzt in der Schule verschwunden. Nun darf ich die 35eu dafür in der Bibliothek bezahlen, und sowas nervt mich total! Und darauf sagt sie nur: „Mach doch eine Bücherausstellung!" Und ich hab mich gerade damit rumzuschlagen, ein Buch zu ersetzen, da bring ich doch nicht noch weitere Bücher mit, die dann auch wieder Füße kriegen."*

Hannah: *„Mit dem Buch tust du mir auch leid! Das ist mir auch schon passiert, ich habe es ins Lehrerzimmer gelegt, und dann war es weg, und ich musste es ersetzen. Und ich habe schon von diversen Kolleg*innen und Kollegen gehört, das passiert öfters."*

Yasmin: *„Echt jetzt?! Was machen die denn nur mit den Büchern- verkaufen?"*

Hannah: *„Keine Ahnung. Aber ich nehme doch kein Buch mit, wenn es nicht mir gehört und ich nicht die Erlaubnis habe, es zu leihen!?"*

Und bei all dem Stress UND der normalen Erkältungszeit blieb es nicht aus, dass man krank wurde.

Hannah: *"Sag mal, wie ist das bei Krankmeldungen, leitet das Seminar der Schule die Dauer weiter oder nicht? Hatte mich gestern beim Studienseminar und der Schule telefonisch und schriftlich wie vorgesehen krank gemeldet, und heute Morgen stand ich prompt im Vertretungsplan für Vertretung mit drin."*

Yasmin: *„Es kommt darauf an, hast du dich nur für gestern krank gemeldet oder für die nächsten Tage?"*

Hannah: *„Ah, ok, ich dachte, das Seminar leitet ihnen die Dauer weiter…"*

Yasmin: *„Nee, das Seminar macht das nicht."*

Hannah: *„Danke, dann war das mein Fehler. Auch das noch."*

Yasmin: *„Wieso, hat die Schule bei dir angerufen?"*

Hannah: *„Zum Glück nicht. Ich hatte um 7.30 Uhr im Vertretungsplan gesehen, dass ich eingesetzt bin. Also hab ich ihnen noch schnell eine Mail geschickt."*

Mit Krankmeldungen geht jede Schule anders um, und die Sekretärin rief mich mittags noch an, um mir zu sagen, dass ich mich immer schriftlich UND telefonisch krank zu melden hätte. Telefonisch war das gar nicht immer einfach, wenn man wie ich gerade keine Stimme hatte!

Yasmin: *„Ich bin richtig krank, und der Stress setzt mir immer mehr zu. Du, ich mache die Prüfung nicht."*

Hannah: *„Denk dran, wenn du die Prüfung machen würdest, hättest du auch ne Chance, dass es bei den steigenden Inzidenzen ins Kolloq Format geht!"*

Yasmin: *„Das ist wahr, aber meine Blutergebnisse sehen nicht gut aus. Deswegen darf ich vorerst nicht mehr arbeiten und bin jetzt bis zum Jahresende krankgeschrieben."*

Hannah: *„Das tut mir aber leid! Erst mal natürlich gute Besserung!! Ich hoffe, dass du das nicht durch die Gutachten der Seminarleiterinnen bekommen hast, meine Gutachten waren auch voller Kritik."*

Yasmin: *„Naja, psychischer und körperlicher Stress sind auf jeden Fall auch Faktoren, die eine Rolle spielen."*

Hannah: *„Das kann ich total nachvollziehen. Ich mache zwar die Prüfung, aber dann warte ich erst mal die Entwicklung von COVID19 ab- aus Angst vor Ansteckung! Ich bin wie du Risikopatientin und will nicht durch die Politik verheizt werden. Bei den Inzidenzen unterrichten- das ist doch Wahnsinn!*

Den SuS wird frei gestellt, ob sie Unterricht in Präsenz haben und zur Schule kommen oder von zu Hause lernen, aber wir Referendar*innen und Referendare MÜSSEN kommen. Klar, man kann sich frei stellen lassen, aber warum dann nicht online unterrichten? Das ist doch auch eine Unterrichtsform, die vorher ging. Und dann als Lehrkraft ständig Angst haben zu müssen, dass die Schulleitung die Risikopatient*innen / Risikopatienten doch in Präsenz einbestellt- da ist mir meine Gesundheit wichtiger! Wer weiß, ob ich dann jemals in der Schule arbeiten werde...du verpasst also nix."*

Ein paar Tage später:

Yasmin: *„Ich merke, wie ich die letzten Tage, wo ich mich auch nicht um die Vertretung gekümmert habe, eine Last von meiner Schulter gefallen ist."*

Hannah: *„Du bist krank, du sollst dich sowieso schonen und nicht um Vertretungsdinge kümmern!"*

Yasmin: *„Und erst recht während der Pandemie. Aber das stoppt die nicht. Die versuchen krampfhaft, nichts zu schließen"*

Hannah: *„Auf unsere Kosten, unsere Gesundheit! Bei so viel Schwachsinn fällt es schwer, auch noch die zwei Monate weiter durchzuhalten."*

Und wenig später:

Hannah: *"Ich denke, ich mache zwar die Prüfung und hoffe zu bestehen, aber wenn die Inzidenzen hoch bleiben, arbeite ich Home Office in meinem vorigen Beruf. Ich habe sehr viel Angst um meine Gesundheit, die Inzidenzen steigen gerade wieder, bin wie du Risikopatientin und will nicht durch dumme Politik verheizt werden!"*

Yasmin: *„Das ist gut, find ich stark von dir."*

Hannah*: „Ich finde das unverantwortlich von den Politiker*innen und Politikern! Hauptsache, die Schulen bleiben offen. Erinnert an die Pest- und Choleraepidemien- Hauptsache, „The show goes on". Die Kids brauchen die Sozialkontakte in der Schule, heißt es. Das mag in einigen Fällen stimmen, in anderen führt Home Schooling zu einem besseren Familienzusammenhalt. In jedem Fall aber bringen die Kids das Virus mit nach Hause, und dann sind Eltern und besonders Großeltern gefährdet. Da kräht kein Hahn nach. Ich mache auch in den Seminaren Druck, 2/3 sind jetzt durch mich im online Format."*

Yasmin: *„Bei uns ist immer noch alles beim Alten, also Seminare in Präsenz. Und das bei den rapide steigenden Inzidenzen! Aber ich geh ja jetzt sowieso nicht mehr hin. Und bin ehrlich gesagt froh darüber."*

Hannah: *„Unverantwortlich, die Seminare weiterhin in Präsenz zu halten! Ich habe stark Asthma. Durch* *mein Asthma Spray nehme ich ständig Cortison auf, was mein Immunsystem herabsetzt, am Ende kann das mit der Pandemie tödlich sein! Und ich will auch nicht die Pandemie mit nach Hause bringen, zu Madame über 80. Wie gesagt, wer weiß, ob ich dann jemals in einer Schule arbeiten werde…Du verpasst also nix.“*

Yasmin: *„Ist wirklich so! In die Schule will ich definitiv nicht mehr zurück.“*

Hannah: *„Kann dich so verstehen! Wenn ich dazu noch an die Birne und unsere Mentor*innen und Mentoren denke…“*

Yasmin: *„Ja, unsere Mentor*innen und Mentoren! Die Kaltfront ist super anstrengend als Person. Ich hatte die 2A einige Zeit auch alleine, weil sie ja nicht da war. Über ein halbes Jahr fehlte sie. Ich konnte mich zwar per E-Mail bei ihr melden, aber ich habe keine Rückmeldung erhalten, wie ich meinen Unterricht vorbereite etc. Aber als sie beide Impfungen hatte, ist sie dann wiedergekommen, und das war echt schlimm, ohne Spaß! Ich hatte einfach meine Ruh, als sie nicht da war. Ich habe eh nix von ihr gelernt, aber als sie wieder da war, erwartete sie ständig Sachen von mir, wo ich mir sagte, hä? Das haben wir gar nicht kommuniziert! Sorry, du musst schon mit mir Absprachen treffen, ich kann ja keine Gedanken lesen. Ich muss ganz ehrlich zugeben, ich habe mir überlegt, einen Antrag einzureichen, den Vorbereitungsdienst*

auf Eis zu legen, da ich das nicht mehr schaffen werde psychisch. Ich bin echt richtig abgeneigt, muss ich zugeben, ich merke richtig, wie es mir jetzt ohne Schule viel, viel besser geht, seitdem ich zu Hause bin. Obwohl es mir körperlich noch nicht deutlich besser geht, merke ich einfach, dass ich glücklicher bin. Mental geht es mir besser, ich habe endlich wieder Spaß am Leben, ich bin glücklich. Das Jahr war einfach der Horror für mich, muss ich echt zugeben. Deswegen bin ich zum Entschluss gekommen, dass ich auch später nicht mehr weitermachen möchte. Ganz ehrlich, das ist es mir nicht wert. Psychische Gesundheit ist viel, viel wichtiger, vor allem, ich muss auch für meine Kinder da sein können. Ich kann mir das gar nicht leisten. Ja, und die Kaltfront hat wesentlich dazu beigetragen, dass es ein Horrorjahr wurde."

Und es dauerte nicht lang, bis auch ich wieder krank wurde. Erkältung.

Hannah: *„Bin diese Woche noch krank, mich hat es erwischt. Aber kann mich mal wieder über den Kranich aufregen! Wir Referendare werden kontrolliert von A bis Z, aber der Obertrottel kriegt einfach auch gar nichts hin. Ich frag mich, was für einen IQ der hat. Beim vorigen Mal schon hat er es nicht hinbekommen, das Vertretungsmaterial mit den Aufgaben auszudrucken. Also habe ich dieses Mal Vertretungsmaterial und Aufgaben online hochgeladen, so dass nichts gedruckt werden muss.*

*Spart außerdem Papier. Einzig den Link musste er mitteilen, dann hätten die Schüler*innen und Schüler doch digital per Handy arbeiten können. Und diese Übungen sind wichtig, da nächste Woche die Arbeit ansteht. Jetzt bekomme ich von den Schüler*innen und Schülern panische Mails, der Kranich habe ihnen nichts gegeben! Der hatte nicht mal in den Vertretungsplan reingeschaut und stattdessen mit ihnen irgendwas anderes gemacht! Als ich ihn darauf ansprach, sagte er, ich solle mir merken für die neue Schule es NICHT so zu machen. Ich fragte zurück, wieso? Und darauf hatte er dann mal wieder keine Antwort. Hauptsache, so wie ich es gemacht hatte, nicht. Was er noch gebracht hat: Er rief mich an! Ich bin ja momentan krank, hab keine Stimme, lieg mit Fieber im Bett. Aber nein, er ruft an, lässt es klingeln, klingeln, klingeln, so dass ich erschrocken bin, was die Schule vielleicht für ein dringendes Problem mit mir haben könnte, und alles, was er dann wissen wollte, war, WANN er den Schülern die Lernblätter geben soll. Ja, natürlich für DIESEN Tag, wo auch das Datum mit drauf stand. Kann er, wenn schon, keine Nachricht schicken? Und dann war es ihm peinlich, DASS er angerufen hat- und sagte, es sei ja nicht seine Art, dass er Kranke stört. Dann soll er es doch auch gleich lassen!“*

Es waren nun nur noch wenige Tage bis zu den Weihnachtsferien- und das hieß für mich: Endspurt!

Luisa: *„Ich hoffe, mir geht am Ende nicht die Luft aus, und ich schaffe über die Feiertage meine Planungen. Mal sehen… Meine Schulleitung hat in einem Gespräch mit meiner Mentorin gesagt, dass ich nicht belastbar wäre, weil ich mein Referendariat in Teilzeit absolviere. Meine Mentorin hat der Schulleitung erzählt, dass sie gerne mit mir zusammenarbeiten würde und in der Schule den Chemie-Unterricht neu aufbauen würde. Ich wusste davon nichts- es bringt Spaß gemeinsam Pläne zu schmieden, Unterricht zu planen…aber ich möchte gar nicht an dieser Schule bleiben. Und nach dieser Aussage von der Konrektorin schon einmal gar nicht – man „reißt sich täglich sonst etwas auf“ (entschuldige, bitte) und es wird überhaupt nicht gesehen…und dann gilt man als nicht belastbar. Es hat mich schon getroffen, und es hat etwas gebraucht bis das gesackt ist. Ich weiß ja, dass es anders ist und ich seit Monaten viel aushalte…aber nun gut. Jetzt hat mich die Konrektorin nun doch zu einem Gespräch gebeten, sie meint, dass es „etwas Gutes“ sei.“*

Hannah: *„Ah, du hast aber auch eine blöde Schulleitung! Erinnert ganz an den Kranich…Und was wollen die schon beurteilen, wie belastbar man ist!? Echt unglaublich…“*

Luisa: *„Man hat mir tatsächlich angeboten an meiner Schule zu bleiben…unglaublich. Die*

Konrektorin, die mich für nicht belastbar hält, hat mir erst mal schön Honig um den Mund geschmiert. Das war sehr seltsam…ich habe dankend und freundlich abgelehnt.“

Hannah: *„Das ist witzig- wie hat die Konrektorin denn reagiert? Sie war bestimmt platt. Hättest ihr ja sagen können, dass dich ein Bleiben an der Schule nicht genug auslasten würde;-)“*

Luisa: *„Die Konrektorin ist rot angelaufen und hat trotzdem weiter geredet und geredet und mir gesagt, dass ich mich jederzeit melden könnte, falls ich es mir anders überlege.“*

Hannah: *„Meine Schule hat mir erst gar nicht das Angebot gemacht, (…) muss aber plötzlich einiges an Vertretungsunterricht zusätzlich leisten, z.B. Physik mit klaren Angaben, was ich „unterrichten“ soll. Da war ich dann doch erstaunt. Ist das ein Test, ob ich auch Physik kann? Ich habe ohnehin beschlossen, dort nicht zu bleiben.“*

Offenbar steckte jedoch kein Plan dahinter, ich wurde einfach ausgenutzt, und das, als ich am wenigsten Zeit hatte. Und ich musste mich dringend um Räume für die Prüfungsunterrichte kümmern.

Durch die Corona-Vorschriften war es besonders wichtig, in den beiden PU die Sicherheitsabstände zu berücksichtigen, und das hieß aktuell ca. 1,5m Abstand der Prüfungskomitee-Mitgliedern untereinander UND zu den Schüler*innen / Schülern. Die Abstände der Schüler*innen / Schüler untereinander waren nun aufgehoben, man setzte jetzt vor allem auf Präsenz.

Hannah: *„Hallo Yasmin, sei froh, dass du nicht in dem Prüfungschaos mit drin steckst! Ich bin wieder einmal sauer und enttäuscht. Wir sollen ja möglichst unsere Prüfung in Präsenz abhalten. Ich habe Mittwoch jetzt mal gemessen, und siehe da: Es kommt vorne und hinten nicht hin! Ich bekomme 3 Leute des Komitees mit 50cm Abstand zu den Schüler*innen / Schülern hin, maximal. Meine Mentorin sagte: „Oh, das wird ja knapp, da musst du alles weiter nach vorne schieben!" Ja, aber wie weit nach vorne kann ich schieben!? Ich habe da ja Materialien, die für die Schüler*innen und Schüler zugänglich bleiben müssen, ganz abgesehen von dem Tisch für „schnelle Schüler*innen und Schüler" mit Zusatzaufgaben. Will man die Abstandsauflagen umsetzen, reicht die Raumgröße einfach nicht aus! Mir ist diese Woche eine Schülerin kollabiert, da die Abstände,* die beim Besuch noch viel *geringer ausfallen, zu eng waren und sie daraufhin Platzangst mit einem Asthmaanfall bekam."*

Die allermeisten Räume sind jedoch nicht so groß konzipiert, und auch an meiner Schule wurde es eng. Wo sollte ich bitte schön in voller Präsenz meine PU halten?

Hannah: *„Der Kranich ist völlig verpennt wie immer. Den sprach ich neulich auf die Abstände im NaWi Raum an und er meinte, da gebe es ja wohl kein Problem! Messen und schätzen kann der aber nicht-bei einem Besuch hätte der Chemie-Seminarleiter fast abgebrochen wegen der Abstände. Der Kranich hatte die für „dicke ausreichend" vorher befunden…"*

Luisa: *„Unglaublich mal wieder!"*

Ich ging also zur Birne, und die ließ mich erst mal warten.

Hannah: *„Ich bin echt sauer! Andere Mentor*innen/ Mentoren und Schulleiter*innen / Schulleiter halten wenigstens zu ihren Referendar*innen und Referendaren. Meine natürlich nicht. Erst mal lässt sie mich warten. Ich habe jetzt ein paar Tage nur mit Warten auf Antwort verbracht und daher auch nicht weitergearbeitet, weil eine Prüfung in Präsenz nochmal sooo viel mehr Aufwand ist als wenn sie im Kolloq Format stattfindet und ich ja wissen muss, was ich vorbereiten soll. Immer ihr Standardsatz: „Jetzt nicht, Frau K, Sie sehen doch, dass ich beschäftigt bin!"*

Ich erhielt natürlich erst nach Tagen einen Termin bei der Birne, und sie rief in meinem Beisein mal wieder den Studienseminarleiter an, der riet, dann eben einen anderen Raum zu finden. Leichter gesagt als getan, denn handlungsorientiertes Arbeiten mit

Chemikalien und MIT Sicherheitsvorrichtung lässt sich nicht mal eben in jedem Raum durchführen. Die Birne war sogleich produktiv und schlug vor: „Na dann eben die Aula. Oder die Mensa!"

Hannah: *„Ah, die Birne ist wirklich hinterlistig! Fragte mich, wie ich es gerne hätte, PU in Präsenz oder im Kolloq Format. Als ich antwortete, im Kolloq Format, sagte sie gleich, nein, das gehe nicht! Heute nach vielem Schieben (sie sei beschäftigt – später!) hat sie dann bei dem Studienseminarleiter angerufen, der ihr erst mal nahe gelegt hat, andere Räume zu suchen. Mir graut es ehrlich gesagt davor, meine Prüfung in der Mensa und in der Aula, wo alle langlaufen, nutzen zu sollen! Die Kleinen (Klasse 6) sind schon bei jedem Raumwechsel völlig durch den Wind, und der Studienseminarleiter sagte ja zu uns Prüflingen in der Videoansprache, wir sollten rechtzeitig daran denken, im Prüfungsraum zu unterrichten, damit sich die Schüler*innen und Schüler daran gewöhnen! Dass sie jetzt die Mensa regelmäßig meinetwegen sperren, ist natürlich nicht drin. Die Erziehungsberechtigten haben ja für die Mahlzeiten bezahlt, außerdem sollten gerade dort keine Chemikalien eingesetzt werden. In der Aula Chemieexperimente zu machen, ist ebenso unsinnig wie unverantwortlich. Wir setzen Chemikalien ein, wovon man blind werden kann- das geht nicht ohne Wasseranschlüsse und eine Augendusche für den Notfall! Aber die denkt nicht mit. Die hat eben eine Order erhalten, und so* *machen wir es. Und wenn wir die Prüfung draußen auf dem Schulhof im Schnee abhalten müssen…“*

Yasmin: ***„Das mit den Raumwechseln kenne ich auch! Als es mal für ein paar Tage Bauarbeiten in der Grundschule gab, musste ich mit den Grundschülern umziehen in die 9. Klassen, weil diese gerade im Praktikum waren. Ich kann mich noch erinnern, ich konnte keinen ordentlichen Unterricht machen, weil die total aufgewühlt waren, alles war neu– die Stühle sind so groß, es gibt Smartboards…wie sieht es hier aus! Die waren total abgelenkt. Die Kinder sind doch an ihren Raum gewöhnt! Und ich dachte mir: HÄ? Warum soll ich mich in der Prüfung genau in eine solche Situation bringen, wo ich weiß, dass es zum Scheitern verurteilt ist!? Das ist ja auch normal, alles ist neu für sie, das kennen sie alles gar nicht …das kann ich dann gar nicht steuern. Ich habe genau das auch bei der Birne angesprochen, und die meinte nur, dann schauen wir nach einem anderen Raum! Und ich dachte mir: Sind die alle bescheuert, oder was? Wie du schon sagst: Die sagen, Hauptsache, es muss in Präsenz stattfinden, um jeden Preis. Aber keiner denkt mal daran, was das für Auswirkungen hat, auf die Schüler*innen und Schüler, auf das Klassenklima. Aber sorry – in der Aula!? Da gehen doch alle, aber auch alle dran vorbei, die Schüler*innen und Schüler werden doch ständig abgelenkt sein! Und nicht nur die Schüler*innen und Schüler, auch du, weißt du? Ich***

check das einfach nicht. Oder auch in der Mensa! Ist das überhaupt hygienisch machbar? Das ist doch verboten, das darf man doch gar nicht! Da essen doch die Kinder! Da lässt du Versuche mit Chemikalien ausführen, und die Kinder sollen da nächsten Tag wieder essen? Oh mein Gott, ich glaub's echt nicht! Das ist unterste Schublade, eh. Ich bin jedes Mal schockiert. Und ich muss zugeben: Seit ich da raus bin, geht es mir einfach viel, viel besser. Das würde ich in jedem Fall auch nicht auf mir sitzen lassen!"

Hannah: *„Ich finde es so unfair! Vorgaben, die nicht umgesetzt werden können, und eine damit völlig überforderte Schulleiterin. Andere Referendar*innen und Referendare konnten problemlos ihre Prüfung im Kolloq-Format machen, weil die Schulleitung sagte: Geht nicht. Aber die Birne sagt das natürlich nicht und bringt stattdessen nur Unsinnsvorschläge. Nein, hier bleibt mal wieder alles in der Luft, wo, welcher Raum. Ich hasse es!"*

Die Birne hatte ihren Beitrag geleistet, und ich hörte nichts Neues.

Hannah: *„Du glaubt gar nicht, wie sehr ich diese Schulleitung hasse! Diese don't care Haltung, null Respekt, dass man vielleicht frühzeitig alles geregelt wissen möchte. Aber wir Referendar*innen und Referendare sind ja nicht wichtig... In Aula und Mensa habe ich weder die Versuchsbedingungen noch die Sicherheitsbedingungen (ich brauche* *mind. Wasseranschlüsse mit Waschbecken und Augendusche). Die ist echt naiv, sie hat jetzt die Info, Präsenz geht vor, und das ist bei ihr „der Befehl". Weiter denken kann sie nicht. Bloß keinen Gefallen tun. So kennt sie auch Yasmin an der Schule. (...) Aber auch andere Lehrkräfte sind sehr enttäuscht von ihr, einige gehen oder sind schon gegangen... Ich bin auch so enttäuscht, dass ich überlege, alles sein zu lassen!"*

Luisa: *„ Oh nein – das ist so unglaublich…Ich kann verstehen, dass du außer dir bist. Das ist mehr als verständlich. Das ist keine Art und Weise…eigentlich ist das schon Provokation. Atme erst mal durch…Rede nochmal in Ruhe mit der Schulleitung…Versuch sie mit ihren eigenen Waffen zu schlagen…"Der Studienseminarleiter hat gesagt, ich müsse in dem Raum vorher unterrichten…Sperrt ihr die Mensa jeweils für mich?" (…und das könnten sie ja nicht). (…) Oder versuch noch einmal mit dem Studienseminarleiter zu sprechen und erkläre ihm, dass deine Schule die Mensa nicht sperrt…"*

Hannah: *„Tja, da hört halt keiner zu! Es gilt: Hauptsache Präsenz. Hauptsache Präsenz. Ich werde sie nächste Woche mal ein wenig nerven und fragen, ob ich dann mit Chemikalien in der Mensa hantieren soll? Oder in der Aula? Ich mache doch keinen PU in der Aula! Da falle ich ja gleich durch* *wegen mangelnder Sicherheitsvorkehrungen. Niemand hat das im Blick, was die Durchführbarkeit betrifft. Hauptsache, auf Prinzipien bestehen. Ich habe jetzt meinem Pädagogen geschrieben, ich bin dermaßen enttäuscht, dass ich vielleicht aufhöre."*

Yasmin: *„Und natürlich, um vorm Seminar gut dazustehen, auf dass dieses ihr weiterhin möglichst viele, für den Staat billige Arbeitskräfte schicke. Und ohne sich um die richtig kümmern zu müssen. Unmöglich!"*

Hannah: *„Genau, Anweisungen von oben befolgen, weil die Frau nicht eigenständig denken kann. Oh Mann, ich fasse es nicht. Andere Schulleiter*innen und Schulleiter sagen: Geht nicht!, und dann haben die Referendar*innen und Referendare ihren PU im Kolloq Format. Es ist so unfair, und ich muss mich noch immer mit den Räumlichkeiten herumschlagen statt mich auf meine PU vorzubereiten."*

Ich sprach erneut die Birne darauf an, und bevor sie mich mit ihrem „Jetzt nicht, Frau K!" abwimmeln konnte, war ich auch schon in ihrem Türrahmen. Sie hatte eine großartige Idee: Ich sollte die Abstände doch mal mit *Pool Noodles* auslegen. Irgendwo in der Schule gebe es welche. Als ich das Christiane erzählte, lachte sie amüsiert.

Christiane: *„Pool Noodles- ist das der neue wissenschaftliche Maßstab?"*

Und sie hatte recht: Das war einfach eine Schnapsidee, zumal diese recht unhandlich sind und unpraktische Maße von 1,6m haben. Die Referendar*innen und Referendare im Seminar lachten sich kaputt über diesen Vorschlag. Und mit dem Vorschlag der *Pool Noodles* wurde es bereits Weihnachten.

5.3. Weihnachtsferien

Das waren die letzten Ferien vor meiner Prüfung, und ich *musste* fertig werden. Wenn erst die Schule wieder anfangen würde, käme ich nicht zum Lernen. So viel war klar!

Da hieß es vor allem für die mündlichen Prüfungen lernen und in beiden Ecken meines Arbeitszimmers die Materialien für die beiden Prüfungsunterrichte zu horten, denn würden diese in Präsenz stattfinden, musste alles parat sein. Die Entwürfe mussten wie auch die Arbeitsblätter für die Schüler*innen und Schüler gedruckt werden, Namensschildchen, Platzkarten, Pfeile, „Achtung-Prüfung!“-Schilder, Laborgeräte, Modelle und vieles mehr vorbereitet und bereit gestellt werden. Wie für alle Prüfungen hatte ich einen Zeitplan. Ich arbeitete wie am Fließband, und als die Ferien vorüber waren, hatte ich noch etliches für die mündlichen Prüfungen zu lernen und auch die Logistik vor mir, sollten die PU in Präsenz stattfinden. Zu viel Zeit hatten all die anderen Vorbereitungen in Anspruch genommen!

Yasmin: *„Hi, meine Liebe, sorry, dass ich mich erst jetzt melde. Ich muss jetzt auch noch operiert werden.“*

Hannah: *„Oh nein! Dir bleibt aber auch nix erspart. Krankenhaus und dann noch bei den Inzidenzen-komm bald nach Hause und steck dich bloß nicht an! Gute Besserung!“*

Yasmin: *„Danke, kann ich brauchen! Aber nochmal zu dir. In meinem GUB hatten sich die SL beschwert, dass es viel zu eng war und die Abstände nicht eingehalten worden seien. Ich habe dann gefragt, wie macht man das denn dann in den PU? Die Räume werden ja nicht größer. Da sagte sie: „Ja, Sie sind ja in einer großen Schule, und Sie sind ja ganz flexibel. Da können Sie sich einen anderen Raum suchen!“ Und du weißt ja, was für ein Chaos das bei dem einen Umzug in die Klassenräume der 9. Klassen war - die Kinder sind einfach daran gewöhnt, im Klassenraum zu haben, so ein Umzug verändert total das Klassenklima. Und auch andere Räume sind ja nicht größer! Aber aus Sicht der SL zieht man einfach mal um.“*

Hannah: *„Du hast völlig recht, es heißt doch immer „Klassenklima“ ist wichtig- aber bei uns gilt das dann auf einmal nicht mehr oder was?“*

Und mittlerweile hatten sich auch die Corona-Vorschriften wieder geändert. Nun zählten nicht mehr allein die Inzidenzen, es gab ein System der

Warnstufen von 1-3, denen nun drei Indikatoren zugrunde gelegt waren: Hospitalisierung, Neuinfizierte und Intensivbetten. Je nach erreichten Grenzwerten galt nun das Paket an Maßnahmen für die entsprechende Warnstufe, die sich jederzeit wieder ändern konnte. Es galten im Einzelnen: Hospitalisierungen (7-Tage-Hospitalisierungsinzidenz (Fälle je 100.000 Einwohner; Ebene: landesweit) mehr als 6 bis max. 8: Warnstufe 1; mehr als 8 bis max. 11: Warnstufe 2; mehr als 11: Warnstufe 3. Neuinfizierte (7-Tagesinzidenz (Fälle je 100.000 Einwohner; Ebene: Landkreis/Kreisfreie Stadt): mehr als 35 bis max. 100: Warnstufe 1; mehr als 100 bis max. 200: Warnstufe 2; mehr als 200: Warnstufe 3. Intensivbetten (Anteil COVID-19-Erkrankter an Intensivbettenkapazität; Ebene: Belegung landesweit): mehr als 5% bis max. 10%: Warnstufe 1; mehr als 10% bis max. 20%: Warnstufe 2; mehr als 20%: Warnstufe 3. Wie die Gesamtwarnstufe berechnet wurde bzw. was das im Einzelnen an Konsequenzen bedeutete, war uns allen nicht klar. Auch vorher wurden bereits Inzidenzen nach der erforderlichen Wartezeit überschritten, und der Schulbetrieb ging trotzdem normal weiter. Ebenso wenig klar war uns, wie diese Werte zustande gekommen waren. Später gab es Inzidenzen über 1000, und es gab dann keine Konsequenzen mehr. Angesichts der zahlreichen Long-Covid-Patienten heute unverständlich.

Und es kamen die Corona-Booster. Es war festgestellt worden, dass der Schutz größer sei, wenn man verschiedene Impfstoffe miteinander kombinierte. Bald standen auf deutschem Markt die drei oben erwähnten zur Verfügung, der von Astra-Zeneca, der von Moderna und der von BioNTech. Hatte man die erste Impfung bereits hinter sich, war unklar, ob und wie man die Impfung eines der anderen Hersteller vertrug. Hatte man bei der ersten Impfung das Glück, wenige oder keine Nebenwirkung zu entwickeln, war natürlich die Bereitschaft geringer, dieses Mal einen anderen zu erhalten. Wirklich wählen aber konnte man ohnehin nicht, denn Arztpraxen hielten oft nur den einer einzigen Firma bereit. Sollte man wechseln oder besser doch nicht? Ab November erhielt der Impfstoff von BioNTech auch die Zulassung für Kinder. In der Folge konnten nun auch Schüler*innen und Schüler geimpft werden, was zunächst zaghaft wahrgenommen wurde. Das bedeutete zunehmend mehr Schutz, aber auch vermehrte Fehlstunden wegen Nebenwirkungen. Wichtig war vor allem, nicht gerade kurz vor der Prüfung zu erkranken, und zwar nicht nur man selbst, sondern alle an der Prüfung Beteiligten, insbesondere die Seminarleiter*innen und Seminarleiter. Und es waren immer weitere Änderungen möglich. Die große Verunsicherung blieb.

Yasmin: ***„Die OP ist vorbei! Und du glaubt es nicht, ich muss nochmal operiert werden. Ich werde***

mich um einen Antrag kümmern, der alles regelt- ob man mich auf unbegrenzte Dauer pausieren lässt oder wie ich ganz aufhöre. Da werde ich jetzt den Studienseminarleiter kontaktieren. Alles Gute fürs neue Jahr! Ich hoffe, es wird ein erfolgreiches Jahr und besser als das letzte."

Hannah: *„Uns bleibt aber auch nix erspart. Oh Mann, dann weiterhin gute Besserung!! Und dir auch, ein gutes neues Jahr!!"*

Yasmin: *„Und schau dir mal die Inzidenzen an! Klar, sind die im Winter viel höher als im Sommer."*

Hannah: *„Aber eine Anpassung gibt es trotzdem nicht, etwa: PU im Sommer unter Corona, PU im Winter unter Corona. In dem Sinne, dass es bei höheren Inzidenzen, wie sie im Winter gegeben sind, leichter sein müsste, PU im Kolloq abzuhalten."*

Und der Stress ging weiter. Dieses Mal traf mich selbst eine OP.

Hannah: *„Zu allem Überfluss hab auch ich noch eine OP, und zwar eine Augen OP. Die muss ich dann bis Ende Januar machen lassen wegen der Beihilfe."*

Yasmin: *„Oh nein. Du kannst das natürlich in den Ferien machen lassen. Hast du die dann auf alle Fälle noch vor der Prüfung?"*

Hannah: *„Auf keinen Fall in den Ferien! Da muss ich ja die Prüfungsvorbereitungen machen, und auch* *nicht vor der Prüfung. Wenn da was nicht klappt, kann ich womöglich nichts sehen. Aber ich muss mich jetzt schleunigst um einen Termin vor Ende Januar kümmern."*

Yasmin: „*Und das ist doch auch gut, wenn man da noch finanziell etwas bekommt."*

Hannah: „*Naja, wir sind doch im Ref Beamte auf Zeit. Und da kann man sich privat versichern lassen oder gesetzlich. Ich bin gesetzlich versichert und zahle ja jeden Monat einen recht hohen Betrag. Und wenn man das als Beamtin / Beamter angibt, erhält man, soweit ich weiß, dann über Beihilfe für jede Untersuchung oder OP etwas Geld zurück."*

Yasmin: „*Genau, so war's auch bei mir. Aber das war auch stressig. Die private Versicherung hat nur 30% übernommen, den Rest muss ich nun versuchen, über die Beihilfe zurückzubekommen. Oh Mann, ich hab keine Lust, auf den Rechnungen sitzen zu bleiben!"*

Hannah: „*Das ist natürlich blöd mit dem Versicherungskram. Ich hatte ja auch die Möglichkeit, in eine private zu gehen. Das habe ich dann nicht gemacht, da es Probleme geben könnte, wenn man in die gesetzliche zurück möchte. Und ich bin auch froh, dann nicht auch noch mit Rechnungen zu tun zu haben."*

5.4. Nach den Weihnachtsferien

Meine letzten Ferien vor der Prüfung waren vorüber, und dabei war immer noch vieles unklar. Was würde aus der Raum-Situation? Würde ich am Ende doch wie einige Referendar*innen und Referendare ins Kolloq Format kommen und könnte mir die Logistik sparen? Mit meinen Prüfungsvorbereitungen war ich noch lange nicht fertig.

Meine Bio-Mentorin sagte mir, dass es ihr nicht anders ergangen sei und sie noch am Tag vor der Prüfung am Lernen war. Das stand mir nun auch bevor.

In der Klasse, in der ich Chemie als PU vorgesehen hatte, hatten sich einige Schüler*innen und Schüler bis auf Weiteres ins *Home Schooling* abgemeldet. Damit war die Anzahl geringer und die Nutzung des alten NaWi Raumes für den Chemie PU wurde realistischer. Es waren rechnerisch immer noch drei Schüler*innen / Schüler „zu viel". Der Klassenlehrer riet mir, bis zum letzten Moment abzuwarten, wer gerade krank sei und darauf zu hoffen, dass diese Schüler*innen / Schüler auf meinem Prüfungstag weiterhin zu Hause blieben und mindestens drei erst gar nicht aufzulisten. Und wenn diese dann in meiner Prüfung erschienen? Wieder so eine Ungewissheit! Ich konnte ja schlecht einigen Erziehungsberechtigten sagen, lassen Sie an diesem Tag mal ihr Kind zu Hause! Aber damit musste ich jetzt erst mal leben. Der alte NaWi Raum war ab sofort mein Prüfungsraum für Chemie. Und um die Schüler*innen und Schüler an den Raum, den sie für wenige Wochen anderthalb Jahre her zum letzten Mal genutzt hatten, zu gewöhnen, fand mein Chemieunterricht mit der Prüfungsklasse ab sofort im alten NaWi Raum statt. Dazu müsste dann einer des Prüfungskomitees halb im Abzug sitzen. Problem blieb der Prüfungsraum für Bio. Wenn ich dieses und jenes, was ich an Logistik vorgesehen hatte, strich, konnte man den Prüfungsunterricht im Klassenraum stattfinden lassen. Nur die Abstände blieben ein Problem.

Ich maß erneut mit einem Zollstock (und nicht mit *Pool Noodles*) und bat verzweifelt den Hausmeister dazu, ohne diesmal die Birne einbezogen zu haben, damit sie nicht nochmals seine Hilfe verbieten könnte. Und der hatte eine Idee: „Man müsse das gesamte Mobiliar heraustragen, also alle Schränke, dann könnte es passen!“ Und das tat er dann auch rechtzeitig vor der Prüfung. Die Prüfer würden dann an den Fenstern sitzen und die Schüler*innen und Schüler, die als „Lüftungsmanager“ mit Timer versehen eingesetzt waren, würden die Prüfer anweisen, das fünfminütige Stoßlüften nach zwanzig Minuten durchzuführen. Das Ganze glich einer kompletten Theaterinszenierung.

Damit waren aber noch nicht alle Raum-Probleme gelöst, denn der Klassenraum, in dem der Bio-PU stattfinden würde, war in einer Dreierkonstellation von Räumen untergebracht, bei der sich bereits im GUB gezeigt hatte, dass es sehr laut und störend werden konnte. Außerdem befand sich genau vor diesem Klassenzimmer ein Treppenhauszugang, den viele Schüler*innen und Schüler für die Pause nutzen. Unruhe und Störungen waren also vorprogrammiert, zumal sich mein Bio-PU über die Pause erstrecken würde. Meine Bio-Mentorin schlug vor, zu dritt ein Gespräch mit dem Kranich zu führen. Wir vereinbarten einen Termin in der ersten großen Pause mit ihm, und meine Mentorin schlug vor, den Dreiertrakt für die Prüfung zu reservieren. Der Kranich hörte sich alles an, machte sich Aufzeichnungen und sagte, jetzt gehe er nach Hause.

Ich schrieb die beiden Klassenlehrerinnen, die dort zeitgleich unterrichten würden, an. Die eine Klassenlehrerin zeigte sogleich Verständnis und schlug vor, mit ihrer Klasse solange auszuziehen. Nicht aber die andere! Das war jene, die mich bereits wegen der Handys im Visier hatte und zu dem Elterngespräch mit der Schwester geraten hatte. Das mache sie nur, wenn ihr das die Schulleitung auftrage!

Dann passierte erst mal tagelang gar nichts, bis meine Bio-Mentorin und ich entschieden, mal den anderen Konrektor anzusprechen, ob jetzt eigentlich feststehe, wo mein Bio-PU stattfinden würde. „Gab es da ein Problem?“, fragte er verwundert zurück. Er wusste offensichtlich von nichts. Und wie sich herausstellte, war das Raumproblem von dem Kranich auch nicht bearbeitet noch weitergetragen worden. Der erste Konrektor kam sehr schnell mit einem anderen Lösungsvorschlag: Ein Raum unten neben dem Haupteingang wäre doch frei. Das hieße, wenn ich meine mündlichen Prüfungen hätte, würden sämtliche Schüler*innen und Schüler gerade durch diesen Hauptausgang nach draußen strömen. Dass das nicht leise abgeht, liegt auf der Hand, trotz möglicher Schilder. Kinder sind nun einmal Kinder! Schlechter konnte es gar nicht mehr sein. Und dann passierte erst mal wieder nichts seitens der Schulleitung, während Schulleitungen der anderen Referendar*innen und Referendare nicht so ein Theater veranstalteten und bei Komplikationen kurz ans Seminar durchgaben: PU im Kolloq-Format.

Luisa*: „Das tut mir so leid, dass diese Frau scheinbar überhaupt keine Ahnung hat. Es wäre doch so einfach jetzt zu sagen „Nein- das machen wir hier nicht!“ Ich verstehe sehr gut, dass du so eine Abneigung gegen diese Leitung hast – das hätte ich auch…alle* hätte*n das.“*

Es gab eine Checkliste, die Schulleitungen zu den Prüfungsräumen auszufüllen hatte, und es gab den Punkt: „Raum liegt ruhig fernab der anderen“.

Meinem Pädagogik-Seminarleiter, dem ich von dem Raum- Problem an meiner Schule schrieb, schickte der Birne sogleich die Checkliste, die eigentlich erst als letzter Schritt unmittelbar vor der Prüfung versandt wird. Aber offenbar brauchte die Schulleitung hierin „Nachhilfe". Und nun merkte immerhin der erste Konrektor, dass die Lage neben dem Haupteingang auch von Seminarseite nicht gut geheißen würde.

Und da kam uns Corona zu Hilfe: Zwei Klassen in einem anderen Dreiertrakt kamen in Quarantäne, und ein Dreierkompartment wurde frei! Dort würden die mündlichen Prüfungen stattfinden, und es gäbe den Vorbereitungsraum für den Prüfling. Der Raum für den Bio-PU würde der Klassenraum der Klasse bleiben mit Absperrung des Treppenhauzugangs und Ermahnung der beiden Klassenlehrerinnen der benachbarten Klassen. Hoffentlich würde das gut gehen!

Yasmin: ***„Nun wirst du deine Prüfung also doch in Präsenz haben. Ich hab für dich gebetet, dass es ins Kolloq Format geht. Ich schicke dir ganz viel positive Energie, die du wahrscheinlich in der Schule nicht hast!"***

Hannah: *„Danke sehr, das ist aber nett! Ja, Kolloq wäre mir so viel lieber gewesen, dann hätte ich allein schon nicht die halbe LKW Ladung an Logistik herschleppen müssen. In Chemie habe ich immerhin nichts Gefährliches, keine Geräte aus Glas, alles aus*

Kunststoff. Bei den Kleinen weiß man ja nie! Mich ärgert es aber weiterhin, dass andere es mit ihrer Schulleitung so leicht hatten, wir aber bei der Birne auf Granit stoßen. Und ja- positive Energie kann ich echt brauchen! Und dir auch: Gesundheit!"

Und dann hatte ich die Prüfungsunterlagen abzuholen.

Hannah: *„War heute beim Studienseminarleiter, die Unterlagen zur Prüfung abzuholen. Ab jetzt darf ich nicht krank werden, sonst wird die Prüfung verschoben, weil dann die Zeitabstände nicht mehr gegeben wären. Aber wer weiß, bei den hohen Inzidenzen? Da kann es leicht passieren, dass auch Schüler*innen und Schüler fehlen oder dass jemand von der Prüfungskommission ausfällt. Und das alles ganz kurzfristig. Ja, ich mach es, so gut ich es kann."*

Zu allem Überfluss überschnitten sich auch noch das Ende des Halbjahres mit den letzten Zügen meiner Prüfungsvorbereitungen, denn das Ende des Referendariats würde paradoxerweise erst im neuen Schulhalbjahr enden und nicht mit dem Halbjahr. Das bedeutete Notengebung und Zeugniskonferenzen- knapp vor meiner Prüfung! Und so musste ich zu allem Überfluss statt für die mündlichen Prüfungen zügig weiter zu lernen Noten eintragen. Ich fragte den Kranich, ob ich den Klassenlehrer*innen und Klassenlehrern meine Noten weiterreichen und damit immerhin den Konferenzen fernbleiben konnte, und er genehmigte das sogar.

Aber ich hatte nicht mit dem letzten Schachzug der Birne gerechnet! Und das brachte mir zu Hause zum ersten Mal Tränen. Nun war ich an der Reihe und war psychisch am Ende. Ich konnte einfach nicht mehr!

Hatte ich mit Erlaubnis des Kranichs die Noten an die Klassenlehrer weiterleiten und den Zeugniskonferenzen fern bleiben dürfen – bei mir erhielt ohnehin niemand der Schüler*innen und Schülern Note fünf oder sechs und war damit versetzungsgefährdet – traf es mich jetzt richtig: Die Birne war nicht mit meiner Notengebung einverstanden und bestellte mich in ihr Büro.

Hannah: *„Die Birne macht schon wieder Probleme, ich halte es nicht aus! Jetzt hat sie entdeckt, dass ich in einer Klasse mehreren Leuten eine eins gegeben habe. Ich finde auch, dass sie eine eins verdient haben- schriftlich eins, sich super beteiligt, Plakate gemacht!"*

In den beiden Abschlussklassen, sagte die Birne, wären die Noten „zu gut"- und dass, obwohl sie keiner einzigen Stunde beigewohnt hatte und es alle Noten von eins bis vier gab. Ich war einfach sprachlos! Es könne nicht sein, dass Schüler*innen und Schüler einer Abschlussklasse eine gute Halbjahresnote erhalten, die dann auch noch auf dem Abschlusszeugnis erscheine, weil Chemie in Klasse zehn epochal erteilt werde. Ich solle das nochmals ganz genau bei jeder Schüler*in und jedem Schüler bedenken. – Für mich gab es da nichts zu bedenken, denn ich hatte meine Begründung: gerade WEIL es eine Abschlussklasse war, hatte ich die Schüler*innen und Schüler immer wieder motiviert und erinnert, dass sie doch ein gutes Abschlusszeugnis brauchten. Und viele, wenn auch nicht alle, zogen mit! Es gab mehrmals Note eins in der Arbeit, es wurden zusätzlich Referate gehalten, Mappen, Plakate abgegeben und nach jeder Stunde die mündliche Mitarbeit notiert. Zudem war das Thema nicht schwer, es ging um Kohle und Erdöl, Erdgas, und da viele bereits dabei waren, ihren Führerschein zu machen, hatten sie auch schon mal was von einem Diesel- und Ottomotor gehört. Das reichte ihr jedoch nicht. Es könne nicht sein, dass eine sonst mittelmäßige Schülerin ausgerechnet in Chemie Note eins erhalte! – Und warum nicht? Hatten wir nicht alle früher Fächer, in denen wir besser oder schlechter waren als in anderen? Lieblingsfächer? Und Lehrer*innen / Lehrer, mit denen wir gut zurechtkamen und andere, bei denen das weniger der Fall war? Sie ließ nichts gelten. „Nein, Frau K, so läuft das nicht!" Und das unmittelbar vor meiner Prüfung.

Hannah: *„Du glaubst es nicht, das scheint mir wieder so eine Machtdemonstration zu sein. Sie muss immer recht behalten können, so dass sie das letzte Wort* *hat. Und wenn sie allein meint, dass Schüler*innen und Schüler, die sonst ein Dreierzeugnis haben, deswegen keine eins in Chemie verdient haben* können, *dann dürfen sie auch keine eins haben. Ich finde das so ungerecht den Schüler*innen und Schülern gegenüber -und peinlich! Sie habe noch nie Chemie verstanden, deshalb wäre eine eins auf einem Dreierzeugnis sicherlich falsch. Die Birne hatte mir geraten, dass ich mir die Noten nochmals ansehe. Das habe ich getan und ihr mitgeteilt, dass ich dazu stehe. Das ließ sie aber nicht durchgehen und hat mich sogleich nochmals in ihr Büro morgen bestellt. Ahhh, ich mache so viele Kreuze wie nur möglich, wenn ich die Frau nicht mehr sehen muss!"*

Yasmin: *„Die kann doch nicht aus dem Nichts bestimmen, was die Schüler*innen und Schüler für Noten erhalten sollen!? Kein Wunder, dass die Schule einen schlechten Ruf hat! Mal ehrlich, die Rektorin beschwert sich, dass die Kinder gute Noten haben. Das gerade motiviert die Kinder doch, wenn sie wenigstens in einem Fach eine eins haben, wissen sie, dass sie es schaffen können, auch in anderen Fächern. Und du hast schon genug zu tun, gerade so kurz vor der Prüfung. Als ob sie das voll mit Absicht macht...ich hasse sowas. Ich finde die Birne ohnehin so...ich bin einfach froh, die nicht mehr sehen zu müssen!"*

Hannah: *„Und was fast witzig ist: Die scheint auch davon zu träumen, mich bald nicht mehr zu sehen.*

*Wiederholt sagt sie zu mir: „Sie sind ja auch bald nicht mehr bei uns." „Sie sind ja bald nicht mehr im System!" Mir scheint, die Frau weiß gar nicht, dass wir Referendar*innen und Referendare nicht mit Ende des Halbjahres weg sind, sondern noch drei Wochen weiter bleiben. Ich muss sie nach der Prüfung mal fragen, was ich dann unterrichten soll, da ich ganz so schnell ja doch noch nicht weg bin."*

Yasmin: *„Die Frau ist einfach so inkompetent!"*

Hannah: *„So sehen es auch andere. Hans ist ja jetzt Klassenlehrer und hat damit öfters mit ihr zu tun. Er sagt auch, sie habe keinen Plan, keine Antwort auf Fragen, einfach nix. Nun werde ich ja morgen zu ihr zitiert, wahrscheinlich hält sie mir noch einen Vortrag...ahhh, auch das noch!"*

Ich hatte den nächsten Termin am darauffolgenden Tag bei ihr, ihre Tür war aber geschlossen - ein Zeichen, dass man nicht eintreten dürfe. Ich meldete mich daraufhin bei der netten Sekretärin und schilderte ihr mein Problem. Und sie sagte: „Du, ich klopfe da jetzt besser auch nicht. Die wird immer gleich so ungehalten und ausfallend!" Und hinterließ eine schriftliche Nachricht, dass ich zur verabredeten Zeit dagewesen sei. Kaum zu Hause angekommen, hatte ich auch schon eine empörte Mail von der Birne: „Unerhört, dass ich nicht hereingekommen sei, sie hätte doch auf mich gewartet!"- Und ich antwortete ihr, dass ich mich bei der Sekretärin gemeldet und diese entschieden habe, wegen der geschlossenen Tür lieber nicht zu stören. Man konnte es ihr nie recht machen. Und sie verlangte mittlerweile nicht mehr nur die Notengebung der beiden zehnten Klassen, sondern von allen 120 Schüler*innen und Schülern, die ich unterrichtete! Das war der WAHNSINN, so kurz vor der Prüfung! Aber besonders als Referendar*in war ich ja der *underdog*. Und da ich in der Abschlussphase war, war ich jetzt besonders angreifbar.

Unter Tränen schrieb ich meinem Pädagogik-Seminarleiter, dass ich nicht mehr könne und schilderte ihm die neue Aktion. Er antwortete wie immer schnell und meinte aufbauend: „Aufgeben ist keine Option!“ Ich sagte mir, immerhin waren meine Vornoten gut genug, dass selbst bei schlechtester Bewertung meines Prüfungsunterrichts ich rein rechnerisch das Staatsexamen noch bestehen könnte. Das gab mir Rückhalt. Und sogar meine Bio-Mentorin kommentierte: „Das ist reine Schikane! Unmöglich!“

Luisa: *„Unglaublich. Und so respektlos…und solche Menschen dürfen eine Schule leiten?! Das ist doch alles Schikane…Lass dich von „denen“ nicht entmutigen oder runterziehen… Das Seminar steht hinter dir- das ist wichtig und zählt am Ende am meisten.“*

Sie zitierte mich ab da *jeden Tag* ins Büro- wie mir schien, um ihre Macht zu beweisen. Und irgendwann resignierte ich unter dem Druck und brach ein. Was die zehnten Klassen betraf. Als Ganzjahresnote freilich wäre das nach ihr nicht zu betrachten- aber es gab ja auch kein ganzes Jahr, wofür die Schüler*innen und Schüler ja nichts konnten! Ich sagte den betroffenen Schüler*innen und Schülern, wie unglaublich ungerecht ich das finde, aber die Schulleiterin untersage mir, in diesen Fällen eine Note zu geben, die ich für angemessen halte. Die betroffenen Schüler*innen und Schüler bekamen also eine Note schlechter, weil die Birne das so verlangte. Sei es, weil sie selbst Chemie, wie sie vormals sagte, „nie verstanden“ habe und es den Schüler*innen und Schülern nicht gönnte. Sei es, um mich noch einmal besonders zu schikanieren. Ich litt mit der Klasse. Und zwar im tiefsten Inneren. So etwas gibt es wahrscheinlich sehr selten: Normalerweise ist man mit der Note einer Lehrkraft nicht einverstanden, dann beschwert man sich ggf. bei der Schulleitung. Aber andersrum? An dieser Schule war einfach auch *alles* möglich. Ich hatte keine Zeit für Mails an andere Referendar*innen und Referendare und hielt einzig den Pädagogik-Seminarleiter auf dem Laufenden. Denn ich wusste nicht, wie sie sich in der Prüfung präsentieren würde. Sie ließ mich ab Mittwoch – die Prüfung war Freitag!- dann tatsächlich erst mal in Ruhe, sie hatte ja auch „gesiegt“.

Immerhin hörte ich später – wahrscheinlich war ihr das Risiko zu hoch- dass die Klassen auch im folgenden Halbjahr nun Chemie haben würden, und zwar beim Kranich. Somit waren diese unnatürlichen – und wie ich fand: ungerechten Noten nicht auf dem Abschlusszeugnis und konnten bis dahin verändert werden. Theoretisch.

Hannah: *„Ja, die Schulleiterin verlangte noch kurz vor meiner Prüfung, dass ich ihr alle 120 SuS* Noten vorrechnen soll! Reinste Schikane! Vorher hatte sie das auch nie gewollt…“*

Luisa: *„U N G L A U B L I C H! Diese Frau hat ihren Job einfach nur verfehlt. Vorrechnen? Mir fehlen die Worte…“*

Hannah: *„Ja, und zwar jede einzelne und jeden einzelnen der 120 SuS*! Denn: Es könne ja nicht sein, dass eine Schülerin, die sonst nur Note drei und vier habe, eine eins in Chemie bekomme. Und Piesacken bis kurz vor der Prüfung. Was das an Zeit kostet, 120 SuS* vorzurechnen, weiß sie ja. Dafür hat sie dann auf einmal Zeit und es heißt nicht: „Nicht jetzt, Frau K! Sie sehen doch dass ich beschäftigt bin“… Ich sehe das als reine Schikane.“*

Yasmin: *„Und, bist du gut vorbereitet?“*

Hannah: *„Und nein, ich bin noch überhaupt nicht fertig mit meinen Vorbereitungen! Die Notengeschichte hat mich jetzt nochmals extra Zeit und Nerven gekostet. Ich fang jetzt an, in Bio noch was zu lernen. Die Zeit ist immer zu kurz, man hat noch Sachen auszudrucken, bis auf die letzte*

Minute! Irgendwo bekommt man dann Punktabzug- und gut ist. Ich hab schon am Samstag meine PU Entwürfe verschickt, bis Montag um 12Uhr hätte ich Zeit gehabt- und habe später gesehen, es gab noch zwei Kommafehler, und einen Begriff hätte ich anders wählen sollen, aber ich schick's jetzt nicht nochmal rum, ist abgehakt."

Mein Pädagogik-Seminarleiter erinnerte daran, dass wir Prüflinge NACH dem PU nicht aufzuräumen bräuchten, darum kümmerten sich die Mentor*innen und Mentoren. Und ja, die Referendar*innen und Referendare meiner Seminare, die bereits die Prüfung an ihren Schulen abgelegt hatten, erzählten, wie ihre Mentor*innen und Mentoren sich hinreißend um alles gekümmert und aufgeräumt hätten. Nach meinem Chemie PU gäbe es glücklicherweise nicht so viel aufzuräumen, und nach mir bliebe der Raum höchst wahrscheinlich unbenutzt, da keiner der Kolleg*innen und Kollegen den Raum für Experimente benutzte. Das würde nicht so viel Zeit in Anspruch nehmen. In Bio sah das anders aus: Ich hatte unglaublich viel Logistik, und als ich die Information, dass Mentor*innen und Mentoren nach der Prüfung aufräumten, meiner Bio-Mentorin antrug, schaute sie mich ungläubig an und fragte: „Wo steht das?" Ich schrieb an meinen Pädagogik Seminarleiter, und der antwortete: „Nirgends, sei aber ÜBLICH!" Ich solle ihr seine Mail zeigen. Derart Bittstellerin bei meiner Bio-Mentorin sein zu müssen fand ich unwürdig. Hatten Mentor*innen und Mentoren der Referndar*innen und Referendare an anderen Schulen das sogar von sich aus angeboten und versichert, die Prüflinge bräuchten sich um nichts zu kümmern inklusive Aufräumen, lief das an dieser Schule wieder mal anders. Stattdessen fragte ich Hans, ob er das für mich tun könne, zumal er mir seine Hilfe angeboten hätte. Dann passte es ihm aber doch nicht, weil etwas dazwischen gekommen war, und ich war darauf eingestellt, alles selber machen zu müssen.

Luisa: *„Ich hoffe, dass du in den letzten Tagen ordentlich etwas schaffen konntest und deine Schule dich zumindest in den letzten Tagen vor der Prüfung mit Kuriositäten verschont. Habe meinen GUB-Entwurf an vielen Stellen angepasst…bin immer noch kein „Fan“ davon- habe aber keine Kraft mehr alles noch einmal umzuschreiben. Ich mache jetzt das Beste aus dem „nicht so tollen“ Entwurf und der „nicht so tollen Stunde“. Das fällt mir irgendwie schwer, weil ich es gerne besser machen würde und vielleicht auch könnte…aber ich bin irgendwie am Limit. Von daher werde ich jetzt nur noch „Korrekturlesen“ und Rechtschreibfehler und all das ausbessern. Nebenbei mache ich mir Notizen. Montag will ich alles drucken, Dienstag Materialbox packen und Raum putzen, Mittwoch habe ich lange Unterricht, Donnerstag ist der GUB und Freitag sende ich* *meine ganzen positiven Gedanken…und dann hätte ich sehr gerne 6 Wochen Sommerferien mit Sonne ;)"*

Hannah: *„Dann drücke ich dir jedenfalls für Donnerstag fest die Daumen! Ich habe ja von deinen Entwürfen ein paar nette Dinge gelernt, daher kann ich mir kaum vorstellen, dass du nicht zufrieden sein kannst ;-) Ich bin gerade unter Hochdruck in den letzten Zügen, und wie immer ist zu wenig Zeit…Oh ja, sechs Wochen Ferien hätte ich auch gern ;-) Wie ist es eigentlich mit deiner Raumsituation?"*

Luisa: *„Irgendwann sagte ich mir „Jetzt reicht es!" Wenn ich schon nicht den Fachraum bekomme, indem sowieso nichts funktioniert (Gasanschlüsse, Wasser, Strom usw.), dann suche ich mir einen anderen Ort, um den ich nicht jedes Halbjahr „kämpfen" muss. In dem Gebäude der Grundschule gibt einen echten NaWi-Raum aus den 80ern, der lediglich 1 x die Woche für eine Stunde genutzt wurde. Die Grundschule ist 200 m entfernt. So erklärte ich der Raumplanung, dass ich nicht mehr in dem Chemie-Raum unterrichten werde und nun komplett in diesen besagten Raum in der Grundschule ziehen werde. Es wurde ein entsprechender Vermerk gemacht. Und dann: selbst im letzten Halbjahr kam es dazu, dass ich diesen Raum aus „planerischen Gründen" dann doch nicht nutzen konnte, weil es zeitlich* *mit dieser einen Stunde, die 1 x wöchentlich dort stattfand, kollidierte. Ich nahm das selbst in die Hand. Der betreffende Kollege, suchte sich einen anderen Raum und meinte „klar – du bist Anwärterin, du hast bald Prüfung – das geht natürlich vor!“ Dann hatte ich also einen Raum – meinen Raum, der mein Wohnzimmer im letzten Halbjahr wurde. Ich absolviere nun meinen ganzen Unterricht dort, schleppe Materialen in den Raum und putze…*

Ich glaube, bis auf die Fenster habe ich alles geputzt. Aber es ist mir egal, ich will mich einfach wohlfühlen. Ich will mir selbst die Bedingungen schaffen, die ich benötige. Und das tue ich – ich kreiere mir einen Chemie-Raum, indem ich alte Geweihe von den Wänden nehme und mir mein eigenes riesiges Periodensystem der Elemente besorgte: Es kostete nur 20 Euro, war dafür aber auch eigentlich ein Duschvorhang.“

Zu putzen habe ich mich geweigert. Wäre das in einem Drittland, in dem Geld für Arbeitskräfte nicht vorhanden ist und Wasserknappheit herrscht, hätte ich wahrscheinlich gefegt, wo es nötig war, Staub und Spinnenweben entfernt und aufgeräumt. Aber nicht in Deutschland! Der alte NaWi-Raum, wie ich ihn zu Beginn kennengelernt hatte, war in sämtlichen Waschbecken verdreckt, die Abdeckungen dazu von Putzkräften nie geliftet worden, weil diese dafür nicht bezahlt wurden. Der Raum war insgesamt verstaubt, hier und da klebten Chemikalienreste unbekannter Identität. Als ich den Hausmeister vor meiner Staatsprüfung bat, den Raum dringend von Putzleuten säubern zu lassen, schaute er sich diesen an und notierte: „Stark verdreckt!“ Ohne jeden Sinn musste ich dann miterleben, dass für den neuen NaWi-Raum noch kleinere Waschbecken für die Schüler*innen und Schüler von dem Kranich bestellt worden waren, über deren Winzigkeit sogar er bei deren Eintreffen überrascht war. Offenbar hatte er mit den angegebenen Maßen nichts anfangen können- und das als NaWi Lehrer! Jedenfalls war es eine Frage der Zeit, würden diese Waschbecken in Betrieb genommen, wie lange es dauern würde, bis auch diese verdreckt und verstopft wären. Völlig Schüler*innen und Schüler-untauglich.

Yasmin: ***„Das Ding ist nur, wenn man bei so was richtig rumgeizt mit dem Geld, und sich dann viel zu kleine Waschbecken holt, können die Kinder doch dann gar nichts richtig machen. Man kann ja nicht viel machen mit solchen Becken. Und das fördert sie doch auch gar nicht! Die Schule hat sowieso schon einen schlechten Ruf, und da sag ich mir auch: Kein Wunder! Es kümmert sich keiner um die Kinder! Alle klagen nur, die Schülerin / der Schüler hat schon wieder das oder jenes gemacht, aber ich hab noch nie ein Gespräch mitbekommen, bei dem es darum ging, wie können wir dieser Schülerin und diesem Schüler helfen? Das ist doch sehr erschreckend, finde ich.“***

Hannah: *„Genau so ist es!“*

In der Chemie-Klasse unterdessen gab es Corona-Fälle, und die große Frage war, käme die Klasse Freitag in Quarantäne oder nicht. Das hieß, PU Chemie im Kolloq-Format oder nicht. Der Pädagogik-Seminarleiter war in Wartestellung, da er das Kolloq-Format formal beantragen musste. Und tatsächlich, Donnerstag war es soweit: Die Anordnung vom Gesundheitsamt traf ein und die Klasse brach weg. Jetzt hatte ich mich spontan auf Kolloq-Format statt Präsenz einzustellen, was bedeutete, ich würde die Stunde in allen Einzelheiten *erzählen* müssen. Für mich hieß das einige Sorgen weniger, so etwa, was die Logistik betrifft: Die Chemie Materialien würden also zu Hause bleiben. Ich wusste auch, dass einige Schüler*innen und Schüler enttäuscht sein würden, da sie mich an diesem Tag doch unterstützen wollten! Die Pandemie trieb gerade die Inzidenzen in die Höhe und nun war die Frage: Würde die andere Klasse halten? Auch in dieser Klasse gab es bereits aktuell Corona Fälle. Bis Donnerstagabend war jedoch keine Anordnung vom Gesundheitsamt da.

Luisa: *„Liebe Hannah, für morgen wünsche ich dir ganz, ganz viel Erfolg! Alles wird gut!“*

Yasmin: *„Ja von mir auch! Ich drück dir die Daumen, du wirst das schon schaffen! Ach was, du wirst es rocken!“*

Hannah: *„Danke!“*

6. Prüfungstag (Hannah):

Und der Freitag kam. In der Nacht hatte es plötzlich Frost gegeben und ich bangte um den Chemie-Seminarleiter, der von weiter her angereist kam und hoffentlich unbeschadet und pünktlich ankommen würde. Ich selbst hatte mir für diesen Morgen am Vortag ein Taxi bestellt, und das war zur vorgesehenen Zeit nicht da! Ich rief in der Zentrale an, und man versicherte mir, dass die Taxifahrerin bald käme, es hätte ein Problem gegeben. Fünfzehn Minuten später als geplant stieg ich ins Taxi ein, brachte die Materialien in die Prüfungsräume und ging bange ins Lehrerzimmer. Ich musste durch die Taxiverspätung auch gar nicht mehr lange warten, nach und nach trafen alle Seminarleiter ein, und zu meiner großen Erleichterung ebenso der Chemiker-Kollege. Auch hatte ich bereits drei Schüler*innen der Bio-Klasse gesehen, und der Pädagoge informierte: Drei reichten nicht aus. Er hätte aber die Genehmigung, auch hier notfalls ins Kolloq zu gehen. Die Birne schien guter Dinge und versicherte allen, das werde ein guter Tag!

Wir begaben uns zum Dreierkompartment, vor dem bereits eine kleine Theke mit Essbarem und einem Blumenstrauß aufgebaut waren, was mich jedoch wenig interessierte. Ich war froh, mich in der verbleibenden Zeit in das Vorbereitungszimmer für „den Prüfling“ zurückziehen zu dürfen und noch ein letztes Mal die zuletzt gelernten Daten für die mündliche Prüfung wiederholen zu können. Der Chemie-Seminarleiter und ich mussten unmittelbar vor Eröffnung der Prüfung gleich erst noch einmal verschwinden, und dann wurde die Prüfung eröffnet. Es folgte der Chemie PU im Kolloq-Format, es gab die Nachbesprechung, zu deren Vorbereitung ich mich zehn Minuten ins Nebenzimmer zurückziehen durfte, und dann war der erste Teil durch. Inzwischen hatten wir erfahren, es war die Hälfte der Bio-Klasse da, und das würde zur Präsenz reichen. Ich hatte also nicht umsonst alles zur Schule geschleppt!

Nun hatten wir bei aller Blitz-Umplanung nichts an dem Zeitplan verändert und danach nun noch eine ganze Stunde Zeit. Der Pädagogik-Seminarleiter, der den Vorsitz führte, fragte mich, was wir jetzt machen sollten: Zeitplan einhalten? Oder ggf. den zweiten PU vorziehen? Ich denke, dass es im Sinne aller war, und entschied mich für das Vorziehen des Bio-PU. Die Schulleiterin gab das ans Sekretariat weiter, und es ertönte daraufhin eine Ansage, meine Bio-Mentorin möge sich bitte mit der Klasse im Bio-PU Raum einfinden. Denn damit die Schüler*innen und Schüler von der Logistik nichts durcheinander bringen konnten, war die Klasse solange mit meiner Bio-Mentorin woanders untergebracht. Die Atmosphäre war nett entspannt. Die Birne sagte, sie gingen jetzt hoch und ich solle kommen, wenn ich bereit war. Ich kam wenige Minuten später, der Bio-PU fand also in Präsenz statt, mit der Hälfte der Klasse, da die andere Hälfte bereits unter Quarantäne stand- und noch am selben Tag traf die Anordnung vom Gesundheitsamt ein, die gesamte Klasse unter Quarantäne zu stellen. Wir hatten gerade eben so noch die Kurve gekriegt! Ich hätte zwar lieber beide PU im Kolloq Format gehabt, aber wie die Birne später hervorhob, konnte man erst in Präsenz ein Bild vom Unterricht erhalten. Wie dem auch sei, was die Birne dachte und sagte! Eine Schülerin fühlte sich von einer Corona-Impfung am Vortag hundsmiserabel und war meinetwegen mit Fieber zur Schule gekommen. Ich hatte fantastische Schüler*innen und Schüler! Es folgte dann auch hier die Nachbesprechung, wozu ich mich zehn Minuten vorher zurückziehen durfte, und mit kurzer Toilettenpause die mündlichen Prüfungen. Bis auf zwei Seiten hatte ich alles noch geschafft zu lernen. Dennoch waren die Fragen für mich so, dass ich nicht immer sofort wusste, worauf ein Prüfer hinaus wollte. Ich sagte, was mir dazu einfiel und blieb mit dem Gefühl zurück, nicht immer adäquat geantwortet zu haben. Jedenfalls konnte ich mir nichts vorwerfen, denn auf diese Fragen hätte ich mich auch nicht anders vorbereiten können. Jeder Teil dauert fünfzehn Minuten, der Pädagogik-Teil zu Schulrecht fünf Minuten, und es war, was alle vorher gesagt hatten: Die Prüfungsteile waren so schnell vorbei. Ich hatte das Gefühl, gerade in ein Thema einzusteigen, da wurde auch schon abgebrochen, der nächste war dran. Am Ende wurde ich rausgeschickt und sollte nach einer bestimmten Zeitspanne wiederkommen. Als diese vorüber war und ich anklopfte, durfte ich noch eine weitere Runde warten. Sie machten es aber auch spannend! Man wird schließlich hereingebeten, die Note verkündet und gefragt, ob man die einzelnen Begründungen dazu wissen möchte. In meinem Fall wollte ich das nicht- endlich geschafft und vorbei!

Hannah: *„Juchu, Gesamtnote sehr gut."*

Yasmin: *„Ich freue mich sehr für dich. Das hast du aber echt verdient!"*

Luisa: *„Wow, juchu! Ich freu mich sehr für dich!!"*

Hannah: *„Und der GUB bei dir?"*

Luisa: *„War auch gut!"*

Nun stand mir ja noch das Aufräumen bevor. Hans hatte jedoch zumindest zwei Behälter schon mal in den Nebenraum gestellt, so dass ich nur noch zwei Drittel der Arbeit hatte, und da die Bio-Klasse Montag in Quarantäne war und somit nicht kommen würde – der Beschluss des Gesundheitsamtes lag jetzt vor!- ließ ich das meiste, wie es war und sammelte nur die Abfälle ein. Meine Bio Mentorin half mir jedoch in der darauffolgenden Woche „mein Lager" mit ihrem Auto nach Hause zu bringen.

Als ich gerade die Abfälle nach draußen in die Müllcontainer brachte, winkte mich die Birne durchs

Fenster herein, ich solle noch nicht gehen. Es gab noch einen Abschluss im kleinen Kreis mit Blumen – derselbe Strauß, der bereits vor dem Prüfungsraum den Tisch dekorierte und tatsächlich für mich war- von der Birne und Anekdoten. Sie hatte sogar etwas von meinem PU fotografiert und das per Mail an Kolleg*innen und Kollegen geschickt, worauf nun anerkennend und lachend Bezug genommen wurde! Ich bedankte mich und hielt mich ansonsten kurz und knapp. Der Kranich stand dabei und sagte kein Wort, als würde er mental fehlen.

Luisa: *„Deine Schulleitung ist wirklich der Knaller- aber ich hätte es genauso gemacht wie du: so viel Respekt wie nötig, aber nun nicht so tun als wäre es „die beste Zeit des Lebens“ an dieser Schule gewesen.“*

Am jetzt bevorstehenden Wochenende war erst mal Schlafen angesagt. Und ich tat, was ich seit so langer Zeit aus Zeitmangel nicht getan hatte: Ich spielte wieder Klavier. Ich hatte mein Leben zurück!

In der folgenden Woche rief mich die Birne gleich Montag zur Fortsetzung der Notenbesprechung. Nein, sie ließ nicht locker, und beschönigend sagte sie auch noch: Wegen der Prüfung habe sie mich erst mal *in Ruhe gelassen*.

Hannah*: „Morgen darf ich erst mal wieder zur Schulleitung – zur Notenbesprechung. Vielleicht hilft mir ja Corona oder sie ist zu beschäftigt...“*

Luisa: *„Wie kann diese Frau nachts noch schlafen? Unbegreiflich…Deine Schulleiterin hat die Schüler überhaupt nicht im Blick – anstatt sich zu freuen, dass SuS* Freude am Chemieunterricht entwickeln und aktiv mitarbeiten."*

Zwei Tage später fand meine Augen OP statt.

Hannah: *„Die schläft wahrscheinlich bestens, nur mich* lässt sie nicht in Ruh! Heute N*achmittag hatte ich eine Augen-OP und bin noch benommen. Sie aber wollte die Liste, für alle 120 SuS* mit Noten im Detail. Habe noch im OP Kittel getippt und ihr das Ding geschickt. Ich hoffe echt, dass sie mich jetzt in Ruhe lässt, mindestens die nächsten 2 Tage bin ich krank…Sogar meine Bio-Mentorin sagte wieder, das sei reine Schikane…"*

Meine Bio-Mentorin war in dieser Angelegenheit auf meiner Seite und riet mir, mich nur nicht hetzen zu lassen und erst mal wieder richtig gesund zu werden. Auch sie regte es auf, dass man im Krankheitsfall Vertretungsmaterial hochladen musste, und fand es unmöglich, wie man nach der OP mit mir umging.

Luisa: *„Oje…wie geht es dir und deinem Auge? Trotz der OP wollte sie diese Liste? In anderen Branchen hätten solche Personen schon längst ihren „Sessel" räumen müssen. Das ist so ein böses und niederträchtiges Verhalten…Ruh* *dich gut aus, du hast dein Examen in der Tasche und bist bald nicht mehr an dieser Schule mit dieser Frau, die sich unverständlicherweise Schulleiterin nennen darf."*

Tatsächlich ging es mir nach der OP nicht gut, und ich wurde entsprechend erst mal eine Woche krankgeschrieben.

Hannah*: „ Ich bin echt mit jedem Tag froh, der näher am Weggehen an der alten Schule liegt! Hatte ich dir erzählt, dass sie mich kurz nach der Augen-OP (!) abends anrufen wollte, um weiter Notenbesprechung zu machen? Ich hatte mein Handy aber ausgeschaltet und ihr vorher eine Liste mit allen 120 errechneten mündlichen Noten plus schriftlicher Note und Endnote geschickt."*

Luisa: *„Nach der OP anrufen? Diese Frau hat dich echt belästigt – gut, dass du das Telefon ausgeschaltet hast."*

Das Ende rückte nun ganz nah, und keiner wusste so recht, wann genau das sein sollte, denn das Halbjahr endete und es gab danach noch Seminartermine für uns.

Hannah: *„Sag mal, wann genau ist eigentlich Schluss?"*

Yasmin: *„Frühestens mit der Prüfung. Wenn man eine Stelle hat, kann man einen Antrag stellen, schon früher entlassen zu werden, wenn nicht, geht es noch 3 Wochen weiter."*

Hannah: *„Gut zu wissen, danke. Du weißt immer alles! Übrigens- was hältst du davon, wenn wir unsere Erfahrungen als Buch publizieren? Darüber hatten schon Luisa und Christiane gesprochen."*

Yasmin: *„Bin auf jeden Fall dabei!"*

Die Zeugnisse kamen, und die eine Klassenlehrerin von Klasse zehn, die das Theater mitbekommen hatte und angesichts der Aktionen der Birne nur mit den Augen rollte, fragte mich, ob sie die Noten jetzt ins Zeugnis eintragen könne. Das tat sie auch, und die Birne ließ mich endlich damit in Ruhe.

Da meine Prüfung auf Wunsch am Ende des dritten Halbjahres gelegen hatte, also nach den Weihnachtsferien, die ich zur Prüfungsvorbereitung nutzen wollte, war die Zeit für Bewerbungen wie erwähnt knapp. Diese musste man schon im Vorjahr tätigen, und ich hatte auch damit begonnen, als ich einsah, dass ich mich so nicht auf die Prüfung vorbereiten konnte. Also hielt ich an meinem Plan fest, nach der Prüfung nicht sofort eine Stelle anzutreten und bis zum Sommer zu warten. Und nicht nur mir ging es so mit Bewerbungen:

Luisa: *„Ich bin irgendwie ein bisschen am „durchdrehen"…nächste Woche muss ich mich schon bewerben (1. Phase), die 2. Phase der Bewerbung fällt genau in meinen Prüfungszeitraum, und ich finde und finde kein Thema für meinen Chemie-PU. Vermutlich* *mache ich mich gerade selbst ziemlich verrückt…Aber: es ist so schwierig in dieser Schule Unterricht zu planen, da ich alles neu kaufen muss und ich niemanden fragen kann, wie bestimmte Experimente funktionieren…Es muss also leicht sein, wenig Material beinhalten und ungefährlich sein.“*

Ich hatte die aktiven Bewerbungen abgebrochen und wegen der Inzidenzen Schule erst mal für mich gestrichen, aber meine Kontaktdaten standen noch auf der in Niedersachsen bestehenden Plattform EIS.online (wie auch auf der für Bremen und Hamburg), als ich eine Anfrage einer Grundschulleiterin aus einem kleinen Ort in der Nähe erhielt. Zwar gingen die Inzidenzen mit steigenden Temperaturen wahrscheinlich bald zurück und die gefährliche Delta Variante war auf dem Rückzug, aber ausgerechnet Grundschule! Wie es der Kranich mir immer wieder vorgeschlagen hatte - das war nicht mein Traum. Und Erfahrung hatte ich auch nicht mit Grundschule. So lehnte ich ab. Die Grundschulleiterin ließ aber nicht locker und antwortete, wenn man keine Erfahrung habe, könne man aber etwas Neues lernen! Diese Einstellung gefiel mir. Endlich mal nicht jemand, der wie in Deutschland üblich alle geforderten Fähigkeiten verlangt, und wehe es fehlt eine, dann war es das mit dem Job. Ich überlegte also. Die Grundschule befindet sich im ländlichen Bereich ohne Bahnstation und ohne regelmäßige

Busverbindung. Und ich fragte, wie ich hinkommen könne ohne Auto, zumal es mir wichtig war, erst zur zweiten Stunde anzufangen, da meine demente Mitbewohnerin mittlerweile auf Pflegegrad 4 um 8.00Uhr morgens abgeholt werde und ich so lange das Haus im Blick haben sollte. „Ach, das sei kein Problem, und was das Hinkommen betreffe, wird sich was finden", hieß es. Die Sekretärin wohne auch in meinem Ort, ebenfalls eine weitere Mitarbeiterin. Wenn es mir gefiele, hätte ich sogar die Möglichkeit zu bleiben. Und so sagte ich zu. Sie kontaktierte die Dezernentin, wir einigten uns auf eine Stundenzahl. Ich würde also in einer Grundschule das nächste halbe Jahr tätig! Da kam der Kranich ungeahnt noch auf seine Empfehlungen.

Hannah: *„Yasmin, komm doch mit- Grundschule, dein Metier!"*

Yasmin: *„Ohne Auto? Wie soll ich denn da hin kommen!?"*

In meiner alten Schule fragten mich jetzt nach der Prüfung Kolleg*innen und Kollegen, wie es weitergehe, und ich sagte ihnen, dass es für ein halbes Jahr erst mal an eine Grundschule gehe. Der Kranich machte große Augen. Und wahrscheinlich kam es ihm, dass er mich so komplett falsch eingeschätzt hatte. Nur wusste er ja nicht, dass die Grundschule gar nicht mein Plan gewesen war. Jedenfalls setzte er mich als einer der Stundenplaner für die restliche Zeit an dem

Grundschulzweig unserer Schule ein, und ich nahm mit, was man Neues lernen konnte.

Das Halbjahr war zu Ende, das neue hatte bereits begonnen, und unser Referendariat ging immer noch weiter. Es gab ja die Möglichkeit, bei Antritt einer Stelle an einer neuen Schule mit Genehmigung der jetzigen Schulleitung die alte Schule vorzeitig zu verlassen. Das versuchte ich erst gar nicht, immerhin in dem Bewusstsein, komme, was wolle, jetzt könne mir die Birne immerhin nichts mehr anhaben.

Hannah: *„Den Kranich grüße ich nicht mal mehr, wir haben seit der Prüfung kein Wort mehr gewechselt. Ihm wachsen gerade am Gesicht diverse Warzen, (...) aber das kann man ihm ja schlecht sagen."*

Luisa: *„Irgendwie habe ich kein Mitleid mit deinem Mentor – natürlich wünscht man niemanden Warzen (und schon gar nicht im Gesicht)...aber nun ist es wie es ist. Ganz, ganz komische Leute an deiner alten Schule – sei froh, dass der Alptraum bald vorbei ist."*

Und nicht mal die allerletzten Tage verliefen völlig reibungslos.

Hannah: *„Heute kam eine weitergeleitete Mail von der Birne, es gäbe noch Plätze zur Weiterbildung Entwicklungsstörungen. Da mich das Thema interessiert (was sie weiß, da ich es auch in der*

Prüfung hatte), meldete ich mich. Der Termin ist zugegebenerweise etwas ungünstig und geht über 2 Tage: der eine Tag liegt in ihrer Zuständigkeit, der andere in der der neuen Schulleiterin. Und rate mal, wer nein gesagt hat...Genau. Erst wenn alle Interessenten sich gemeldet hätten und FALLS DANN noch Plätze übrig seien, gebe die Birne mir Bescheid. War ja klar..."

Luisa: *„Und die Entwicklungsstörung-Geschichte liest sich wie ein „Nachtreten"... Diese Frau ist wirklich krank- irgendetwas stimmt in ihrem Leben nicht..."*

Ich war nun auch durch. Als nächstes wäre Luisa dran.

Hannah: „Such dir was für die Prüfung, was wenig kostet und nicht gefährlich ist. Atommodelle ist ja schon mal ganz nett. :-)

P.S.: Und DURCHHALTEN!!!!"

Bei Luisa ging es noch ein halbes Jahr weiter, da sie das Referendariat ja in Teilzeit leistete.

Hannah: *„Am Di sprach mich eine Klassenlehrerin einer Klasse, die ich auch hatte, auf den Kranich an. Er stecke immer den Whiteboard Stift ein. Irgendwann hatte sie genug und beschwerte sich. Und siehe da: Nächsten Tag lagen gleich ZWEI Whiteboard Stifte auf Ihrem Pult- was ja nur heißen kann, dass in einer anderen Klasse ein Stift fehlt...*

Sie fragte mich, ob er so ein Volltrottel sei, und ich nickte....“

Luisa: „*Warum steckt er die Stifte ein? Will er so die Digitalisierung aufhalten?*“

Hannah: „*Das wär's noch! Aber ich glaube, das macht er nicht absichtlich, der ist einfach nur verpennt!*“

Luisa: „*Solche Leute wie der Kranich an deiner Ausbildungsschule müssten entlassen werden. Wirklich. So etwas ist in der Wirtschaft undenkbar. Aber in der Schule ticken die Uhren irgendwie anders, wenn die Leitungen nicht stimmen. - Ja, ich werde jetzt keinen großen Aufwand betreiben.....Zumindest werde ich in Chemie kein Experiment machen. Das nimmt mir auch ganz viel Druck - das merke ich. Jetzt sitze ich wieder über Bio. Habe ich dir erzählt, dass ich nun Tiere dafür züchte? Das Projekt ist Dienstag gestartet. Ich wünsche dir eine erfolgreiche Woche!!!*“

Hannah: „*Wow, was züchtest du denn?*“

Luisa*:* „*Schnecken!*“

Hannah: „*Toll! Es gibt auch interessante Versuche zu den Sinnesorganen.*“

Und immer wieder schwang eine doppelte Planung wegen Corona mit.

Luisa: *„Aufgrund von Corona werde ich mit dem Körperbau von Schnecken starten. Wir arbeiten gerade in der Einheit „Schnecken“, besprechen verschiedene Arten der Stämme / Klasse. Meine Stunde ist also nicht abhängig von den vorherigen Stunden und falls ich zwei Wochen vorher ausfalle...wäre dann alles noch machbar. Die Versuche zu den Sinnen würde ich total gerne machen, dafür muss ich aber erst mal den Körperbau besprechen...also deshalb lieber die sichere Variante. Ich habe eine Art Schneckenzucht bestellt, morgen schau ich, was die Schnecken machen, und dann gibt es Futter und Feuchtigkeit. Mal schauen... So habe ich genügend Schnecken und muss nicht am Vortag auf Suche gehen.“*

Hannah: *„Das klingt ja spannend! Vielleicht sollte ich mir auch mal eine Schneckenfarm bestellen, um mich fortzubilden! Hast du da einen Link? Und prima, so bist du wirklich auf der sicheren Seite, komme da, was mag.“*

Luisa: *„Was ist eigentlich aus eurem neuen Raum geworden? Und dem Abgeordneten?“*

Hannah: *„Tja, alle sind genervt vom Kranich. Der hat ja die Chemieleitung, und angesichts dieses Chaos gibt der kompetente Abgeordnete auf und lässt sich krankschreiben. Er sagt, es sei völlig hoffnungslos, da sei ja nichts zu machen unter dieser Leitung. Seit der Verkündung, dass der Raum fertig sei, mit he-*

*raushängenden Kabeln und all den vollgepackten Tischen, an denen eigentlich die Schüler*innen und Schüler sitzen würden, hat sich seit vier Monaten nichts mehr getan. So geht man mit Steuergeldern um. Der dient jetzt als erweiterte Rumpelkammer."*

Mit dem Ende des Schuljahres war das Referendariat ja noch nicht vorbei, und ich brauchte mit Beginn des neuen Schuljahrs wieder einen Stundenplan. Doch der kam nicht.

Hannah: *„Der Kranich mal wieder. Habe eine Mail geschickt mit Bitte um meinen Stundenplan und wie immer mit der Bitte, KEINEN Unterricht Dienstag früh, da ich dann Seminar habe. Tagelang tut sich nichts. Morgen, Dienstag, beginnt das neue Halbjahr. Und was schreibt der zurück, Montag um 22Uhr? Komm dann Dienstag zur ersten, da werde man dann schauen! Kein Plan haben, super spät antworten und mich einbestellen, wenn es gerade NICHT passt. Ich gehe morgen jedenfalls nicht zur ersten hin, erst NACH dem Seminar dann."*

Als ich dann in der Schule den Kranich nach meinem Stundenplan fragte, kam nur: „Frag den ersten Konrektor."

Hannah: *„Der Kranich scheint ja nicht gerade daran interessiert, mich diesen Monat weiter zu beschäftigen. Der klang, als hätte er weder Lust noch Kraft."*

Yasmin: *„Ich ging grundsätzlich bei allen Sachen immer zum ersten Konrektor, und zwar dann, wenn der Kranich nicht gleichzeitig da war."*

Da nun bekannt war, dass ich an eine Grundschule wechseln würde, wurde ich entsprechend jetzt regelmäßig in der Grundschule meiner Ausbildungsschule eingesetzt. Und was besonders toll war: Der erste Konrektor setzte mich immer nur für zwei Stunden pro Tag ein! So konnte ich neue Eindrücke gewinnen und mich einfinden ohne gleich überladen zu werden.

Hannah*: „Hallo Yasmin, hattest du bis jetzt die 2A gehabt? Dort bin ich morgen in Vertretung eingesetzt, und die haben als Klassenlehrerin jetzt die Kaltfront! Und hatte auch schon mein erstes Vergnügen mit dieser Frau! So was von mega unfreundlich und inkompetent! Keine Mentorin, sondern ein Dementor! Der erste Konrektor hatte mich gefragt, ob es ok wäre, dass ich in einer 2. Klasse Vertretung mache und mir dann vorgeschlagen, mich an deine ehemalige Mentorin zu wenden, die wisse, was für Material es gebe und wo ich es finden würde. Also habe ich dort auf sie gewartet. Sie kam kurz vor dem Unterricht, hektisch, hat mich völlig ignoriert und als ich ihr sagte, der erste Konrektor schicke mich wegen der Vertretung morgen, hielt sie eine Sekunde inne, so dass ich sie fragen konnte, wo das Material für morgen sei- und sie bellte zurück: „Auf der Fensterbank!" Schloss die*

Tür vor meiner Nase und war weg. Unglaublich! Ich hab keine Ahnung, welche Fensterbank, meint sie die im Lehrerzimmer? Oder im Klassenzimmer? Ja, die hat sich um gar nix mehr gekümmert! Boah, du hast mein volles Mitleid, dass du diese Frau als Mentorin ertragen musstest!"

Yasmin: *„Die Kaltfront ist ein Alptraum! Allein schon wegen der wäre ich nicht zurückgekommen."*

Hannah: *„Das kann ich gut verstehen, meine Liebe, dass du nicht mehr zurück wolltest, und schon gar nicht zu der Kaltfront! Ja, ich werde dem Studienseminarleiter auch noch ein paar Zeilen schreiben und werde u.a. auch deine Mentorin erwähnen, wie unglaublich unfreundlich, völlig unkollegial die auftritt! Die hat mich gestern einfach stehen lassen, hallo!? Ich bin ja da, um in ihrer Klasse zu arbeiten. Und die kam auch schon verbissen in die Klasse gerauscht. Ich weiß nicht, man ist doch fröhlich, wenn man mit Kindern arbeitet, um eine gute, wertschätzende Atmosphäre zu schaffen. Jedenfalls, eine ganz, ganz schreckliche Person, du tust mir unendlich leid, die auch noch als Mentorin gehabt zu haben! Bei der hätte ich keine weitere Sekunde ausgehalten! Ich weiß nicht, die hat ihren Beruf total verfehlt. Und wir können ja in Kontakt bleiben!"*

Yasmin: *„Aber ich finde es super vom ersten Konrektor, dass er dir dieses Angebot macht, dich schon mal in der Grundschule schnuppern lässt,*

weil er weiß, dass du bald in der Grundschule tätig wirst. Das finde ich wirklich toll von ihm, der denkt mit! Und glaub mir, die Kinder werden dich lieben. Du kannst auf jeden Fall die 2A ganz ganz lieb von mir grüßen! Und hallo? Klar bleiben wir in Kontakt! Die Tür ist immer offen für dich.“

Hannah: *„Ob die Kinder mich lieben, weiß ich nicht, aber zumindest werde ich nicht unfreundlich sein. Und ich hoffe, ich finde das Material dann auf welcher Fensterbank auch immer. Ich berichte dir nachher.“*

Und am Nachmittag dann:

Hannah: *„Hallo Yasmin, deine Klasse lässt dich ganz ganz lieb grüßen! Alle wollten wissen, was mit dir ist. Ich habe ihnen nur gesagt, dass du krank bist, und sie sagen alle, sie vermissen dich so sehr! Die Klasse liebt dich wirklich über alles, jede einzelne und jeder einzelne würde sein letztes Hemd für dich geben! Ben bot an, keine Schokolade mehr zu essen, wenn das helfen könnte, dass du wiederkommst; Lia würde ab sofort immer pünktlich kommen und Max sein ganzes Mathebuch mit allen Extraaufgaben durcharbeiten. Nur, damit du wiederkommst! Und alle hoffen natürlich innigst, dass du wieder kommst. Ist eine liebe Klasse, war ein bisschen anstrengend am Schluss, denn einige hatten das Material schon fertig bearbeitet. Das war für drei Tage angelegt, was mir keiner gesagt hatte, und wir haben dann zum Schluss noch etwas gespielt,*

*„Museumswächter“. Das war etwas chaotisch, aber gut, ich war ja auch ein neues Gesicht, und von daher war es ganz ok. Und zwischendurch kam dann noch die Kaltfront rein und suchte etwas, sagte weder der Klasse noch mir hallo und sagte zu mir im Gehen, wenn sie nicht artig seien, solle ich sagen, ich schicke die Schüler*innen und Schüler dann zu ihr! So ein Monster! So wirkt sie und so will sie aber auch offenbar rüberkommen, sonst hätte sie so etwas nicht gesagt. Ich kann mir gut vorstellen, dass die recht unbeliebt ist.“*

Yasmin: ***„Hey, meine Liebe, ich hab die Süßen so vermisst, das glaubst du gar nicht! Und heute kamen auch noch die Zeichnungen an, die sie bei dir angefertigt haben. Das hat mich echt gerührt! Ich bin ja schon seit Wochen nicht da, und die Kaltfront ist nie auf die Idee gekommen, mal was mit den Kindern zusammen zu machen und mir zu schicken. Es tut mir auch echt leid um die Kids, dass ich halt nicht mehr zurück komme. Und ich finde das so krass, du hast gerade mal fünf Sekunden mit der Kaltfront gesprochen und gleich gemerkt, wie unfreundlich die ist! Die Tochter einer Kollegin ist ja in der Klasse, und die Kaltfront mag die Kollegin nicht und ist dann besonders unfreundlich zu der Tochter. Einfach unmöglich! Und ja, die Kinder haben Angst vor der Kaltfront! Sie ist sehr, sehr streng, sie lässt keine Liebe, keine Nähe zu. Die Kinder in dem Alter brauchen das halt manchmal, und wenn sie einen umarmen***

wollen, sagt sie gleich: Nein, du musst jetzt ein bisschen Abstand halten! Das tut mir dann immer total weh."

Hannah: *„Wahrscheinlich macht sie das wegen ihrer Gesundheit, sie ist doch auch noch gefährdet, oder?" Trotzdem kann man immer freundlich sein! Zumal mit so Kleinen! Und genau, man wird dann von Kindern plötzlich umarmt, oder sie schenken einem ein Schokobonbon, das sie aus ihrer hintersten Hosen- oder Rocktasche ausgraben oder wollen spontan etwas Essbares mit einem teilen. Das kenne ich aus der Oberschule so nicht- überwältigend! Wie läuft das dann nur, wenn die Kaltfront zu ihrer Kollegin ebenso unfreundlich ist, die ja Kollegin UND Mutter ist? Einfach schrecklich! Sie sagte auch einfach so vor der ganzen Klasse zu mir: Murat ist schwierig! Wie kann man so respektlos sein? Murat hatte rein gar nichts in diesem Moment gemacht, und dann auch noch so vor der ganzen Klasse degradiert zu werden! Und ein Mädel war gerade was am Schreiben- und wurde sofort angebellt: DAS schreibt man aber anders! Gut, aber es ist eine zweite Klasse, und es ist toll, dass die Kinder überhaupt schreiben und sich ausprobieren! Wie kann man nur so unsagbar unfreundlich sein!? So emotional kalt. Kein bisschen lieb und nett. Aber die ist wahrscheinlich mit sich selbst unzufrieden und mit niemandem lieb und nett."*

Yasmin: *„Ja, und das war sie eben auch nie. Murat ist schwierig, aber er ist auch nicht der einzige.*

Man muss ja auch immer den Hintergrund im Blick haben. Murat ist ein Flüchtlingskind und wurde bei der Flucht von seiner Mutter getrennt, so dass er jetzt mit seinem berufstätigen Vater allein lebt. Wenn du die Umstände mit einbeziehst, ist das ein ganz lieber Junge. Aber wenn du immer wieder hören musst, dass du „schwierig" bist, immer wieder von der Lehrerin ausgeschimpft wirst, tut mir das richtig leid für ihn. Aber den hat sie im Fokus, der wird auch strenger bewertet als die anderen, die ebenfalls Quatsch machen. Sie behandelt sie mit anderen Maßstäben. Das ist auch immer ein Problem mit ihr gewesen und habe es gehasst, wenn ich Unterricht mit ihr zusammen hatte. Ich habe sie mal darauf angesprochen, dass sie sehr streng und unfreundlich rüberkommt. Also nicht gegenüber mir, sondern den Kindern gegenüber und hab erwähnt, dass sie ihre schlechte Laune an den Kindern auslässt. Und da sagte sie, sie wollte nie eine der Lehrerinnen sein, die ganz streng ist und vor der die Kinder Angst haben, aber mit ihren Erfahrungen in den letzten Jahren habe sie gesehen, das sei es, was sie brauche, vor allem in der Grundschule. Sonst nähmen sie einen nicht ernst, machten, was sie wollten, und ich muss zugeben, sie hat sie echt unter Kontrolle. Aber ich finde, es geht auch auf andere Weise."

Hannah: *„Das finde ich aber auch! Schüler*innen und Schüler sollen ja nicht mit Angst zur Schule kommen! In meiner Schulzeit gab es das, und so* *wollte ich nie sein. Alle Hyperaktiven habe ich sofort eingebunden und mit Aufgaben betraut, Murat musste mir zum Beispiel erklären, warum Moses von allen Mo genannt wurde, wann sie Mathe haben etc. Am Ende sagte ich: „Gut Leute, jetzt ist Pause!" Und Murat sagte: „Aber einige haben doch VGS!" Ich hab keine Ahnung, was das schon wieder ist und bat Murat, mir auch das zu erklären. Es gibt immer andere Wege, es sollte jedenfalls nie an Respekt fehlen."*

Yasmin: ***„Ja, guck mal, du warst nur ein einziges Mal da, du warst unvoreingenommen, du kanntest die Hintergrundgeschichten nicht und hast dem Murat eine Aufgabe gegeben und ihm damit das Gefühl gegeben, du wirst gebraucht, ich kann dich fragen und du weißt die Antwort. Und da fühlt man sich automatisch besser, ein bisschen speziell, weißt du? Und das braucht Murat einfach und die anderen, eben solche Kleinigkeiten. Aber von der Kaltfront kommt nix. Deswegen habe ich sie auch nie um Hilfe gebeten. Was mich auch sehr gestört hat: Wenn ich Unterricht gegeben habe, hat sie dazwischen gegrätscht und gesagt: Nee, da muss ich jetzt erst mal stoppen- und hat dann den Unterricht einfach unternommen als ob ich völlig unfähig wäre. Was für mich einfach total unprofessionell ist. Ich steh dann so da als Lehrerpersönlichkeit, und sie kommt dann daher und stoppt mich – sie untergräbt damit voll meine Autorität. Das habe ich ihr auch gesagt, aber sie antwortete darauf: Nee, da musste ich jetzt***

auf jeden Fall eingreifen! Ich denke mir, du kannst auch abwarten bis zum Ende des Unterrichts, wir können das besprechen, und dann hätte ich nächstes Mal nochmals daran angeknüpft. Sie hat das trotzdem immer so weiter gemacht, deswegen hat es gar nichts gebracht, mit ihr zu reden."

Hannah: *„Mit der Kaltfront hätte ich mein Ref im Leben nicht geschafft. Mein Gott, was hatten wir für Mentor*innen und Mentoren!? Die gehören verboten, es sei denn, man sucht sie sich selbst aus!"*

Yasmin***: „Genau. Immerhin hatte ich Glück mit meiner anderen Mentorin. Die hat mich echt unterstützt, hat mir Tipps gegeben. Aber es gibt so viele Punkte, was alles schrecklich war in diesem Ref. So kurz vorm Ende musstest du die Kaltfront kennenlernen und kannst jetzt vielleicht auch umso besser mein Leid verstehen. Aber du hattest ja auch zu tun mit dem Kranich! Oh Mann! Und ich sage mir, wozu der Stress? Damit ich mit 35 noch einen Burnout bekomme? Nein, ich suche mir jetzt erst mal einen Minijob und verbringe endlich wieder mehr Zeit mit meinen Kindern. Und suche mir mit der Zeit dann was anderes. Mit meinem Master stehen mir auch noch andere Türen offen, zum Beispiel bei einem Verlag oder auch beim Jugendamt. Das ist dann eine Arbeit, wo du keine Vor- und Nachbereitung hast. Das würde ich gern auf Teilzeit machen. Und ich muss auch noch mal dem***

Studienseminarleiter schreiben, wie ich das jetzt mit der Krankenversicherung mache. Ich will nicht mehr privat versichert sein, sondern wieder bei meinem Mann mitversichert in der Gesetzlichen. Und wenn ich dann das ok habe, dass ich ausgestiegen bin, muss ich natürlich die in der Schule informieren. Und ich habe auch so viel Material, das kann ich dir alles geben. "

Hannah: *„Da hast du völlig recht, und ich kann deine Entscheidung voll verstehen! Und vielen Dank auch für dein tolles Angebot zum Material! Und-Jugendamt! Das finde ich auch super. An einen Verlag habe ich auch selbst immer schon gedacht, das wäre eher etwas für mich Introvertierte, die nicht den großen Auftritt vor Schulklassen sucht.* Übrigens, einige deiner *Schüler*innen und Schüler umarmen mich auch weiter, wenn sie mich zum Beispiel in der Pause sehen- und zwar nur, weil ich deine Freundin bin! Und wenn sie mich über den Schulhof laufen sehen, öffnen sich die Fenster, und die ganze Klasse ruft: „Was macht unsere Lehrerin?" Wann kommt sie wieder? Vielleicht solltest du ihnen nochmal schreiben. An dir verliert das Schulsystem eine tolle Vorzeigelehrerin!"*

Endlich, ja endlich nahte auch für mich das Ende an meiner Ausbildungsschule.

7. Wie ging es weiter? Das Leben nach dem Ref

Und wieder gab es Hürden.

Hannah: *„Montag in einer Woche fange ich dann bei der neuen Schule an. Die Dezernentin schickt erst Mittwoch den Vertrag raus, so dass er Freitag vorliegen müsste…finden wir auch komisch. Die neue Schulleiterin hat ihr geschrieben, sie brauche „Planungssicherheit". ;-)*

Nach einigen Tagen erhielt ich die überraschende Antwort der Landesschulbehörde: Es gehe doch nicht! Eine zweite Dezernentin habe festgestellt, dass meine Fächer Bio und Chemie ja keine *Grundschulfächer* seien.

Hannah*: „Du ahnst es nicht, aber (…) ich darf nicht so ohne weiteres an eine Grundschule, obwohl das eine Dezernentin der Grundschulleiterin zugesagt hatte! Grund sind meine Fächer. Ich kann höchstens als Abordnung mit bis zu 49% an eine Grundschule, den anderen Teil dann an eine Schule meiner Lehrbefähigung."*

Yasmin: *„Nein, das gibt's doch nicht, das ist ja mega blöd! Bio und Chemie sind natürlich keine Grundschulfächer, das fällt höchstens unter Sachkunde. Aber ist ja doof, dass du maximal nur 49% machen darfst. Ach, alles auf den letzten Drücker, echt! Klar, Fehler können unterlaufen,*

aber am Ende bist du es, die jetzt blöd dasteht. Ich hoffe, du findest noch auf so kurzfristig eine ergänzende Schule!"

Also musste ich auf die Schnelle noch eine Schule finden, die mich zu 51% des Stundenanteils als Stammschule nehmen würde.

Hannah: *„Die Dezernentin schlug mir vor: „Wie wäre es mit Ihrer ehemaligen Ausbildungsschule?" OH NEIN, dorthin würden mich keine hundert Pferde oder Millionen Euro zurückbringen -und sagte ihr das auch. Das Interessante war, dass die Dezernentin daraufhin selbst sagte, dass sie immer wieder höre, dass zu meiner Ausbildungsschule keiner hin wolle!"*

Luisa: *„Unglaublich…da bietet man dir auch noch an, an die alte Schule zu gehen? Also nun 49% an der Grundschule und der Rest ist noch offen? Ich drücke dir ganz fest die Daumen!!!"*

Zwischendurch kämpfte man mal wieder mit den öffentlichen Verkehrsanbindungen, denn zwischendurch hatte man ja auch noch was zu erledigen.

Yasmin: ***„Ich hoffe, dass du heute mit den Öffis gut angekommen bist bei dem Wetter. Hab gerade den Ausstiegsvertrag unterschrieben und schicke ihn ab!"***

Hannah: *„Glückwunsch! Heute ist wirklich ein Ausnahmezustand, in Niedersachsen sind*

Bäume umgefallen. Ich musste ja die Arztpraxen abklappern wegen der Beihilfe, und es war wohl meine allerlängste Fahrt nach Hause heute."

Und wenig später:

Luisa: *„Wie geht es jetzt weiter? Du wartest auf ein Zeichen, ob eine OBS dich für 51% aufnimmt? So ein Theater…"*

Hannah: *„Tja, meine alte Schule hätte ja Bedarf, aber…Habe heute die Schlüssel abgegeben, (…) das ist besser jetzt als wenn ich dann irgendwo neu bin (oder auch nicht). Meine alte Schule hat mich zuletzt eh richtig ausgebeutet mit mehr Stunden im 3. Semester als vom Ref vorgesehen…Bei DER Schulleitung will ich nicht bleiben. Und dem Kranich! Dem hab ich die Schlüssel gegeben, der sagte auch kein Wort (Wortfindungsstörung) und guckte nur als wäre ein Auto vom Himmel gefallen…fast wie in einer Komödie…"*

An meinem letzten Tag sagte ich „Tschüss!" zu denen, die gerade im Lehrerzimmer waren und schickte der Birne eine Mail, dass ich mich verabschiede. Sie antwortete überraschend, und zwar an meine Schul-Mailadresse, die ja jeden Moment gelöscht werden konnte, dass sie ja noch ein Geschenk bereit liegen habe, das ich abholen kommen sollte.

Yasmin: *„Du, die wird vielleicht auch nie gelöscht. Die eine Referendarin, die jetzt schon ein Jahr weg*

ist, fragte mich, ob ich mal nachschauen könne, ob ihre Mail Adresse noch da war- und es gab sie immer noch!"

Hannah: *„Vielleicht passiert das nie. Es war ja auch Zufall, dass ich da nochmals reingeschaut habe, denn ich bin ja nun weg."*

Yasmin: *„Du glaubst es nicht, ich wollte der Birne gerade von meinem Schul-Account mitteilen, dass ich ausgestiegen bin und habe gesehen, dass mein Account gelöscht wurde."*

Hannah: „Das gibt's doch nicht, die müssen doch erst mal alle Formalitäten abwarten! Würde mich nicht wundern, wenn sie deinen gelöscht haben und meiner weiter besteht, und der Kranich das durcheinander gebracht hat. Du kannst ihr ja aber auch von deinem privaten Account schreiben."

Yasmin: *„Hab ich jetzt auch gemacht. Gewundert hat es mich trotzdem, denn ich war ja bis gerade eben noch eingeschrieben. Naja, die machen halt nie was richtig."*

Ich überlegte, ob ich wirklich nochmal hingehen solle, holte das Geschenk aber eines Nachmittags noch ab und traf gerade die gesamte Schulleitung bei einer Besprechung. Ich wurde nicht abgewimmelt mit dem „Jetzt nicht, Frau K!", sondern es hieß sogar: *„Schön, dass Sie sogar noch die gesamte Schulleitung antreffen!"* Ich bedankte mich und würde auf unbegrenzte Zeit einen Bogen um diese Adresse machen.

Für mich war jedenfalls ein SCHLUSSSTRICH gekommen.

Yasmin: *„Herzlichen Glückwunsch, du bist jetzt ebenfalls da raus!"*

Hannah: *„Eeeeendlich!!!"*

Es folgte die Abschlussfeier im Studienseminar unter Corona-Bedingungen, und das hieß für uns: Allein mit dem Pädagogik-Seminarleiter, aber immerhin in Präsenz. Und so hatten wir sechs ehemalige Referendar*innen und Referendare noch einen feierlichen Abschluss, bei dem auch die Stellvertretung des Studienseminarleiters teilnahm. Für Luisa begannen mittlerweile die Prüfungsvorbereitungen.

Luisa: *„Ich muss wohl damit leben, dass die Themensuche einfach länger dauert als geplant ☹"*

Hannah: *„Ich fand lange auch kein Thema für den Chemie PU. (...) Aber deine Themen klingen doch toll!"*

Ich hatte Glück und fand eine andere Schule in meinem Wohnort, eine Realschule.

Hannah: *„Der Schulleiter der Realschule hatte mich heute einbestellt und war sehr nett, er meinte, toller*

Lebenslauf! Er hat mir die Schule gezeigt, wobei noch ein Lehrer mitgekommen ist, und wie sich herausgestellt hat, ist er der Mann einer Kollegin, die neben mir Klasse 6 an unserer Schule unterrichtet hat. So klein ist die Welt! Und der Schulleiter meinte noch, wenn man von unserer Schule komme und dort überlebt habe, verdiene das nochmals drei Portionen Respekt. Wie die Grundschulleiterin findet auch er die Birne arrogant und untauglich. Ist schon lustig, das jetzt auch von Schulleitungen zu hören. Das hätten wir mal während des Refs hören sollen, das hätte uns Mut gemacht."

Yasmin: *„Mega, jetzt arbeitest du an ZWEI verschiedenen Schulen. Das ist ja aufregend! Dann geht es bei dir ja gleich schon Montag los-als richtige Lehrerin!"*

Hannah: *„Das war eigentlich nicht mein Plan, an zwei Schulen gleichzeitig zu arbeiten, aber ich bin froh, erst mal eine Arbeit zu haben! Ich hoffe, dass die Inzidenzen halten, denn das schreckt mich wirklich ab, in den Schuldienst zu gehen! Aber ich habe dann Erfahrung in Grund-, Ober- und Realschule sowie Gymnasium. Danach bin ich wohl bewerbungsfit bezüglich vier verschiedener Schulformen. Und im Sommer dann sehen wir weiter! Montag geht es übrigens noch nicht los, so schnell sind die Behörden nicht. So habe ich jetzt erst mal noch eine Woche frei, und die nutze ich zur Steuererklärung. Im Ref kommt man ja zu nix!"*

Damit reduzierten sich die Unterrichtsstunden an der Grundschule gewaltig, aber der Grundschulleiterin waren wenige Stunden lieber als gar keine ohne Stammschule.

Hannah: *„In der Grundschule ist es ein nettes, überschaubares Kollegium, alle sind per du, inklusive Schulleiterin. Die ist immer dabei, immer ansprechbar, packt überall mit an, das ist echt toll! Das Gegenteil von der Birne. Ich soll vor allem Deutsch und Mathe unterrichten. Am ersten Tag durfte ich erst mal in drei Stunden hospitieren. Das war gut und interessant, besonders eine ältere Lehrerin macht ihre Sache absolut vorbildlich. In den anderen beiden Klassen bei einer Kollegin und einem Kollegen war es recht laut. Einige Dinge wie Kippeln hätte ich auch gar nicht erlaubt- und hatte auch schon meine erste Diskussion mit einer Schülerin, die aus Syrien stammen soll. Klasse vier, angeblich zehn Jahre alt, von der Entwicklung würde ich sie eher auf dreizehn oder gar vierzehn schätzen, was sie wahrscheinlich auch ist."*

Natürlich gibt es frühreife Kinder, die physisch und / oder mental schon weiter entwickelt sind als Gleichaltrige, wie es auch Spätzünder gibt. Da bei Flüchtlingen jedoch oft keine gültigen Dokumente vorhanden sind, ist der Spielraum hier groß. Einige Flüchtlinge mögen sich und ihre Kinder jünger angeben, um Bildung nachzuholen oder einen anderen Status zu erhalten; andere wissen oft gar nicht ihr tatsächliches Alter, weshalb von Behördenseite oft der 01.01. als Geburtsdatum eingegeben und das Alter geschätzt wird. Und dann passiert es auch, wie ich später erfahren sollte, dass zwar alle Daten bekannt sind, Kinder aber von Behördenseite in untere Klassen angesiedelt werden, wo diese mit den Klassenkameraden altersmäßig nichts verbindet. Auch damit müssen Lehrkräfte umgehen.

Dass die Pandemie noch längst nicht vorbei war, zeigte sich am „Corona Kalender", der im Lehrerzimmer der Grundschule hing. Dort wurde eingetragen, welche Lehrkraft und wer von den SuS* gerade daran erkrankt war. Die gefährlichere Delta Variante wich zunehmend einer weniger gefährlichen, dafür aber umso ansteckenderen Omikron Variante, der im Laufe der Zeit noch viele andere Varianten folgen würden. Das verfolgte ich mich Besorgnis; im Hinblick auf die langsam steigenden Temperaturen und vermehrten Impfungen blieb ich vorerst im Schuldienst, war aber alarmiert. Doch die Vorsichtsmaßnahmen, heiß debattiert, wurden zurückgefahren, und die bislang vorgeschriebene Quarantänezeit bei COVID wurde bald ersetzt: Man durfte sich bei Ausbleiben von Symptomen freitesten.

Und da begann der Ukraine Krieg! Jetzt wurde Corona mehr und mehr aus den Schlagzeilen des täglichen Lebens verdrängt, etwa einen Monat später erschien der vorerst letzte Podcast mit Drosten und Cieske „Update über das Coronavirus“. Man lernte jetzt die Namen ukrainischer Städte kennen, ein Stück Geografie, das mir vorher nicht geläufig war. Das würde bedeuten: Tausende von Flüchtlingen machten sich auf den Weg, und die Regierungen anderer Länder entwickelten Maßnahmen für deren Aufnahme.

Luisa: „*Was ist bloß gerade los auf der Welt? Es raubt einem immer wieder dem Atem. Habe endlich meine Grobplanung für den PU in Biologie fertig und kann mit dem Entwurf starten. Es hat wirklich so lange gedauert ... irgendwie wollte alles nicht so recht funktionieren. Wenn alles gut läuft, segne ich am Dienstag (FS Chemie) und am Donnerstag (FS Biologie) meine Themen ab. Und dann geht‘s los...*”

Hannah: „*Man mag es wirklich nicht glauben! Da wacht man auf, und es ist Krieg. Hier in Europa. Jedenfalls toll, dass du deine PU schon geplant hast! Mir fiel Chemie relativ kurzfristig ein..*“

Luisa: „*Genauso war es. Aufgewacht und Krieg. Man wollte es vorher nicht wahrhaben, nicht für möglich halten - auch, wenn man wusste, dass die Soldaten auf dem Weg waren.*“

Nicht lange, da trafen auch schon die ersten ukrainischen Flüchtlinge mit ihren Kindern hier ein, und die unterstanden der Schulpflicht. Nach und nach trafen mehr Kinder an Schulen ein. An meinen beiden Schulen gab es noch kein Konzept, Hamburg richtete zunehmend „Internationale Vorbereitungsklassen“, kurz: IVK, ein, und es war noch nicht absehbar, wie viele ukrainische Schüler*innen und Schüler an die Schulen kommen würden. Viele konnten kein Deutsch, kein Englisch und die meisten Lehrkräfte nicht Russisch oder Ukrainisch. Und so wurde ich an meiner Stammschule mit langer Erfahrung im DaZ-Bereich zu meiner Freude als DaZ-Lehrerin eingesetzt.

Besonders an der Grundschule kamen gleich zu Beginn mehrere ukrainische Kinder. An dieser Schule gab es auch einige russisch-sprachige Kinder, und es war einfach toll, wie sich die Kinder verständigten. Besonders ein zartes Mädchen aus einer zweiten Klasse kümmerte sich mehr als vorbildlich um ihre zwei neuen ukrainischen Klassenkameraden, wobei der eine mit ADHS-ähnlichen Symptomen sehr unruhig war. Sie übersetzte nicht nur die Ansagen der Lehrkräfte, sondern erinnerte sie auch daran, das zu tun und erklärte ihnen darüber hinaus Inhalte, die ihnen unverständlich waren. Um den unruhigen Mitschüler zu beruhigen, ordnete sie sogar seine Sachen und ermutigte ihn immer wieder. Ob die Eltern das wussten und unterstützten, weiß ich nicht, aber diese Fürsorge jenseits von Politik war einfach nur bewundernswert.

Undwegen des Ukraine Kriegs waren jetzt Kriegsspiele umso mehr tabu. Spielte der ein oder andere Schüler –bei Schüler*innen habe ich das nicht beobachtet- als habe er eine Waffe, wurde er sogleich beiseite genommen und belehrt: Das gehe nicht. Und ob er wisse, was gerade in der Ukraine passiere? Oft war mein Eindruck, dass Schüler*innen und Schülern zu Hause derartige Spiele *nicht* verboten waren, und während des gesamten Halbjahrs kam es immer wieder zu Vorfällen, der Lerneffekt war langsam.

Wie an vielen Schulen sollte auch an meiner Stammschule ein Zeichen gegen den Krieg gesetzt werden, und es gab einen Aufruf an alle Schulen vor Ort, sich an einer Demo zu beteiligen. Obwohl das ein gutes Zeichen war, wollte ich nicht mit zur Demo: Menschenansammlungen, egal, welchen Hintergrundes, waren mir schon immer ein Gräuel, und wir steckten gerade mitten in einer Pandemie, die mit der neuen Omikron-Variante eine hohe Ansteckungsquote verzeichnete. Aber im Schuldienst bestimmt die Schulleitung, und ich sollte eine Klasse begleiten, die ich nicht mal kannte. Das konnte heiter werden- wie sollte ich die im Gemenge denn zusammenhalten? Man sagte mir, wichtig wäre vor allem, dass die Schüler*innen und Schüler eine Ansprechpartner*in / einen Ansprechspartner hätten.

Hannah: *„Ich habe mich mehrfach erfolglos gewehrt und fand es aus Prinzip nicht richtig, dass* *ich zu einer Demo mit sollte. Vom ideologischen Standpunkt war es zwar kein Problem, aber ich sah es als Medizinerin als Wahnsinn an, mich auf eine Massenveranstaltung zu schicken, wo wir so hohe Inzidenzen von Corona haben! Und eine Demo ist auch immer ein Statement- was, wenn die Schulleitung mich zur* nächsten Demo schickt, *deren Statement ich ideologisch nicht teilte!? Wie weit geht eigentlich die Macht einer Schulleitung?"*

Christiane: *„Ich finde das auch sehr bedenklich, zumal hinsichtlich der hohen Inzidenzen. Als Klassenlehrerin hätte ich auch mitmachen müssen, aber ich hatte an dem Tag einen Arzttermin."*

Wegen der Inzidenzen war ich die ganze Zeit über auf der Demo besorgt. Und so überraschte es mich auch nicht, als es mich erwischte: Wenige Tage später war auch ich nun Corona positiv!

Hannah: *„Bei mir war es ein onset von jetzt auf gleich. Ich bin Montag noch normal zur Schule gegangen. In der 3. Und 4. Stunde war es mir ein bisschen kalt, und ab der 5. Stunde bekam ich dann Erkältungssymptome, die jede Minute schlimmer wurden. Ich fuhr also nach dem Unterricht direkt zum Testzentrum, wo man mir per Schnelltest bescheinigte, COVID 19 positiv zu sein und bekam eine Probe für den PCR Test abgenommen. Das teilte ich dann beiden Schulleitungen mit."*

Die Grundschulleiterin meldete sich sogleich und schrieb, dass man sich bei Ausbleiben der Symptome auch sofort wieder freitesten lassen könne, sprich, zur Arbeit zurückkehren könne. Die hatte gut reden! Erstens war ich alles andere als symptomfrei, und zweitens ärgerte es mich, dass man nur als Rädchen im System wahrgenommen zu werden schien, und die Gesundheit zweitrangig galt. Auch Luisa hatte es kurz vorher erwischt:

Luisa: *„Bei mir war es (…) so: ich hatte Fieber, war ziemlich erschöpft und war (…) schnell aus der Puste. Mir sagte man in der Schule, ich solle mich freitesten. Die Sekretärin hatte gesagt: Denk dran, nach 7 Tagen freitesten!“*

Hannah: *„Das mit dem Freitesten hatte die Grundschulleiterin gleich erwähnt- das ist alles, woran Schulleitungen denken! Ich finde das so unmöglich! Hast du dich am Tag 7 oder 8 dann per PCR freitesten lassen, um am Tag 10 wieder in die Schule zu können? Das PCR Ergebnis dauert ja mindestens einen Tag.“*

Luisa: *„Mir ging es aber nicht gut, hatte noch Symptome und fühlte mich ziemlich schlapp, war lange positiv. (…) Sonst ist es so, dass nach 10 Tagen die Quarantäne endet und man mit einem negativen PCR Test ganz normal zurückkehren kann. (…) Das wird dir aber bestimmt jemand vom Gesundheitsamt erzählen, bei mir hat da jemand vom*

Gesundheitsamt angerufen, nachdem sie von meinem positiven Testergebnis erfahren haben. (…) Und du musst ja auch mind. 48 Stunden symptomfrei sein, erst dann darfst du wieder zurück. (…) Nimm dir viel Zeit zur Genesung!"

Hannah: *„Vom Gesundheitsamt hat sich niemand bei mir gemeldet, die sind bestimmt überlastet. Der PCR Test hat inzwischen ergeben: Mich hat es offenbar gleich doppelt erwischt- habe sowohl die Delta- als auch die Omikron-Variante bekommen! Es ging dann weiter mit mega Kopfschmerzen, wie ich das schon öfters gehört habe, und Wahnsinns-Schüttelfrost. Irgendwann hatte ich dann auch noch Fieber und Gliederschmerzen, Halsschmerzen, und dann begann auch die Kurzatmigkeit. Ab der 2./3. Nacht ging es dann ganz schlecht mit der Atmung, alles schien verklebt und ließ sich nicht abhusten. Ich erhielt dann vom Krankenhaus ein Sauerstoffgerät geliehen, da meine Sauerstoffsättigung gesunken war- was beidseitig perfekt war, dass sie es mir mit nach Hause gegeben haben. Der Schnelltest heute war auch noch voll positiv, keine Überraschung, nachdem die Virenbelastung laut QR Code bei mir sehr hoch lag. Maske und Atemnot geht natürlich auch schlecht zusammen- also ich sehe mich noch nicht ganz so schnell wieder in der Schule."*

Luisa: *„Gute Besserung! Wie geht es dir mittlerweile?"*

Hannah: *„Danke. Tag 6 heute ist nicht besser als Tag 5 mit Covid 19. Zum Glück „nur" ein schwerer Verlauf, kein sehr schwerer- nur Sauerstoffgerät, nicht Beatmung, trotzdem bin ich erschrocken! Und zwar über das machtlose Ausgeliefertsein gegenüber der Schulleitung. Ich hätte mich zur Demo krankschreiben lassen sollen. - Und was machen deine Prüfungsvorbereitungen?"*

Luisa: *„Ich schreib gerade meine Bleistiftnotizen sauber zusammen, ich habe gerade mein Lernziel festgelegt (...), und jetzt geht es weiter in die Feinplanung."*

Hannah: *„Dir noch gutes Gelingen, das schaffst du alles garantiert ganz toll, da bin ich mir sicher!"*

In der nachfolgenden Zeit steckten sich jedoch so viele Menschen an, dass gefühlt fast alle bereits mindestens einmal infiziert waren, und auch keine Anrufe vom Gesundheitsamt erhielten. Immer wieder fehlten Kolleg*innen / Kollegen oder Schüler*innen / Schüler wegen Corona, das gehörte jetzt zum Alltag. In den Nachrichten aber stand nicht mehr wie die ganze Zeit zuvor Corona im Mittelpunkt, sondern die Geschehnisse in der Ukraine.

Die ersten zwei Monate klappte auch das Pendeln zu und von der Grundschule sehr gut: Ich fuhr morgens bei der Sekretärin im Auto mit, die wie ich erst zur zweiten Stunde da sein musste, nachmittags bei der Grundschulleiterin. Und Luisa's Prüfung rückte näher.

Hannah: *„Wie geht's dir? Mir gefällt es besonders gut an der Realschule, mache dort auch wieder DaZ. Aber die Grundschüler*innen und Grundschüler sind jedenfalls gönnerhaft, malen mir Tulpenbilder zum Mitnehmen und teilen ihre Schokoladeneier unaufgefordert mit mir. Ganz anderer Rhythmus, klar, Grundschule mit Frühstückspause- aber von der hatte ich ja bereits schon von meiner ehemaligen 5. Klasse gehört. Ich hab mir jetzt aufgeschrieben, wann die immer frühstücken- auch gut. Ich bin jedenfalls gespannt, Neues zu lernen! Und dann werde ich im Sommer sehen. Vielleicht gefällt es mir ja so gut, dass ich bleibe, oder eher an der Realschule, oder oder...Die Osterferien stehen vor der Tür, das heißt Endspurt für dich, nicht? Super, bald bist du ebenfalls durch!"*

Luisa: *„Freut mich, dass es dir an der Realschule gefällt. Drücke die Daumen, dass du dort bleiben kannst! Grüße Mal Christiane von mir - sie ist doch auch an der Schule, oder? Und toll, dass du DaZ machen darfst - das freut mich sehr.*

Die letzten Wochen bei mir waren nicht so schön. Ich habe mich ja mit C19 infiziert und lag im Bett. Danach brauchte ich eine Weile, um wieder fit zu werden. Nun bin ich wieder in der Schule...Mir läuft die Zeit davon, denke ich...und Panik kommt immer wieder hoch. Mein Bio-Entwurf steht, Chemie treibt mich in den Wahnsinn...Ich weiß nicht genau wie und wo ich anfangen soll. (…) Und ich sehe den Wald vor lauter Bäumen nicht mehr. (…) Ich mache nun ein paar Tage „Entwurf-Pause" und schau mir meine Bücher für die mündliche Prüfung an. Dann werde ich noch einmal mit Abstand (…) meinen Entwurf überarbeiten."

Diesen Stress hatte ich hinter mir, es lief nun bei mir gut. Doch als das Wetter begann, schöner zu werden, verkündete mir die Sekretärin, dass sie von nun an mit dem Rad fahren werde.

Hannah: *„Die Sekretärin will demnächst mit dem Rad kommen- ich hoffe, das tut sie nicht! Denn dann habe ich keine Mitfahrgelegenheit mehr zur Schule!"*

Doch die Situation spitzte sich zu. Außerdem brauche ihr Mann das Auto, da der Busservice, mit dem er normalerweise zur Arbeit fuhr, Corona-bedingt eingestellt worden war. Und nun? Ich versuchte mein Bestes und schloss mich einer Referendarin an, die bereits um kurz nach sieben in der Schule sein wollte. Das war schlecht, denn mein ganzer Tagesablauf war damit durcheinander, es musste morgens alles schneller gehen – und bereits beim ersten Mal funktionierte es nicht. So kam ich zur ersten Stunde an, mit unschönen Erlebnissen zu Hause- meine Mitbewohnerin hatte ja mittlerweile Pflegegrad 4- selber ohne Duschen, ohne Frühstück, und hatte jetzt etwas Zeit, da mein Dienst erst zur zweiten Stunde beginnen würde. Dachte ich. Sobald mich jedoch die Grundschulleiterin sah, wurde ich mit eingeteilt- nix war es mit „Frühstück“ oder „erst mal ankommen“. Auch die Konstellation, dass ich eine ganze Stunde vor meiner dementen Mitbewohnerin das Haus verlassen musste, hinterließ bei mir Unruhe und Unmut. Denn damit bliebe sie eine Stunde unbeaufsichtigt allein. Und es passierte: Sie stürzte in dieser Zeit die Treppe hinunter. Ich meldete der Grundschulleiterin das Problem, dass ich keine Fahrgelegenheit mehr zu meinen Dienstzeiten hatte und aus den geschilderten Gründen nicht zur ersten Stunde kommen könne. Und diese meinte lapidar: Das sei MEIN Problem. Ich sollte mich eben erkundigen, Lehrer*innen und Lehrer der benachbarten Schule fragen, das müsse ich ja wohl selbst klären!

In der benachbarten Schule aber fand sich niemand, und genervt sagte ich ihr, dass der Bus erst zur dritten Stunde fahre, ich also entweder später anfangen müsse oder ganz aussteigen würde. Wir einigten uns dann auf die dritte Stunde, doch die leichtfertige Art, mir das Problem zu überlassen, das es von Anfang an als Prämisse zu beseitigen galt, fand ich nicht gelungen. Und genau dieses Problem begegnete mir auch im Umfeld immer wieder. Yasmin wollte gerne zur ersten Stunde wegen ihrer Kinder anfangen, ich nicht. Dafür war es für mich kein Problem, auch in der siebten und achten Stunde zu bleiben. Es wären mehr Lehrkräfte bereit, als solche zu arbeiten, wenn diese ein Mitspracherecht bei ihren Arbeitszeiten hätten, die wohlgemerkt mindestens halbjährlich wenn nicht in Form von Vertretung ständig wechseln können. Das ist, als hätte man je nach Lehrkräftemangel ständig Bereitschaftsdienst, was wiederum in der freien Wirtschaft zumindest vorher vereinbart und entsprechend besser entlohnt wird.

Luisa kämpfte unterdessen erbittert um ihre Prüfungstermine.

Luisa: *„Oh Mann, ich verzweifle gerade über meinen Schulleiter. Da ich in Teilzeit das Ref mache, darf ich eigentlich zwei getrennte Prüfungstermine beantragen. Das aber will mein Schulleiter nicht, und alles, was er dazu sagt, ist, ach komm, Schätzchen, machen wir einen Termin, nicht zwei!"*

Hannah: *„Unerhört! Nicht nur, dass er dich „Schätzchen" nennt, aus welchem Jahrhundert ohne Frauenrechte stammt der denn!? Sondern dass er dir das nicht zugestehen will, was dir aber laut Prüfungsordnung zusteht, ist einfach nur schlimm. Wende dich an den Seminarleiter oder Studienseminarleiter und gib nicht nach! Ich wäre froh gewesen, hätte ich von dieser Möglichkeit Gebrauch machen können, ja überhaupt gewusst, dann hätte ich auch Teilzeit gewählt!"*

Luisa: *„Recht ist mir diese Anrede auch nicht, zumal er sie nicht zum ersten Mal gebraucht. Und ja, ich werde nicht aufgeben und mich auf die Prüfungsordnung berufen."*

Es war undenkbar, mit was wir Referendar*innen und Referendare nebenbei noch alles zu kämpfen hatten! Nicht mal normale Abläufe, geschweige Anrede stand man uns zu. Zum Glück setzte Luisa zwei Prüfungstermine durch und steckte nun mitten in den Prüfungsvorbereitungen. Aber hatte auch schon ein Ziel für danach:

Luisa: *„Ich verzweifle gerade an meinem Chemie-Entwurf! Man verliert sich so in den fachlichen Zusammenhängen, aber ich muss es ja auch verstehen! Erst kommt die Sachanalyse, dann schreibe ich den Verlaufsplan, erstelle das Arbeitsmaterial und mache dann den Methodenteil.(…) Ich habe jetzt eine Seite mehr Text und es müssen ja auch noch zwei Teile rein, also das alles glatt bügeln, denn wenn man zu viel Text hat, bekommt man den Entwurf gleich zurück. (…) Und ich denke dann, es ist alles schlimm und ich versteh's nicht, aber am Ende wird immer alles klarer.(…) Es ist noch viel zu organisieren, Material-technisch usw., und was die mündlichen Prüfungen betrifft auch, das wird dann wahrscheinlich kurz vor knapp. Ich werde nicht die Zeit haben, alles herauszuschreiben* *wie du, sondern quer lesen und mir selbst ganz viel erzählen."*

Hannah: *„Kurz vor knapp kenne ich, das war bei mir nicht anders, obwohl ich sehr zeitig mit den Vorbereitungen begonnen hatte. Aber irgendwie klappt es dann."*

Luisa: *„Den Bio-Entwurf habe ich nun fertig, so dass ich ihn drucken kann, und dann muss ich mich gedanklich wieder auf Chemie einstellen. Das ist gar nicht so einfach, da ich gerade so viel Biologie gemacht habe, mich wieder da rein zu stürzen. Morgen habe ich Unterricht und noch gar nicht viel dafür vorbereitet. (…) Ich versuche auch, jeden Tag etwas für die mündlichen Prüfungen zu lernen und weiß nicht, ob da etwas von hängen bleibt, ich lese das immer laut vor und versuche etwas ins Erzählen zu kommen. (…) Es wäre schön, wenn es 3 getrennte Termine wären pro Fach eins. Naja, viele haben ja alles an einem einzigen Tag zusammen."*

Hannah: *„Alles an einem Tag- so war es ja bei mir, da ich das Ref in Vollzeit gemacht habe. Ich hätte mir auch gerne mehrere Termine gewünscht, aber Niedersachsen sieht ja einen einzigen Prüfungstermin bei Vollzeit vor. Die mündlichen Prüfungen waren kein stures Abfragen, sondern ein „Gespräch", manchmal wusste ich zwar nicht, worauf sie hinauswollten, aber es fiel mir zumindest* *immer etwas dazu ein. Und die Zeit ging super schnell vorbei! (...) Wichtig fand ich, die Klassen vorzuentlasten, so dass die Schüler*innen und Schüler gut mit dem Thema vertraut waren. (...) Ich bin davon überzeugt, du machst das ganz toll, du hast ja auch immer schöne Entwürfe geschrieben- Daumen sind gedrückt!"*

Und dann:

Luisa: *„Huhuuu! Die erste Prüfung ist geschafft- lief super, 1,0!"*

Hannah: *„Wahnsinn! Und die nächste Prüfung wird auch top!"*

Und wenig später:

Luisa: *„Bestanden, geschafft! Auch 1,0. Ich bin einfach nur froh, dass es vorbei ist!"*

Hannah: *„Unglaublich- einfach toll! Du kannst echt stolz sein! (...) Da soll noch einer was gegen Quereinsteiger*innen und Quereinsteiger sagen (wie mein Mentor)."*

Luisa: *„Bei mir sind danach auch alle Dämme gebrochen..."*

Hannah: *„Bei mir nicht, ich bin ganz normal nach Hause gefahren und hab erst mal geschlafen."*

Luisa: *„Das tue ich auch gleich."*

Während es bei mir nach den PU normal weitergegangen war mit dem frohen Ausblick, sehr bald nicht mehr dort zu sein, lief es bei Luisa anders:

Luisa: *„Mich überrollt irgendwie gerade alles. Natürlich bin ich froh, dass die Prüfung vorbei ist, aber es gibt jetzt ganz viel Bürokratiekram, den ich erledigen muss, Klassenarbeiten korrigieren, Vorträge im Pädagogik-Seminar halten. Bei mir zu Hause sieht es so schlimm aus, (…) ich habe es noch nicht einmal geschafft, meinen Prüfungskram wegzusortieren. Ich packe meinen Rucksack aus, stelle es auf den Fußboden und packe die neuen Sachen ein (…) hier gibt es ganz viele Haufen, mich stresst es total. Ich bin eigentlich strukturiert und organisiert, aber seit meiner Prüfung funktioniert das nicht, (…) ich lass es einfach so laufen. (…) Ich laufe wirklich hinterher mit Unterrichtsvorbereitungen und sitze hier um Mitternacht und denke: Gott, was mache ich morgen mit meinen Schüler*innen und Schülern? Also totales Chaos.“*

Hannah: *„Bis Mitternacht sitze ich nicht, aber bei mir sah es im Ref auch nicht besser aus!“*

Es war mittlerweile fast Ende Mai, und der Sommer stand bevor. Und damit standen Änderungen an.

Luisa: *„Und noch eine gute Nachricht: Die Schule, an der ich hospitiert habe,* *wird tatsächlich extra eine Stelle für mich ausschreiben! (…) Wie ist die Lage bei dir?"*

Hannah: *„Das ist ja toll mit der neuen Schule! Super! Meine derzeitige Stelle ist ja leider befristet, habe nur einen Vertretungsvertrag, meine Lage ist in der Luft."*

Luisa: *„Alle mal anschreiben vor den Ausschreibungen, also wie in der Wirtschaft, kurzes Anschreiben, Lebenslauf."*

Hannah: *„Hatte ich im November gemacht, war aber erfolglos. Auch eine Referendarin an der Grundschule mit Staatsprüfung eins vor dem Komma hat in einem wirklich großen Landkreis nichts bekommen, keine einzige Zusage."*

Luisa: *„Mist! (…) Das will irgendwie nicht in meinen Kopf. Da haben wir Lehrkräftemangel, und es ist so schwierig, in einigen Landkreisen eine Stelle als Lehrer zu kriegen! Und dazu noch mit dem Mangelfach Chemie (…) und bei dem Schnitt. Da quält man sich durchs Referendariat, was echt zum Teil absurd sein kann, wenn man an die falschen Schulen, an die falschen Seminarleiter und wie auch immer gerät, und dann das! Ohne Worte, (…) macht mich auch ein bisschen sauer."*

Hannah: *„Tja, wegen Corona war und bin ich ja skeptisch bzgl. Schuldienst, aber dass man uns gar* *nicht haben will, macht auch mich sauer. Das wird nie so in den Medien dargestellt, da heißt es nur immer: Lehrkräftemangel."*

Luisa: *„Nicht genug, ist auch mein Sohn sehr krank, wir mussten bereits mehrfach ins Krankenhaus. Und das Chemie-Seminar sollte da an unserer Schule stattfinden. Mein Mann blieb, obwohl sehr schwierig, dann bei unserem Sohn zu Hause, ich bin zur Schule gefahren, habe das Seminar als workshop vorbereitet, vier Kannen Kaffee gekocht, Süßigkeiten hingelegt und auch den Raum nochmal geputzt. Und es kam: niemand. Draußen vor der Schule, da es im Raum kein Internet gibt, habe ich dann von einem Referendar per whatsapp erfahren, dass das Seminar wohl online stattfinden würde, da der Chemie Seminarleiter erkrankt war. Das hatte er kurzfristig per Mail geschickt, obwohl ich ihm mehrfach gesagt hatte, dass es hier in dem Raum kein Internet gibt. Er hätte doch wenigstens mal im Sekretariat anrufen können! Nun durfte ich alles wieder abbauen, war völlig umsonst gekommen, und am Abend wieder mit Sohn im Krankenhaus."*

Hannah: *„Das ist echt unglaublich! Du tust mir so leid und hoffe vor allem, dass es deinem Sohn bald besser geht!"*

Während Luisa um die Gesundheit ihres kleinen Sohnes kämpfte, bangte Hannah um ihre Weiterbeschäftigung.

Yasmin: *„Hey, Hannah, weißt du schon, wie es bei dir nach den Sommerferien weitergeht?"*

Hannah: *„Leider nein. An der Grundschule habe ich viel dazugelernt, ist aber eher nicht mein Metier. Bei den Kleinen ist man doch eher Polizist*in / Polizist, Sozialpädagog*in / Sozialpädagoge etc. als Fachlehrer*in / Fachlehrer und hat auch wenig in der Hand, was Disziplin betrifft. Wenn meine Kolleg*innen und Kollegen zu den SuS* dort sagen: Dann musst du zur Schulleiterin!, greift das nicht. Sie zucken mit der Schulter und sagen ganz einfach ok. Ich würde aber gern an der Realschule bleiben, so viel weiß ich. Aber der Schulleiter darf so einfach keine Stelle für meine Fächer ausschreiben."*

Yasmin: *„Ich wusste gar nicht, dass die Stelle befristet war!"*

Hannah: *„Ja, leider. Unbefristete Stellen, also Planstellen, sind rar. Meine war als Vertretung für eine Kollegin bis maximal zu den Sommerferien, die Mutter geworden ist."*

Yasmin: *„Und wenn die Dame gesagt hätte, ich will früher zurück, wäre dann nicht geschaut, worden, was mit dir ist?"*

Hannah: *„Eine gute Frage. Aber so wie ich über Nacht zu dem Job gekommen bin, war ich froh, überhaupt erst mal was bekommen zu haben.“*

Der Abschied von der Realschule nahte unter gegenseitigem Bedauern, der Schulleiter versuchte es weiter und weiter und weiter, wurde aber nicht von den Dezernent*innen / Dezernenten erhört. Ein winziger Hoffnungsschimmer blieb, denn es war das Fach Wirtschaft ausgeschrieben, auf das sich bislang niemand beworben hatte. Würde sich keiner bewerben, konnte der Realschullehrer die Stelle auf andere Fächer umwidmen, z.B. Chemie, so dass ich mich darauf bewerben könnte. Doch just am letzten Tag gab es eine Bewerberin, die jedoch offen ließ, ob sie sich für diese Schule entscheiden würde. Jeden Tag also checkten wir fieberhaft die Mails, ob es etwas Neues gab. Und - sie sagte zu, und damit war ich aus dem Rennen raus.

Hannah: *„Hatte ich dir erzählt, dass deine frühere Kollegin Lisa an der Grundschule mittlerweile Prüfung hatte? Hat in den PU Note drei bekommen. Die Grundschulleiterin war nicht glücklich und meinte nur, die Seminarleiter*innen hören sich am liebsten selbst reden, Lisa hätte was Besseres verdient.“*

Yasmin: *„Echt? Die war unsere Vorzeigenummer. Die hatte mit mir Päd und SU und hat immer in höchsten Tönen von ihren Besuchen gesprochen.“*

Hannah: *„Und ist auf die Nase gefallen."*

Yasmin: *„Genau, bei meinen Seminarleiter*innen. Die kennen keine guten Worte. - Übrigens, ich habe mich beim Bezirksamt beworben und die Stelle bekommen! Ab Juli fange ich an."*

Hannah: *„Super- Glückwunsch! Brauchen die vielleicht noch jemanden?"*

Dann hörte ich an meiner Stammschule von einer Ausschreibung einer A13 Stelle in DaZ, wo ich jahrelang Erfahrung mit Kindern und Jugendlichen mitbrachte, und der Schulleiter ermutigte mich, mich darauf zu bewerben. Das tat ich auch, und meine Hoffnung stieg, als mir die Grundschulleiterin und eine andere Schulleitung sagten, dass es das gebe, dass Referendar*innen und Referendare direkt nach der zweiten Staatsprüfung eine A13 Stelle bekommen hätten. Doch ich wurde abgelehnt mit der Begründung, ich sei nicht bewerbungsfähig. Bekommen hat die Stelle eine Kollegin mit dem Fach Deutsch, die nach eigener Aussage keinerlei Erfahrungen in DaZ mitbrachte.

Hannah: *„Das nimmt mir weiter die Lust am Schulsystem. Ich erlebe immer wieder, wie unberechenbar und intransparent vieles im Schulsystem ist."*

Luisa: *„Und da sagt die Kollegin noch, sie habe von DaZ keine Ahnung! Ja, wo wird denn da* *der Maßstab gesetzt? Es leuchtet nicht ein und ist einfach nur absurd."*

Ja, das war schade. Diese Schule hatte mir wirklich gefallen. Ich ließ den Schulleiter wissen, dass ich nun erst mal weitersuchen würde. Denn vielleicht ergäbe sich später ja nochmal die Möglichkeit. Der Schulleiter sagte mir bedauernd, ich sei eine gute Lehrerin, die er gern behalten würde, stünde das in seiner Macht. An der Grundschule wurde der Abschied noch sehr nett, aber ich sagte mir: Künftig bloß keine automobilen Abhängigkeiten mehr!

Mein Vertretungsvertrag an Stamm- und Grundschule endete nun mit Beginn der Sommerferien. So sparte das Land Geld, indem es Lehrkräften befristete Verträge, wie ich sie bereits aus den Naturwissenschaften kannte, anbot und die Ferien nicht bezahlte. Ich schloss daraus, dass dies kein Dauermodell zu sein scheint, denn ein weiterer Vertretungsvertrag zumindest an derselben Stammschule wurde von den oberen Etagen ausgeschlossen.

Das würde einerseits für Fairness sprechen, andererseits war es persönlich schade. Denn wenn ich ganz früher vor dem Ref auch mal geplant hatte, einmal an einer Schule tätig zu werden, deren Schüler*innen und Schüler ein problematisches Vorleben hatten, wäre ich allein schon aus verkehrstechnischen Gründen gerne an der Stammschule vor Ort geblieben. Dort fühlte ich mich wirklich wohl, es gab ein tolles Kollegium, und der Schulleiter war das ganze Gegenteil von der Birne. Aber die oberen Etagen ließen nicht zu, dass ich dort bleiben könnte, weder das Ausschreiben einer auf mich zugeschnittenen Stelle noch ein weiterer Vertretungsvertrag war möglich. Nun stand ich wieder da, mit sehr guter zweiter Staatsprüfung und erst mal ohne Vertrag.

Luisa: *„An meiner Ausbildungsschule hatten sie die Stelle in Chemie ausgeschrieben, auf die ich mich aber nicht beworben habe. Sie haben jemanden gefunden, der direkt aus dem Ref kommt und die Stelle angenommen hat- jedoch ohne den Chemieraum vorher zu sehen. Als er danach fragte, sagte man ihm, dass der Schlüssel gerade nicht da sei! Du weißt ja, das ist ein Raum aus den 70ern oder 60ern, wo rein gar nichts funktioniert, kein Gas, kein Wasser, es gibt kein Material, die Außenrollos sind sogar kaputt, die Decken stürzen ein usw. Der Lehrer hat den Raum also nicht gesehen, der bekommt ja einen richtigen Schock! Er hat das wahrscheinlich als nicht so wichtig erachtet, aber irgendein NaWi Lehrer wird doch in der Schule bitte sehr einen Schlüssel dafür haben! Und sonst geht man zum Hausmeister…“*

Hannah: *„Oh je! Der neue Kollege ahnt wahrscheinlich noch gar nichts, besonders, wenn seine Ausbildungsschule normal ausgestattet war.“*

Und was mich und eine Stelle betraf, blieb erst mal in der Luft. Und so blieb ich auch erst mal bei meiner Mitbewohnerin wohnen. Hatte ich ursprünglich vorgehabt, nach dem Ref meine eigenen Wege zu gehen, hatte sich während dieser Zeit etwas verändert: Nicht, dass mit meiner Mitbewohnerin alles leichter geworden wäre, was bei einer progressiven Demenz kaum zu erwarten ist; aber mir waren Haus und Garten ans Herz gewachsen, in die ich mittlerweile so unglaublich viel eigene Arbeit gesteckt hatte. Und meine Arbeit zahlte sich aus: Der Garten nahm Struktur an, und es brüteten Amselpaare hier, die ich aus nächster Nähe beobachten konnte. Das Haus wurde dank Renovierungsarbeiten besser und besser, und ab einem bestimmten Punkt ist man angekommen und will auch nicht mehr weg. Für meine Mitbewohnerin, die noch kurz nach meinem Einzug bereut hatte, mich hier einziehen gelassen zu haben, entfiel die drohende Abschiebung ins Heim. Vielleicht wäre das auch für andere, nicht nur junge Leute ein Konzept, in der beide Parteien profitieren. Das also war gelöst, nur beruflich musste sich noch etwas finden.

Und wie erging es Yasmin?

Yasmin: *„Mir geht's mittlerweile echt gut. Die Arbeit macht Spaß, die Menschen sind nett und hilfsbereit. Ich bin echt glücklich dort. Bei mir passt das einfach perfekt! Ich bin hier total zentral, ich*

bring die Kinder zur Kita, komme hier an, arbeite meine vier Stunden durch, gehe die Kinder wieder abholen- zeitlich passt alles perfekt. Leider ist die Bezahlung gering, und so bin ich nebenbei noch auf der Suche, wo ich mehr bezahlt werde. Aber ich lass mir Zeit und setze mich nicht unter Druck. Deswegen kann ich mich gar nicht beschweren. Gern würde ich mit Flüchtlingen arbeiten, aber es ist so schwer, dort reinzukommen! Die sagen zwar immer, Quereinsteiger*innen und Quereinsteiger sind willkommen, aber die möchten, dass du drei Jahre Berufserfahrung im sozialen Bereich mitbringst. Naja, ich schaue mich weiter um, aber ohne Stress. Aber wenn ich mich erinnere, wo ich vor einem Jahr stand, liegen Welten dazwischen.“

Hannah: *„Das mit der Berufserfahrung ist echt ein Problem in Deutschland! Auch Chefs anderer Berufszweige jammern, es gebe keinen Nachwuchs, aber die Stellenanzeigen listen als Voraussetzung gleich mehrere Jahre Berufserfahrung mit auf. Da müssen sie sich nicht wundern, wenn sie keine Leute finden!“*

Nach meiner Erfahrung an der Ausbildungsschule war ich ein gebranntes Kind und eher vorsichtig geworden, würde ich tatsächlich im Schuldienst bleiben. Einen Verlag im Umkreis mit Stellenangeboten hatte ich bis dahin nicht gefunden. In der Medizin gab es meist zu viele spezifische Anforderungen, die ich nicht alle erfüllte. Also doch weiterhin Schule? Ich wollte mich jedoch nicht auf die nächst mögliche Schule einlassen und recherchierte gründlich, wer da Schulleitung war und nicht zuletzt, ob das auch verkehrstechnisch möglich sei.

Ich bewarb mich jetzt an eine Schule im Bundesland Hamburg, die sehr interessant für mich war. Da dies eine Stelle mit Abordnung sein würde und der Bewerbungsprozess einige Zeit in Anspruch nehmen würde, bewarb ich mich auch im Umkreis meines Wohnortes in Niedersachsen und Bremen. Von Bremen hörte ich sonderbarerweise nie etwas, offenbar waren wie in Hessen meine Fächer nicht gefragt. Und es meldete sich auch keine Schulleitung bei mir, so dass Bremen aus dem Fokus geriet. Mit der jetzt anschließenden Bewerbungsphase erlebte ich vor allem eins: Chaos. Ich schrieb zweimal eine Hauptschule in meiner Nähe in Niedersachsen an, die auf der *Homepage* stehen hatte, Initiativbewerbungen seien jederzeit willkommen- und erhielt keine Antwort. Gleiches passierte mir bei verschiedenen Schulen unterschiedlicher Schultypen. Ich bewarb mich bei einer anderen Schule, die dasselbe auf ihrer *Homepage* stehen hatte und zudem in EIS online mit einem meiner Fächer gelistet war. Der Schulleiter meldete sich, das sei veraltet und schon seit langem nicht mehr aktuell. Um nicht untätig zu sein, bewarb ich mich an eine Schule in einem Dorf im Umfeld, wohlwissend, dass es dort weder Bahnhof noch Busverbindungen zu meinen Wohnort gab. Das Vorstellungsgespräch bezog sich auf eine ausgeschriebene Stelle im Sprachbereich, wo ich keine Fakultas besaß, aber genug Erfahrung. Und da sich niemand darauf beworben hatte, hätte die Schulleitung die Stelle auf eines meiner Fakultas Fächer *pro forma* umschreiben können, wobei sie immer noch eine potentielle Sprachlehrerin bekommen würden. Und da mehrere Interessenten Biologie hatten, wurde die Stelle nach Ablauf der Frist in der nächsten Runde auf EIS online neu ausgeschrieben für Biologie. Voraussetzung war allerdings, dass man Vollzeit arbeiten, also eine 100% Stelle annehmen würde, was ich zumindest nicht sofort wollte. Die Schulleitung gab mir mit auf den Weg: „Behalten Sie Eis im Auge!“ Ich dachte im ersten Moment, dass das wieder so eine norddeutsche Redewendung sein müsse, die ich nicht kannte: Eis im Auge. Natürlich hatte sie damit die EIS online-Plattform für Stellenausschreibungen gemeint. Ich müsste für diese Stelle also eigens ein Auto kaufen. Und wieder die Erkenntnis:

*Ohne Auto kann man in Niedersachsen keine Lehrer*in und kein Lehrer werden!*

Mittlerweile bemühte sich der Schulleiter meiner Stammschule weiter, und als mich die Schulleiterin der Dorfschule anrief, schilderte ich ihr die Situation, dass ich eigentlich gern an meiner Stammschule bliebe und noch Verhandlungen stattfänden. Darauf erwiderte sie dreist: „Dann rufe ich die Dezernentin Montag gleich mal an, die wird mir ja wohl Auskunft geben". Dass sie mir damit meine Chance für die Stammschule zunichtemachen würde, da sie eine ausgeschriebene Planstelle zu bieten hatte, war mir klar- und ich erteilte ihr umgehend eine Absage.

So hatte ich es mir eigentlich nicht vorgestellt bei dem „Lehrkräftemangel", der überall propagiert wird. Es gab nur sehr wenige Planstellen im Umkreis, die Lehrkräfte unbefristet einstellten. Alles andere waren Vertretungsverträge, in Niedersachsen befristet auf höchstens ein halbes Jahr. Ein Vorteil davon kann sein, sich für ein halbes Jahr auch mal erst eine Schule anschauen zu können. Wie in meinem Fall ist es jedoch nicht automatisch gegeben, dass man danach an der Schule, wenn sie einem gefällt, auch bleiben kann. Aber man kann nach dem Ref zumindest auf einer solchen befristeten Stelle erst mal in Ruhe schauen, ob die Schulleitung auf Dauer passt, die Fächer wirklich die sind, die man unterrichten möchte etc. Gerade Quereinsteiger*innen und Quereinsteiger bekommen Fächer anerkannt, die jedoch nicht unbedingt immer die Neigungsfächer sind. Oder man identifiziert sich mit seinen anerkannten Fächern als Neigungsfächer, muss aber wie mein Biologe dennoch fachfremd unterrichten. Auch für künftig verbeamtete Lehrkräfte kann dies als Findungsphase dienen, denn schlägt man nach dem Ref die Beamtenlaufbahn ein, ist man die ersten drei Jahre an einer Schule verpflichtet. Doch nicht mal ein befristeter Vertretungsvertrag im Umkreis war in Sicht.

Hannah: *„Alles, was ich in der Tasche habe, ist die Aussage meines Schulleiters, dass er mich gern behalten würde. Aber ohne konkrete Zusage mit Vertrag bringt mir das nichts.“*

Christiane: *„Warte erst mal ab, bei mir war das nicht anders! Nach nervenaufreibendem Warten, Warten und nochmals Warten bekam ich dann doch noch eine Planstelle, während unsere Kollegin noch weiter wartet. Das ist natürlich unangenehm, denn sie fragt auch, warum ich und nicht sie. Ober vielleicht lässt es sich ja aussitzen, und es tut sich noch was.“*

Hannah: *„Ich kann aber nicht ewig warten, sondern brauche eine Arbeit! Ich will ja nicht arbeitslos bleiben, weil keine Dezernent*in und kein Dezernent mir eine Stelle anbietet. Das habe ich unserem Schulleiter auch mitgeteilt. Und es hat sich ja auch nichts mehr getan.“*

Luisa: *„Es macht einen sprachlos, was im Schulsystem los bzw. gerade nicht los ist, dass Entscheidungen getroffen werden, die nicht nachvollziehbar sind (…), was wir jetzt an unseren Schulen erlebt haben und auch von anderen Anwärter*innen und Anwärtern gehört oder miterlebt haben! Welcher Mangel* *an Schulen teilweise herrscht, und dass die Lehrer*innen und Lehrer, die jetzt ausgebildet wurden, einfach keine Stellen bekommen. Unglaublich traurig, dass das nicht richtig funktioniert. Ich kann dich gut verstehen, solche Eventualitäten und Abhängigkeiten sind unzuverlässig, darauf kann man nicht bauen und nicht planen.(…) Es ist einfach unglaublich, dass das System es nicht hinkriegt, fähige Leute unterzubringen!"*

Nun blieb generell noch Hamburg. Die Schule, deren Schulleitung mir ein halbes Jahr zuvor so freundlich begegnet war, lag nach genauerem Hinsehen zu weit entfernt. Also reichte ich weitere Bewerbungen in Hamburg ein, wurde eingeladen und erhielt Stellen angeboten. Das hieß, ich hing nach wie vor in der Luft, was meine Stammschule wie auch die Hamburger Schule mit Abordnung betraf. Ich schrieb die Dezernentin in Niedersachsen an, um zu fragen, wie meine Chancen bei dem gerade von Kultusminister Tonne vorgestelltem Lehrerbeschaffungsmaßnahmen-Paket stünden. Und erhielt keine Antwort. Ich rief den Schulleiter vor Ort an, an dessen Schule ich einst kommen sollte und der enttäuscht gewesen war, dass es nicht geklappt hatte: Nein, er habe keine Stelle zu bieten. Um nicht am Ende ohne Arbeit da zustehen, suchte ich mir eine Arbeit in der Erwachsenenbildung als DaZ Lehrerin und überlegte ernsthaft, aus dem öffentlichen Schulsystem ganz auszusteigen. Ich würde das fortführen, was ich auch schon vor dem Referendariat getan hatte. Und fand etwas auch noch in meinem Wohnort! Nun brauchte ich noch eine Stelle im medizinischen Bereich, und ich war genau dort, wo ich vor dem Referendariat gestanden hatte. War das Ref also umsonst gewesen? Und das, wo es immer heißt: Deutschland brauche Lehrer?

Ich hatte bereits ein Angebot aus der Erwachsenenbildung, dort als Freiberufler tätig zu werden, als sich noch eine weitere interessante Stelle im Schuldienst in Hamburg auftat: Als DaZ-Lehrerin an einer Schule in Teilzeit 80%. Das klang gut. Diese Schule liegt immerhin im Süden Hamburgs und ist mit öffentlichen Verkehrsmitteln erreichbar. Im Geiste kombinierte ich bereits beide Stellen und bewarb mich um diese Stelle, wobei ich die Arbeit nachmittags als DaZ Lehrerin erwähnte. Ich erhielt eine Einladung, dass man sich sehr auf ein Vorstellungsgespräch mit mir freue. Am Morgen des Vorstellungsgespräches fiel jedoch unsere Hauptsicherung aus, so dass das ganze Haus mit Kühl- und Gefrierschrank ohne Strom war. Trotzdem losfahren? Nein. Ich erklärte kurzfristig die Lage und erhielt netterweise einen neuen Termin. An besagtem Termin kurz vor eingeladener Stunde war ich bereits vor der Schule, als mich der Schulleiter anrief und- absagte. Eine verbeamtete Kollegin hätte ihm vor zwei MInuten erklärt, mehr Stunden arbeiten zu wollen, und dem müsse er stattgeben. Wäre das auch so gekommen, wäre ich am Tag des Problems mit der Hauptsicherung hingefahren? Vielleicht hätte man mir die Stelle zugesagt, auf die Verträge gewartet und heute abgesagt. So viel Unsicherheit hätte ich vorher nicht vom Schulsystem erwartet! Jedenfalls kam ich mir nun etwas lächerlich vor der Schule vor und trat sogleich den Heimweg wieder an. Ich frage mich, ob Fächer so völlig gleichgültig sind. Diese Kollegin, die das Glück hat, verbeamtet zu sein, bekommt die DaZ Stelle. Ähnlich wie die Kollegin an meiner Schule, die zwar Deutschlehrerin ist, nach eigenen Angaben jedoch von DaZ keine Ahnung hat. Sinn machte das nicht.

Zum Glück hatte ich die Stelle in der Erwachsenenbildung sicher, auch wenn es mit der Bezahlung von DaZ Kräften nicht weit her ist: Zunächst freiberuflich, dann das Angebot als Angestellte. Erhält man eine der seltenen Stellen als Angestellte- die meisten müssen immer als Freiberufler arbeiten und haben damit keinerlei Absicherung bei Ausfällen wegen eigener Krankheit, Streik im öffentlichen Dienst o.ä.- gibt es wie erfahren nur Verträge für einen laufenden Kurs. Dieser kann je nach Art des Kurses vier Monate, neun Monate oder auch bis zu fast zwei Jahren dauern, wenn es sich um einen Alphabetisierungskurs handelt. In jedem Fall endet dann der Vertrag, man erhält eher selten einen nahtlosen Übergang zum nächsten, hat also zwischendurch Zahlungsausfall, nie ein Beschäftigungsverhältnis von über zwei

Jahren, auch wenn man schon Jahrzehnte für denselben Arbeitgeber arbeitet und damit keinen Anspruch auf Lohnerhöhung. Aber die prekären Arbeitsbedingungen in diesem Bereich für Lehrkräfte, die kein Staatsexamen mitbringen, sondern meist eine BAMF-Qualifizierung im DaZ Bereich aufweisen, wären eine eigene Untersuchung wert.

Ich hatte also eine DaZ Stelle sogar als Angestellte sicher und noch weitere Bewerbungen laufen. Darunter auch die Stelle mit der Abordnung. Ich fragte an, wie viele Stunden genau vorgesehen waren und wie die Aufteilung aussehen würde, aber nachdem ich ganze sieben Mal weitergeleitet worden war, hatte ich noch immer keine Antwort. Ein netter Dezernent Hamburgs bot mir an, ihn anzurufen, und ich erfuhr, wie kompliziert diese Stelle konzipiert war. Ich hatte mittlerweile dort hospitiert, beidseits wäre man bereit gewesen, mich einzustellen, aber die Aufsplittung und Befristung waren nicht günstig. Wie immer, muss man sich irgendwann entscheiden, zu oder absagen. Und während ich hier noch überlegte, kam eine Absage prompt aus Lüneburg von den Dezernent*innen / Dezernenten: An meiner Stammschule dürfte ich zum Sommer *unter keinen Umständen* bleiben. Es gebe keine Festanstellung, und da ich bereits einen Vertretungsvertrag gehabt hatte, auch keinen weiteren Vertretungsvertrag. Ich fragte sie, was dann aus den DaZ Schüler*innen und Schülern dort aus der Ukraine werde, deren Lehrerin ich war. Das konnte sie mir nicht beantworten. Da gibt es also Bedarf, der Schulleiter will einen behalten und tut alles in seiner Macht stehende: erfolglos. Sie würden sich bemühen, mir etwas *anderes* in Niedersachsen anzubieten. Ich habe ihr gesagt, dass ich kein Auto habe- sie werde das weiterleiten. Weiß man in den oberen Etagen, was es heißt, in einer ländlichen Gegend in Niedersachsen mit öffentlichen Verkehrsmitteln unterwegs zu sein? Man bot mir immerhin eine Planstelle an – und zwar ausgerechnet wieder an meiner ehemaligen Ausbildungsschule! OH NEIN, nicht schon wieder! Ich erklärte erneut, dass ich an diese Schule eben unter dieser Schulleitung für nichts in der Welt zurückkehren würde. Und ich erklärte ihnen auch, dass ich glücklicherweise noch andere Möglichkeiten außerhalb des Schuldienstes hatte.

Man muss der Landesschulbehörde allerdings zugutehalten, dass man sich bemühte, mich zu halten. Nächsten Tag erhielt ich erneut einen Anruf, und man schlug mir die Schule vor, deren Schulleiterin die Dezernentin hatte sprechen wollen und damit eine Anstellung an meiner Stammschule vereitelt hätte. Also auch diese Schule nicht! Hätte ich akzeptiert, wäre meine Geschichte hier zu Ende. Dann wäre ich auf einer festen Stelle unbefristet angestellt. Aber ausgerechnet diese zwei Stellen waren für mich tabu.

Und Luisa kämpfte an anderer Stelle:

Luisa: *„Das Land kriegt es ja auch nicht hin, dass man nach dem Ref direkt an seiner Planstelle anfangen kann. Ich habe ja eine Lücke von 2 Wochen, und das ist jetzt mega aufwändig mit der Versicherung. Ich hatte jemanden von der Versicherung hier, der sagte, du musst dich für die 2 Wochen gesetzlich versichern. Ich war dann nächsten Tag bei der aok, und die sagten, nein, das geht nicht. (…) Ich muss mich nun 100% privat versichern, das ist gleich so viel Geld für die 2 Wochen, und deswegen bin ich gerade frustriert und denke, das kann doch nicht angehen! Womit wir wieder bei dem System wären, es ist einfach unglaublich!"*

Für mich hieß das fortan: Neben der örtlichen Erwachsenenbildung eine Stelle in Hamburg annehmen, wo man mit öffentlichen Verkehrsmitteln hinkommt und vorerst Abschied vom Lehramt in Niedersachen.

Ich durchforstete nun intensiver die angebotenen Stellen in Hamburg und überprüfte sie auf die Entfernung. Einige schienen machbar. Ich bewarb mich also auf ein paar Stellen und erhielt trotz bester Noten von einigen gleich eine vorgefertigte Absage: *„Wir bedanken uns für Ihr Interesse an einer Tätigkeit an unserer Schule. Die Ausschreibung hat das Interesse einer Vielzahl qualifizierter Bewerberinnen und Bewerber gefunden. Nach eingehender*

Prüfung Ihrer Unterlagen und Abwägung der für die Besetzung der Stelle maßgebenden Gesichtspunkte müssen wir Ihnen leider mitteilen, dass die Wahl nicht auf Sie gefallen ist. Für das uns entgegengebrachte Vertrauen danken wir und wünschen Ihnen bei der Stellensuche viel Erfolg." Offenbar gab es ja genug Bewerber*innen und Bewerber, denn die Sprache war von einer „Vielzahl qualifizierter Bewerber*innen und Bewerber". Lehrkräftemangel?

Es gab Schulleiter*innen und Schulleiter, die einen vorsichtig, fast zögerlich zum Vorstellungsgespräch einluden. Andere trotz Erfahrung seitens Bewerberin gar nicht. So antwortete mir eine Schulleitung, bei der ich mich mit zwanzig Jahren Erfahrung in Englisch und sogar als Englischlehrerin in Sprachschulen auf eine Vertretungsstelle für Englisch beworben hatte, ich hätte Englisch ja nicht als Prüfungsfach und sei damit nicht qualifiziert. Andere boten einem ohne Bewerbung und ohne die gewünschten Prüfungsfächer gleich eine Vertretungsstelle an. Zu meiner Überraschung erhielt ich sogar das Angebot, zu über 50% an einem Gymnasium Mathematik in Klasse elf zu unterrichten, obwohl mein Lebenslauf kein Wörtchen von Mathematik enthielt. Das bedeutete, mit einer Lehrerlizenz durfte man alles, aber auch wirklich alles überall unterrichten, ob man davon Ahnung hat oder nicht. Wie der Biologe, der gleich zu Beginn Fächer unterrichten musste, wovon er keine Ahnung hatte. Ist man im Umkehrschluss als Lehrkraft dann letzten Endes doch nicht mehr als eine Aufsicht oder Erzieher*in / Erzieher? Jedenfalls hätte ich nie gedacht, je in meinem Leben eine Stelle angeboten zu bekommen, Mathematik zu unterrichten, schon gar nicht höhere Klassen an einem Gymnasium! Das wäre in etwa, als wenn in der Medizin ein Facharzt in einem fremden Fachgebiet tätig würde, z.B. ein Hautarzt vielleicht Herzoperationen durchführen sollte.

Eine Stelle, auf die meine Qualifizierungen passten, klang interessanter, und die Schulleitung zeigte großes Interesse, mich auch im nächsten Halbjahr einzusetzen. Das klang nach einem Ankommen. Als ich zu der Schule kam, erfuhr ich, dass die Stelle auf ein halbes Jahr befristet sei, und auch der nachfolgende Vertrag wieder auf ein halbes Jahr befristet sein würde, so dass wieder die Sommerferien nicht bezahlt würden! Danach würde man sehen. Musste ich mir das antun? Was in Niedersachsen offenbar nicht ohne weiteres möglich schien, nach einem befristeten Vertrag an derselben Schule wieder einen befristeten Vertrag zu erhalten, wurde mir in Hamburg jetzt angeboten! Und: Ich sollte unterschreiben, gleich hier und jetzt, obwohl die Entgeltgruppe und Stufe des Tarifvertrages TVL noch nicht bekannt war, das heißt, ich würde mit der Arbeit beginnen und erst später erfahren, wie viel ich verdiente! In der freien Marktwirtschaft undenkbar. Und ich lehnte ab.

Dass es aber immer so laufen würde, wusste ich zu diesem Zeitpunkt noch nicht. Man unterschreibt bei der Schulleitung, und erhält erst später von den Dezernent*innen / Dezernenten mitgeteilt, welcher Entgeltgruppe und Stufe man zugeordnet ist.

Mittlerweile schrieb mir die Schulleitung, die mir vor wenigen Tagen noch „alles Gute" gewünscht hatte, erneut: *„Sie hatten sich vor den Sommerferien bei uns als Lehrerin beworben. Es ist jetzt wieder Vertretungsbedarf entstanden. Haben Sie noch Interesse?"*

Vertretungsbedarf hieß erneut eine Stelle, die befristet war. Ich bat erst mal um mehr Informationen, denn es könnte ja sein, dass jemand für ein ganzes Jahr ausfiel und die Stelle entsprechend über ein Jahr lief- und erhielt keine Antwort mehr. Auch die Schulleitung eines anderen Gymnasium hatte kurzfristig eine Vertretungsstelle ausgeschrieben, und das zwei Tage vor Schulbeginn. Ich bewarb mich- und erhielt keine Antwort. Insgesamt ist bemerkenswert, wie viele Schulleitungen Bewerbungsanfragen generell unbeantwortet lassen! In einem Fall war die Schulleitung so freundlich, mir mitzuteilen, dass es keinen Bedarf gebe, verwies aber auf eine andere Schule, die noch Bedarf hätte. Lehrkräftemangel in Deutschland- das hatte ich mir anders vorgestellt.

Mein bester Freund hatte mir schon einiges aus seiner Schullaufbahn berichtet. Einer seiner

Freunde mit Staatsexamen für Gymnasium, damals noch an einer Privatschule tätig, hatte sich auf eine ausgeschriebene Stelle dieser Schule mit entsprechenden Fächern beworben- und nie eine Antwort erhalten. Aber der Schulleiter eröffnete das Schuljahr mit den Worten: „Wie schade, dass sich niemand beworben hat!“

Hamburg ist jedoch zugute zu halten, dass eine deutliche Lohnerhöhung gerade für Grund-, Haupt- und Realschullehrer*innen und -lehrer ansteht bzw. anstand. In den meisten Bundesländern verdienen diese immer noch wesentlich weniger als Lehrkräfte an Gymnasien. Das hat zwar auch Niedersachsen geplant, aber über eine monatliche eher geringfügige Zulage ist das Bestreben bislang nicht hinausgekommen. Hamburg wartet zudem mit einem besonderen Schmankerl auf: Den Faktoren für Zeitstunden. Damit errechnet man die öffentlich anerkannte Wochenarbeitszeit (WAZ). Da eine Schulstunde meist 45min beträgt- auch 60min sind möglich-, wird diese mit einem Faktor in Zeitstunden umgerechnet, wobei die Faktoren Fach- und Klassenstufen-abhängig sind. Weshalb aber ein Deutschkurs in Klassenstufe acht mit einem wesentlich höheren Faktor belohnt wird als ein naturwissenschaftliches Fach, ist mir nicht ganz verständlich, wenn Auf- und Abbauten nicht irgendwo anders honoriert sind. Ja, Deutschlehrer haben mehr Arbeiten zu korrigieren- NaWi Lehrer jedoch Auf- und Abbauten zu leisten!

Grundschullehrer erhalten dabei den kleinsten Faktor, bei Fächern sind es Sportlehrer, sie schneiden damit am schlechtesten ab. Es fließen jedoch auch Funktionen wie Klassenlehrer positiv ein, doch nicht alles ist nachvollziehbar und hat wohl in der Vergangenheit immer wieder zu Zündstoff geführt. Zu Recht! Denn was alles NICHT in der WAZ erfasst wird und stillschweigend in immer größerem Umfang abverlangt wird, bleibt unbeachtet. Auch die Anzahl der Unterrichtsstunden als 100% ist verschieden von Niedersachsen: An der Realschule in Niedersachsen, an der ich tätig war, galten 26,5 Unterrichtsstunden als 100%; an einer der Stadtteilschule in Hamburg, an der ich in Sek I hätte tätig werden können, waren bei meinen Fächern und Faktoren 14 Unterrichtsstunden 50%. In Niedersachsen kann man sich problemlos ausrechnen, auf wie viel Prozent man bei Teilzeit zu einem bestimmten Unterrichtsstundenkontingent kommt. An einer Hamburger Schule ist das wegen der Faktoren schwieriger, zu intransparent. Ein Gymnasium hatte eine Stelle ausgeschrieben zu 45% mit 18 Stunden; vergleicht man das mit der Stadtteilschule oben, liegt es nahe, dass es sich hier nicht um reine Unterrichtsstunden handeln kann; doch wie vielen Unterrichtsstunden entsprach das? Überhaupt waren hier einige Ausschreibungen für mich überraschend: Es gab Stellen mit lediglich sechs Unterrichtsstunden als auch Stellen, die sich nur über sechs Wochen erstreckten – attraktiv vielleicht eher für bereits pensionierte Lehrkräfte, die lediglich mit geringer Stundenzahl nochmals dabei sein möchten. Aber immerhin, es gibt solche Möglichkeiten. Das traf auch für einige DaZ-Stellen zu, den IVK; man konnte lesen: „Befristet, solange die Klasse existiere". Das war jedoch bei Weitem kein zuverlässiges und damit akzeptables Jobangebot.

Immerhin lässt das Hamburger Schulsystem auch nach den Sommerferien fortlaufende Aktualisierungen zu, und das bedeutet, dass auf der Seite der Stellenausschreibungen täglich neue Ausschreibungen hinzugekommen können und / oder man von Schulleitungen angeschrieben werden kann. In Niedersachsen ist das System sehr viel starrer. Zwar bleiben Stellen im System unbesetzt, und es wird ermutigt, Schulen bei Interesse anzuschreiben, erfolgreich war das in meinem Fall jedoch nicht. Man muss warten, bis wieder Stellen für das nächste Halbjahr ausgeschrieben werden, was zu einem festgesetzten Termin erfolgt. Das Hamburger System hingegen scheint eher fortlaufend neue Stellenausschreibungen einzustellen, und Vertretungsverträge, also befristete Verträge, sind nicht wie in Niedersachsen auf ein halbes Jahr begrenzt. Wer also zu Beginn des neuen Schuljahrs noch keine Stelle gefunden hat, schaut am besten täglich z.B. im Hamburger System der Stellenausschreibungen nach und kann auch Monate nach Schulbeginn noch eine passende Stelle finden.

Wenn die Unterschiede in der Entlohnung von Lehrkräften je nach Bundesland so unterschiedlich ausfallen, lohnt es sich für jemanden, der an der Grenze zweier oder dreier Bundesländer wohnt, sich genau über die Bedingungen des jeweiligen Bundeslandes zu informieren.

Was die Bundesländer betrifft, galt für mich: Ein Bundesland verlangte noch mehrere Semester zu studieren und erschwerte somit den Einstig ins Lehramt. Ein zweites wollte mich erst gar nicht. Ein drittes bot mir ein Referendariat, hatte aber im Anschluss bis dahin keine annehmbare Stelle. Zumindest nicht im Umkreis. Ein viertes Bundesland hatte Stellen, die auf ein halbes bis ganzes Jahr befristet sind, für die ich mit öffentlichen Verkehrsmitteln, die aktuell überfüllt sind und Corona- oder anderer Ursache bedingt oft ausfallen, anreisen müsste. Denn einen Auto-Kredit, den ich als letztes Resort ansehen würde, da ich vor allem einfach nicht einsehe, als Lehrerin ein Auto haben zu *müssen* und aufgrund meiner Gesundheit auch nicht als Bedingung akzeptieren kann, bekäme ich kaum mit einem Arbeitsvertrag, der auf ein halbes Jahr befristet war. Hatte sich das alles gelohnt?

Ich versuchte es nochmals bei der Hauptschule in einem Nachbarort in Niedersachsen und damit in meiner Nähe, die sich Monate vorher auf meine zwei Anschreiben nie zurückgemeldet hatte.

Hierfür bräuchte ich kein Auto, die Stufe meines TVL-Vertrages würde beibehalten und nicht neu berechnet, und alles wäre so viel einfacher. Ich schickte drei E-Mails: eine an die Schulleiterin, eine an den stellvertretenden Schulleiter, eine an das Sekretariat und hinterließ auch noch eine Sprachnachricht auf dem Anrufbeantworter. Meldete sich jemand zurück? Auf der Website steht nach wie vor, dass Lehrkräfte *aller* Fächer willkommen seien. Wurde ich wie zuvor mein bester Freund bereits als „überqualifiziert" aussortiert? Dann aber sollte sich hierin etwas ändern und das allgemeine Jammern, es fehle dem Land an Lehrerkräften, relativiert werden! Im Bereich der Medizin hatte ich bereits in Deutschland erfahren, was es heißt, wenn einem ein winziger Baustein zur Bewerbung fehlt, denn dann wird man aussortiert. Man wird aber ebenso aussortiert, sollte man etwas mehr mitbringen-wohl in der Annahme, dann suche man sich bald etwas Angemesseneres. In anderen Ländern wie z.B. in den USA ist es so viel einfacher: Man wird genommen. Ein Hochschulprofessor in den USA kann durchaus noch samstags beispielsweise in einem Baumarkt arbeiten, wie selbst erlebt. Fehlt einem etwas, kann man es ja lernen; bringt man mehr mit, umso besser, das wird als Bereicherung gesehen. Nicht aber hierzulande. Und davon ist auch das Schulsystem betroffen, qualifizierte Lehrer*innen und Lehrer werden einfach nicht eingestellt.

Im Fall der Hauptschule, als ich diese schon abgeschrieben und das neue Schuljahr begonnen hatte, meldete sich tatsächlich noch die Schulleitung und lud mich für die darauffolgende Woche vorsichtig erst mal zu einem „Kennlerngespräch" ein. Und nicht nur das: Der Schulleiter des Hamburger Gymnasiums, der mir mitgeteilt hatte, dass die Stelle „gerade weg" sei, als ich bereits vor der Schule stand, wandte sich erneut an mich: Er hätte ganz neu noch zehn Stunden Vertretung anzubieten- und zwar genau in dem Fach, das er vorher als „gerade vergeben" bezeichnet hatte. Auch für ganze vier Unterrichtsstunden kontaktierte mich eine Schulleitung, und eine andere, auf deren Ausschreibung als Vertretung für Englisch ich mich entsprechend für Englisch beworben hatte, lehnte dankend ab, sie suchten Geschichte, und darin sei ich nicht qualifiziert. Ausgeschrieben war aber Englisch! So würden sie nie eine Geschichtslehrkraft finden. Was Hauptschulen betrifft, lernte ich wieder hinzu: Eine Vollzeitstelle an der Hauptschule in Niedersachsen bedeutet eine Stunde mehr unterrichten als an Oberschule oder Realschule. Ist das fair? Jedenfalls wundert es nicht, dass Lehrer*innen und Lehrer mit einer Lehrbefähigung für Real- und Hauptschule dann *nicht* an eine Hauptschule gehen, wo sie mehr arbeiten müssen, um auf ihr volles Gehalt zu kommen. Und so wundert es ebenfalls nicht, dass besonders Hauptschulen erhöhten Bedarf haben und nur wenig neues Personal anlocken.

Benachteiligt sind in Niedersachsen jedoch auch die Grundschulen. Während in Hamburg Grund-, Haupt- und Realschule einen Block bilden und man ohne Weiteres mit einer Lehrbefähigung für Haupt- und Realschulen an einer Grundschule unterrichten kann, ist das in Niedersachsen nicht so. Ich durfte nur als Abordnung zu maximal 49% an eine Grundschule und musste zu mindestens 51% an einer Schule meiner Lehrbefähigung unterrichten. Auch ist die Zeitspanne, in der man als Abordnung tätig sein kann, offenbar nicht unbegrenzt. Dass ich also an der Grundschule hätte bleiben können, wie mir anfangs von der Schulleiterin in Aussicht gestellt worden war, erwies sich als unhaltbar. Insofern ist eine Fluktuation, wie sie in Hamburg zwischen den verschiedenen Schultypen eines Blocks bestehen, in Niedersachsen nicht möglich. Und das bedeutet, dass Grundschulen wie auch Hauptschulen auf ihren erhöhten Bedarf sitzen bleiben.

Christiane: Hinzu kommt, dass man selbst nur selten wählen kann, als Abordnung an eine bestimmte Schule zu gehen, und das beinhaltet auch andere Schultypen wie z.B. Grundschulen. Es muss nicht dazu gesagt werden, dass dies eine komplette Umstellung bedeutet, wenn man z.B. statt 16-jährige SuS* nun 6-jährige SuS* unterrichten soll. Das wird dann einfach „von oben“ entschieden. Wenn die eigene Schule besser aufgestellt ist als eine andere Schule mit großem Bedarf, ist man ganz schnell abgeordnet-

als Beamte / Beamter oder auch als Angestellte / Angestellter. Und die eigene Schule erhält zusätzlich einen Einstellstopp, auch wenn diese lediglich vergleichsweise besser aufgestellt ist, aber keineswegs optimal versorgt ist. Wollte eine ausgebildete Lehrer*in / ein ausgebildeter Lehrer nun gerade an diese Schule oder keine, müsste die Schulleitung ablehnen, obwohl in Realität Bedarf besteht. Das ist völlig absurd! In Niedersachsen ist eine Abordnung möglich in einem Umkreis, der für eine Wegestrecke mit öffentlichen Verkehrsmitteln sechzig Minuten vorsieht. Das sind schon mal mindestens zwei Stunden pro Tag. Kommen dann noch Dienstbesprechungen, Ordnungsmaßnahmen- und andere Konferenzen wie auch Elternabende hinzu, darf man sogar bis zu vier Stunden pro Tag allein mit Pendeln verbringen. Bei Elternabenden ist es abends oft mit öffentlichen Verkehrsmitteln schlechter bestellt, so dass man auch noch Wartezeiten einkalkulieren muss. Würde mich das treffen, wär's das mit Schuldienst, denn als Angestellte ist mein Verdienst ohnehin eher bescheiden.

Leidtragendende sind aber nicht nur Lehrkräfte, sondern auch Schüler*innen und Schüler anderer Schulen, meist weiterführende.

Christiane: *„Bei meinen eigenen Kindern fällt am Gymnasium öfters Unterricht aus, geht aber noch. Es gibt nicht genügend Lehrkräfte."*

Hannah: *„Als ich beim örtlichen Gymnasium anfragte, ob man Interesse an einer Realschullehrerin hätte, die immerhin in einem der Fakultas Fächer ein Diplom besitzt und damit vom Studium mehr Wissen als eine Gymnasiallehrer*in / ein Gymnasiallehrer in diesem Fach mitbringt, hieß es sofort: Nein danke, Sie sind ja nur Realschullehrer*in!"*

Und auch Luisa hatte Sorgen.

Luisa: *„Was meinen Sohn betrifft, konnte er nicht mehr privat versichert werden, da die privaten Versicherer davon ausgehen, dass seine ständigen Erkrankungen nach der Corona Infektion mit etwas, was man heutzutage als Long Covid bezeichnet, zusammenhängt."*

Corona war noch nicht vorbei! Und auch, wenn gegenwärtig die Gefährlichkeit abgenommen zu haben scheint, bleibt ein Schatten der immer zahlreicheren Fälle von Long Covid. Auch damit muss in Zukunft versucht werden, adäquat umzugehen, den Patient*innen und Patienten in angemessener Weise zu begegnen, und zwar nicht allein durch Versicherer, die Patient*innen und Patienten ablehnen, sondern durch Anerkennung von deren Erkrankung!

Aber wie ging es weiter mit der Hauptschule? Es folgte also das „Kennlerngespräch" in größerer Runde. Ich wurde freundlich gefragt, was ich mir wünschen würde. Ich könnte in Bezug auf die Stelle *alles* wünschen, und ich gab wie bereits in meiner Bewerbung wieder an, am liebsten Sprachen zu unterrichten, in denen ich viele Jahre Erfahrung habe. Meist ist es andersherum, dass viele Lehrkräfte fachfremd unterrichten sollen und darüber nicht froh sind.

Hannah: *„Mein bester Freund etwa ist promovierter Chemiker. Aber seine Schulleitung gab ihm im letzten Halbjahr nicht eine einzige Chemiestunde zu unterrichten, stattdessen sollte er Mathe und Physik fachfremd unterrichten, wo er nach seiner Aussage keine Ahnung von hat. Aber ein junger Kollege frisch aus dem Referendariat erhielt zu 75% der Chemiestunden an der Schule, obwohl dieser gar nicht Chemie unterrichten mag und sich keine Experimente zutraut."*

Einzig an Gymnasien passiert das seltener, dass Lehrkräfte fachfremd unterrichten sollen. Aber es gibt eben auch Fälle wie bei mir, in denen man lieber Neigungsfächer unterrichtet. Und das aus gutem Grund. Zwar liebe ich selbst NaWi, doch erfordert ein guter Unterricht hier sehr viel mehr Vorbereitung als in anderen Fächern. Denn anders als die meisten Fächer sind Naturalien erforderlich, wie Schnecken, Regenwürmer, Blüten, Schweineaugen, Chemikalien etc., die erst einmal beschafft werden müssen. Zwar gibt es hier und da vereinzelt Lehrmittelanstalten, bei denen man beispielsweise Schnecken und

Regenwürmer ausleihen kann, doch muss man diese in der Regel nächsten Tag auch wieder zurückbringen. Und wenn sich die Lehrmittelanstalt nicht zufällig am Wohnort befindet, ist das mit Fahren und Kosten verbunden- ohne Auto mit extra Zeit in öffentlichen Verkehrsmitteln. Wenn man nicht zu Hause seine eigene Kleintier- und Wiesenblumenzucht betreibt und Schweineaugen im Tiefkühlschrank parat hat- wobei letzteres einige von uns haben- heißt das sehr viel Extraeinsatz, der natürlich in keiner Weise vergütet wird. Hinzu kommen Auf- und Abbauten in den NaWi-Fächern, für welche die Pausen und Nachmittage regelmäßig draufgehen, ganz zu schweigen von ActivInspire Folien, Padlets etc. fürs elektronische Whiteboard- wer ist dazu bereit, wenn er nicht im Ref steht und Seminarleiter*innen und Seminarleiter beeindrucken muss? Es ist also kein Wunder, dass in NaWi in vielen Gegenden erhöhter Bedarf besteht. Gäbe es Unterstützung in der Logistik oder Vergütung für den Extraaufwand, sähe das sicher anders aus. Aber so führt das wie an meiner Ausbildungsschule zu reinem Buchunterricht, die Schüler*innen und Schüler lernen Schnecken und Regenwürmer nur in Theorie kennen, ohne jemals welche hautnah erfahren zu haben. So sollte NaWi-Unterricht nicht aussehen, aber die Lehrkräfte werden hier ohne Unterstützung allein gelassen.

Daher hatte ich mich an die Hauptschule nicht mit meinen NaWi Fächern beworben. Aus der Medizin brachte ich zudem Kinder- und Jugendpsychiatrie mit, was auf ein großes Echo in der Hauptschule stieß, und man überlegte, ob man mich allein dafür einsetzen könnte, was mir sehr recht war. Aber auch mein Angebot der Sprachen blieb, und ich hatte Erfahrung aus Jugendintegrationskursen darin, Jugendliche einen Lebenslauf schreiben zu lassen und ein Praktikum oder Ausbildungsplatz zu finden. Somit brachte ich immerhin einiges mit, was ich anzubieten hatte. Als Angestellte / Angestellter ist es leichter, ein für einen selbst unpassendes Angebot abzulehnen und sich statt dessen eine andere Schule zu suchen, an der man zumindest die Fächer unterrichten darf, die man gerne unterrichten würde. Und man stellte mir ein für mich gutes Angebot in Aussicht. Während die Dezernentin den Vertrag vorbereitete, sollte ich laut Schulleitung in der folgenden Woche hospitieren. Ich fand das etwas seltsam, fand mich aber zu dem vorgeschlagenen Termin eine Woche später zum Hospitieren ein.

Zunächst ging es für zwei Unterrichtsstunden in eine fünfte Klasse. Diese hätte auch an jeder anderen Schule sein können. Die Schüler*innen und Schüler lernten im Computerraum, sich in IServ einzuloggen und mit dem Messenger Nachrichten zu schreiben. Außer mir gab es noch einen Praktikanten, der auf Lehramt studierte und schon einige Zeit an dieser Schule war. Wir waren also gleich drei Aufsichtspersonen mit der Klassenlehrerin. Eine Schüler*in ließ mich Aufmerksamkeit einfordernd wissen, dass sie Putin toll fand- doch hatte ich keine Zeit, das zu hinterfragen, ich musste an den PCs mithelfen. Die anderen beiden Stunden erfolgten in Mathe in Klassenstufe acht, wo für drei Klassen gleich vier Aufsichtspersonen da waren. Ich war jedoch mit einer Klasse allein. Da meldete sich eine Schüler*in, und ich ging zu ihr nach hinten. Ich solle ihren Müll auf dem Tisch wegschmeißen gehen, ich gehe ja eh in der Klasse herum. Ich sagte ihr, dass sie das tunlichst selber machen solle, z.B. wenn sie später den Klassenraum verließ. Die Schulleitung hätte mich am liebsten den ganzen Tag hospitieren, sprich: mithelfen lassen, doch warum sollte ich das ohne Bezahlung tun? Das, was ich sehen wollte, nämlich DaZ, Stützunterricht, die Räumlichkeiten wie den hochgepriesenen *Time out* Raum etc. zeigte man mir nicht.

Kurz vor Fertigstellung des Vertrags erfuhr ich dann von der Schulleitung, dass ich ausschließlich Fächer unterrichten müsse, die so gar nicht meiner Neigung entsprachen. Und das, obwohl wir doch über alles, wie ich meinte, gesprochen hatten! Und die Schule Bedarf *in allen Fächern* angekündigt hatte. Nicht nur das: Die Schule inserierte inzwischen eine Vertretungsstelle für Deutsch, was meiner Neigung und Erfahrung entsprach mit einer Stundenzahl, die ich gerne genau so übernommen hätte. Was war da schief gelaufen? Entweder hatte man mir nicht zugehört, obwohl ich bereits schriftlich in meiner Bewerbung wie auch in dem „Kennlerngespräch“

ganz deutlich alle Fächer angegeben hatte, die ich zu unterrichten bereit wäre; oder es war in letzter Minute ein erhöhter Bedarf gerade in diesen Fächern entstanden, wo man mich nun hineinschieben wollte- obwohl ein hoher Bedarf an Deutsch da war, was ich ja gern übernommen hätte. Und was war aus dem guten Angebot geworden? Bedarf hin oder her- jedenfalls halte ich es für keine gute Idee, eine Lehrkraft zu einem Fach zu verpflichten, das sie nicht unterrichten möchte. Wenn schon fachfremd oder ohne Neigung, sollte die Lehrkraft zumindest dem Fach nicht ablehnend gegenüber stehen, was sich auch auf die Motivation der Schüler*innen und Schüler niederschlägt. Die Auf- und Abbauten, das Besorgen der Regenwürmer, Schnecken, Schweineaugen mit Bestellen von Lösungen, Schälchen, Skalpellen etc., Heraussuchen der Sicherheitsvorschriften mit der damit verbundenen Verantwortung und Transport all dieser Dinge wollte ich mir einfach nicht mehr unvergütet antun. Und dass man mir erst ein gutes Angebot in Aussicht gestellt hatte und nun alles über den Haufen warf, hinterließ bei mir einen bitteren Nachgeschmack. Einer solchen Schulleitung konnte ich nicht vertrauen. Ich schickte also meine Absage. Darauf erhielt ich prompt ein neues Angebot, nämlich lediglich 16 der geplanten 22 Unterrichtsstunden Nicht-Neigungsfächer zu unterrichten! Las man überhaupt, *was* ich schrieb? Oder nahm man mich nicht ernst? Ich war nicht darauf angewiesen, im Schuldienst zu arbeiten, sondern hatte glücklicherweise Alternativen und war auch nicht als Beamtin verpflichtet. Die Schule aber hatte *Bedarf in allen Fächern* laut Website, eine Hauptschule, wo Lehrkräfte geringer bezahlt werden- sollte die Schulleitung nicht froh über jede Lehrkraft sein, egal, welche Fächer diese mitbrachte oder bereit war, zu unterrichten? Offenbar nein. Eine befristete Stelle für ein halbes Jahr mit überwiegend Nicht-Neigungsfächern, obwohl man mich vorher mit einem vielversprechenden Angebot gelockt hatte. Ich hatte einfach genug.

Was mich dann aber besonders geärgert hat, war, als ich von Kolleg*innen und Kollegen an der Realschule, an der ich vorher war und dessen Schulleiter mich gerne behalten hätte, erfuhr, dass andere mit vorherigem Vertretungsvertrag wie ich von den Dezernent*innen / Dezernenten dann doch *wieder* einen Vertretungsvertrag erhalten hatten! Ich rief also sofort die Dezernentin in Niedersachsen an, um nachzufragen, denn diese hatte mir ja gesagt, dass ich „unter keinen Umständen" an der Realschule bleiben könne und mir Schulen vorgeschlagen, die auch keine feste Stelle zu bieten hatten. Ich fragte, warum ich nicht hätte bleiben dürfen, und sie sagte: Das wisse sie nicht! Ich könne ja nochmal bei der Realschule anfragen...Da war sie wieder, die mangelnde Fairness, die mangelnde Transparenz. Hatte ich beim ersten Mal, als man mir versichert hatte, auf einen Vertretungsvertrag könne an derselben

Schule kein zweiter Vertretungsvertrag folgen, noch gedacht, die Sommerferien Lehrkräften nicht zu bezahlen sei kein Dauermodell, wurde das nun wieder relativiert. „Sie wisse es nicht!“ Warum aber hatte ich dann vorher eine solche Auskunft erhalten? Auch in Hamburg kann man problemlos nach einem Vertretungsvertrag den nächsten an derselben Schule haben. Und natürlich werden die Sommerferien in der Regel nicht bezahlt. Es wird sogar bei Ausnahmen *expressis verbis* darauf hingewiesen, *falls* die Sommerferien bezahlt werden!

Das Schulsystem ist jederzeit für eine Überraschung zu haben, und so nahm ich einmal mehr verärgert wahr, als ich datiert auf kurz vor den Sommerferien ein Schreiben über meine bis dahin befristete Stelle an Real- und Grundschule erhielt, weshalb ich in Niedersachsen nun doch eine Stufe niedriger im TVL-Vertrag eingestuft war. Das habe ich noch nirgendwo anders erlebt, dass man eine Stelle antritt und Monate später erfährt, nun doch weniger zu verdienen.

Auch Niedersachsen hatte nicht geklappt.

Bevor ich in die Erwachsenenbildung und Medizin zurückgehen sollte, versuchte ich es zu Beginn des neuen Schuljahres bei einer zwar schönen Schule mit meinen Neigungsfächern im Süden Hamburgs, die jedoch nicht gut zu erreichen ist. Das bedeutete, dass ich mit öffentlichen Verkehrsmitteln, auf deren

Pünktlichkeit leider kein Verlass ist, mindestens zwei Stunden für eine Wegstrecke einplanen muss- mit vier Transportmitteln und mindestens vier Stunden Pendeln insgesamt täglich. Darauf musste ich mich einstellen. Die Schulleitung hatte ich bereits während meines Refs flüchtig kennengelernt, aber da ich mich auf meine PU vorbereiten musste, hatte ich deren Stellenangebot nicht weiter verfolgt. Der nette stellvertretende Schulleiter erinnerte sich sogleich an mich und lud mich zum Vertrag ein.

Die nächste Überraschung kam, als mir der Arbeitsvertrag zur Unterschrift vorgelegt wurde, denn da stand unter der Entgeltgruppe statt wie in Niedersachsen TVL 11 nur noch TVL 9b! Der stellvertretende Schulleiter, der bewundernd meine Abschlussnote wahrnahm, sagte mir, das könne sich noch ändern, und zögernd unterschrieb ich. Aber versteht denn keiner, dass ich vor meiner Unterschrift wissen möchte, in welche Entgeltgruppe und Stufe ich eingestuft würde und damit, wie viel ich letztlich verdienen würde? Während ich in Niedersachsen für 20 Unterrichtsstunden 80% erhielt, gibt es für 21 Unterrichtsstunden mit den Wochenarbeitszeiten-Modell hier ganze 75,25%. Das klang jedenfalls nicht gut, auch wenn man mir die Entgeltgruppe und Stufe noch nicht nannte. Vorausgesetzt, diese bliebe identisch, hieße das: Ich verdiene deutlich weniger, muss mehr arbeiten, verliere viel Zeit fürs tägliche Pendeln und zahle sehr viel für den

Verkehrsverbund. Nicht genug, hilft auch hier ein Auto nicht viel, da morgens zur *Rush Hour* die Verkehrsverbindungen vom Umland nach Hamburg verstopft sind, und das seit mindestens vierzig Jahren! Wäre es nicht Zeit, gerade hier den öffentlichen Verkehr in Richtung Hamburg besonders auszubauen? Ganz zu schweigen von einer besseren Anbindung an die öffentlichen Verkehrsmittel der Schulen in Niedersachsens Hinterland? Und Konferenzen endlich online zuzulassen, wie es ja auch zu Corona-Zeiten möglich war und gut funktionierte? In Hamburg hätte das für mich an einer Schule bedeutet: Die eine Fachkonferenz um 11Uhr, die andere um 18Uhr. Unmöglich, in der verbleibenden Zeit nach Hause zu fahren, sondern dazu verurteilt, die Zeit „abzuhängen“, so dass man um 18Uhr übermüdet und genervt ohnehin nicht mehr geistig folgen kann. An dieser Schule gab es sogleich eine Konferenz, und als ich um 16Uhr den Heimweg antrat, war ich nicht nur *brain dead*, sondern die Konferenz noch nicht mal zu Ende. Wie würde ich das durchstehen? Wenn der Lehrkräftemangel so eklatant ist, wie von den Medien berichtet, müsste ich nicht durch die halbe Republik fahren müssen, um eine Stelle zu finden und dann mit Pendeln und wegen Konferenzen in Präsenz unglaublich viel Zeit zu verlieren. Allein der Präsenzfaktor bei Konferenzen ärgert mich, da es eine Verweigerung des Umdenkens ist, ohne Sinn und Verstand.

Die niederschmetternde Nachricht kam bald danach, dass es bei der Bahn eine Vollstreckensperrung geben werde. Ohne Ersatzbusse. Diese kamen zwar dann doch, aber verlassen können hatte man sich darauf nicht im Vorfeld. Nun gibt es zwar einen Busverkehr nach Harburg, der aber bei dem zu erwartenden mehr an Verkehrsaufkommen entsprechend länger unterwegs wäre und entsprechend mehr Fahrgäste hätte. Dasselbe gilt für Autofahrer. Damit müsste ich noch weiter in der Anzahl der Unterrichtsstunden runtergehen, was sich finanziell und zeitlich nicht mehr rentiert. Schließlich fielen auch noch Busfahrten weg wegen Fahrermangel und Corona. Das bedeutete, ich wäre noch länger unterwegs, müsste ggf. noch früher aufstehen, womit ich langsam an meine Grenze des Machbaren kam, denn eine müde Lehrkraft nutzt auch den Schüler*innen und Schülern nichts. Da ging es mir in der Medizin zumindest besser. Ich entschied mich dagegen und stieg wieder aus.

Die nächste Überraschung erhielt ich dann, als es um die Bezahlung der wenigen Tage durch die Hamburger Schulbehörde ging. Diese hatte mich statt auf Lohnsteuer 1 nun auf Stufe 6 eingestuft, obwohl die Lehrtätigkeit an der Hamburger Schule mit über 75% mein Haupteinkommen darstellte; hatte die falsche Krankenkasse angegeben und mich von TVL 11 auf TVL 9 herabgestuft. Als ich den Sachbearbeiter anschrieb, die ersten beiden Punkte zu korrigieren und den letzten zu prüfen, hörte ich erst mal nichts. Nach drei Wochen erinnerte ich daran, dass immer noch mein Gehalt ausstehe- offenbar war der Sachbearbeiter überlastet oder fehlte wegen Krankheit. Erst, als ich den Chef anschrieb, tat sich etwas, und es gab auch Korrekturen. Da muss man als Lehrkraft, die wir angeblich Mangelware sind, auch noch wochenlanglang seinem Geld hinterherrennen. Aber: Immerhin wurden mir Erfahrungen angerechnet, die Niedersachsen unter den Tisch hatte fallen lassen!

Für ein Jahr ging ich nun dahin zurück, wo ich beruflich hergekommen war: In die Medizin und Erwachsenenbildung. In der Erwachsenenbildung war zwar die Bezahlung nicht großartig, aber dafür stimmte das Arbeitsklima, ich hatte geregelte, festgesetzte Arbeitszeiten und der Job war vor Ort ohne erwähnenswertes Pendeln. Aber auch im Schuldienst hätte ich als nicht verbeamtete Angestellte lediglich ein mittelmäßiges Einkommen. Einzig die Aussicht auf einen unbefristeten Vertrag mit den Vorzügen des öffentlichen Dienstes, in Hamburg zusätzlich Ermäßigung beim Eintritt in Schwimmbäder bei einer reduzierten Mitgliedschaft wären für mich vorteilhafter. Was mir allerdings Sorgen bereitete, waren infolge des Ukraine Krieges die explodierenden Gaspreise- gefolgt von drastischen Preiserhöhungen im Lebensmittelsektor und dazu Beschränkungen, wie viel man kaufen durfte! Von Hamsterkäufen war nun Ende 2022 die Rede, und wenn man von etwas mehr brauchte, musste man mehrfach zu einem oder besser: mehreren Geschäften gehen, wo an der Kasse Schilder mit Beschränkungen angebracht waren. Denn durch den Krieg in der Ukraine gab es wegen der Sanktionen gegenüber Russland nun keine Gaslieferungen aus Russland mehr, die Getreidelieferungen aus der Ukraine unterstanden wegen des Krieges Beschränkungen bis Totalausfällen, und die Welt musste komplett umdenken und umlenken.

Während ich in meinen vorigen Bereichen arbeitete, erhielt ich einen Anruf eines netten Schulleiters aus der Umgebung. Er suche dringend Lehrkräfte, und ich stand offenbar noch auf der Liste bei EIS.online. Ich horchte auf und fuhr zum Vorstellungsgespräch. Wir sagten beiderseits zu, er informierte die Dezernent*innen / Dezernenten - und die sagten: ab! Begründung: Meine Fakultas wäre in anderen Fächern. Also wieder nichts. Der nette Schulleiter versuchte es weiterhin, und man stand ihm zu, würde er meine Fächer nach den Sommerferien, also in einem halben Jahr ausschreiben, könnte ich mich ggf. bewerben. Nun stand ich aber mittlerweile unter einem Angeselltenvertrag, was mir einen Ausstieg nach einem halben Jahr erschwerte, und ich blieb, wo ich war.

Christiane, die an unserer gemeinsamen Schule geblieben war, machte mich dann nach einem

Jahr auf eine Änderung aufmerksam: Mit dem Sommer 2023 änderten sich tatsächlich zumindest in Hamburg die Gehälter: Die langersehnte Gleichstellung von Lehrkräften anderer Schultypen wurde in Hamburg Realität. Nun sollten auch Lehrkräfte anderer Schultypen nach A13/E13 entlohnt werden, was den Lehrer*innenberuf / Lehrerberuf deutlich attraktiver machte. Das brachte laut Rundblick Niedersachsen die AfD auf den Plan, die gegen eine Hochstufung für Grund-, Haupt- und Realschullehrer*innen und -lehrer ist, da befürchtet werde, dass Lehrkräfte nach der Höherstufung ihre Stunden reduzieren (https://www.rundblick-niedersachsen.de/falsches-signal-afd-will-a13-fuer-alle-lehrer-in-niedersachsen-stoppen/(03.01.2024, 21.30Uhr)). Das ist zwar nicht ausgeschlossen, aber angesichts der steigenden Lebenshaltungskosten eher unwahrscheinlich.

In Niedersachsen hieß es zudem, es solle lediglich 10% der Differenz hinzugezahlt werden. Und die gemeinsame Schule von Christiane und mir hatte obendrein einen Einstellstopp trotz Unterbesetzung. Das hieß, sollte auch Niedersachsen mit einer Anpassung der Gehälter nachrücken, könnte ich dennoch nicht wieder an unsere gemeinsame Realschule in meinem Wohnort zurück.

Hamburg rückte also nun nochmals ins Licht. Denn das hieß, selbst wenn ich beispielsweise erst zur dritten Stunde wegen Pendelns beginnen würde, wäre das finanziell noch rentabel. Und ich bewarb mich dieses Mal an eine Schule, die vor allem auf digitalen Unterricht setzt. Das bedeutet schon mal, das lästige Kopieren entfällt. Diese Schule liegt zudem relativ verkehrsgünstig, so dass ich mir ein Pendeln trotz widriger öffentlicher Verkehrsmittel zutraute. Ich sprach mit der Schulleitung, die zu dem Zeitpunkt gerade dringend Lehrer*innen und Lehrer suchte. Der stellvertretende Schulleiter, der mit Bewunderung meine Abschlussnote registrierte, fragte mich, weshalb ich bisher noch nicht untergekommen sei; hatten denn Schulleitungen keine Ahnung, dass es eben *nicht* so einfach war, eine Planstelle zu erhalten? Er kam mir zudem entgegen, was meinen Stundenumfang betrifft: Teilzeit, nicht Vollzeit, aber mit verpflichtender Klassenleitung. Man bot mir- wie sollte es anders sein?- einen Vertretungsvertrag, diesmal für ein ganzes Schuljahr bis zu den Sommerferien. Ich nahm des Suchens müde an, und der freundliche stellvertretende Schulleiter versicherte mir, sollte ich mich entschließen, zu bleiben, würde ein Festvertrag folgen, wobei auch die Ferien bezahlt wären. Das hatte ich auch schon von anderen Schulen in Hamburg zu hören bekommen und war nicht neu. Aber wäre das auch das Ende der Odyssee?

Luisa: *„Hey Hannah, wie ist es bei dir an der Schule in Hamburg? (…) Ich bin ja an der Schule, die ich mir ausgesucht habe. Ich fühle mich da* *eigentlich auch wohl. Die Kolleg*innen und Kollegen sind ganz nett, und die Schulleitung auch, aber es gibt tatsächlich auch Dinge, wo ich denke: hä? (…) Es ist nicht ansatzweise so schlimm wie an meiner Ausbildungsschule, aber ich muss auch hier manchmal den Kopf schütteln. (…) Ich habe eigentlich einen Mentor an die Seite gestellt bekommen, an den ich mich mit Fragen wenden kann. (…) Mein Fragenkatalog, wenn ich das so nennen darf, wird immer länger- das betrifft vor allem schulinterne Organisationen, Absprachen und Regelungen- aber nichts kommt dabei raus. Der Mentor sagt, frag doch bitte die zuständige Kollegin. Und die zuständige Kollegin sagt, frag doch deinen Mentor! Ich bin tatsächlich in der Hauptsache noch damit beschäftigt, mich durchzufragen, wie läuft was und hätte mir echt mal gewünscht, dass mir jemand alles beantwortet.“*

Auch an meiner Schule gab es viel Neues, aber im Gegensatz zu Luisa standen mir meine überwiegend netten Kolleg*innen und Kollegen mit Rat und Tat zur Seite (und ich bei Bedarf ihnen, was Fachliches betrifft). In der Oberstufe sind viele promoviert, und wir führten wissenschaftliche Gespräche über Quantenmechanik, Pflege, Literatur und andere Themen. Das war etwas ganz anderes als auf meiner Ausbildungsschule, wo es vor allem um Enkel und kaputte Autos ging! Auch hier gab es Vorfälle durch Schüler*innen und Schüler, aber nicht in der Anzahl, wie ich sie von meiner Ausbildungsschule gewohnt war. Die Schüler*innen und Schüler, die ich selbst als Klassenleitung hatte, waren weniger auffällig: Oft nicht recht motiviert, einige lenkten sich und andere ab, und diejenigen, die sich verweigerten, machten einfach nichts. Hier gab es viele Schüler*innen und Schüler mit Deutsch als Erstsprache, aber es gab auch viele *verschiedene* Nationalitäten, so dass die Integration sehr viel besser klappte. Natürlich bekommt man als Lehrkraft nur einen Bruchteil davon mit, aber Polizeipräsenz, wie ich sie wiederholt an meiner Ausbildungsschule erlebt hatte, fand ich an dieser großen Stadtteilschule nicht vor.

Allerdings musste ich auch erleben, dass Schüler*innen und Schülern fast alles gestattet ist. Respektlosigkeit gegenüber Lehrkräften? Nicht schlimm, das sei in einem Einzelgespräch zu klären. Respektlosigkeit gegenüber mehreren Lehrkräften und auch Mitschüler*innen und Mitschülern? Dem Schüler gehe es offenbar nicht gut. Kein Gespräch mit den Erziehungsberechtigten (sofern er noch minderjährig ist) oder gar Disziplinarverfahren, das müsste man mit mehreren Einzelgesprächen begleiten. Aussagen, die politisch nicht konform sind wie pro AfD oder Witze über den Holocaust? Ja, da wird eingeschritten, aber vielleicht nicht unbedingt, weil das verletzend und menschenverachtend ist, sondern weil es politisch nicht geht und ggf.

die Schule in ein schlechtes Licht rücken würde. Fragt sich, ob Lehrkräfte mittlerweile persönlich so wenig wertzuschätzen sind, dass es hier keine Konsequenzen gibt?

Das Pendeln klappte mehr oder weniger, ständig gab es Streiks bei der Bahn, womit ich in diesem Ausmaß nicht gerechnet hatte. Doch selbst ohne Bahnstreik musste ich hier regelmäßig in Taxikosten investieren, wollte ich nicht Gefahr laufen, in meiner 6-monatigen Probezeit und danach zu spät zu kommen oder unpünktlich zum Elternabend, zu den Wandertagen, zu außerschulischen Lernorten etc. zu erscheinen. Sehr bald musste ich auch erfahren, dass es hier sehr viel Extraarbeit rund um den Job gibt, wovon beim Einstellungsgespräch keine Rede war- etwa nicht enden wollende wöchentliche Konferenzen bis in die späteren Abendstunden hinein, dazu immer wieder extra Konferenzen, SCHiLF, Unterrichtsentwicklung (UE), IT Entwicklung, pädagogische Konferenz, Fachkonferenz, Gesamtkonferenz u.a.. Den Schüler*innen und Schülern soll ja das Beste geboten werden, die Schule wettbewerbsfähig und erfolgreich sein; aber auf Lehrkräfte, die wir ja doch auch Menschen sind, wird keine Rücksicht genommen. Und so passiert es in aller Regelmäßigkeit, dass Kolleg*innen wie Kollegen auf Konferenzen eben einschlafen. Davon hatte mir bereits mein bester Freund in Hessen von seiner Schule, sich selbst eingeschlossen, berichtet. Ich fragte die Schulleiterin danach mit Hinblick auf meine Teilzeittätigkeit, und diese wurde sauer. Sie sagte: „Dass wir uns richtig verstehen: Sie haben an allen Konferenzen in voller Länge teilzunehmen!“ Und ich fragte mich, ob das juristisch gerechtfertigt ist. An meinen vorigen Schulen in Niedersachsen gab es schließlich weitaus weniger Konferenzen. Und hier gibt es sogar Konferenzen, in denen die Lehrkräfte etwa die Digitalisierung entwickeln sollen. Eine Kollegin sagte mir später, die WAZ Berechnung sei eine Mogelpackung, da sie inklusive Konferenzen gelte, in die man alles Mögliche reinpacke- die aber mit keiner WAZ aufgelistet waren. Sie arbeite schon deshalb in Vollzeit, um wenigstens auf das volle Gehalt zu kommen. Auch werden einem hier überraschenderweise ungefragt Aufgaben übertragen, was zu großem Unmut im Kollegium führt. Der Personalrat hat gut zu tun. Die Schule hat vieles, was mir gefällt, aber auch hier stieß ich auf Arbeitsbedingungen, die einfach unwürdig sind.

Sicher, es gibt noch viele Extras neben dem eigentlichen Schulbetrieb, wie „Tag der offenen Tür“, Schulfeste, ganz zu schweigen von Klassenreisen. Aber wo sind denn die Grenzen? Warum kann das nicht wie ja auch die Klassenreisen in der regulären Schulzeit stattfinden, so dass Schüler*innen / Schüler und Lehrkräfte es nicht als zusätzliche Last tragen müssen? Oft fühlte ich mich wie in einem Internat, fehlte nur noch die Übernachtungsmöglichkeit.

Doch das schluckte ich, bis ich zu einem Gespräch mit der Schulleiterin gerufen wurde.

Es ging um eine Neuberechnung meiner WAZ, da sich mittlerweile etwas an meinem Stundenplan geändert hatte. Als ich die Schulleiterin fragte, ob ich diese Stunden dann auch *nach* den Sommerferien so behalte, schaute sie mich entgeistert an. *Nach* den Sommerferien? Davon wäre keine Rede gewesen. Man hätte mich als Vertretungskraft eingestellt, da eine Lehrkraft ausgefallen seien; aber eine Beschäftigung nach den Sommerferien? Die sei gar nicht vorgesehen! Als ich ernüchtert zur Sprache brachte, dass der stellvertretende Schulleiter mir aber eine solche sogar unter Bezahlung der Sommerferien in Aussicht gestellt hatte, schaute sie mich ungläubig an: Die Sommerferien bezahlt? Auf keinen Fall! Ich könne ja nochmal mit ihm reden, aber sie würde sich doch sehr wundern. Und ich hätte mich doch bereits bei einer anderen Schule beworben. Na also.

Die Schulleitung der „anderen Schule", die ich lediglich unverbindlich angeschrieben hatte, um mich VOR einer eventuellen Bewerbung zu informieren, war übrigens dieselbe, die einst Englisch inseriert hatte, aber eigentlich Lehrkräfte für Geschichte suchte. Die mangelnde Diskretion aber ärgerte mich, so etwas war mir bereits in Niedersachsen vorgekommen, und als ich in meinen Files sah, dass wir bereits vorher schon mal unglücklich in Kontakt gestanden hatten, strich ich diese Schule nun ganz aus meinen künftigen Plänen. Aber wo stand ich hier an meiner Schule? Hatte mir diese Schulleitung mit der Anfrage womöglich meine Weiterbeschäftigung kaputt gemacht?

Jedenfalls schien es mir, dass die Schulleiterin und der stellvertretende Schulleiter nicht an einem Strang zogen und sich nicht ausgetauscht hatten. Wieder eine Schulleitung, bei der die rechte Hand nicht zu wissen scheint, was die linke tut, wie mir schien. Oder sollte ich als Vertretungskraft gar mit leeren Versprechungen gelockt worden sein? Davon ging ich nicht aus. Aber ich erfuhr auch von Kolleg*innen und Kollegen, dass ich die einzige war, die bei den Einstellungen an der Schule keinen Festvertrag bekommen hatte. Weil ich, wie ich erst jetzt erfuhr, als Vertretung für einen Kollegen eingesetzt worden war, der dieses Schuljahr ausfiel? Ich hätte mir in jedem Fall mehr Offenheit gewünscht, etwa in der Art und Weise, dass man mir dargelegt hätte, dass ich lediglich als Ersatz für den Kollegen eingesetzt werde und daher einen Vertretungsvertrag und keine Festanstellung erhielte. Klar, ich hätte nachfragen müssen. Und ich fragte mich: Lohnte es sich? Sollte ich darum kämpfen, dort zu bleiben, wo ich aufgrund des Pendels über eine 50% Stelle und damit weniger Gehalt niemals hinauskäme? Eine riesige Schule, an der ich so oft wie noch nie krank wurde, weil immer wieder die eine / der eine, die andere / den anderen ansteckt. Dann schon lieber eine kleinere Schule mit geringerem Infektionsrisiko und weniger nicht-enden wollenden Konferenzen. Oder war es das allein des überwiegend netten Kollegiums wert? Wollte die Schulleitung mich überhaupt behalten? Während mir die Grundschulleiter*in und der Realschulleiter wie auch die Schulleiterin, an deren Schule ich als DaZ Lehrkraft tätig gewesen war, versichert hatten, ich sei „eine gute Lehrerin" und mich gern behalten hätten, erfuhr ich seitens dieser Schulleiterin nicht die geringste Wertschätzung. Es hieß lapidar: „Ihre Leistungen sind ja ausreichend". Ob das wertend gemeint war oder darauf bezogen, dass einer Weiterbeschäftigung prinzipiell an sich nichts im Wege stünde, weiß ich nicht. Dennoch, so geht man nicht mit Untergebenen um.

Das Gespräch mit dem stellvertretenden Schulleiter brachte dann mehr Klarheit. Er gab an, dass es mittlerweile gar keine offene Position mehr an der Schule in meinem Bereich gab! Und zu allem Überfluss kamen auch noch neue Lehrkräfte von anderen Schulen mit derselben Fächerkombination an unsere Schule, ohne dass Stellen ausgeschrieben waren. War das nun die Zuwanderung aus Niedersachsen seit die GEW erhöhte Gehälter in Hamburg durchsetzen konnte, nicht aber in Niedersachsen? Ich weiß es nicht. Jedenfalls verlor ich sofort zum Halbjahr einen meiner Bio-Kurse mit den meisten WAZ Stunden an eine der neuen Lehrkräfte. Und mit der Ankunft der Neuen, wie er mir versicherte, sei eine Festanstellung im Anschluss an den Vertretungsvertrag nach den großen Ferien ausgeschlossen. Der stellvertretende Schulleiter sagte mir, auch wenn er mir gern etwas anderes mitgeteilt hätte, ich solle mich nach einer anderen Schule mit Festanstellung umsehen, das sei ja wohl gar kein Problem bei dem Lehrkräftemangel! Lehrkräftemangel, da war es wieder...

Ich sah mich um, und mir wurde gesagt: „Tja, eigentlich suchen wir Lehrkräfte mit Sek II Lehrbefähigung!" Dass ich das Fachliche mitbringe, daran zweifelte niemand, schließlich habe ich in meinen Studiengängen mehr Wissen erworben als es für Lehramtskandidaten erforderlich ist. Aber es fehlt mir die Lizenz, Abitur abnehmen zu dürfen. Ich überlegte nun, die Lehrbefähigung für Sek II nachzuholen, sofern ich eine Schulleitung dafür gewinnen konnte, denn diese muss den Antrag unterschreiben. Man sollte meinen, da die Mehrheit der Schüler*innen und Schüler Sek I angehört, müsse der Bedarf an Lehrkräften vor allem in Sek I groß sein. Dennoch fragen Stadtteilschulen oft nach der Sek II Befähigung.

Also reifte in mir der Gedanke, die Lehrbefähigung für die Oberstufe nachzuholen. Aber wie? Das LI in Hamburg bietet zumindest derzeit keine Qualifizierung in meinen Fächern an. Ich erfuhr, dass ich pro Fach fünf einjährige Kurse in Sek II unterrichten müsse, bevor ich die Lizenz nach einer Lehrprobe -Genaueres war noch nicht klar- erhalte. Ob sich diese fünf Kurse in ein bis zwei Jahren unterbringen lassen und nicht etwa auf fünf Jahre verteilt sein müssen, blieb trotz Nachfrage meinerseits offen. Warum fehlen klare Regelungen, wie Lehrkräfte aus Sek I bei Bedarf in der Oberstufe die Lehrbefähigung für Sek II nachholen können? Ohne klare Regelungen jedenfalls gelingt keine Lehrkräftegewinnung aus Sek I für Sek II. Und sollte die Regelung tatsächlich darin bestehen, dass man erst fünf Jahre in der Oberstufe zu unterrichten hat bevor man als Sek II Lehrer*in oder -Lehrer anerkannt ist, wird das nicht viele Anhänger finden, die diesen Weg zu beschreiten bereit sind. Warum so viele Erschwernisse? Es blieb mal wieder das Gefühl des Ausgeliefertseins, und auch der Leere. Irgendwann wollte ich eigentlich ganz gern ankommen und nicht ewig - trotz Bestnoten - erneut auf Schulsuche gehen müssen. Und schließlich reichte es mir: Ich arbeite jetzt wieder in der Medizin; und in Teilzeit an einer kleineren Privatschule ohne Endloskonferenzen und zermürbenden System und schied aus dem öffentlichen Schulsystem aus.

Luisa: Ich wollte vor 20 Jahren unbedingt Sportlehrerin werden. Ein persönliches Scheitern durch einen familiären Schicksalsschlag ließen meinen Plan A in Vergessenheit geraten. Es waren zunächst viele Umwege und Zufälle nötig, aber manchmal läuft das so im Leben. Und nun bin ich tatsächlich Sportlehrerin, obwohl ich weder ein Lehramtsstudium, noch ein Sportstudium vorweisen kann. Ich bin nur eine Biologin, die aufgrund des wissenschaftlichen Hintergrundes sehr neugierig und wissbegierig ist. Ich bin begeistert von den naturwissenschaftlichen Phänomenen und möchte den Schüler*innen und Schülern vermitteln, wie spannend Chemie, Physik und Biologie sein kann. Ich bin dankbar, dass ich mittlerweile einen funktionierenden Chemie-Fachraum nutzen kann, in dem keine Decken einstürzen und gleichzeitig wieder Zeit in einer Sporthalle verbringen kann – dem Ort, an dem ich vor meinem Studium einen Großteil meiner Freizeit verbrachte.

Ich arbeite in Niedersachsen, allerdings in einem anderen Landkreis als Christiane und hatte glücklicherweise keinerlei Probleme mit den Dezernent*innen / Dezernenten oder der Landesschulbehörde. Ich rief bei dem zuständigen Dezernenten an, teilte ihm meine Fächerkombination und meine Wunsch-Schule mit, an der ich mittlerweile arbeite…

Inhaltlich ist immer noch vieles neu für mich, ich muss also wieder selbst lernen, Methoden erarbeiten und all das. Aber: ich habe Lust und Freude daran.

Allerdings ist mein Privatleben durch das Ref (in Kombination mit Corona) ziemlich aus den Fugen geraten. Es war einfach wie eine Parallelwelt, in der ich mich z.T. noch befinde. Mir ist total bewusst, dass ich mich intensiv um eine Work-Life-Balance, die sogenannte Lehrergesundheit, bemühen muss. Ich habe erst vor kurzem ein Geschenk ausgepackt, das ich Weihnachten während des Refs erhalten hatte. Ich fange langsam wieder an zu leben. Aber nicht alles läuft rund.

Die Schulleitung sehe ich oft tagelang nicht, was ich wirklich scheiße finde. Ich komme gar nicht zur Schulleitung. Wenn ich zu dieser will, muss ich bei der Sekretärin klopfen, und die läuft dann über einen Flur und fragt bei der Schulleitung nach, ob ich durchgehen kann oder nicht. (...) Wenn das Sekretariat nicht besetzt ist, habe ich keine Chance. Die Schulleiterin ist komplett abgeschottet und bekommt so natürlich auch nichts mit, was bei uns läuft und los ist. Wir hatten neulich eine Personalversammlung, und da ging es auch immer wieder um die Schulleitung. Es gibt tatsächlich auch Schüler*innen und Schüler, die nicht wissen, wer die Schulleitung ist, weil sie sich nie blicken lässt. Man kommt also nie ins Gespräch, gerade mal so zwischen Tür und Angel, was ja auch wichtig ist. Seit ich da bin, habe ich mit ihr gar nicht gesprochen! (...) Auch was Referendar*innen und Referendare betrifft: Sie fragt mich dann, wie ich eine Referendarin bewerten würde, da sie (die Schulleiterin) nie im Unterricht dabei ist. Sie sitzt ja abgeschottet in ihrem Zimmer und kommt nicht raus (...) Eine verschlossene Tür hat ja auch symbolischen Charakter. Und ohne, dass ich davon wusste, sollte ich Klassenleitung und Fachkonferenzleitung übernehmen. Als ich von einer Kollegin darauf angesprochen wurde, war ich total geschockt am ersten Tag. Da habe ich dann mit der Schulleiterin sprechen wollen, und es kam heraus, die hatte sich das so vorgestellt, aber nicht mit mir geredet. Also un-möglich, richtig unprofessionell! Dann wollten sie mir das schön reden, aber ich bin ja nur noch mit wenigen Stunden an der Schule und mache jetzt keine der beiden Aufgaben. Klassenlehrer*innen und Klassenlehrer haben an 3-4 Nachmittagen Besprechung, und das kann ich nicht aufbringen. Ich bin ziemlich kaputt und fertig, plane den Unterricht aus Zeitmangel immer kurz vorher und fühle mich auch mit wenigen Stunden echt überfordert.

Aber vor allem ist das Kollegium sehr nett, (...) und ich habe da so eine Handvoll Leute, mit denen ich mich ganz gut verstehe. Jeder geht mit mir freundlich und respektvoll um, anders als ich es kannte. (…) Manches ist auch anstrengend. Eine Kollegin hat mit mir jedes Arbeitsblatt besprochen, weil sie die Parallelklasse hatte und meinte, wir müssten immer unbedingt parallel sein. Ich finde es gut, wenn man sich abspricht, aber es ist so anstrengend, mit einer Lehrkraft jedes Arbeitsblatt zu besprechen und zu diskutieren, welches nun das bessere ist. Man muss ja auch auf seine Lerngruppe eingehen und schauen, brauche ich vielleicht noch ne Stunde? Oder interessiert vielleicht Schüler*innen und Schüler ein Thema mehr? Ich möchte da auch gern etwas Flexibilität haben, (…) wenn nämlich Unterricht ausfällt, weil man selber krank ist oder zu viele Schüler*innen und Schüler fehlen, kann man ja auch nicht immer parallel sein.

Yasmin: Ich arbeite jetzt seit einiger Zeit bei einer Behörde und habe nichts mehr mit Schule zu tun. Dort bin ich glücklich. Bei mir passt das einfach perfekt. Ich bin hier total zentral, bringe die Kinder zur Kita, hole sie nach der Arbeit auf dem Weg wieder ab. Der Kindergarten meiner Kinder liegt auf dem Weg, alles ist im Umkreis von Metern, nicht Kilometern, ich habe nette Kolleg*innen und Kollegen, die mich nicht wie die Kaltfront meiner Ref Zeit behandeln. Einzig

die Bezahlung könnte besser sein, aber ich setze mich nicht unter Druck und lasse mir Zeit. Ich würde gerne im sozialen Bereich arbeiten, z.B. mit Flüchtlingen, aber es ist so schwer, da reinzukommen. Es wird immer bemängelt, es fehle mir an Erfahrung, möglichst 3 Jahre. Tja, ich habe sogar Erfahrung als jahrelange Dolmetscherin in einer Flüchtlingseinrichtung und habe vieles mitbekommen, wie alles funktioniert, aber offenbar reicht das nicht. Und ich überlege, vielleicht auch auszuwandern.

Natürlich ist es schade, so kurz vorm Ziel abzubiegen und zu sagen: Dann eben nicht! Aber vielleicht war das auch ein Augenöffner, dass es nichts für einen ist trotz der 7 Jahre Lehramtsstudium. Lehrer*innen und Lehrer werden einfach nicht genug gefördert, es wird nur verlangt – besser- schöner- vielfältiger- möglichst noch mehr Stunden, da ist es einfach kein Wunder. Am Ende sind diejenigen, die darunter leiden, die Kinder. Das ist das Traurige daran.

Christiane: Habe den ganzen Samstag an ActivInspire Folien gesessen. Irgendwas mache ich falsch, was die Work-Life-Balance betrifft. Daran müsste ich wie Luisa arbeiten. Bei dem Arbeitsdruck rund um die Uhr ist es schwer, etwas Zeit für anderes wie meine Familie abzuzwacken. Zwar habe ich bereits weiter und weiter meine Stundenanzahl reduziert, aber es reicht nicht.

Was man als Lehrer*in und Lehrer auch rund um den Job zu leisten hat, an Vor- und Nachbereitung, Dienstbesprechungen, Ordnungsmaßnahmen, Konferenzen etc., ist einfach viel zu viel. Ich trage mich die ganze Zeit mit dem Gedanken, zu kündigen. Auch wenn es eine feste Stelle in Teilzeit ist.

2023 hatten wir wie Hannah berichtete einen Einstellstopp trotz Unterbesetzung! Schlimmer noch, es wurden jetzt Kolleg*innen und Kollegen abgeordnet, da eine andere Schule im Landkreis Ganztagsschule geworden war! Eine Stunde Pendeln pro Richtung mit öffentlichen Verkehrsmitteln sei zumutbar, hieß es. Und meine Kolleg*innen / Kollegen und ich waren sauer, derart zum Spielball zu werden. Jeden von uns konnte es treffen, was natürlich unsere Ferien überschattete. Für mich war klar: Sollte es mich treffen, wäre ich draußen. Ich hatte bereits auch so schon zu wenig Zeit für meine Familie und keine zwei Stunden extra pro Tag, die ich mit Pendeln verbringen würde. So hatte ich mir meine neue Arbeit nicht vorgestellt!

8. Was gut war

Hannah: Ich hatte unglaublich Glück mit allen drei Seminarleitern in meinem Referendariat für Haupt- und Realschule und einem netten Seminarleiter in Biologie bei meinem vorigen Studienseminar für Gymnasium. Klar, auch hier gab es -zumindest selten- Dämpfer, etwa wie bei dem Abschreckungsversuch und dem Pädagogen, aber die Seminarleiter waren mein Sicherheitsnetz. Was auch immer in der Schule vorfallen würde, ich konnte mich auf meine Seminarleiter verlassen.

Auch über die Referendar*innen und Referendare konnte ich mich freuen: Es gab niemanden, der einen mit Konkurrenzdenken „in die Pfanne" hauen wollte. Im Gegenteil, wir tauschten uns aus oder klagten uns gegenseitig unser Leid. Besonders nah war ich mit meinen beiden Mitlernenden, die an derselben Schule wie ich waren: Yasmin wie ich mit Referendariat, Hans als direkter Quereinsteiger und mit mir im Pädagogikseminar. Wir alle hatten die Birne als Vorgesetzte und konnten uns über vieles in der Schule austauschen.

Und ich lernte verschiedene Plattformen, Programme, Apps im Seminar in meiner Ref-Zeit, da mein Pädagoge technisch sehr versiert war. Das brachte ich trotz langer Unterrichtserfahrung nicht in dieser Fülle mit, und es machte mir Spaß, beispielsweise ein Padlet zu erstellen, Learning

Apps einzusetzen oder ein Kahoot spielen zu lassen. In der Schule benutzen wir IServ, und ich lernte mit verschiedenen Whiteboard Systemen umzugehen, was jedoch auch nervig sein kann, wenn an jeder Schule ein anderes Programm oder eine andere Version desselben Programms verwendet wird. Ich war jedenfalls immer froh, nebendran auch noch eine nicht-elektronische Tafel zu haben, falls das System ausfiel. Später lernte ich weiter, lernte Task Cards zu erstellen, lernte das Hamburger System Divis kennen, dazu WebUntis für Stundenpläne und erweiterte meine Kenntnisse in Big Blue Button und Moodle.

Gut fand ich auch, dass den Zeit- und Klassenwünschen an meiner Ausbildungsschule weitgehend entsprochen wurde. An welchen Tagen man wie viele Unterrichtsstunden zu welcher Zeit beginnen wollte, wurde genau so umgesetzt wie welche Klasse man später im Referendariat haben wollte. In meinem Fall habe ich nicht gewechselt: Ich habe alle Klassen, sofern sie nicht die Schule verließen, behalten. Auch die sogenannten Chaoten. Und die beiden zehnten Klassen, die abgegangen sind, habe ich durch zwei neue zehnte Klassen ersetzt, was den Vorteil hatte, dass man schon Material aus den Vorklassen besaß.

Gut fand ich persönlich, dass meine Bio-Mentorin im Referendariat für Haupt- und Realschule mich weitgehend in Ruhe ließ. Sie war in meinem

Unterricht bei ihrer Klasse immer anwesend, die sie gern in Biologie behalten hätte und an mich „ausleihen“ musste. Sie war da, wenn ich sie brauchte und gab mir vor der zweiten Staatsprüfung noch gute Tipps, die ich weitgehend umsetzte, auch wenn dieses Arbeitsverhältnis nicht frei von Sorgen und Kummer war.

Und wie fortschrittlich meine Ausbildungsschule in Bezug auf Pflanzen und Tiere ist, lernte ich erst später kennen. Vor den Ferien wurde von der Schulleitung eine Liste herausgegeben, in die man sich zum Gießen der Pflanzen eintragen konnte. Das machten vor allem wir Referendar*innen und Referendare, da es hierfür extra Punkte bei der späteren Bewertung gab. Und die Liste musste voll werden, es durfte keine „Gießlücken“ geben. Aber auch Tieren begegnete man Respekt, und wenn sich eine Spinne ins Klassenzimmer verirrt hatte, wurde diese vorsichtig gefangen und wieder ins Freie entlassen. Lehrkräfte (meistens Biolehrer*innen und Biolehrer) waren hier Vorbild, und wenn Schüler*innen und Schüler von sich aus Flora und Fauna förderten, gab es Applaus und einen Extrapunkt bei der Bewertung. Das sollte an allen Schulen Standard sein!

Und gut fand ich auch das Schulgebäude. Ein schöner älterer Bau, der - und das Beste: nah meiner Wohnstätte, im Grünen, und doch zentrumsnah liegt. In diesem Gebäude fühlte ich mich auf Anhieb wohl, so ganz im Gegensatz zu dem Riesenbetonklotz der siebziger Jahre, wo ich anfangs am Gymnasium tätig war. Hier nun waren die Klassen übersichtlich verteilt, so dass man auch gelegentlich suchende Erziehungsberechtigte schon mal in die richtige Richtung weisen konnte. Und den Luxus, jede halbe Stunde den Bus nehmen zu können und innert weniger Minuten zu Hause zu sein.

Gut, ja sehr gut waren meine Schüler*innen und Schüler, von denen ich das meiste gelernt habe. Und auch, dass Schüler*innen und Schüler einschließlich der „Rabauken“ einen außerhalb des Unterrichts in der Stadt immer noch grüßen und nicht selten auf einen zukommen und zum Gespräch anhalten, ist keine Selbstverständlichkeit. Und das bis heute, obwohl ich längst nicht mehr ihre Lehrerin bin.

Und last but not least: Gut war, dass ich durchgehalten habe. Aber es war knapp- und ich bin mir nicht sicher, ob ich mir das Ganze hätte sparen sollen. Doch dann wäre das Buch nicht entstanden!

Luisa: Mit meinem Studienseminar und den Seminarleitern hatte ich wirklich Glück. Von Beginn an hatte ich vollste Unterstützung, bekam Antworten auf jegliche Fragen und konnte mich dadurch weiterentwickeln. Auch gab es einige sehr nette Menschen in den Seminaren, mit denen man gemeinsam als

Mitstreiterin diesen „Höllenritt" durchlebte... Letztendlich war es auch der Austausch und das gegenseitige Mutmachen, die einem zum Durchhalten bewegten, wenn man (mal wieder) in Gedanken alles hinwerfen wollte.

Yasmin: Toll waren ganz eindeutig die Kinder! Das hat mir wirklich Spaß gemacht, sie zu unterrichten, wenn ich mit ihnen allein sein konnte ohne die Kaltfront einer Mentorin. Und gut war auch, dass wir die Mitschauen und teilweise die Seminare im online Format machen konnten.

Christiane: Gut war, dass ich das Ref in Teilzeit absolvieren konnte, denn Vollzeit war mit Familie einfach nicht möglich. Auch bei mir waren es vor allem die Seminarleiter und Mitstreiter*innen und Mitstreiter, auf die ich mich verlassen konnte und Mut schöpfte. Die Schule zu wechseln war auf jeden Fall der richtige Schritt, den ich jedem in dieser Situation empfehlen würde, und am Ende hat ja auch alles geklappt.

9. Fazit

a) Hannah:

Hannah: Dadurch, dass ich nicht an der erst besten Schule hängen geblieben bin, sondern andere Schulen als Lehrkraft oder auch nur bei Vorstellungsgesprächen kennenlernen durfte, habe ich tiefe Einblicke nehmen können. Ich habe gelernt, dass man sich nicht mit allem abfinden, sondern über den Tellerrand hinausschauen sollte, und sei es drum, Dinge zu hinterfragen. Und ich frage mich vieles.

Transparenz

Wünschen tue ich mir vor allem Transparenz! Wenn man von Referendar*innen und Referendaren erwartet, dass sie mobil sind, sollte das im Vorfeld ganz klar möglichst schriftlich erwähnt werden: Sie brauchen zum Referendariat ein Auto! Ohne Auto können Sie in diesem Land nicht Lehrer*in oder Lehrer werden. Das würde zwar weitere potentielle Referendar*innen und Referendare abschrecken, wäre aber ehrlich. Ganz abgesehen davon, dass man doch nicht voraussetzen kann, dass Leute in der Ausbildung über ein Auto verfügen! Von dem wenigen Geld, das man im Ref erhält, von dem man in der Regel auch noch Lebenshaltungskosten wie Miete, Lebensmittel, Krankenversicherung u.a.

bestreiten soll, ist es ein Unding, als Voraussetzung ein Auto zu fordern! Und das hieße auch, dass Personen mit einer Behinderung, die deshalb kein Auto bedienen können, niemals Lehrer*in oder Lehrer werden können- und das ist in meinen Augen Diskriminierung!

Transparenz wünsche ich mir aber auch im gesamten Schulsystem. Wie kann man Entscheide von Dezernent*innen / Dezernenten nachvollziehen? Gibt es dazu etwas Schriftliches, das jeder einsehen kann? Das Gefühl, etwas Ungewissem ausgeliefert zu sein, macht viele unter uns nicht froh. Und das betrifft nicht nur Referendar*innen / Referendare und Lehrer*innen / Lehrer. Mehr Transparenz wünsche ich mir auch im Ländervergleich, so dass man im Vorhinein weiß, welche TVL Eingruppierung welches Bundesland für Anfänger ungeachtet von eventuellen Vorerfahrungen nach dem Referendariat vorsieht.

Bürokratie

Ich wünsche mir mehr Sinn und Menschenverstand, was das Ref betrifft. So etwa einen Austausch unter den verschiedenen Seminarleiter*innen und Seminarleitern, denn im Referendariat für Gymnasien werden Mitschauen ganz anders gehandhabt als im Referendariat für Grund-, Haupt- und Realschule anderenorts in Niedersachsen. Da kam nicht das ganze Seminar zu Besuch in den Unterricht, was raumtechnisch schwierig ist, und die Referendar*in / der Referendar wurde vorher von allen unter uns LiVD um Erlaubnis gebeten. Man muss nicht das Rad neu erfinden, ein Lernen voneinander wäre wünschenswert.

Anderthalb Jahre Prüfungsdruck: Referendariat in Vollzeit. Manuskripte von vielen Seiten schreiben für jede einzige Unterrichtsstunde im Besuch, die man vorher analysiert und bis auf die Minute getaktet dann vorzuführen hat. Gerade in den Geisteswissenschaften mag letzteres sehr schwierig sein, Unterricht für Beiträge offen zu lassen und doch so zu leiten, dass man eine Punktlandung zum Stundenende erreicht. Aus meiner Sicht eine Gratwanderung, eigentlich nicht möglich. Wäre es stattdessen nicht sinnvolle, sich dieses starren Rahmens zu entledigen und Praxisnähe zu erlauben? Aus meiner Sicht wäre es angeraten, Besuche dafür zu nutzen, zu prüfen, ob eine LiVD später allgemein auf Kinder losgelassen werden kann oder nicht. Und die allermeisten könnten zugelassen werden! Dass nämlich auch LiVD wie die Kinder durch diesen Stress aus dem Takt geraten, ist nur zu menschlich. Ein unnatürliches Ausbildungssystem, das auf subjektiven Bewertungen beruht, wo sich Seminarleiter*innen und Seminarleiter nicht mal einig sind, das man aber nicht ändert, weil es jahrzehntelang schon so läuft.

Überhaupt wäre eine Überarbeitung der maroden Organisation des Schulwesens überfällig. Wenn ein Schulleiter eine Lehrkraft zum Einstellungsgespräch bestellt und dann kurz vorher absagt, um sich gleich darauf wieder zu melden, jetzt sei „wieder etwas frei“, halte ich das organisatorisch für zu kurz gedacht. An diesem Tag mag die Besetzung stimmen, aber da werden vielleicht zwei Lehrerinnen schwanger, eine Lehrkraft geht in den Ruhestand, eine andere wechselt an eine andere Schule, und fünf fallen wegen Krankheit aus. Und schon steht man bei einer derartigen Planung vor einem Problem bzw. es fällt Unterricht aus. Aber das muss ja nicht sein, wenn man Lehrkräfte über den momentanen Bedarf von heute einstellt. So macht man es auch in der freien Wirtschaft, es gibt einen Pool von Mitarbeiter*innen und Mitarbeitern, so dass ein Einzelausfall nicht zur Katastrophe führt. Und auch die Fachleute empfehlen, mit zusätzlichen Lehrkräften, wenn sie sich denn schon bewerben, die Qualität zu verbessern. Denn dass es Bedarf gibt, ist unbestreitbar bei Integration, Differenzierung, Ganztag etc. Und dann bitte sehr nicht einstellen per Vertretungsvertrag, denn spätestens nach einem Jahr ist diese Lehrkraft ohne Vertrag, sondern per Festanstellung. Auch Lehrkräfte brauchen Planungssicherheit und wollen nicht von Vertrag zu Vertrag leben müssen!

Ich wünsche mir ganz klar weniger Bürokratie und weniger starre Vorgaben für die Referendar*innen

/ Referendare und die Lehrkräfte. Zu Corona-Zeiten gingen wir online, was Seminarveranstaltungen und Dienstbesprechungen in der Schule betrifft, und es klappte meist vorzüglich. Warum kann man das ab sofort nicht dauerhaft übernehmen? Ich fragte das den ersten Konrektor an meiner Ausbildungsschule und listete sämtliche Vorteile auf. Er antwortete lapidar: „Das gehe dauerhaft nicht, weil Präsenz schon immer da war." Ja, aber warum die starren Strukturen nicht durchbrechen und ändern? Es kommt dem Umwelt- und Klimaschutz zugute, die / der einzelne spart Zeit und Kosten (ebenso die Regierung, die keine Fahrtkosten mehr erstatten müsste!), und nicht zuletzt setzt man sich weniger gesundheitlichen Risiken aus, sei es über den direkten Kontakt im Seminar, sei es im Straßenverkehr. Mitschauen mögen sinnvoll sein, aber warum sieht keine / keiner der oberen Etagen und Seminarleiter*innen / Seminarleiter, dass eine Klasse beim Besuch von einer ganzen Seminargruppe nicht normal agiert? Sich gestört fühlt und in den meisten Fällen gar kein Platz für all die Leute vorhanden ist- warum gibt es nicht Aufzeichnungen? An der Grundschule lernte ich eine schon ältere Kollegin kennen, bei der jede einzelne Unterrichtsstunde saß. Ein Hospitieren bei dieser Kollegin war für mich so viel wertvoller als die Fehler der Mitstreitenden zu erleben.

Was die Bürokratie betrifft, fühlt man sich als Lehrkraft nicht selten einer Verwaltungskraft gleichgesetzt. In Hessen wird etwa an der Oberstufe eine doppelte Fehlzeitenerfassung geführt, einmal digital und einmal in Papierform in einem Heft, das eine ganze DINA 4 Seite Regeln zur Erfassung von Fehlzeiten beinhaltet. Konkret bedeutet das, dass die Fehlzeitenerfassung, die durch die Klassenlehrer*innen und Klassenlehrer zu leisten ist, einen größeren Raum und damit Zeit einnehmen als die Notenvergabe, denn diese wird nicht doppelt, sondern einfach geführt.

Und pragmatische Schulleitungen wie die Grundschulleiterin braucht das Land! Eine Hauptschulleitung, die auf ihrem hohen Thron sitzt, kann so natürlich keine neuen Lehrkräfte gewinnen. Pragmatische Schulleiter*innen und Schüler aber brauchen freie Hand, zumindest die Unterstützung der Dezernent*innen / Dezernenten. Denn was nützt es der Schulleiterin, wenn sie eine potentielle Lehrkraft aktiviert hat, die Dezernent*innen / Dezernenten jedoch abwinken- keine geeignete Schulform, keine geeigneten Fächer? Wenn die Schulleiterin vor Ort sich von der potentiellen Lehrkraft überzeugt hat, sollte es doch möglich sein, dass sie diese an der Schule beschäftigt. Zu viel Bürokratie von oben tut dem Schulsystem nicht gut, ein Festhalten an starren Strukturen sollte endlich einem Pragmatismus weichen, dann gäbe es auch viel weniger Engpässe im Schulsystem. Doch nicht nur das Schulsystem ist davon betroffen. Mein früherer Mathelehrer erzählte mir, dass er in Hessen regelmäßig vom Bäcker Teig erwerben konnte. Als er nach Hamburg zog und dort in einer Bäckerei nachfragte, stieß er auf völliges Unverständnis. „WAS wollen Sie? Teig?“, fragte der Bäcker. Und fügte schnell hinzu: „Nein, nein, das ist nicht üblich, und das fangen wir erst gar nicht an!“ Genau dasselbe hatte auch der Dorfschulleiter geantwortet, als ich anbot, ab der zweiten Stunde an seiner Schule anzufangen. An Pragmatismus mangelt es hier nicht nur im Schulsystem, sondern wohin man schaut. Aber solange dieses Land keinen Schritt in diese Richtung unternimmt, starre Strukturen aufzulösen und einem Pragmatismus Platz zu bieten, ist auch keine Besserung zu erwarten.

Föderalismus und damit Eigenständigkeit der Bundesländer

Was in dem einen Bundesland so und so gehandhabt wird, sieht in einem anderen Bundesland nicht selten schon wieder ganz anders aus.

Bekannt sind berüchtigte Umzüge von Familien, deren Kinder im neuen Bundesland entweder drastisch Aufholbedarf haben oder gelangweilt bereits Bekanntes nun nochmals im Unterricht behandeln müssen. Nicht selten hat das negative Auswirkungen auf die Schulnoten der Betroffenen.

Aber auch Lehrkräfte müssen bei einem Wechsel in ein anderes Bundesland mit Neuem rechnen. Unter anderem bei der Rechtschreibung. Dass in Bundesländern wie Bayern, Sachsen, Sachsen-Anhalt, Schleswig-Holstein und auch Hessen Schüler*innen / Schülern und Lehrkräften sogar die Gendersprache *untersagt* wird - bei Schüler*innen und Schülern gilt es als Fehler im Abitur, Lehrkräfte können sogar drastische Geldbußen kassieren - ist nicht nur unzeitgemäß, sondern erschreckend. Zumindest einzig der Rat für deutsche Rechtschreibung sollte entsprechende Regeln zur Rechtschreibung verbindlich machen können, und das möglichst bundesweit. Nicht aber eine Landesregierung! Und zwar eine Landesregierung hier, eine andere dort, die reinste Kleinstaaterei- und es drängt sich die Frage auf: Haben Landesregierungen denn nichts anderes zu tun? Denn dass dazu eine Verordnung verfasst werden muss, kostet Zeit und Geld der Steuerzahler*innen und Steuerzahler. Das Gendern mag in der deutschen Sprache tatsächlich umständlich wirken, aber statt Sprachsensibilität wieder zu streichen, was soziologisch ein Schritt rückwärts bedeutet, könnten klare Vorgaben oder auch andere, teils neue Wortschöpfungen eine Lösung bieten (s. dazu: Lann Hornscheidt & Ja'n Sammla, Wie schreibe ich divers? Wie spreche ich gendergerecht? Ein Praxis Handbuch zu Gender und Sprache, w_orten & meer, 2021). Besonders prekär: In Bayern bleibe die Gendersprache

Schüler*innen / Schülern und Lehrkräften auch dann noch weiterhin verboten, wenn der Rat für deutsche Rechtschreibung andere Regeln dazu erlasse – für Lehrkräfte und Schüler*innen / Schüler gilt dann nicht mehr der Duden als Standardwerk für Rechtschreibung, sondern die Verordnungen eines Ministerpräsidenten! (s. dazu: https://www.gew-bayern.de/aktuelles/detailseite/genderverbot-im-freistaatbayern#:~:text=Konkret%20wurde%20in%20der%2Allgemeinen,%E2%80%9C (09.05.2024,10.25Uhr); https://www.hessenschau.de/politik/landtag/gruene-sehen-genderverbot-vor-abi-pruefung-rechtlich-auf-wackligen-beinen-v1,genderverbot-schulen-abi-landtag100.html#:~:text=%20Hessische%20Sch%C3%BCler%20d%C3%BCrfen%20in,Gr%C3%BCne%20kritisieren%20die%20Entscheidung%20scharf (09.05.2024, 10.20Uhr)). Wie weit ist das eigentlich noch juristisch vertretbar?

Während in Niedersachsen und Hessen Schüler*innen und Schüler für kurze Zeit DaZ Unterricht an der Schule erhalten, um sich in der deutschen Sprache zu verbessern, ist das in Hamburg anders. In Niedersachsen erfolgte das an meiner Ausbildungsschule gerade einmal ein halbes, mitunter auch ein ganzes Jahr. Dann trat die Familienberatung der Stadt auf den Plan, und die Schüler*innen und Schüler erhielten DaZ außerhalb der Schule nachmittags zu Hause. In

Hamburg können Schüler*innen und Schüler auch nach zwei Jahren, wie erlebt, weiterhin am DaZ Unterricht teilnehmen. Einige Schulen bieten dazu Internationale Vorbereitungsklassen (IVK) an, in denen DaZ zu mehreren Stunden pro Woche erteilt wird- andere nicht. Hat man also vorher DaZ in einem anderen Bundesland unterrichtet, ist davon auszugehen, dass es in dem neuen anders läuft. Nichts ist einheitlich, nichts übertragbar. Dasselbe gilt auch für Referendar*innen und Referendare, die ihr Ref in einem anderen Bundesland fortsetzen wollen. Ja, warum denn nicht? Jeder von uns hat doch seine Gründe. Hürden über Hürden. Das macht es mühsam, wenn man in ein anderes Bundesland wechselt.

Gravierender sind die Auswirkungen bei der Zuordnung der Entgeltgruppen und Tarifstufen. Eine Kollegin, die ich später kennenlernte, ließ sich als Beamtin von Baden-Würtemberg nach Hamburg versetzen und lernte erst viel später, nachdem sie bereits mit der Arbeit begonnen hatte, dass sie ganze zwei Erfahrungsstufenstufen herabgestuft worden war! Ähnlich erging es einer Kollegin, die aus Hessen nach Hamburg kam. Wenn man jedoch aus Niedersachsen kommt, scheint Hamburg außerordentlich vorteilhaft, denn anders als in Niedersachsen wurden hier frühere Erfahrungen bei mir anerkannt. Geradezu traumhaft scheint es in Schleswig-Holstein zu sein, wo automatisch akademische Titel wie Bachelor,

Master zu einer höheren Entgeltgruppe führen. Auch eine Verbeamtung „auf Lebenszeit" in dem einen Bundesland muss nicht von einem anderen akzeptiert sein. So erging es einer Kollegin, die von Baden-Würtemberg eine solche Urkunde in Hamburg vorlegte, und den Hamburgern fehlte der Zusatz „auf Lebenszeit", was in Baden-Würtemberg nicht *expressis verbis* erwähnt ist. Die Kollegin musste die Angelegenheit einem Rechtsanwalt übergeben, da sich beidseits nichts bewegte- und wartet immer noch. Übersichtlicher wäre es, wenn alle Bundesländer einheitlich agieren würden, wenn schon nicht in der Bezahlung, dann zumindest in der Entgelt- und Stufeneinordnung, zumindest keine Herabstufung vornehmen würden, denn das macht eine Einstellung bei Umzug in ein anderes Bundesland unsicher (s. dazu auch: https://www.superprof.de/blog/schulwechsel-fuer-lehrer-nachhilfe-geben-als-alternative/(02.02.2024,10.20 Uhr)).

Nicht fair ist dabei auch die Unterteilung in Beamt*innen / Beamte und Angestellte, wobei der Lohn von Beamt*innen / Beamten auf einer sogenannten A Stelle (Gehalt als Beamte* / Beamter) fast brutto gleich netto ist, während der Lohn von Angestellten auf einer sogenannten E Stelle (Gehalt als Angestellte* / Angestellter) sehr viel niedriger liegt- und das, obwohl beide Personen dieselbe Arbeit verrichten. Wie erwähnt, gibt es für die Verbeamtung eine Altersgrenze, was im Klartext bedeutet, dass ältere Lehrkräfte, die erst später im Leben in diesen Beruf einsteigen, finanziell stark benachteiligt sind. Hier lohnt es sich bei Interesse, sich genau zu erkundigen, wo die Altersgrenze für welches Bundesland liegt, denn die Unterschiede sind gravierend! Berlin wirkte dem bis vor Kurzem entgegen, indem alle Lehrkräfte in der Hauptstadt als Angestellte arbeiten, eine Verbeamtung gab es hier nicht. Nach achtzehn Jahren jedoch führte Berlin 2023 die Verbeamtung wieder ein. Interessant: „Bei Beschäftigen, die bereits das 50. Lebensjahr vollendet haben, ist die Übernahme in den Dienst des Landes Berlin nur dann im Beamtenverhältnis möglich, wenn die Senatsverwaltung für Finanzen hierzu ihre Einwilligung erteilt." (https://www.berlin.de/sen/bjf/wir-verbeamten/ (10.05.2024, 22.05Uhr)). Das bedeutet, wer anderswo die Altersgrenze zur Verbeamtung überschritten hat, kann ggf. noch in Berlin verbeamtet werden. Was zu der Frage führt: warum nicht auch anderswo?

Und es gibt das Thema: Krankenversicherung. Zu Beginn des Referendariats stellt sich den meisten die Frage: Gesetzlich oder privat versichern? Da es in Niedersachsen eine Altersgrenze für die Verbeamtung gibt und ich bereits über dieser Grenze vom Alter her lag, hieß das, ich konnte mich für die Zeit des Referendariats, in der allein ich verbeamtet war, zwar privat versichern, hätte aber später möglicherweise Probleme, wieder in der gesetzlichen Krankenversicherung aufgenommen zu werden. Also blieb ich weiterhin gesetzlich versichert und zahlte einen mehr als doppelt so hohen Beitrag monatlich wie diejenigen, die privat versichert waren. Dafür musste ich nicht, wie bei einer privaten Versicherung, Beträge auslegen, die man später ggf. prozentual zurückerhält. Ein Beitrag jeden Monat- und alles war abgesichert. Mein Studienseminarleiter erwähnte in diesem Zusammenhang das Wort „Beihilfe“: Wir sollten alle Arztbesuche, Techniken und Medikamente bescheinigen lassen, dann könne man später das Geld von der Beihilfestelle zurückfordern. Klang gut. Dazu forderte ich bei meiner gesetzlichen Krankenkasse ein Beihilfeformular an, wozu ich telefonisch von Abteilung zu Abteilung verbunden wurde, und keiner wusste wie und was- bis ich zu einer kompetenten Mitarbeiterin gelangte. Sie schickte mir die auszufüllenden Formulare zu. Ich verlangte dann bei jeder Behandlung das Ausfüllen des Beihilfeformulars und erntete mit Ausnahme von der Hautarztpraxis nur Probleme: Die meisten Sprechstundegehilfinnen hatten nie davon gehört. Es wurde in dem Formular für jede Leistung ein Code verlangt, von dem keiner in den Praxen wusste, was damit gemeint war. Ich hatte viel Lauferei deswegen, weil die meisten Sprechstundegehilfinnen das nicht gleich ausstellten, sondern zusenden wollten. In der Post hatte ich dann Diagnoseberichte statt ausgefüllte Beihilfeformulare, und ich musste sie wieder anschreiben oder aufsuchen, Porto beilegen und erhielt auch im zweiten oder dritten Anlauf nur ein dürftig ausgefülltes Formular zurück, das der Krankenkasse nicht ausreichte. Die kompetente Mitarbeiterin von der Krankenkasse druckte schließlich alle Posten mit dem zugehörigen Betrag aus, die ich mit den von der Beihilfestelle auszufüllenden Formulare – denn auch die Beihilfestelle hat ihre Formulare!- zum Schluss gesammelt an die Beihilfestelle zurücksandte. Und um es vorwegzunehmen: Die Beihilfestelle lehnte alles ab! Für gesetzlich Versicherte gelte das angeblich nicht. Einzig für Zuzahlungen, die ich ja ebenfalls geleistet hatte – eine Arztpraxis nahm allein für das Ausstellen des Formulars über 14eu!- könnte ich eine ggf. prozentuale Rückzahlung einfordern. Aber diese waren unter den Unterlagen dabei, als ich alle Formulare einsandte. Dann müsse ich Widerspruch einlegen, anders kenne das der Sachbearbeiter der Beihilfestelle nicht. Am Ende zahlt man drauf. Im Internet habe ich gefunden, dass andere Bundesländer wie z.B. Hessen zumindest etwas von den Beitragszahlungen der gesetzlich Versicherten erstatten, da ja wie erwähnt diese bei gesetzlich Versicherten mehr als doppelt so hoch liegen. Und Niedersachsen? Stellt sich quer.

Auch bei Zusatz-Rentenversicherungen ist Vorsicht geboten, wenn man einen Wechsel des Bundeslandes plant. So wird Angestellten des öffentlichen Dienstes und damit auch angestellten Lehrkräften z.B. in Hessen, Baden-Würtemberg und Niedersachsen vbl angeboten. Als ich nach Hamburg wechselte, erklärte ich zu Beginn, dass ich weiterhin in vbl einzuzahlen wünschte. Doch darauf reagierte niemand. Als ich Monate später nachfragte, um mich zu vergewissern, dass weiterhin in diese Zusatzversicherung einbezahlt werde, erhielt ich die Auskunft: Hamburg habe eine eigene Zusatzversorgung, den RG-Beitrag. Einen Anspruch erwerbe man nur, wenn man drei Jahre ununterbrochen beschäftigt gewesen sei. Das bedeutete für mich, dass nicht weiter in vbl eingezahlt und stattdessen eine neue Schiene eröffnet worden war. Am Ende stünde ich mit einem Flickenteppich von Einzahlungen hier und dort da, was sicherlich nicht vorteilhaft ist. Warum kein einheitliches System oder, um Monopolstellungen zu vermeiden, eins, das man selbst wählen kann im Sinne eines freien Wettbewerbs?

System „von oben“

Zu viel Macht hat das System „von oben“, womit das Schulsystem eines jeden Bundeslandes und die Politik gemeint sind. Natürlich ist es einfacher, einem Kollegen, der nach schwerer Krankheit gesundheitsbedingt eine Wiedereingliederung zu durchlaufen plant, wie erlebt zum vorzeitigen Ruhestand zu raten. In den USA und anderen Ländern wäre ein solches Verhalten menschenverachtend! Dort würde der Kollege geschätzt, unterstützt und hochgelobt, dass er zurück kommt. Und hier? Man möchte dieses System rütteln und schütteln, damit sich die oberen Etagen wieder auf echte Werte besinnen. Es ist kein Wunder, dass in diesem Land fast niemand Lehrkraft werden will.

Auch beim Thema Gewalt gibt es Kritik am System „von oben". Gewalt an Schulen heißt im harmlosesten Fall Sachbeschädigung, wie im Falle eines Grundschülers, der aus Ärger einen Tisch ansägte; es gibt Gewalt von Schüler*innen und Schülern untereinander, wo es immer wieder zu Mobbing kommt; Gewalt von Schüler*innen und Schülern gegen Lehrkräfte und umgekehrt, aber auch Gewalt z.B. in Form von Morddrohungen von Eltern gegen Lehrkräfte; es gibt Gewalt von Lehrkräften untereinander meist in Form von Mobbing; es gibt auch Gewalt gegen Dritte, wie etwa in der Sendung XY vom 05.06.2024 berichtet wird: Ein Rentner, der von Jugendlichen, halbtot geschlagen wurde und seinen Verletzungen erlag; die Spur bei Mantrailing führte dabei zu Schülern einer Hauptschul-Abschlussklasse (https://www.zdf.de/gesellschaft /aktenzei chen-xy-ungeloest/aktenzeichen-xy-ungeloest-vom-5-juni-2024-100.html (05.06.2024, 20.25Uhr)). Und nicht zu vergessen Gewalt aller gegen Pflanzen und Tiere. Von Rechtsruck und Verrohung ist beim Deutschlandfunk die Rede, und es heißt dort: „Es kann nicht sein, dass 34 beziehungsweise 30 Prozent der Schulleitungen in unserer letzten Umfrage angaben, dass das Schulministerium oder die Schulverwaltung sich des Themas nicht ausreichend annehmen würden und 19 Prozent zurückmeldeten, dass die Meldung von Gewaltvorfällen von den Schulbehörden nicht gewünscht sei" (https://www.deutschlandfunk.de/gewalt-an-schulen-100.html (09.06.2024, 18.03Uhr)). Das muss man sich erst mal vergegenwärtigen: Die Meldung von Gewalt an Schulen ist vom System „von oben" nicht gewünscht! Das erinnert an den Studienseminarleiter, der uns Referendar*innen und Referendaren verbot, anderes als nur Positives aus der Schule zu berichten. Statt etwas dagegen zu tun soll das Thema offenbar tot geschwiegen werden.

Macht von oben betrifft auch die Bundesregierung, denn ab 2026/27 haben Erstklässler der Grundschulen ein Recht auf Ganztagsbetreuung. Ganztag aber bedeutet, abgesehen von den damit verbundenen Kosten für Umbau, Einrichtung einer Mensa etc., dass vor allem Lehrkräfte dafür zur Verfügung stehen müssen. Wenn schon jetzt *ohne* verpflichtenden Ganztag Lehrkräftemangel propagiert wird, wo sollen dann die Lehrkräfte her, die der Ganztag zusätzlich braucht? Und es passiert dann das, was Christiane oben beschrieben hat: Es wird von anderen Schulen, auch anderen Schulformen abgeordnet, denen dann Lehrkräfte fehlen. Und da nicht alle Lehrkräfte an einer Grundschule zu unterrichten bereit sind oder längere Wege in Kauf nehmen wollen oder gar können, steigen Lehrkräfte aus. Das scheint kein sinnvoller Weg zu sein.

Denselben Effekt hätte der Weg, den die FDP Kreisfraktion in Celle vorsieht: Benachbarte Schulen wie Grundschule, Oberschulen und Gymnasien zu fusionieren (https://www.cz.de/celler-land/celle/wegen-lehrermangel-wegen-lehrermangel-fusion-von-sch ulen-im-landkreis-celle-gefordert (04.02.2024, 13.25Uhr)). Mir scheint das keine gute Lösungzusein-dawäreesallemalgewinnbringender, Erwachsene mit Führungszeugnis und zumindest Neigung einzusetzen als Gymnasiallehrer*innen / Gymnasiallehrer, die auf so junge Schüler*innen und Schüler als Klientel nicht nur größtenteils wahrscheinlich „keine Lust“ haben, sondern auch keinen Zugang. Grundschule hat ganz andere Anforderungen, in der Regel werden Schüler*innen und Schüler dort nicht nur „geparkt“, sondern entwickeln sich gerade in jungen Jahren unter entsprechenden Anleitungen und Vorgaben. Das ist aktives Lernen, aber nicht, wie man es als Lehrkraft von einem Gymnasium gewohnt ist. Mein Einblick als Abordnung zweimal pro Woche an einer Grundschule führte mich zu der Erkenntnis, dass es hier primär noch sehr um Erziehung und weniger um Vermittlung von Lehrstoff geht. So muss z.B. das soziale Miteinander geübt werden, was zumindest in der Oberstufe an einem Gymnasium nicht mehr Schwerpunkt sein sollte.

Aber auch für Grundschüler*innen und Grundschüler ist dieser Ansatz suboptimal, wenn ihre Lehrkräfte nicht für Grundschule, sondern weiterbildende Schulen ausgebildet sind. Da steht dann die Gymnasiallehrer*in / der Gymnasiallehrer vor einer Klasse, deren Schüler*innen und Schüler erst Lesen, Schreiben und Rechnen lernen und üben müssen, und es kann beiderseits schnell zu Frust kommen, da diese offenbar keine Grundschullehrer*in / dieser kein Grundschullehrer werden wollte. Das aber würde bei der in Celle vorgeschlagenen Fusion von benachbarten Schulen passieren. Und sinkende Niveaux damit abzufangen, um in PISA Studien künftig besser dazustehen, ist ebenso fraglich.

In den USA wirken oft auch Eltern pädagogisch an Schulen mit, etwa, um die Lese- oder Mathekompetenzen von Schüler*innen und Schülern zu fördern. Ob das allerdings hier mit einer Berufswelt vereinbar ist, in der nicht selten beide Erziehungsberechtigte / Erziehungsberechtigten oder alleinerziehend eine Erziehungsberechtigte / ein Erziehungsberechtigter Vollzeit arbeitet, wäre zu prüfen. In jedem Fall wäre es ratsam, dieses System mit starren Vorgaben und Strukturen, etwa der Forderung, Ganztag brauche einzig und allein Lehrkräfte mit Staatsexamen, endlich fallen zu lassen. Es fehlt vorne und hinten an Pragmatismus!

Früher gab es nicht mal Ganztag, und die Niveaux waren deutlich höher! Sportverbände klagen schon jetzt, dass den Kindern dann weniger Zeit für Sport bleibt. Sport, den *sie* gewählt haben, und nicht unbedingt den, der im Ganztag angeboten wird. Dasselbe gilt für Musik und andere sinnvolle Beschäftigungen, Großeltern und Haustiere kommen dann mit Kindern weniger zusammen. Im Ganztag bleibt der Individualismus auf der Strecke. Was zu bedenken gibt, denn auch in der heutigen Zeit sollten Kinder eigentlich noch Zeit haben, Kinder zu sein, statt den ganzen Tag in Betreuungseinrichtungen mit vorgeschriebener Organisation zu verbringen.

Andere Länder wie Dänemark sichern ihren Kindern viel mehr Zeit zu, in der Kinder einfach Kinder sein dürfen. Entsprechend überrascht es nicht, dass Dänemark regelmäßig Spitzenreiter im World Happiness Rekord ist. „In den meisten Industrienationen“, schreibt Helen Russel, „kommt das kindliche Spiel inzwischen viel zu kurz“ (Helen Russel, Wie man einen Wikinger erzieht. Focus online, https://www.focus.de/familie/daenische-kinder-sind-gluecklicher-weil-ihre-eltern-6-dinge-anders-machen_id_259712843.html (18.03.2024, 19.57Uhr)).

Winsen hat laut Hamburger Abendblatt vom 17.03.2023 bereits fünf Grundschulen mit Ganztagsbetrieb, Früh-, Spät- und sogar

Ferienbetreuung, und das funktioniere finanziell, da Winsen den Ganztagsbetrieb mit einem eigenen finanziellen Beitrag von 923000euro pro Jahr ergänze; hinzu kommt, dass ein Teil der Kosten über Elternbeiträge finanziert werde. Weiter heißt es dort: Im Rathaus rechne man mit zusätzlichen erheblichen Kosten durch die Anforderungen des Ganztags. Und es fehlt an Umsetzungsplänen: „Leider fehlen im Hinblick auf die Einführung des Ganztagsschulangebots ab 2026 jegliche Rahmenbedingungen, die das Land festlegen muss“, sagt Peters“ (https://www.abendblatt.de/region/harburg-landkreis/ article237912981/Der-Ganztag-an-den-Grundschulen-soll-kommen-bloß-wie.html (12.01.2024 20.03Uhr)). Vielleicht dann keine Lehrkräfte, sondern Hausaufgabenbetreuung durch Schülernachhilfen, Eltern oder wie auch immer? Dann aber müsste nicht, wie Christiane berichtet, von anderen Schulen abgeordnet werden, wo dann wegen Lehrkräftemangel immer mehr Unterricht ausfällt.

Einen grundlegenden, vielversprechenden Schritt fordert der Schuldezernent namens Frost aus Bremerhaven: Nämlich die Abschaffung des Numerus Clausus für das Lehramtsstudium (https://www.ennordsee-zeitung.de/Bremerhaven/Bremerhavens-Schuldezernent-Frostfordert-Abschaffung-des-Numerus-Clausus-180131.html (04.02.2024,13.47 Uhr)). Auf diese Weise wäre das Studium für Lehramt nicht nur für die Besten unter den Abiturient*innen und Abiturienten, sondern für alle Abiturabgänger*innen / Abiturabgänger zugänglich.

Schulleitungen

Ebenso wünsche ich mir, dass Schulleitungen angemessener agieren! Wenn Kandidat*innen und Kandidaten sich mit zweitem Staatsexamen auf eine ausgeschriebene Stelle ihrer Schulform mit einem Fach, in dem sie Fakultas haben, bewerben, sollten sie zumindest eingeladen und nicht tot geschwiegen werden. Und die Suggestivfrage bei einem Bewerbungsgespräch „Sie wollen doch sicher Vollzeit arbeiten, oder etwa nicht?", sollte nicht über die Einstellung entscheiden. Aber auch weniger Macht den Schulleitungen und damit Flexibilität in den Arbeitszeiten von Lehrkräften ist wichtig: Eine Mutter muss ggf. erst noch ihr Kind in den Kindergarten bringen und kann daher eben nicht zur ersten Stunde anfangen, weshalb sie nach Teilzeit ab der dritten Stunde fragt. Es nützt ihr dann wenig, doch zur ersten Stunde anfangen zu müssen und schon nach der vierten Stunde Schulschluss zu haben, wenn gerade die erste Stunde so wichtig ist. Doch hier wird selten Rücksicht genommen. Umgekehrt gibt es auch Lehrkräfte, die gerne zur ersten Stunde anfangen und nach der vierten schon Schulschluss haben, ein anderes Teilzeitmodell; warum nicht beide miteinander kombinieren? Aber nein, beide werden meist kategorisch abgelehnt nach dem Motto des Bäckers: Da könnte ja jeder kommen, das führen wir erst gar nicht ein! Es fragt sich nur: Warum denn nicht?

Diese Frage stellt sich immer wieder. Eine Kollegin, die wie erlebt wegen ihrer kranken Mutter um einige Tage unbezahlten Urlaub bat und deren Unterrichtsstunden von bereitwilligen Kolleg*innen und Kollegen übernommen werden würden, stieß bei der Schulleitung auf Ablehnung: Nein, das ginge nicht. Es ist sicherlich nicht vorgesehen, aber wir sind alle Menschen, und da passieren nun mal unvorhergesehene Fälle. Und die Kollegin hatte komplett vorgesorgt; also bitte, warum dann gehe das nicht? Oder die Schulleiterin meiner Ausbildungsschule, die auf Prinzipien beharrt: Prüfungsunterricht Hauptsache in Präsenz- und wenn dazu chemische Experimente in der Mensa erfolgen. Wo bleibt da noch der gesunde Menschenverstand? Immer wieder ein eklatanter Mangel an Pragmatismus und Festklammern an starren, unveränderlichen Vorgaben.

Eine Schulleitung hat viel zu viel Macht, was Lehrkräfte betrifft. Schulleitungen müssten einen Kurs in Management absolvieren, und zwar verpflichtend. Natürlich gibt es Schulleitungen, die Naturtalente sind wie in etwa die Grundschulleiterin. Aber allzu oft findet man diese nicht. Was ich selbst an meiner Ausbildungsschule erlebt hatte, möchte ich niemanden erleben lassen.

Und die Macht über meine eigene Gesundheit – das geht einfach gar nicht! Man wird auf eine Demo geschickt, ob man politisch dafür oder dagegen ist, ob man sich zu Corona Zeiten in den Menschenansammlungen infiziert oder nicht: Man muss einem Befehl folgen. Das ist doch Wahnsinn! Ebenso, was Risikopatient*innen / Risikopatienten betrifft. Um ausnahmsweise online von zu Hause unterrichten zu dürfen, um dann von neidenden Kolleg*innen und Kollegen angegangen zu werden, ist keine Lösung. Gesundheit für alle – das wäre die Lösung! Aber da treten die Kritiker*innen und Kritiker auf den Plan, die Kindern generell bei Nicht-Präsenz einen Nachteil bescheinigen. Das mag in einigen Fällen so gegeben sein, aber alle die Schüler*innen und Schüler, die ich hörte, sahen in online Unterricht Vorteile. Klar, dass sich bei Home Schooling dann die Frage nach der Aufsicht stellt, aber Lehrkräfte verheizen ist unwürdig. Auch Lehrer*innen und Lehrer sind *Menschen*.

Ich erfuhr von Kolleg*innen und Kollegen an einer anderen Schule, dass eine Schulleiterin diese zu sich zitierte und fertig machte, bei denen ihre eigenen Kinder keine Note eins bekommen hatten. In meinen Augen ist das Amtsmissbrauch. Aber wird dagegen angegangen? Natürlich nicht, denn man will es sich als Lehrkraft ja nicht mit der

Schulleitung verscherzen. Ich selbst bekam im Ref Probleme, *weil* ich Schüler*innen und Schülern eine eins gegeben hatte. Seit wann diktieren Schulleitungen Noten? Dann wird die Notengebung nämlich zum Willkürsystem, auf das auch künftige Arbeitgeber*innen und Arbeitgeber nicht mehr zählen können. Eine andere Schulleiterin praktiziert Mikromanagement und gibt den Lehrkräften vor, wie sie sich am Elternsprechtag zu kleiden und zu setzen hätten. Das wäre in der freien Marktwirtschaft nur peinlich.

Aber auch, was eine Überbürdung von Lehrkräften mit angeblich noch so wichtigen Konferenzen, dazu noch in Präsenz, betrifft, gehört unter Management-Ausbildung. Große Firmen wie Henkel bauen diese gerade ab, weil erkannt wurde, dass die Mitarbeiter*innen und Mitarbeiter durch ein Zuviel an Konferenzen weniger leisten. Im Schulwesen hat man das noch nicht erkannt und reagiert als Schulleitung wie erfahren pikiert, wenn das Thema überhaupt angesprochen wird. Noch schlimmer, es wird sogar erwartet, dass man an seinem freien Tag, sollte man einen zuerkannt bekommen haben, zu allen Veranstaltungen außer Unterricht erscheint. Freier Tag bedeutet, man wird weniger bezahlt -und muss trotzdem zu Konferenzen, Ausflügen etc. kommen. Ein absolutes Unding! Viele Lehrkräfte wandern in Teilzeit ab und nehmen in Kauf, lieber finanziell schlechter da zustehen als sich im wahrsten Sinne des Wortes verbraten zu lassen. Und dann müssen diese doch erscheinen, bei weniger Bezahlung. Eine Konferenz nach der anderen- das kann es doch nicht sein! Hier müsste stattdessen entschlackt werden, um die vorhandenen Lehrkräfte für den Unterricht zu halten. Aber die Anreize sind auch falsch. Denn welche Schulleiterin / welcher Schulleiter möchte seiner Schule nicht Titel einheimsen wie „Klimaschule", „digitaler Unterricht" u.a., was dazu führt, dass Schulleiter*innen und Schulleiter zur Etablierung dieser Ziele Konferenzen, verpflichtende Workshops u.a. implementieren. Das aber führt zu einem unguten Kreislauf: Lehrkräfte sind überbelastet, verkürzen in Teilzeit oder steigen ganz aus (s. dazu auch: Immer mehr Lehrkräfte in Niedersachsen arbeiten in Teilzeit, Hamburger Abendblatt (02.01.2024, http://www.abendblatt.de/region/niedersachsen/article240923324/ Immer-mehr-Lehrkraefte-in-Niedersachsen-arbeiten-in-Teilzeit.html (02.01.2024 21.10Uhr)). Viel sinnvoller aus meiner Sicht wäre es hingegen, wenn sich Schulleitungen statt Verordnung dieser zahlreichen endlosen Konferenzen Gedanken machen würden, wie man zurück zu mehr Disziplin an Schulen findet. Es kann nicht sein, dass Schüler*innen und Schüler in die Berufswelt entlassen werden, wenn ihnen an den Schulen praktisch alles erlaubt ist und ohne Konsequenzen bleibt. Ich meine damit nicht Gewaltanwendung wie etwa körperliche Züchtigung. Gemeint sind die vielen Feinheiten wie etwa der Umgang mit unentschuldigten

Fehlstunden. In Hamburg werden Schüler*innen und Schüler an meiner vorigen Schule auch unentschuldigte Fehlstunden bis zu einer Handvoll sogar „geschenkt“, das heißt, diese werden auf dem Zeugnis nicht als solche ausgewiesen! Und als eine Mutter, selbst Lehrerin an einer anderen Schule, mich bat, diese aufzulisten, damit ihre Tochter „endlich Verantwortung für ihr Verhalten“ übernehme, winkte meine Kollegin ab, das werde so nicht gehandhabt- und die unentschuldigten Fehlstunden fielen unter den Tisch. Uns Lehrkräften werden durch entsprechende Verordnungen wie dieser durch die Schulleitung schlicht keine Möglichkeiten mehr gelassen, den Schüler*innen und Schülern zu signalisieren: Das ist nicht gut. Der Lerneffekt für die Schüler*innen und Schüler daraus kann nur sein, dass man offenbar unentschuldigt problemlos fehlen kann- nicht gerade vorteilhaft zur Vorbereitung aufs Berufsleben! Ganz abgesehen davon, dass der Mangel an Disziplin, wie er hierzulande besteht, nicht nur potentielle Lehrkräfte vergrault, sondern auch als Fortsetzung den Fachkräftemangel verstärkt.

Eine gute Unterstützung hierzu wären Mediatoren, die Schulen beratend zur Seite stehen. Ein Kollege, der das einer Schulbehörde vorschlug, wurde mit Unverständnis abgewiesen: So etwas *brauche* es nicht! Aber doch- gerade so etwas braucht es dringend, und ich wünsche mir, dass die oberen Etagen offener für Vorschläge wären und nicht auf ihrem hohen Thron sitzend wie in einer Seifenblase leben ohne Kontakt und Interesse zur Basis.

Und wenn eine Lehrkraft von einer Schule zu einer anderen wechseln möchte, sollte dieses ohne Machtkämpfe möglich sein. Aber was ich in der Praxis gesehen und erlebt habe, ist das Gegenteil. Wie die Schulleiterin, die sich an die Dezernent*innen / Dezernenten wenden wollte, als sie erfuhr, dass ich bei meiner gegenwärtigen Schule derzeit noch auf einen Bescheid warte und der Schulleiter mich gerne behalten wolle. Warum sich einmischen und mir alle Chancen nehmen, an der Schule zu bleiben? Zu DER Schulleiterin wollte ich danach auf gar keinen Fall. Und genau dasselbe erlebte ich später mit einem anderen Schulleiter, der darauf sofort zum Hörer griff und meine Schulleiterin anrief. Und dabei hatte ich mich nicht mal bei der Schule beworben, sondern wollte lediglich ein paar Dinge abklären, *bevor* ich mich dort ggf. bewerben würde. Aber so fiel meine Schulleiterin aus allen Wolken, als sie von der Anfrage erfuhr – Diskretion geht anders. Man sieht auch umgekehrt immer wieder, dass die Schulleitung A die Lehrkraft nicht gehen lassen will, wenn diese sich bei einer anderen Schule unter Schulleitung B bewirbt. Verständlich, weil die Schulleitung A die Lehrkraft weiterhin in den Fächern braucht. Ruft nun Schulleitung B bei A an, um sich über die Lehrkraft zu erkundigen, wird die Lehrkraft von Schulleitung A dermaßen schlecht gemacht, dass die Schulleitung B von einer Übernahme Abstand nimmt. Und alles aus Eigennutz. Sicher, der Druck mag hoch sein, und die Schulleitung A kann es sich nicht leisten, eine Lehrkraft zu verlieren; aber sind das akzeptable Mittel? So etwas führt über kurz oder lang eher dazu, dass die Lehrkraft enttäuscht ohnehin die Schulleitung A verlässt und aussteigt. Denn bei dieser Praxis gibt es kaum eine Möglichkeit, an eine andere Schule zumindest in demselben Bundesland zu wechseln.

Überall hört man: Es herrscht Lehrkräftemangel. Ja aber wenn der Mangel so gravierend wäre, wäre eine Schulleitung sicher froh, überhaupt eine Lehrkraft zu bekommen, auch wenn diese nur Teilzeit und z.B. erst ab der dritten Stunde kommen kann. Oder der Weg ist zu weit, wie ich es erlebt habe: Auf die Frage, ob ich wegen der zu fahrenden über 100km nicht vor der zweiten Stunde anfangen könne, sagte mir ein Schulleiter: „Das wäre ja noch schöner, Bedingungen stellen!“ Ich nahm die Stelle daraufhin nicht an, und sie blieb, wie ich Niedersachsens Portal EIS online entnehmen konnte, unbesetzt. An meiner Ausbildungsschule IST so etwas möglich, die Konrektoren lassen zu jedem Halbjahr einen persönlichen Präferenzbogen ausfüllen, den sie versuchen zu berücksichtigen. Würde den Arbeitnehmer*innen und Arbeitnehmern, sprich Lehrkräften hier entgegengekommen, wie es in der freien Marktwirtschaft üblich ist, wären auch mehr bereit, Lehrkraft zu werden bzw. zu bleiben.

Schickt man eine Anfrage, etwa, weil z.B. im internen Arbeitsmarkt für Lehrer*innen und Lehrer in Hamburg für nächstes Jahr Bedarf an einer Schule in den eigenen Fächern besteht, heißt es lapidar: „Bewerben Sie sich bis zum...“. Kein Wort von Erfreuen oder gar Willkommens. In der freien Marktwirtschaft heißt es immerhin: „Wir danken für Ihr Interesse.“ Viele Schulleitungen sind nicht gerade begnadete Personaler*innen und Personaler.

Und einige Schulleitungen legen zusätzlich zum Vertrag Verschwiegenheitserklärungen zur Unterschrift vor. Selbstverständlich berichtet man als Lehrkraft nicht außerhalb der Schule über Leistungen von Schüler*innen und Schülern etc. Dass aber eine Kollegin in Hessen erleben musste, von einer kirchlichen Schulleitung zur Unterschrift vorgelegt zu bekommen, im Falle von Kindesmissbrauch sich zur Verschwiegenheit zu verpflichten, lässt aufhorchen. Natürlich wäre hier der genaue Wortlaut entscheidend und Einzelheiten zu klären, ob sich die Verschwiegenheit auf die Presse bezieht oder gar einen Zeugenstand vereiteln soll. Aber allein der Schritt, derartiges zur Unterschrift vorzulegen, ist erschreckend.

Kolleg*innen und Kollegen

Und auch Kolleg*innen und Kollegen sind angesprochen, wenn es darum geht, das Leben nicht noch zu komplizieren. Einem Kind, das wegen Missbrauchs eine lange Odyssee hinter sich hat, ist mit professionellem Umgang zu begegnen und nicht unsinnigen Vorschriften, auf die von der neuen Referendarin, dazu noch einer Quereinsteigerin, sogar hingewiesen wurde. Doch statt den eigenen Blick zu überdenken, wird die Referendarin und Quereinsteigerin daraufhin überheblich abgefertigt und gestraft. Die praktizierte Haltung, Referendar*innen und Referendare nicht ernst zu nehmen - diese sind ja schließlich keine „fertigen" Lehrkräfte- sollte ersetzt werden durch die Chance, den Blick zu erweitern, über den Tellerrand zu schauen. Denn Leute von außen sehen nun mal oft mehr als wenn man selbst in einer längst eingefahrenen Schiene steckt. Der Umgang mit Referendar*innen / Referendaren, wie ich ihn erlebt habe, gehört verboten. Kolleg*innen und Kollegen sollten nicht als Mentor*innen / Mentoren verpflichtet werden, sondern höchstens wählbar sein. Sinn der Mentorenschaft soll ja sein, die Referendar*in / den Referendar unterstützend zu begleiten und nicht moralisch zu vernichten! Dasselbe gilt auch für Kolleg*innen und Kollegen, Schulleitungen sowie Seminarleiter*innen und Seminarleiter.

Es sollte auch selbstverständlich sein, dass Dinge im Lehrerzimmer nicht verschwinden, wenn diese jemanden nicht gehören! Ebenso die weit verbreitete Tendenz, Unterrichtsräume mit halbvollen Kaffeetassen inklusive Schimmel, alten Bastelarbeiten und anderen interessanten Dingen dauerhaft vollzustellen, ist einfach ein No-Go. Das trifft natürlich auch für Sammlungen und Lehrer*innenzimmer / Lehrerzimmer zu.

Hin und wieder kommt man in die Lage, Kolleg*innen und Kollegen vertreten zu müssen. Sind diese krank, sollte es selbstverständlich sein, dass sie dann nicht auch noch für die Vertretungskraft Material mit Anweisungen bereitstellen, denn krank ist krank. Mit Vertretungen ist es ein zweischneidiges Schwert. Zum einen muss man nicht selbst Unterricht vorbereiten, was Zeit spart; zum anderen mangelt es besonders hier seitens der Schüler*innen und Schüler oft an Disziplin: Da man meist einmalig in dieser Klasse vertritt, also den Schüler*innen und Schülern wenig bis gar nichts bedeutet, wird man als Lehrkraft meist nicht wahrgenommen, und die Schüler*innen und Schüler tun, was sie wollen. Man fungiert höchstens noch als Aufsicht. Um dem entgegenzuwirken, hatte eine Kollegin einen guten Plan: Sie legte ins Klassenbuch ein Heft mit einer fortlaufenden Tabelle, in der die mündliche Mitarbeit / das Verhalten für jede Schülerin / jeden Schüler jede Stunde bewertet wurde. Das bedeutet immerhin Verbindlichkeit, gute Bewertungen wie auch Verfehlungen seitens Schüler*innen und Schüler wurden von dieser Vorzeige-Klassenlehrerin später in die Notenvergabe einbezogen. Auf diese Weise können Schüler*innen und Schüler, sofern keine Vertretungsaufgaben vorliegen, immerhin an anderen Projekten weiterarbeiten. Aber man ist als Vertretungslehrkraft auch schon froh, vorher über besonders verhaltensauffällige Schüler*innen und Schüler informiert zu werden, beispielsweise wieder über das Klassenbuch, sofern es eins gibt, denn das ist nicht an jeder Schule Selbstverständlichkeit. Und man kann auch froh sein, wie selbst erlebt, wenn einem nicht Vertretungsaufgaben, die am Ende der Stunde mit der Klasse zu besprechen sind, fachfremd ohne Lösung hinterlegt werden. Ich erwarte auch nicht von Geofrafie Kolleg*innen und Kollegen, dass sie Chemie Aufgaben aus dem Stegreif lösen können.

Und besonders das Phänomen „Mikromanagement" scheint hier sehr präsent, sobald es um Anweisungen geht. Warum muss es unbedingt ein bestimmter Salat sein, den man zu einem offenen BBQ mitbringt? Dass diese Denkweise jedoch nicht auf ländliche Gegenden beschränkt ist, habe ich an der Stadtteilschule erleben müssen. Es ging um die Gestaltung des Tages „Fest der Vielfalt", zu dem wir Lehrkräfte mit den Klassen ein Projekt anbieten sollten. Doch es wurde uns von der organisierenden Kollegin vorgeschrieben, welche Klassenstufen wir zu bespaßen hatten, und das versehen mit Zeiträumen, zu denen sich die SuS* verbindlich einschreiben mussten. Erstens würde ich mir die Klientel noch ganz gerne selber aussuchen wollen, denn schließlich hat nicht jede Oberstufenlehrkraft

Interessantes für Jahrgang 0-4 parat bzw. möchte mit den Kleinen arbeiten und umgekehrt. Und zweitens sollte auf einem *Fest* immerhin die Möglichkeit bestehen, dieses entsprechend als Fest zu begehen statt Schüler*innen und Schüler Wochen zuvor festgelegtem Kurs stecken zu müssen, ohne die Möglichkeit zu haben, dass diese auch in andere Workshops hineinzuschauen. Darüber hinaus wurden alle möglichen Vorschläge im Vorfeld abgelehnt! Ein Musikprojekt? Nein, so bitte nicht. Etwas auf Englisch ab Klasse zehn? Ungünstig! Synagogenführung? Aber bitte keine orthodoxe Synagoge dann. Als ich bei letzterem nachfragte, warum nicht, erhielt ich die ernüchternde Antwort: „Bauchgefühl". Wo schon keine Logik existiert, mag doch bitte nicht auch noch der Vielfaltsaspekt, um den es hier schließlich geht, gestrichen werden! Entsprechend war die Unlust groß, unter SuS* wie unter Lehrkräften. Und jedes Jahr würde dieselbe Kollegin die Organisation haben und exakt minutiös diesen Tag auf die gleiche Weise gestalten. Sie schlug mir anstelle meiner eigenen Angebote vor, als Workshop „Integration von Senioren" anzubieten. Das mag zwar ein sinnvolles Projekt sein, aber bitte nicht per Vorgabe. Ich biete prinzipiell nur Workshops zu Themen an, die mich persönlich interessieren. Es heißt doch immer, SuS* sollen Freiräume gelassen werden, um sich zu entfalten- dasselbe sollte bitte auch für Lehrkräfte gelten!

Erziehungsberechtigte

Mit den Erziehungsberechtigten sind wir zurück beim Thema Disziplin, denn hier ist ganz besonders das Elternhaus gefragt. Mangelnde Einforderung von Disziplin führt zu der Frage, was Schüler*innen und Schüler sich leisten können, bis etwas geschieht? Als irritierend empfinde ich es, dass Respektlosigkeit vor Lehrkräften vielerorts nicht geahndet wird. Dasselbe gilt für Respektlosigkeit gegenüber Mitschüler*innen und Mitschülern, Verantwortung bei der Müllentsorgung etc. Wenn wir Lehrkräfte von der Schulleitung angewiesen sind, lediglich ein Einzelgespräch zu führen, das in den meist vollen Stundenplan von Schüler*in / Schüler und Lehrkraft zusätzlich eingezwängt werden muss, ist das aus meiner Sicht nicht ergiebig genug. Sicher, an meiner Ausbildungsschule gab es dafür Ordnungsmaßnahmenkonferenzen am Nachmittag, und zwar so viele, dass man sich als Lehrkraft nachmittags kaum noch etwas anderes vornehmen konnte. Auch das kann es nicht sein. Hier wären ganz besonders die Erziehungsberechtigten gefragt, ihr Kind entsprechend auf Schule vorzubereiten.

Auch das Thema „Entschuldigungen“ kann für Sprengstoff sorgen. Es gibt Erziehungsberechtigte, die ihre Kinder bei einem Kontroll-Arztbesuch generell für den ganzen Tag entschuldigen. Es gibt auch solche, die ihre Kinder noch mit dem schlimmsten Infekt zur Schule schicken, da z.B. die Arbeitgeber*in / der Arbeitgeber es ihnen schwer macht, in solchen Fällen die Aufsicht zu übernehmen. Infolge dessen steckt sich dann gern mal die halbe Klasse und die ein oder andere Lehrkraft an, so dass es weiter zu Unterrichtsausfall kommt. Und es gibt Erziehungsberechtigte, die gleich eine Generalentschuldigung für alle Tage, an denen Tochter oder Sohn gefehlt haben mag, ausstellen, ohne Datum der Tage und Angabe der betreffenden Stunden. Auch hier wäre die Mitarbeit der Erziehungsberechtigten gefragt!

Pünktlich die Entschuldigungen fehlender Schüler*innen und Schüler einzureichen, funktioniert selten. Wie oft telefoniere ich Erziehungsberechtigten hinterher oder schreibe sie an, dass bei ihrer Tochter oder ihrem Sohn noch Entschuldigungen fehlen. Tue ich das nicht, ist bei den Zeugnissen das Geschrei groß, wenn da eine große Anzahl unentschuldigter Fehltage auf dem Zeugnis steht. Und wieder bleibt die Arbeit an den Lehrkräften hängen, die noch in der Oberstufe bei bereits (fast) volljährigen Schüler*innen und Schülern gesondert nachschauen müssten, da diese alle verschiedene Stundenpläne haben. Das kann es einfach nicht sein!

Die Erziehungsberechtigten sind jedoch noch weiter gefordert. Ich selbst habe es erlebt, dass bzgl. digitalem Arbeiten in der Schule bei einem funktionierendem digitalen Anbieter irgendwann ein Elternteil sich beschwert hat, dass die Daten hier nicht sicher wären. Folge war, dass ein anderer Anbieter gesucht werden musste, andere Anwendungen erlernt und transferiert werden mussten, wofür es zahlreiche extra verpflichtende Stunden für Lehrkräfte gab, die finanziell in keiner Weise vergolten werden. Also wenn, dann bitte sofort bei Bekanntgabe des digitalen Anbieters Bescheid geben.

Ebenso verhält es sich mit Erziehungsberechtigten, die meinen, dass ihre Kinder besser bewertet sein müssten und daher anfordern, mit ihnen die Bewertung einer Arbeit oder der Mappe durchzugehen. Das passiert meist kurz vor knapp, wenige Tage vor den Zeugniskonferenzen, und ich habe schon erlebt, dass man im eigenen Krankheitsfall von zu Hause aus Arbeiten einscannen und erklären soll! Würden das alle Eltern fordern, wäre man bei über 150 Schüler*innen und Schülern dauerbeschäftigt, obwohl man mit Fieber krankgeschrieben eigentlich das Bett hüten sollte. Transparenz ist in Ordnung, aber nicht kurz vor den Zeugniskonferenzen, wenn Lehrkräfte ohnehin extra Arbeit mit Noteneintragungen und Konferenzen haben, zumal noch, wenn sie gerade krank sind. Auch habe ich erlebt, dass Erziehungsberechtigte i.d.R. nicht unbedingt das fachliche Wissen mitbringen, und ich ihnen dann erklären darf, warum die Antwort von Tochter oder

Sohn in der Atomphysik falsch sind. Ein bisschen mehr Kooperation seitens Elternschaft wäre hilfreich!

Das gilt auch für einen „Tag der offenen Tür". Während wir Lehrkräfte uns bemühen, diesen Tag als etwas Besonderes zu gestalten, hörten wir im Nachgang Beschwerden seitens Erziehungsberechtigte, der Tag habe vor allem aus *Highlights* bestanden. Ich weiß nicht, ob jene die Infostände zur Oberstufe und Projekten übersehen haben, wo es allein um Infos ging, aber dass ein solcher Tag zum Erlebnis werden soll, liegt doch auf der Hand. Manchmal kann man das Gefühl bekommen, wie auch immer man vorgeht, man kann es den Erziehungsberechtigten nicht recht machen.

Und bisweilen frage ich mich, wie Familien so zu Hause leben. Werden da auch gleich die Äpfel in die Mülltonne geschmissen, wenn ein winziger Fleck vorhanden ist? Prinzessinnen und Prinzen, in der Schule. Ich erlebe es selten, ja als Ausnahme, dass Kinder von zu Hause eine gewisse Bodenständigkeit mitbringen, und die Frage ist, warum nicht? Auch hier ist mehr Erziehung gefragt, und zwar, der Benennung gerecht, durch die *Erziehungs*berechtigten. Dann hätten wir Lehrkräfte immerhin mit weniger Widerstand zu kämpfen.

Neben den hyperaktiven Eltern gibt es auch die hypoaktiven, also die, bei denen sogar mehr Aktion gefragt wäre. Mein bester Freund in Hessen z.B. hatte einen Schüler, der es mit der Körperhygiene nicht so genau nahm und aufgrund dessen von seinen Mitschüler*innen und Mitschülern gemieden und sogar gehänselt wurde. Als mein Freund die Mutter einbestellte, um mit ihr dieses Problem zu besprechen, musste er feststellen, dass auch die Mutter Körperhygiene stark vernachlässigte. Ähnliches erlebte ich bei einer Kollegin, bei der eine zwölfjährige Schülerin in der Klasse bereits rauchte. Die Mutter, die daraufhin einbestellt wurde, lachte meine Kollegin aus und sagte, sie selbst habe bereits mit zehn mit dem Rauchen angefangen! Oder ein Grundschüler, der täglich auf dem Schulhof vor aller Augen sein Geschäft verrichtete. Als der Vater erschien, fragte er ungläubig, ob man ihn tatsächlich nur wegen einer solchen Lappalie einbestellt habe. Auch hier frage ich mich, wie Familien zu Hause so leben.

Schüler*innen und Schüler

Nicht gut für den Arbeitsmarkt ist auch das stets sinkende Niveau. Ein Schulleiter erzählte mir, er sei schon froh, „wenn Schüler*innen und Schüler halbwegs geradeaus rechnen können, wenn sie die Schule verlassen.“ Kenntnisse in Nebenfächern, gar Schreib- und Lesekompetenzen bleiben nicht nur laut PISA auf der Strecke. Aber es wundert mich auch nicht, dass das Niveau stetig sinkt. In einer zunehmend aggressiveren Zeit gibt so manche Lehrkraft Schüler*innen und Schülern bessere Noten, um einer Diskussion mit Schüler*innen / Schülern *und* Erziehungsberechtigten aus dem Weg zu gehen. Und- es ist in vielen Schulen sogar vorprogrammiert: Auf deren Agenda stehen Aussagen wie: „Wir sind eine stressfreie Schule“ oder „keine Hausaufgaben“. Wo soll denn da Wissen herkommen?

Ich habe Projektarbeiten von Schüler*innen und Schülern der Oberstufe gesehen, die nicht nur eine abenteuerliche Rechtschreibung und Zeichensetzung aufwiesen, sondern völlig bar jeglicher Grammatik schienen- unvollendete Sätze, Verben im Infinitiv, Adjektive attributiv ohne Endung, Umgangssprache, Fachwörter falsch geschrieben oder verwendet, Inhalte völlig verdreht und teilweise falsch, sogar falsche Verben, die gar nicht passten, unvollständige Sätze, die sogar doppelt geschrieben waren. Dass es sich aber nicht um einen Deutschaufsatz handelte, sondern Facharbeiten waren, die durch derlei auch zahlreich vorhandene Fehler nur schwer zu verstehen waren, kam den jungen Leuten nicht in den Sinn. Erwartet jedoch wurde eine Bewertung von Punkten im zweistelligen Bereich, sprich Note eins oder mindestens zwei. Als deren Erwartung nicht zutraf, gab es lange Gesichter: es sei doch kein Deutschaufsatz! Das ist zwar richtig, aber man muss einen Text immer noch *verstehen* können. Als ich sie aufforderte, ihre Arbeit einmal im Ganzen zu lesen und schließlich, als es da keinerlei Erkenntnisse gab, auf diese Sätze hinwies, fiel ihnen nicht mal etwas auf. Aussagen, wie „Das Blatt ist. Das Blatt ist." Oder „Das Enzym, das Albanien spaltet." Albanien ist immer noch ein Land und kann gar nicht von einem *Enzym* gespalten werden. Eine Arbeit, die von guten bis mittleren Schüler*innen und Schülern über ganze zwölf Wochen in der Gruppe verfasst worden war. Alles KI? Was erschreckend ist, dass den Schüler*innen und Schülern bei ihren Unsinnstexten nicht mal etwas auffiel. Auf meine Nachfrage erklärten sie mir, dass Rechtschreibung bei ihnen nie Thema war. Bei all den vielfältigen Angeboten heutzutage von Robotik bis Theater u.a. sollte man jedoch nicht das Elementare vergessen.

Mangelnde Bildung soll ausgeglichen werden, also durch zusätzliche Angebote- ist das die Lösung? Dabei sollte man die Schüler*innen und Schüler, um die es ja geht, nicht aus dem Blick verlieren. Klar, alle wollen ihr Bestes. Daher bemühen sich Schulen um Angebot und Angebot, es gibt den Besuch außerschulischer Lernorte, AGs, Ganztag etc. Es ist wichtig, dass Kinder eine möglichst gute Ausbildung erhalten und später wettbewerbsfähig sind. Nur: wo bleibt ihre Kindheit? Lernen Kinder denn nichts, wenn sie nachmittags auch mal „nur" mit Geschwistern und den Kindern aus der Nachbarschaft spielen oder Zeit im Sportverein oder bei Oma und Opa verbringen? In meiner eigenen Schulzeit war das Niveau wesentlich höher, und Ganztagsunterricht gab es nicht. Aber es herrschte Disziplin. Da gab es keine Vorgabe, dass bei Respektlosigkeit der Lehrkraft gegenüber mit Schüler*innen und Schülern erst mal ein „Einzelgespräch" zu führen sei, in dem die Lehrkraft vorsichtig und verständnisvoll das Innenleben der Schüler*innen und Schüler erkundet. Und gerade wenn Kinder mit Geschwistern und Kindern aus der Nachbarschaft spielen, mit denen sie nicht zwangsläufig wie in der Schule zusammen sein müssen, braucht es keine Regeln „von oben", Kinder messen sich, vergleichen sich und erfahren, wie weit sie gehen dürfen, sie erfahren im Umgang miteinander Grenzen. Meiner Meinung nach brauchen auch heute – und vielleicht heute mehr denn je – Kinder *Grenzen*. Wo ihnen ganz klar gesagt wird: Das geht so nicht! Und zwar nicht im Sinne einer Drohung, sondern von Orientierung und Sicherheit (s. dazu beispielsweise Jan-Uwe Rogge, Das neue Kinder brauchen Grenzen, rororo, Hamburg, 2008). Aber das ist heutzutage zumindest in Deutschland im Schulsystem nicht der vorgeschriebene Weg. Man setzt stattdessen auf Ganztag und ausgerechnet bei Schüler*innen und Schülern auf *weniger* Struktur: Schulen ohne Klassenzimmer und sogar ohne Pausensignal, weil das den Lernprozess der Lernenden unterbrechen könnte (https://www.abendblatt.de/hamburg/ politik/article242385958/Schule-ohne-Klassenzimmer-Hier-duerfen-Schueler-sogar-schlafen.html (24.05.2024, 20.30Uhr)). Denn dass *Kinder* Struktur brauchen, um sich beim Heranwachsen orientieren zu können, ist seit langem bekannt; Eric Berne formulierte knapp und treffend: Schüler*innen und Schüler haben Strukturhunger! (Eric Berne, Transactional Analysis in Psychotherapy: A Systematic Individual and Social Psychiatry. Grove Press, New York 1961). Stattdessen bietet man den Kindern immer *weniger* Struktur in der Schule, sie sollen „eigenverantwortlich" agieren, und wissen meist nicht, wie das geht. So sind viele Schüler*innen und Schüler wie erlebt überhaupt nicht froh, wenn Unterricht ausfällt und von ihnen erwartet wird, dass sie in der Schule dann in Eigenverantwortung Aufgaben, sofern vorhanden, erledigen. Ein Schüler sagte mir, das sei wie ein Fehlen der Jahreszeiten: Hat man diese nicht, sei alles gleichförmig und langweilig. Und für die Erwachsenen im Schulsystem / in der Gesellschaft hierzulande gibt es als entgegengesetztes Extrem derart starre Strukturen, Vorgaben, Diktat von oben, was nicht nur kontraproduktiv ist, sondern diktatorische Züge annimmt (und ich trage auch heute weiterhin keine Ananasverkleidung!). Das führt dazu, dass Kinder hierzulande sehr viele Freiheiten haben, mit denen sie nicht verantwortlich umzugehen lernen, wobei Lehrkräften gleichzeitig die Hände gebunden sind. So gab es früher beispielsweise Extra Hausaufgaben als Strafe. Heutzutage gibt es Ordnungsmaßnahmenkonferenzen, mit denen eher Lehrkräfte als Schüler*innen und Schüler bestraft werden. Und es gibt kaum noch Hausaufgaben wegen Ganztag und wenn, dann wie an einer Schule selbst erlebt max. für eine Stunde in der ganzen Woche. Aber nicht mal die werden von vielen Schüler*innen und Schülern erledigt, da das nicht zu Konsequenzen führt. Auch Schüler*innen und Schüler in der Oberstufe erwarten oft wie selbstverständlich, in jedem Fall ihr Abitur zu erhalten, ob sie Leistungen erbringen oder nicht. Und wir Lehrkräfte dürfen höchstens zuschauen. Eine verkehrte Welt!

Und müssen wir unbedingt, wo wir längst wissen, dass es Lerchen und Eulen gibt und manche Menschen als Frühaufsteher nicht funktionieren, wie seit Jahrzehnten spätestens um 8.30 Uhr, wenn nicht schon um 7.40 Uhr mit dem Unterricht beginnen? In den unteren Klassen schliefen an meiner Ausbildungsschule in der ersten Stunde immer wieder Schüler*innen und Schüler ein, Schüler*innen und Schüler in Klasse zehn baten darum, kein Licht anzumachen, da sie noch nicht bereit dazu seien. Viele waren ohne Frühstück gekommen, da sie zur Schule gerannt waren, um pünktlich zu sein und konnten sich mit knurrendem Magen nun nicht auf den Unterricht konzentrieren. Mir sagten viele Schüler*innen und Schüler, dass das Gute am Home Schooling bei Corona war, dass sie dann mit Lernen beginnen konnten, als sie ausgeschlafen hatten. Sollte man nicht aus dieser Erfahrung lernen und Unterricht eben nicht jeden Tag so früh beginnen lassen? Bei allen Grenzen und Strukturen, die Kindern heute in der Schule fehlen, wäre das ein Ansatzpunkt, der als starre Vorgabe vielleicht zu lockern wäre. Sicher, Erziehungsberechtigte müssen zur Arbeit und benötigen eine Kinderbetreuung, möglichst ganztags, aber andere Länder wie etwa Schweden bringen hier sehr viel mehr Verständnis für Arbeitnehmer*innen und Arbeitnehmer mit minderjährigen Kindern auf. Auch die Option eines generellen Home Schoolings oder online Unterricht, wie sie in den USA oder Australien möglich ist, kann für manche Schüler*innen und Schüler –samt Erziehungsberechtigten- von Vorteil sein. Warum muss das in Deutschland verboten sein? Vielleicht ließe sich von anderen Ländern etwas lernen, die auf weniger starre Vorgaben setzen. Manchmal ist weniger mehr.

Erschwernisse

Und ich frage mich, warum in Niedersachsen die Infrastruktur nicht gefördert wird, so dass ländliche Gegenden, wie es in der Schweiz in jedem Bergdorf funktioniert, ans öffentliche Verkehrsnetz angeschlossen sind. Denn dann würden auch mehr Lehrer*innen und Lehrer in abgelegene Orte an Schulen gehen, Referendar*innen und Referendare könnten Mitschauen ohne eigenes Auto bewältigen.

Eine Förderung der Infrastruktur käme zudem nicht nur Lehrkräften zugute! Damit würde auch der Umwelt- und Klimaschutz gefördert, wenn nicht jeder mit seinem privaten Fahrzeug unterwegs sein muss. Dass das mit hohen Kosten verbunden sein würde, ist klar. Alle reden vom Klima, vom Umweltschutz, aber es muss auch etwas dafür getan werden! Es ist unser aller Zukunft!

Und warum ist es verpflichtend, Klassenlehrer zu werden? An der Hamburger Schule, an der ich kurze Zeit tätig war, war das z.B. Bedingung. Früher gab es ja auch reine Fachlehrer, warum ist das an Schulen nicht möglich? Oder eher gesagt, warum ist man nicht willkommen, wenn man es ablehnt, Klassenlehrer zu werden? Auch dadurch gehen potentielle Lehrkräfte verloren. Wären Schulleitungen offener und entgegenkommender, gäbe es weniger Burnouts, Fehlstunden und mehr Lehrkräfte, die sich auf diesen Beruf einlassen. Dauerhaft Klassenlehrer*in / Klassenlehrer zu sein wäre auch für mich ein Grund, gar nicht als Lehrerin zu arbeiten, obwohl ich inzwischen Erfahrung als Klassenlehrerin mitbringe.

Ähnlich verhält es sich mit dem Fachkräftemangel. Es werden Stellen ausgeschrieben mit einer langen Liste an Anforderungen, mindestens mehrere Jahre Berufserfahrung vorausgesetzt. Ja, kein Wunder, dass die große Mehrheit diese Ansprüche nicht erfüllt! Aber statt darauf zu setzen, dass man Neues hinzulernen und Mitgebrachtes einfügen kann, wird hierzulande noch immer auf das „Alles-oder-Nichts-Prinzip“ gesetzt. In der Medizin musste ich mir hierzulande anhören, dass man mit anderem Nahtmaterial, das sich vor allem in der Farbe unterscheidet, arbeite, daher könne ich die Stelle nicht erhalten. Oder man verwende nicht wie ich in der Kraniotomie Tabotamp, sondern etwas anderes, womit ich für die Stelle nicht geeignet sei. In anderen Ländern, in denen ich zuvor gearbeitet hatte, wurden meine Vorerfahrungen stets geschätzt, und man setzte fest darauf, dass ich auch mit einem blauen statt roten Faden nähen kann. Und auch das Einbringen meiner Ideen wurde anderenorts geschätzt, während hierzulande noch immer an starren Hierarchien festgehalten wird, so dass man am unteren Ende der Leiter nichts zählt. Im Schuldienst heißt das hierzulande: Referendar*innen und Referendare haben nichts zu sagen. Und: Entweder die Kolleg*in / der Kollege ist bereit, Klassenlehrer*in / Klassenlehrer zu sein oder die Stelle bleibt unbesetzt. Hier ist ein ganz vehementes Umdenken mit mehr Flexibilität und das Überkommen des Hierarchiedenkens gefragt!

Und so erging es auch dem Vater einer Schülerin. Die Familie kam aus der Ukraine, und der Vater hatte sich bei einer Firma um eine Ausbildung beworben. Bei dieser Firma hatte er bereits ein Praktikum absolviert und zu aller Zufriedenheit einen Eignungstest wie auch die erforderliche

B2 Prüfung in DaZ abgelegt. Aber die Personaler hatten Bedenken: Er müsse ja dann die Ausbildung mit *ganz jungen Leuten* absolvieren, da sei der Altersunterschied zu groß. Na, und? Er erklärte, dass er persönlich damit kein Problem habe- und sie gaben zu bedenken, dass er während der Ausbildung, die immerhin dreieinhalb Jahre dauern würde, nicht viel verdiene. Er zeigte ihnen daraufhin die Belege, wie viel seine Familie derzeit vom Jobcenter erhalte, und zusammen mit dem Geld seiner Frau, die sich ebenfalls auf eine Ausbildungsstelle woanders beworben habe, kämen sie auf exakt dasselbe Einkommen- durch eigene Arbeit und nach ein paar Jahren mit einem deutschen Berufsabschluss. Doch die Personaler gaben zu bedenken, der Ukraine Krieg könne aufhören- und der ukrainische Vater klärte sie auf, dass er mit einer Ausbildung vor Abschiebung geschützt sei und die Ausbildung zu Ende absolvieren könnte. Als Personaler weiß man das. Eigentlich. Die Firma brauchte dringend Auszubildende, aber erhielt der ukrainische Vater die Stelle? Nein. Sie lehnten schließlich mit der Begründung ab, er sei mit paarunddreißig bereits zu alt. Man fragt sich, was in diesem Land in den Köpfen vor sich geht. Ein geeigneter Kandidat, der vor allem arbeiten will und dem Staat keine weiteren Kosten verursachen möchte, dazu mit guten Sprachkenntnissen und positiven Eignungstest wird abgelehnt, weil er „zu alt“ sei! Starre Strukturen, hausgemacht, wohin man sieht (während Strukturen für Schüler*innen und Schüler, wo sie notwendig sind, abgebaut werden). Ja, dann muss man auch nicht mehr über Fachkräftemangel klagen.

Was sich im Bereich Schule und Beruf abspielt, zieht sich leider wie ein roter Faden durch die Gesellschaft hier. Ein Schüler, der nicht wie viele seiner gleichaltrigen Freunde nach der Schule herumlungert und stattdessen mit ganzem Einsatz Basketball spielt, erhielt endlich seine große Chance: Von 100 Jugendlichen wurde er bei einem Tryout für die Bundesliga Mannschaft ausgewählt- was das für den Jungen bedeutete, lässt sich nur erahnen! Doch er bekam einen Infekt, der ihn auf Anraten von Arzt, Eltern und Lehrer*innen / Lehrern für drei Wochen zwang, zu Hause zu bleiben, um sich zu schonen und andere nicht anzustecken. Als er wieder gesund war, erhielt er prompt vom Verein die Absage, er wurde, wie es heißt „gecuttet". Pädagogisch hieß das für den Schüler: Nie wieder auf Erwachsene hören! Denn dass er auch mit Infekt zum Training gehen wollte, war für ihn selbstverständlich. Und er wurde bestraft, da er stattdessen auf die Erwachsenen, auf die Regeln in dieser Gesellschaft gehört hatte. Aus medizinischer Sicht ergeben sich gleich zwei ungute Konsequenzen: Der nächste Jugendliche wird bei solch einer Chance auch noch mit Masern zum Training kommen und lieber seine Infektion verschweigen als vorab aussortiert werden. Die andere ungute Konsequenz hiervon ist, dass die ohnehin hoffnungslos überlaufenen Praxen von Kinder- und Jugendmedizin weitere Patient*innen und Patienten erhalten, denen auf derart brutale Weise der Boden unter den Füßen entzogen wird. Und dass auch Lehrkräfte solche Schüler*innen und Schüler dann in ihren Klassen haben und damit umgehen sollen, könnte vermieden werden, wenn die Gesellschaft mehr Flexibilität aufbringen würde! Warum dem Schüler nicht nach seiner Genesung die Chance geben? Weil es aktuell nicht in den Plan passt? Aber dann gibt es doch einen *nächsten* Plan, in dem er aufgenommen werden könnte. Und nicht zuletzt warum auch der Mannschaft einen derartigen Verlust zufügen, wenn der Schüler doch auserkoren wurde? Ich verstehe nicht, warum Kindern in der Schule einerseits fast alles erlaubt ist und ohne Konsequenzen bleibt, außerhalb der Schule wie etwa in Sportvereinen sogar unverschuldetes Verhalten mit derart unverhältnismäßig drastischen Konsequenzen geahndet wird. Das ist eine Art Schwarz-Weiß-Denken, die der Gesellschaft nicht gut tut.

Dasselbe gilt, wie oben angesprochen, für Arbeitgeber*innen und Arbeitgeber. Kinder werden nun mal krank, das lässt sich nicht vermeiden. Wenn aber dadurch Erziehungsberechtigte, besonders Alleinerziehende, in eine Schieflage geraten, da sie ihr Kind wegen ihrer Arbeit nicht zu Hause betreuen können, hat das fatale Folgen: Entweder werden Erziehungsberechtigte dafür zur Verantwortung gezogen, was bei wiederholten Vorfällen zur Kündigung führen kann, oder sie schicken ihre Kinder krank, wie sie sind, zur Schule, die dann nicht nur nicht leistungsfähig sind, sondern auch noch eine Vielzahl Mitschüler*innen / Mitschüler und Lehrkräfte anstecken. Wann endlich lernt man von anderen Ländern, die das seit langem viel besser geregelt haben?

Und Verhalten ohne Konsequenzen: Wenn eine Schüler*in oder ein Schüler ein Tier als Fußball missbraucht, wie immer wieder in der Presse zu lesen ist, sind für mich alle Grenzen überschritten! Ein solch abscheuliches Verhalten gehört aufs Schärfste verurteilt! Dass eine Schulleitung in einem konkreten Fall, als ein Igel auf diese Weise von einem Schüler misshandelt und schwer verletzt wurde, darauf angesprochen „sehr abweisend“ reagiert habe (https://presseportal.peta.de/bielefeld-kinder-spielen-mit-igel-fussball-erwachsene-sehen-zu-peta-kommentiert/(19.05.2024, 17.55 Uhr)), ist aus meiner Sicht Totalversagen. Was ist das für eine Gesellschaft, in der Kinder Tiere quälen dürfen, Schulleitungen abwinken und Eltern ihren Kindern hier und da dazu auch noch applaudieren? Es braucht, wie bereits von PETA gefordert (https://presseportal.peta.de/bielefeld-kinder-spielen-mit-igel-fussball-erwachsene-sehen-zu-peta-kommentiert/(19.05.2024, 17.55 Uhr)), dringendst das Thema Tierschutz im Bildungsplan, und zwar fest verankert! Wenn Schüler*innen und Schüler hierzu nicht genug aus ihrem Elternhaus mitbringen, ist die Schule gefordert. Einschließlich Schulleitung. Und Kolleg*innen und Kollegen, die einer Klasse eben *keine* Kutschfahrt vorschlägt! Eine sechste Klasse, die ihrem Klassenlehrer erklärt, dass sie lieber zu Fuß geht als dass für sie Tiere gequält werden, ist in der Bildung weiter als ihr Klassenlehrer.

Dazu gehören jedoch auch Kolleg*innen und Kollegen sowie Schulleitungen, die lebende Anschaffungen machen, für die dann niemand Verantwortung übernimmt. Ein Schulaquarium etwa, das zwar schön anzuschauen ist, aber nicht mit einer Fütterungsautomatik versehen sein sollte, die wie erlebt in den Ferien nebst Heizstab wegen Stromunterbrechung ausfällt und die allermeisten Fische tötet oder völlig abgemagert hinterlässt. Auch Fische möchten leben und versorgt sein, und dazu gehören nun mal auch möglichst tägliche Teilwasserwechsel, pH-Kontrolle und die Behandlung von Krankheiten, und ja, ggf. auch ein Tierarztbesuch. Dasselbe gilt für Zimmerpflanzen, die nicht nur regelmäßig Wasser und Dünger benötigen, sondern ab und zu auch mal ein Entfernen vertrockneter Blätter und neue Erde, besser noch: Tongranulat, das nicht schimmeln kann. Wie oft sehe ich in Schulen Pflanzen leiden: draußen werden Pflanzen Blätter und Äste abgerissen, drinnen vertrocknen Pflanzen oder fristen ihr Dasein in schimmeliger Erde, in der Spickzettel, Kondome, Rasierklingen, Spritzen und gekaute

Kaugummis lagern. Das geht gar nicht, der Pflanze gegenüber, aber auch all den Personen gegenüber, die Zeit in diesem Raum verbringen müssen. Denn erstens tun Schimmelpilzsporen keinem gut, zweitens untergräbt es unseren Bildungsauftrag in der Biologie, wo es um Umweltschutz geht. Die Kinder lernen im Biounterricht, die Umwelt zu respektieren und treffen dann auf Schulhöfe und Unterrichtsräume in derselben Schule, wo genau das aufs Äußerste missachtet wird. Auf dem Schulhof immerhin schreitet die ein oder andere Lehrkraft ein, wenn Pflanzen geschändet werden. Nicht aber im Schulgebäude. Wenn ich die Verantwortlichen anschrieb, erhielt ich in der Regel keine Antwort. Wenn ich sie direkt ansprach, hieß es lapidar: „Egal. Es sind ja nur Pflanzen." In einem besonders schlimmen Fall hatte ich Unterricht mit meinen DaZ Schüler*innen und Schülern in einem solchen Raum, der Klassenraum einer anderen Klasse war und wo Pflanzen ein besonders trauriges Dasein fristeten. Als ich die Klassenleitung, die für die Pflanzen in dem Raum zuständig war, darauf ansprach und bat, möglichst sofortige Abhilfe zu schaffen, schrieb diese: „Wir werden uns darum kümmern." Ich erinnerte über die nächsten Wochen wieder und wieder daran, immer erhielt ich dieselbe Aussage und hätte die Pflanzen am liebsten auf eigene Kosten selbst umgetopft und mitgenommen, aber da waren meine Hände gebunden. Die Pflanzen siechten also vor aller Augen weiterhin dahin, während die Schüler*innen und Schüler wie auch Lehrkräfte weiterhin Schimmelpilzsporen in dem Raum einatmeten. Nichts geschah dagegen! Und eine meiner 15-jährigen DaZ Schüler*innen aus der Ukraine kommentierte: „Das ist wie Ausschwitz! Wenn Menschen so mit Pflanzen umgehen, ist es nur noch ein kleiner Schritt, wenn sie das auch mit Tieren und anderen Menschen tun!" Das zeigt zum einen, dass Kinder eine sehr feine Beobachtungsgabe haben können und Schlussfolgerungen daraus ziehen; und es zeigt zum anderen, dass Kolleg*innen und Kollegen entsprechend unsensibel mit lebenden Exponaten umgehen. Als ich die Kollegin erneut damit konfrontierte, meinte diese lapidar: „Unterrichte doch nebenan! Oder stell sie vor die Fenster nach draußen"- wo der nächste Windstoß die Pflanzen dann hätte umstoßen und einige Etagen tiefer abstürzen lassen können. Und mir war klar, dass die Schülerin sehr viel mehr verstanden hatte als die Kollegin. Es macht mich wütend, wie verantwortungslos mit anderen Lebewesen umgegangen wird. Mein Appell als Biologin: Verantwortung übernehmen- oder zumindest für drinnen nichts anschaffen, was dann leiden muss!

Es ist ohnehin verwunderlich, was im Bildungsplan steht und noch mehr, was nicht. Wenn man das Teilchenmodell, wie im Zuge der Post-Corona-Anpassungen geschehen, aus dem Bildungsplan in Niedersachsen für Chemie streicht, entzieht man der Chemie jegliche Grundlage. Das macht zwar keinen Sinn, hat aber nicht die Gewichtung, wie wenn bisher Tierschutz im Bildungsplan von Niedersachsen und Hamburg – und wahrscheinlich weiteren Bundesländern fehlt. Ein Kollege mit dem Fach Geschichte merkte an, wie wenig Transfer Schüler*innen und Schüler aus anderen Epochen leisten. Was nützt es, so mein Kollege, wenn diese gemäß Bildungsplan die Weimarer Republik durchgehen und keine Ahnung von dem Parteienspektrum heute haben? Dieser Kollege verlässt übrigens diesen Sommer aus Frustration über die Bildungspläne den Schuldienst. Bildungspläne sollten das Ziel haben, Schüler*innen und Schüler nicht nur mit Fachwissen durch Abschlussprüfungen zu schleusen, sondern viel wichtiger, sie fit für das Leben zu machen. Dazu gehören Tier-und auch Pflanzenschutz- explizit als Thema im Bildungsplan jeden Bundeslandes tut einfach Not!

Lebenstauglich sind ebenso wenig die Anforderungen im NaWi-Bereich. Auf- und Abbauten, Logistik etc. in NaWi Fächern kosten extra Zeit und Arbeit. Um Kolleg*innen und Kollegen dieser Fächer einen Ausgleich zu bieten, wünsche ich mir eine Anerkennung in Form z.B. einer Ersatzleistung wie weniger Pausenaufsichten, Kostenbeihilfe / Zuschüsse oder in Hamburg etwa eine Aufstockung der WAZ. Oder besser noch, wie es in den siebziger Jahren an Hamburger Schulen üblich war: die Wiedereinführung von Laborassistent*innen und Laborassistenten! Diese beauftragte man als

Lehrkraft mit den Auf- und Abbauten, so dass es kein Zeit-Problem war, in NaWi Experimente durchführen zu lassen oder vorzuführen. Heute hat dazu eine NaWi Lehrkraft wegen der zeitfordernden Auf- und Abbauten so gut wie keine Zeit mehr dazu, denn kaum ist der Unterricht vorbei und die Abfälle der Schweineaugen stehen noch auf dem Tisch, heißt es bereits eine Pausenaufsicht o.a. anzutreten. Dass man bei den heutigen Bedingungen als Lehrer*in und Lehrer nicht mal sein Pausenbrot essen und vielleicht auf Toilette verschwinden kann, bevor schon der nächste Unterricht wieder beginnt, ist das Schicksal der meisten: Ein Leben wie ein Roboter. Bitte keine menschlichen Bedürfnisse.

Und wenn es schon um interne Regelungen geht: Es wäre sicher sinnvoll, von Seminarseite mit Schulleitungen zu Beginn jedes Referendariats die Rahmenbedingungen der Ausbildungsschule durchzusprechen. So könnte vermieden werden, dass Fachräume unangemeldet wegfallen oder die Sammlung nicht Standard hat.

Stichwort: Marode Arbeitsplätze. Wer möchte schon an einem Ort arbeiten, wo es am Ort der Toiletten reinregnet, Wände bröckeln oder gar – höchst gefährlich – die Decke über der Chemiesammlung einstürzt? Dazu gehört natürlich auch, dass man als Lehrkraft nicht erst putzen will!

Auch was die Integration betrifft, sollte das nicht allein auf dem Rücken der Lehrer*innen und Lehrer ausgetragen werden. Die Idee „Integration" an sich ist gut. Aber einer Lehrkraft dann Schüler*innen und Schüler des gesamten breiten Spektrums von hochbegabt, AD(H)S, ES (emotional sozial), L (Lernschwierigkeiten) bis G (geistige Entwicklung) in einer einzigen Klasse vorzusetzen, ist ohne Unterstützung verantwortungslos. Selbst wenn sich zwei Lehrkräfte die Klasse teilen, was Luxus ist, da bei Doppelsteckung die eine Lehrkraft oft Vertretung in einer anderen Klasse machen muss, ist das nicht zu handhaben. In Basel/Schweiz hat man das erkannt und fordert Förderklassen für entsprechende Schüler*innen und Schüler. Auch Lerninseln (time out Räume) für verhaltensgestörte Schüler*innen Schüler werden gefordert, sollten Lehrkräfte an einer einzigen Schule eine derart gemischte Klientel vorfinden. Jedoch alle Schüler*innen und Schüler an eine einzige Schule zu schicken und das ohne weitere Unterstützung „Integration" zu nennen, funktioniert so nicht. Zum einen braucht es ausgebildete Sozialpädagog*innen und Sozialpädagogen, um eine Integration zu versuchen, zum anderen kann eine derartige Zusatzbelastung von Lehrkräften kontraproduktiv sein in dem Sinne, dass Lehrkräfte überfordert keinen qualitativ angemessenen Unterricht mehr bieten können; denn was soll man nicht noch alles nebenher leisten als Lehrkraft? Man ist Sozialarbeiter*in / Sozialarbeiter, Polizist*in / Polizist, Psycholog*in / Psychologe, Verwalter*in* / Verwalter; man soll in der Unterrichtsvorbereitung binnendifferenziert verschiedene Unterrichtsmaterialien produzieren, also elektronisch fürs Whiteboard, auf Papier, drucken, bisweilen lamnieren, Schnecken, Regenwürmer, Pflanzen besorgen und zurückbringen und auch noch möglichst alle Fächer unterrichten, Fakultas hin oder her- welch andere Stelle beinhaltet ein Spektrum gleich so vieler Berufe? Wenn man als Lehrkraft seinen eigenen Beruf, nämlich seine Fakultas oder Neigungsfächer zu unterrichten, unter diesen Bedingungen kaum noch leisten kann, bleiben wenig Möglichkeiten: Entweder der eigentliche Unterricht leidet massiv oder man sucht sich eine andere Arbeit. Das hieße, der Lehrkräftemangel steigt.

Interessanterweise wird das auch in den Bundesländern beobachtet. So heißt es im Spiegel: „So kehrten in Niedersachsen im Jahr 2022 fast fünfmal so viele Lehrkräfte der Schule den Rücken wie noch zehn Jahre zuvor. Insgesamt gaben 333 von ihnen ihre Stelle auf." (https://www.spiegel.de/panorama/bildung/hessen-mehr-verbeamtete-lehrkraefte-kuendigen-job-zahlen-verdreifacht-a-5a3a2c04-d6f1-41c4-9db9-78a690ef5519 (23.02.2024, 22.00Uhr)). Zwar ist diese Zahl gemessen an der Gesamtzahl der im Dienst stehenden Lehrkräfte gering, nicht zu vergessen sind aber auch die Lehrer*innen und Lehrer, die als Angestellte arbeiten und weniger aufwändig einfach aussteigen können. Und der erschreckende Satz: „Der Ursache wird vonseiten der Ministerien auch in den anderen Bundesländern nicht auf den Grund gegangen“ (ebd., a.a.O.,Spiegel Panorama vom 22.01.2024).

Dann der Faktor Zeit: In Hamburg trägt man Noten in das System Divis ein, das einige Zeit braucht, um die Namen von Schüler*in zu Schüler*in zu laden. Wenn wie bei mir auch noch ein Wahlkurs zu benoten ist, bei dem die Schüler*innen und Schüler verschiedenen Klassen angehören, muss man auf anderem Wege dorthin gelangen, den man erst mal finden muss! In der Mittel- und Unterstufe werden zudem die Schüler*innen und Schüler über einen Link informiert, wobei man jeden Namen einzeln aufrufen muss. Und das dauert. Dann muss man dasselbe mit dem Link für Lehrer*innen und Lehrer durchführen, damit Planungsgespräche erfolgen können. Hier genügt nicht allein die Noteneingabe, sondern es sind auch noch Kommentare zur Entwicklung fällig. Obwohl ich alle Noten zur Eingabe parat hatte, kostete mich die Eingabe ganze volle zweieinhalb Tage, die man neben dem regulären Schulbetrieb aufzubringen hat.

Apropos Noteneintragungen: Für Außenstehende mag das trivial klingen, muss man doch nur ein paar Zahlen eintippen? Weit gefehlt! Man mittelt alle Einträge für mündliche Mitarbeit, bezieht Klausuren und ggf. Mappen mit ein, persönliche Entwicklungstendenzen jeder Schüler*in und jeden Schülers und erhält schließlich das Ergebnis, das man optimalerweise im Hinblick auf die Gesamtentwicklung der SuS* korrigiert. An einigen Schulen werden Mappen digital hochgeladen und nach einem System mit bis zu 100 Punkten bewertet. Letzteres kostet wahnsinnig viel Zeit. Und nicht genug, kontrollieren Schüler*innen und Schüler oft nicht, ob ihre Mappe tatsächlich hochgeladen ist und schicken einem kurz vor den Zeugniseinträgen noch schnell ihre Mappen, die es dann wieder zeitaufwändig zu bewerten gilt, wenn an Schulen Fristen für Schüler*innen und Schüler keine Bedeutung mehr haben. Ich frage mich, warum Fristen für Schüler*innen und Schüler nicht gelten, denn irgendwann sollte eigentlich Schluss sein. Eigentlich. Aber es geht weiter, die Mappe wird bewertet, die neue Note errechnet und in drei Systemen (s.o.) eingetragen, was Lehrkräfte zusätzlich Zeit kostet und Schüler*innen und Schüler nicht unbedingt fit für den Arbeitsmarkt macht, denn da *gelten* nun mal Fristen.

Und Stichwort: Digitalisierung. An sich ein Gewinn, ist Digitalisierung jedoch mit Vorsicht handzuhaben, sollte die Schule nur noch digital sein. Was nämlich auf der Strecke bleibt aus meiner Erfahrung sind Lese- und Schreibkompetenz der Schüler*innen und Schüler. Eine elfte Klasse, die nicht in der Lage ist, normale vollendete Sätze zu schreiben, ist eine Alarmierung. Keiner hat einen Stift dabei, und sollte das WLAN ausfallen, kann sich keiner etwas notieren. Die wunderschöne Schulbibliothek bleibt ungenutzt, die Schüler*innen und Schüler wissen nicht mal, wie man mithilfe Büchern nach etwas sucht! Dazu werden Hausarbeiten von KI formuliert abgegeben, und man staunt nicht schlecht als Lehrkraft über einen vollkommenen Blödsinn teilweise, dessen sich die Schüler*innen und Schüler nicht mal bewusst sind, weil sie die Arbeit ungelesen einfach abgeben (s.o.). Hier müssten neben digitalen Endgeräten auch Bücher eingesetzt werden, und auch wenn es Papier kostet (digitale Endgeräte kosten auch etwas, nämlich Energie), sollten Schüler*innen und Schüler durchaus auch handschriftlich Notizen festhalten, da das die Merkfähigkeit steigert (https://www.scinexx.de/news/psychologie/ warum-schreiben-per-hand-besser-fuers-gehirn-ist/ (05.02.2024, 8.12Uhr)). Ganz ungünstig ist es, wenn wie an meiner Ausbildungsschule ein elektronisches Whiteboard pro Klassenraum zur Verfügung steht, mangels Endgeräte und stabiler WLAN Verbindung aber nur max. acht Schüler*innen und Schüler sich dazu per Handy einwählen können. Wenn schon digital, dann bitte für alle Schüler*innen und Schüler gleichermaßen. An meiner vorigen Schule gibt es dazu ein eigenes IT Büro, das sich darum kümmert, dass alles im IT Bereich läuft. Das sollte Standard sein, denn IT Angelegenheiten wie an meiner Ausbildungsschule einzig einer Lehrkraft neben dem Unterricht aufzudrücken, ist einfach nicht effizient genug. In Schweden rückt man mittlerweile bereits wieder von der Digitalisierung ab, was auch uns zu denken geben sollte, zumal es nach der Schule an der Uni oder in Betrieben eben oft nicht voll-digital weitergeht (https://www.sueddeutsche.de/politik/schule-digitalisierung-pisa-studie-schweden-1.6323950? reduced=true (04.02.2024, 19.20Uhr); https://www.swr.de/swrkultur/wissen/swr2-impuls-20231120-1605-01-schweden-viele-schulen-kehren-zurueck-zu-heft-und-buch-102.html (20.05. 2024, 20.05Uhr)).

Von der viel besprochenen *Work-Life-Balance*, die man bereits Referendar*innen und Referendaren noch im Ref nahelegt, kann man als Lehrkraft nur träumen. Oder man macht, was inzwischen populär zu werden scheint: Man verlangt ein oder gar zwei Tage pro Woche frei und verzichtet auf das volle Gehalt einer Vollzeitstelle. Gerade die jüngere Generation unter den Lehrkräften scheint diesen Weg zu verfolgen, und auch ich bin mittlerweile so weit zu sagen, lieber weniger Geld, aber dafür einen Tag mehr für mich. Und nicht, wie die AfD prognostiziert, wenn Lehrkräfte mehr Lohn erhalten und es sich somit dann finanziell „leisten" können, sondern unabhängig von einer Lohnerhöhung- weil wir einfach nicht mehr können! Die Gratwanderung beginnt jedoch, wenn dieser eigentlich freie Tag mit Veranstaltungen wie Zeugniskonferenzen, Tag der offenen Tür, Festen u.a. zusammenfällt (s.o.)- dann ist man wieder gefordert, zu erscheinen, obwohl das eigentlich ein freier Tag wäre, der auch nicht ersetzt wird.

Während die *Work-Life-Balance* für Lehrkräfte eine leere Worthülse bleibt, machen SuS* davon durchaus Gebrauch: Bei einem Ausflug zu einem externen schulischen Lernort, in diesem Falle, an die Uni, erklärte mir ein Schüler, dass er aber nicht bis 15Uhr bleiben könne und um 13Uhr gehe. Grund: Er müsse schließlich auf seine persönliche „Work-Life-Balance" achten! Und das, obwohl es eine Pflichtveranstaltung war. Vielleicht sollten auch Lehrkräfte künftig so argumentieren!?

Ausgeliefertsein

Und das totale Ausgeliefertsein, wie über das eigene Leben jederzeit bestimmt wird, ist einfach nicht zu rechtfertigen. Diese Hierarchien mit entsprechender Macht kenne ich außerhalb des Militärs so nur in Deutschland: Die berühmt berüchtigten Aufnahme-Prüfungen im Militär, das „Radfahrer-Prinzip" an Unis, bei dem immer auf die unteren getreten wird oder 24 Stunden Dienste in der Medizin und teilweise in der Forschung. Viele andere Länder handhaben das wesentlich besser. Aber insbesondere das Ausgeliefertsein gegenüber dem Diktat einer Schulleitung, wie ich es erlebt habe, hat bei mir etwas hinterlassen, was etwas in mir zerbrochen und mir den Schuldienst verleidet hat. Dazu gehört bei mir auch das Ausgeliefertsein gegenüber dem Pädagogen im Lehramt für Gymnasien. Man hört immer wieder, das Ref sei schrecklich. Und man hört, dass es ein „Belastbarkeitstest“ sei. Wenn man wie Luisa das Ref in Teilzeit ableistet, gilt man offenbar als „nicht belastbar“. Auch wenn man noch Familie hat, um die man sich kümmern muss. Meiner Meinung nach gilt solchen Referendar*innen und Referendaren gerade besonders viel Respekt - „Hut ab“ vor allen, die das Ref unter dieser Doppelanforderung leisten! Und wenn die Belastung so weit geht, dass Referendar*innen und Referendare vor oder nach der Prüfung vom Schuldienst genug haben, stimmt eindeutig etwas nicht. Das Ref sollte nicht zum Trauma werden, denn so gewinnt das Land garantiert keine Lehrkräfte. Das totale Ausgeliefertsein aber setzt sich ja nach dem Ref im Schuldienst fort. Kann die Schulleitung einen wirklich auf eine Demo schicken? Auch wenn diese friedlich verlaufen sollte und man mit der Ideologie einverstanden ist, finde ich das nicht haltbar. Ebenso wenig das Ausgeliefertsein gegenüber Erziehungsberechtigten, die im Extremfall Lehrkräfte mit dem Tode bedrohen. So etwas dürfte einfach nicht sein! Oder warum kann denn z.B. eine neu erprobte Änderung, wie sie für Dienstbesprechungen unter Corona galten, nämlich online oder auch im Hybrid Modus stattzufinden, nicht übernommen werden trotz aller guten Argumente? „Weil es schon immer so war“ ist keine Antwort. So etwas schreckt viele ab, in einer öffentlichen Schule hierzulande überhaupt tätig zu werden.

Menschenrecht

Ein weiterer Wunsch, der bereits oben angesprochen und hier nochmals aufgegriffen werden soll, ist sehr fundamental: Referendar*innen / Referendare, Quereinsteiger*innen / Quereinsteiger wie auch Seiteneinsteiger*innen / Seiteneinsteiger sollten als Menschen und nicht herabsetzend als *underdogs* behandelt werden! Ja, man ist noch keine „fertig“ ausgebildete Lehrkraft, aber auch Referendar*innen und Referendare können gute Beziehungen zu Schüler*innen und Schülern aufbauen und die Entwicklung vorantreiben. Gerade Quereinsteiger*innen und Quereinsteiger bringen oft frischen Wind in die längst eingefahrenen Spuren, und statt ihnen mit Skepsis, ja Misstrauen, Missachtung zu begegnen sollten Quereinsteiger*innen und Quereinsteiger besonders willkommen geheißen werden. Nicht zuletzt können Lehrkräfte und Schulleitungen von Quereinsteiger*innen und Quereinsteigern einiges lernen, da sie einen anderen Blick auf Dinge mitbringen. Und wo steht bewiesen, dass einige Referendar*innen und Referendare ggf. nicht bessere Lehrkräfte sind als so manch fertige Lehrkraft? Ein Referendar an meiner vorigen Schule, den ich kennenlernte, brachte fachlich und didaktisch so viel mit, dass wir fertigen Lehrkräfte von ihm nur profitieren konnten. In den USA beispielsweise ist es selbstverständlich, dass auch Erstsemester auf Augenhöhe behandelt und entsprechend geehrt und ausgezeichnet werden können, auch wenn sie noch am Anfang ihrer Karriere stehen, denn: eine gute Idee bleibt eine gute Idee.

Und: auch Lehrer*innen und Lehrer sind Menschen! Es macht mich wütend, wenn ich in der Lokalzeitung das Zitat eines Politikers lese: „Wir brauchen attraktive Rahmenbedingungen für Arbeitszeitkonten, sodass Lehrer*innen und Lehrer bei derzeitigen Engpässen mehr Unterrichtsstunden leisten können und zu einem späteren Zeitpunkt einen Ausgleich erhalten" (Kreiszeitung Nordheide Wochenblatt Elbe & Geest Nr. 52a, S. 2). Mehr Unterrichtsstunden. Wenn viele Lehrer*innen und Lehrer bereits jetzt am Anschlag sind bzw. an Burnout leiden, ist ein „mehr" einfach nicht drin. Ob späterer Ausgleich oder nicht (und wie sollte ein Ausgleich möglich sein, also Lehrkräfte mal weniger unterrichten, wenn auch langfristig ein großer Bedarf proklamiert wird?), es ist schlicht nicht möglich. Nach Empfehlung der SWK (Ständige Wissenschaftliche Kommission) der KMK (Kultusministerkonferenz) soll jedoch noch mehr unterrichtet werden, Teilzeit weniger möglich sein-laut GEW zu recht „blanker Hohn" (newsletter@gew.de vom 30.01.2023). Lehrer*innen und Lehrer sind doch keine Roboter!

Die derzeitige Diskussion über „Dienst nach Vorschrift", also Arbeiten mit Grenzen, wo nicht über die Pflichten hinaus gearbeitet wird, bekommt vor dem Vordergrund immer weiterer Anforderungen seine Berechtigung. Immer mehr lehnen eine *Hustle Culture* - also Arbeiten bis zum Umfallen, ab, selbst, wenn Mehreinsatz bezahlt wäre. Man muss sich unter diesen Umständen selbst prüfen, ob man das gegenwärtige System Schule mitmachen will. Angefangen von persönlichen Fragen wie: Kann ich den Lärm von Schüler*innen und Schülern, und sei es auch nur in Pausen und Freistunden, ertragen? Zu Fragen der Disziplin: Kann ich damit umgehen, nicht wahrgenommen oder beleidigt, bedroht zu werden? Bis hin zum Ausmaß der Arbeit: Bin ich bereit, an zahlreichen nicht enden wollenden Konferenzen teilzunehmen? Bin ich bereit für das Entwerfen von Arbeitsblättern in mehrfacher Ausführung, um der Differenzierung der Schüler*innen und Schüler gerecht zu werden? Man sammelt natürlich im Laufe der Zeit Material und kann dann darauf zurückgreifen; auch gibt es Material von Kolleg*innen und Kollegen, die dieses bestenfalls manchmal bereitstellen. Aber oft ist die Zeit, bis man für alle Klassenstufen Material verfügbar hat, lang. Und man muss sich fragen: Bin ich bereit, nicht immer konstruktive Elterngespräche, ggf. Klassenfahrten, Klassenleitung zu akzeptieren und allgemein, dem Militär ähnlich allen Anweisungen blind zu folgen? Konstellationen, die keinen Sinn ergeben oder so einfach vermeidbar wären, ausgeliefert zu sein, ohne in einem gewissen Rahmen mitbestimmen zu können? Bin ich bereit, sehr viel Arbeit in Vor- und

Nachbereitung auch am Wochenende, abends und in den Ferien zu investieren und außerschulische Termine wie Arztbesuche immer wieder verschieben zu müssen, um jederzeit tagsüber einberufbar z.B. für Ordnungsmaßnahmenkonferenzen zu sein? Ungeplant Vertretungsunterricht in sämtlichen Fächern aller Klassen zu übernehmen? Den Besuch an außerschulischen Lernorten zu organisieren und durchzuführen? Natürlich findet nicht immer alles gleichzeitig statt, aber der Lehrer*innenberuf / Lehrerberuf ist definitiv kein Job mit festen Arbeitszeiten *„from nine to five"*. Das muss einer / einem bewusst sein, wenn man in das Schulsystem einsteigen möchte. Und man muss auch wissen, dass bei dem überall proklamierten Lehrkräftemangel die Ausbildungsschule nicht automatisch seine Referendariatsabsolventen übernimmt und eine feste Stelle, eine Planstelle, zu finden sehr schwer sein kann. Mit einer festen Stelle, die auf dem Arbeitsmarkt schon längst nicht mehr die Regel ist, hat man jedoch Vorteile; z.B. man erhält leichter einen Kredit mit günstigerem Zinssatz oder hat schneller bei der Wohnungssuche Erfolg. Auch dass man sich nicht für jeden Fehltag krankschreiben lassen muss, sondern erst von Tag vier an, hat große Vorteile. Bevor man sich entschließt, Lehrer*in oder Lehrer zu werden, sollte man vorher alles genau gegeneinander abwägen. Es ist daher wünschenswert, wenn potentiellen Lehrer*innen und Lehrern künftig so viele Informationen wie möglich vorher zur Verfügung stehen.

Die Uni Göttingen / GEW führt seit in dem Zeitraum vom 05.02.2024 bis zu den Sommerferien eine Erfassungsphase der Arbeitszeit- und Belastungsstudie unter Lehrkräften und Schulleitungen an den Hamburger Stadtteilschulen und Gymnasien- leider wohl ohne Grund- und Berufsschulen- aus. Das ist sehr sinnvoll und längst überfällig. Dazu heißt es seitens der GEW: „An anderer Stelle wird die Hamburger Lehrerarbeitszeitverordnung als vorbildliches Modell für eine mögliche Zeiterfassung herausgestellt. Die GEW zweifelt daran und unterstützt daher gerade massiv die Arbeitszeit- und Belastungsstudie der Kooperationsstelle der Uni Göttingen. Deren Ergebnisse sind für das kommende Schuljahr in Aussicht gestellt“ (webredaktion@gew-hamburg.de: GEW, Arbeitszeitstudie, Newsletter #8 vom 14.Mai 2024). Es bleibt zu hoffen, dass die daraus gewonnenen Erkenntnisse nicht nur in die Statistik einfließen, sondern Konsequenzen haben werden. Ähnliche schulinterne Studien, bei der z.B. an meiner vorigen Schule rund 85% der Lehrkräfte angaben, weit über das vertragsmäßige Pensum hinaus zu arbeiten, hatten dann als einzige Konsequenz, dass die Lehrkräfte in der nächsten Konferenz für 30min darüber nachdenken sollten, wie sie sich selbst entlasten können! Eine Zumutung. Zumal die Belastung von oben kommt und nicht selbst gemacht ist. Eine Kollegin sagte mir: „Wenn die einzige Konsequenz ist, dass ich darüber nachdenken soll, wie ich meine Pause sinnvoller gestalte oder ggf. einen Yoga-Kurs mache, ist die ganze Umfrage verfehlt."

Das ist die eine Seite: Die Zeiterfassung. Die andere birgt das ganze Spektrum, was in zwischenmenschlichen Beziehungen schief laufen kann und damit psychisch belastet. Dass Lehrkräfte von Eltern bedroht werden, wurde bereits genannt. Dasselbe kann auch von Schüler*innen und Schülern kommen. Selbst erlebt habe ich bei einem Schüler meiner Klasse, wie er seine drei minus nicht akzeptieren wollte, eine Erklärung forderte, die ich ihm lieferte, er mich dabei immer wieder unterbrach, laut wurde und auf meine Äußerung, die Note stehe, entgegnete: „Das werden wir ja sehen!" Da man als Lehrkraft dem in der Klasse keine Bühne bieten will, schickte ich ihm später eine Mail, den Vorfall in der kommenden Woche in Ruhe zu besprechen. Aber er war erst mal auf Konfrontation aus, setzte sich im Unterricht die Kopfhörer auf und zockte so laut, dass selbst die Sitznachbarn ihm sagten, er störe! Auch miterleben musste ich, wie eine Vorgesetzte von einer Kollegin gemobbt wurde, die diesen Posten nicht erhalten hatte. Es folgte eine Flut von Mails mit respektlosem Umgangston, den auch ich als kleiner Fisch im Haifischbecken in Generalpredigten durch die Mobbende ertragen musste. Mobbing unter Kolleg*innen und Kollegen! Mobbing unter Schüler*innen und Schülern, aber auch Lehrkraft-Schüler*in / Schüler sind keine Seltenheit. Auch erlebt habe ich, wie mein privater CD Player im Lehrerzimmer Füße bekam, und als ich ihn im Sprachunterricht einsetzen wollte, war er nicht da- und das, obwohl er in meinem eigenen Fach im Lehrerzimmer verweilte und in Großbuchstaben drauf stand: PRIVATEIGENTUM! Die Sekretärin schickte darauf eine Mail an alle Kolleg*innen und Kollegen, und siehe da: Ein Kollege gestand, dass er die Aufschrift ignoriert hatte und *meinen* Recorder für *seine* Zwecke verwendete. Von Entschuldigung keine Spur. Und so verwundert es auch nicht, dass in meiner Ausbildungsschule Dinge wie Bücher im Lehrerzimmer nicht an ihrem Platz blieben und verschwanden. So etwas tut einfach nicht gut.

Und es gibt überall Klüngel wie etwa der Fall einer Kollegin in Hessen, die mit der Schulleiterin eng befreundet ist und lange Zeit in Physik ausfiel. Der Kollege, der in diesem Halbjahr vier Stunden im Minus war und damit zu wenig eingesetzt und zudem Physiklehrer war, erhielt aber diesen Kurs nicht. Eingesetzt wurde ein Chemie-Student im Grundstudium noch vor seinem Bachelor Abschluss, da die Lehrerin ihren Kurs nicht an einen Lehrerkollegen verlieren wollte, der womöglich fachlich versierter ist als sie. Statt dessen wurde in Kauf genommen, dass die Klasse lange Zeit erst mal Ausfall hatte, um dann von einem Studenten zu Beginn seines Studiums unterrichtet zu werden, während der zur Verfügung stehende Physikkollege seine vier Stunden minus im kommenden Halbjahr draufgeschlagen bekäme. Nicht genug, musste der Physikkollege den Chemiestudenten nun einweisen, wofür ihm keinerlei Zeitstunden angerechnet wurden. Auf seine Beschwerde, warum man ihn nicht gleich einsetze, so dass er dafür zumindest Zeit angerechnet bekäme, antwortete die Schulleitung, man versuche auf diese Weise, einen neuen Physikkollegen zu gewinnen. Doch dass die Schulleitung die Rechnung ohne den Wirt gemacht hatte, stellte sich dann heraus, als der Chemiestudent wegen Vorbereitung seiner Bachelorarbeit den Job wieder niederlegte und fortan keine Zeit mehr dafür hatte. Die Rechnung der Schulleitung ging nicht auf, da diese nicht mal das Gespräch mit dem Studenten gesucht hatte- und hinterließ obendrein bei dem langjährigen Physikkollegen einen bitteren Nachgeschmack, der sich fortan nach einer anderen Schule umsieht. Und alles wegen Begünstigung einer Lehrerin von der Schulleiterin. Persönliche Begünstigungen, wohin man schaut- unterschreiben müssen wir lediglich, dass wir keine *Sach*geschenke annehmen.

Gewinnung von Lehrkräften

Wie also kann es gelingen, bei so vielen Widrigkeiten Lehrkräfte zu gewinnen? Die Idee, Studierendenden bis zum Bachelor eine Pflichtphase in einer Schule aufzuerlegen, um sie sehen zu lassen, ob der Beruf Lehrkraft vielleicht etwas für sie wäre, halte ich für wenig versprechend. Denn wenn Studierende hätten Lehrer*in / Lehrer werden wollen, hätten sie wahrscheinlich entsprechend auf Lehramt studiert. Ratsamer halter ich es, Lehramtsstudierende früh Praktika in Schulen absolvieren zu lassen, damit diese vor dem Ref herausfinden können, ob der Beruf etwas für sie ist. Das aber führt nicht zu mehr Lehrkräften, sondern ggf. zu weniger, da einige vorher aussteigen mögen. Sinnvoll könnte es sein, neben einer Abschaffung des Numerus Clausus für das Lehramtsstudium (s.o.) Leute mit Diplom bzw. Master ggf. auch für Sek II zu gewinnen, da das Fachwissen auch für die Oberstufe i.d.R. mitgebracht wird. Niedersachsen schaut zwar auf die ECTS Punkte, die man für Kurse an der Uni mitbringt, aber das Diplom wird dort nicht als „Oberstufenwissen“ evaluiert und damit nicht anerkannt, obwohl gerade das fachliche Wissen aus einem Diplomstudiengang das Fachwissen aus einem Lehramtsstudiengang bei Weitem überwiegt. Paradoxe Welt! Erschwerend kommt hinzu, dass die Gleichsetzung von Master und Diplom nicht überall erfolgt, ja sogar teilweise herabgestuft wird, obwohl im Diplom früher mehr abverlangt wurde.

Interessanterweise meldet die Bertelsmann-Stiftung, dass es wegen statistisch weniger Nachkommen bald eine Überversorgung in Grundschulen geben soll (https://www. Bertels mann-stiftung.de/de/themen/aktuelle-meldungen/2024/januar/der-lehrkraeftemangel-an-grundschulen-ist-bald-ueberwunden (26.05.2024; 16.07Uhr)). Eine Überversorgung! Also alles Fehlalarm? Ich frage mich, ob man alle Faktoren wie Migration und Ganztag mitbedacht hat.

Presse

Und ich wünsche mir vor allem eine Richtigstellung in den Medien: Nicht (nur) an Lehrer*innen und Lehrern fehlt es, sondern vor allem an *Lehrkräftestellen*! Und damit meine ich keine Vertretungsstellen, die befristet auf ein Halbjahr die Ferien nicht bezahlen, sondern unbefristete Planstellen.

b) Luisa

Luisa: Als direkte Quereinsteiger*in / direkter Quereinsteiger in den Vorbereitungsdienst wird man in Niedersachsen ins kalte Wasser geschmissen. Eigentlich ist man doch zu Beginn genauso „ahnungslos“ wie die Seiteneinsteiger*innen und Seiteneinsteiger. Nicht, dass ich etwas gegen Sprünge ins kalte Wasser hätte. An anderen Stellen in meinem Lebenslauf tat mir das sogar sehr gut und half mir weiter… Aber in der Schule? Ich weiß noch, dass ich während der Einführungswoche mit einem anderen Quereinsteiger zur Seminarleitung ging und um ein zusätzliches Treffen für die Quereinsteiger*innen und Quereinsteiger bat. Leider kam dieses dann aufgrund von Krankheit nicht zu Stande, aber es war geplant. Und genau das hätte ich mir gewünscht: einige Tage mehr Input über das Schulleben für die Quereinsteiger*innen und Quereinsteiger.

Die Seiteneinsteiger*innen und Seiteneinsteiger waren alle gesammelt in einem Einführungsseminar. Warum, weiß ich nicht. Eigentlich sollte während der Lehrkräfteausbildung nicht danach unterschieden werden, ob man am Ende verbeamtet wird oder nicht…

Und wie ich oben gesagt habe, sollte im Vorfeld überprüft werden, ob eine Schule überhaupt die Kapazitäten hat, angehende Lehrer auch wirklich auszubilden und nicht nur als Arbeitskräfte zu sehen.

Es geht auch gar nicht, dass wir Lehrkräftemangel haben und es so schwierig ist, Lehrer*in oder Lehrer zu werden, da die Länder es nicht hinkriegen, die notwendigen Stellen auszuschreiben. Hochqualifizierten Leuten, die Lehrer*innen oder Lehrer sein wollen und können, werden so viele Steine in den Weg gelegt: Nicht nur, dass es viel zu wenige Stellen gibt, man kann doch kein Auto voraussetzen für ein Ref! In der Regel kommen doch die Leute von der Uni, und man kann doch nicht davon ausgehen, dass sie neben dem Ref arbeiten, um sich ein Auto leisten zu können. Wobei die wenigen Stunden, die man im Ref nebenher arbeiten darf, auch noch genehmigungspflichtig sind! Sie müssen ja aber auch eine Wohnung bezahlen und anderes- ich finde es echt unmöglich, dass das einfach vorausgesetzt wird.

Rückblickend konnte der Vorbereitungsdienst nicht schnell genug enden. Nicht, weil ich glaubte bereits alles gelernt zu haben. Ganz im Gegenteil. Es war eine schwierige Zeit, die bis heute Spuren in meinem Leben hinterlassen hat. Und ich frage mich: muss das sein? Welchen Sinn hat es, dass viele Anwärter*innen und Anwärter nach dem Vorbereitungsdienst einfach nicht mehr können… Von daher wünsche ich mir mehr Zeit. Für alle. Lehramtsstudent*innen / Lehramtsstudenten, Seiten- und Quereinsteiger*innen / Seiten- und Quereinsteiger. Ein halbes Jahr würde ggf. ausreichen, um seine Ausbildung nachhaltiger gestalten zu können.

Ich habe von einer Anwärterin gehört, dass sie sich in beiden Unterrichtsfächern ihre

Mentor*innen / Mentoren aussuchen konnte. Sie durfte einige Wochen den Unterricht mehrerer Kolleg*innen und Kollegen begleiten und sich dann ihre Wegbegleiter*innen / Wegbegleiter in der Schule auswählen. Eine großartige Vorgehensweise, die ich sehr begrüße und mir für mich auch sehr gewünscht hätte.

Ich finde es insgesamt erschreckend, unter welchen Bedingungen die Zukunft unseres Landes ausgebildet werden muss, weil scheinbar jahrelang nichts passiert ist. Das Gleiche gilt natürlich auch für die Ausbildung derjenigen, die die Zukunft ausbilden möchte. Ein Großteil dieser Menschen möchte etwas bewegen, etwas verändern – aber es sind ihnen oftmals die Hände gebunden. Das kann immer wieder frustrierend sein, besonders, wenn man als Quereinsteiger*in oder Quereinsteiger gleich zu Beginn auf so viel Ablehnung seitens Schulleitung und Kollegium trifft.

Aber, es gibt auch immer wieder diese Augenblicke, in denen „etwas passiert" und man bemerkt, dass man den Jugendlichen doch etwas Positives auf ihren Wegen mitgeben kann. Letztendlich geht es um Beziehungsarbeit, die man mögen sollte. Wer kein Interesse an Menschen und ihren Geschichten hat oder nur einen sicheren Job sucht, wird vermutlich keine zufriedene Lehrkraft werden. Doch das ist die SUBstruktur, es müsste sich vor allem in den Hierarchien vieles ändern.

c) Yasmin

Yasmin: Ich finde es empörend, dass es schon seit Jahren so mit dem Ref geht: Es ist eine wahnsinnige psychische Belastung, und man ist total am Ende mit den Nerven. Und in all den letzten Jahren hat sich nichts daran geändert. Als mein Mann neulich eine ältere Lehrerin sprach und mit ihr auf das Thema Ref zu sprechen kam, sagte sie ihm, zu ihrer Zeit sei es genau so gewesen. Und sie fügte hinzu, sie verstehe nicht, warum sich bis heute nichts geändert hat!? Das ist dann auch mein Dilemma und habe das Gefühl, die wollen einen psychisch richtig fertig machen, so dass man an seine Grenzen kommt. Und ich habe das Gefühl, die wollen uns einfach nicht. (s. dazu: S. Fokken, A. Himmelrath und M. Olbrisch, Arbeitsplatz Schule- Hölle Referendariat: so werden die Lehrer von morgen vergrault, in: Spiegel Panorama vom 22.01.2024).

Von meinen Freund*innen und Freunden, die Lehrer*in / Lehrer geworden sind, höre ich immer wieder, wie viel Arbeit es in der Schule ist. Mindestens einen Tag pro Woche gibt es Dienst- oder weitere Besprechungen, zweimal im Monat Konferenzen, Elterngespräche, außerschulische

Aktivitäten, die natürlich die Lehrkräfte organisieren sollen. Es ist einfach super, super viel geworden. Alle diese Freund*innen und Freunde verstehen mich und sagen, sie können gut nachvollziehen, dass ich ausgestiegen bin. Ich habe das Gefühl, die Hälfte der Lehrer*innen und Lehrer erleidet einen Burnout, und zwar bevor sie 40 sind, und das ist es mir nicht wert. Meine Kinder brauchen mich noch- für kein Geld der Welt würde ich das hinnehmen. Ich möchte auch gar nicht verbeamtet sein, weil ich nicht so gebunden sein will. Im Schulsystem muss man zu allem Ja und Amen sagen- sie versetzen einen an eine andere Schule, sie bestimmen über meine Zeiten, und alles kann sich ständig ändern. Ich höre das immer wieder, meine Freundinnen und Freunde, die als Lehrkraft arbeiten, sind total überlastet, ständig müde und haben keine Zeit für ein Treffen. Und wenn, müssen wir das Monate im Voraus vereinbaren, wobei es immer passieren kann, dass an dem Tag dann eine Ordnungsmaßnahmenkonferenz reingeschoben wird, und es wieder nicht klappt. Es gibt keine Planungssicherheit. Sie bekommen derzeit ukrainische Kinder in die Klassen gesteckt, die kein Wort Deutsch verstehen, haben aber nebenbei noch zwanzig andere Schüler, die sehr heterogen sind und Betreuung brauchen.

Es gibt auch Studenten*innen und Studenten, die nicht auf Lehramt studieren, aber für ein Zuverdienst z.B. Abiturklassen unterrichten.

Die Student*innen und Studenten kommen oft nicht damit klar, die Schüler ebenso wenig, aber diejenigen, die dazu bereit wären, werden durch das Ref abgeschreckt, da kommt dann die Abneigung gegenüber Schule. Ich mag es gar nicht mehr, Unterricht vorzubereiten- das erinnert mich an diese schreckliche Zeit, die ich noch immer zu verdrängen versuche.

Ich finde es wichtig, diese Erfahrungen nicht einfach unter den Teppich zu kehren, sondern das mal in die Öffentlichkeit zu tragen. Ihr redet hier von Lehrkräftemangel, aber sorry, wenn ihr uns so behandelt, ist es kein Wunder, dass keiner Lehrer*in oder Lehrer werden will.

d) Christiane

Christiane: Ich habe mich im Ref immer wieder gefragt, was im Leben ich falsch gemacht habe, dass ich so bestraft wurde! Ja, die Arbeit mit Schüler*innen und Schülern macht mir Spaß, und es ist eine wichtige Arbeit; als „fertige" Lehrerin werde ich wie ein Roboter gesehen, der jederzeit einsatzbereit sein muss, aber muss man uns so behandeln? Da muss sich niemand mehr wundern, warum Referendar*innen und Referendare abbrechen und auch „fertige" Lehrkräfte aussteigen und sich eine andere Arbeit suchen.

10. Ausgewählte Literatur:

Bücher, Hefte:

Eric Berne, Transactional Analysis in Psychotherapy: A Systematic Individual and Social Psychiatry. Grove Press, New York 1961;

M. Baumann, Bio-psycho-sozialer Einfluss der Pandemie auf junge Menschen - Corona macht Schule! Und wir? In: Praxis Schulpsychologie (31), 6-8, 2021;

S. Fokken, A. Himmelrath und M. Olbrisch, Arbeitsplatz Schule- Hölle Referendariat: So werden die Lehrer von morgen vergrault, in Spiegel Panorama vom 22.01.2024;

Lann Hornscheidt & Ja'n Sammla, Wie schreibe ich divers? Wie spreche ich gendergerecht? Ein Praxis Handbuch zu Gender und Sprache, w_orten & meer, 2021;

Lehrkräfte-Gewinnungspaket, Niedersächsisches Kultusministerium;

Jan-Uwe Rogge, Das neue Kinder brauchen Grenzen, rororo, Hamburg, 2008

Links/ Mails:

https://www.abendblatt.de/hamburg/politik/article 2423 85958/Schule-ohne-Klassenzimmer-Hier-duerfen-Schueler-sogar-schlafen.html (24.05.2024, 20.30Uhr);

https://www.abendblatt.de/region/harburg-landkreis/article237912981/Der-Ganztag-an-den-Grundschulen-soll-kommen-bloß-wie.html (12.01.2024, 20.03Uhr);

https://www.abendblatt.de/region/niedersachsen/article240923324/Immer-mehr-Lehrkraefte-in-Niedersachsen-arbeiten-in-Teilzeit.html (02.01.2024, 21.10Uhr);

https://www.berlin.de/sen/bjf/wir-verbeamten/ (10.05.2024, 22.05Uhr);

https://www.bertelsmann-stiftung.de/de/themen/aktuelle-meldungen/2024/januar/der-lehrkraeftemangel-an-grund schulen-ist-bald-ueberwunden (26.05.2024, 15.07Uhr);

https://www.cz.de/celler-land/celle/wegen-lehrermangel-wegen-lehrermangel-fusion-von-schulen-im-landkreis-celle-gefordert (04.02.2024, 13.25Uhr);

https://www.deutschlandfunk.de/gewalt-an-schulen-100.html (09.06.2024, 18.03Uhr);

https://www.focus.de/familie/daenische-kinder-sind-gluecklicher-weil-ihre-eltern-6-dinge-anders-machen_id_259712843.html (18.03.2024, 19.57Uhr);

https://www.gew-bayern.de/aktuelles/detailseite/genderverbot-im-freistaat-bayern#:~:text=Konkret%20wurde%20in%20der%20Allgemeinen,%E2%80%9C(09.05.2024, 10.25Uhr);

https://www.hessenschau.de/politik/landtag/gruene-sehen-genderverbot-vor-abi-pruefung-rechtlich-auf-wackligen-beinen-v1,genderverbot-schulen-abi-landtag-100.html#:~:text=Kultusministerium%20Hessische%20Sch%C3%BCler%20d%C3%BCrfen%20in,Gr%C3%BCne%20kritisieren%20die%20Entscheidung%20scharf (09.05.2024, 10.20Uhr);

https://www.nordsee-zeitung.de/Bremerhaven/Bremerhavens-Schuldezernent-Frost-fordert-Abschaffung-des-Numerus-Clausus-180131.html (04.02.2024, 13.47Uhr);

https://presseportal.peta.de/bielefeld-kinder-spielen-mit-igel-fussball-erwachsene-sehen-zu-peta-kommentiert/(19.05.2024, 17.55 Uhr);

https://www.rundblick-niedersachsen.de/falsches-signal-afd-will-a13-fuer-alle-lehrer-in-niedersachsen-stoppen/(03.01.2024, 21.30Uhr);

https://www.scinexx.de/news/psychologie/

warum-schreiben-per-hand-besser-fuers-gehirn-ist/ (05.02.2024, 8.12Uhr);

https://www.sueddeutsche.de/politik/schule-digitalisierung-pisa-studie-schweden-1.6323950?reduced=true, (04.02.2024, 19.20Uhr);

https://www.superprof.de/blog/schulwechsel-fuer-lehrer-nachhilfe-geben-als-alternative/ (02.02.2024, 10.20Uhr);

https://www.spiegel.de/panorama/bildung/hessen-mehr-verbeamtete-lehrkraefte-kuendigen-job-zahlen-verdreifacht-a-5a3a2c04-d6f1-41c4-9db9-78a690ef5519 (23.02.2024, 22.00Uhr);

https://www.swr.de/swrkultur/wissen/swr2-impuls-20231120-1605-01-schweden-viele-schulen-kehren-zurueck-zu-heft-und-buch-102.html (20.05.2024, 20.05Uhr);

https://www.zdf.de/gesellschaft/aktenzeichen-xy-ungeloest/aktenzeichen-xy-ungeloest-vom-5-juni-2024-100.html, (05.06.2024, 20.25Uhr);

newsletter@gew.de vom 30.01.2023;

webredaktion@gew-hamburg.de: GEW, Arbeitszeitstudie, Newsletter #8 vom 14.Mai 2024

Filme:

Zwischen den Stühlen, Dokumentarfilm von Jakob Schmidt, 2016;

Systemsprenger, Nora Fingscheidt, 2019